Hintergründe & Infos

① Provinz Cádiz

② Abstecher nach Ronda und Gibraltar

③ Sevilla

④ Provinz Huelva

UNTERWEGS MIT THOMAS SCHRÖDER

Was bestelle ich nur? Die Vielfalt an Meeresfrüchten und Fischspezialitäten ist an der Costa de Luz einfach überwältigend. Chocos, Chipirones, Calamares, Sepia – allein für Tintenfische unterscheidet man hier je nach Art und Größe eine ganze Reihe von Namen. Bei den Krustentieren das gleiche Bild: Cigallas, Langostinos, rote oder weiße Gambas, Camarones ... Nicht zu reden von den schier zahllosen Fischarten, die der Atlantik bereithält. Und erst die vielen verschiedenen Formen der Zubereitung! Frittiert wie in Cádiz, akkurat auf den Punkt gekocht nach der Art von El Puerto de Santa María, als Salzkonserve wie in Barbate, a la plancha (vom heißen Blech), encebollado („eingezwiebelt"), ahumado (geräuchert), a la parilla (vom Grill), al horno (aus dem Ofen) oder guisado, also als Eintopf: Die Liste ist fast endlos. Und wer hätte gedacht, dass man sogar frittierte See-Anemonen (Ortiguillas) verzehren kann?

Schon als Kind hatte es mich im Urlaub immer fasziniert, dass an der Costa de la Luz die Calamares oder Gambas einfach aus der Papiertüte gegessen werden, ganz wie Pommes frites. Und auch heute noch hole ich mir in der Freiduría Las Flores in Cádiz gerne mal eine Tüte Mariscos und setze mich damit an die Playa de la Caleta. Oder versuche es zumindest, denn bis ich am Strand angekommen bin, ist die Tüte meist schon leer ...

Text und Recherche: Thomas Schröder **Lektorat:** Anja Keul **Redaktion:** Annette Melber **Layout:** Anja Krapat, Bintang Buchservice GmbH **Karten:** Janina Baumbauer, Judit Ladik **Fotos:** alle Thomas Schröder, außer S. 28 und 60 (Anja Keul) **Grafik S. 10/11:** Johannes Blendinger **Covergestaltung:** Karl Serwotka **Covermotive:** oben: Arcos de la Frontera, unten: Caños de Meca, gegenüberliegende Seite: Vejer de la Frontera

6. KOMPLETT ÜBERARBEITETE UND AKTUALISIERTE AUFLAGE 2017

COSTA DE LA LUZ

THOMAS SCHRÖDER

Costa de la Luz – Die Vorschau 12

Costa de la Luz – Hintergründe & Infos 16

Ein erster Überblick	18	Feiern Sie mit!	26
Hintergrund: Andalusien	21	Feste	26
Landschaft und		Flamenco	28
Geographie	22	Stierkampf	29
Flora und Fauna	25	Geschichte	32

Reiseziel Costa de la Luz 39

Pauschalurlaub oder		Wissenswertes von A bis Z	62
Individualreise?	39	Ärztliche Versorgung	62
Anreise	40	Baden	63
Anreise mit dem Flugzeug	40	Einkaufen	64
Anreise mit Auto oder Motorrad	40	Feiertage	65
Anreise mit der Bahn	42	Geld	65
Anreise mit dem Bus	43	Haustiere	66
Unterwegs an der		Information	66
Costa de la Luz	43	Internet	67
Mit Auto oder Motorrad	43	Kinder	67
Mietfahrzeuge	46	Klima und Reisezeit	68
Öffentliche Verkehrsmittel	47	Kleidung	69
Stadtverkehr	48	Konsulate	69
Mit dem Fahrrad an der		Kriminalität	69
Costa de la Luz	48	Landkarten	69
Übernachten	50	Öffnungszeiten	70
Camping	52	Post	70
Küche und Keller	54	Rauchverbote	70
Lokale	55	Reisedokumente	71
Spanische und andalusische		Sport	71
Spezialitäten	56	Telefonieren	72
Getränke	59	Toiletten	73
Andere Alkoholika	59	Zeit	73
Alkoholfreies	61	Zoll	73

Costa de la Luz – Reiseziele 74

Provinz Cádiz 76

Tarifa	77	Novo Sancti Petri	120
Bolonia	87	La Barrosa	124
Zahara de los Atunes	89	Sancti Petri	125
Barbate	92	Chiclana de la Frontera	126
Parque Natural de la Breña y Marismas de Barbate	94	Richtung Cádiz	128
		San Fernando	128
Los Caños de Meca	95	Cádiz	131
Wanderung von Caños de Meca nach Barbate	98	El Puerto de Santa María	146
		Rota	154
Zahora	100	Von Rota Richtung Chipiona	156
El Palmar de Vejer	102	Chipiona	157
Vejer de la Frontera	103	Sanlúcar de Barrameda	161
Conil de la Frontera	110		

Das Binnenland der Provinz Cádiz 167

Jerez de la Frontera	167	Alcalá de los Gazules	187
Sherry in Jerez	177	Parque Natural de la Sierra de Grazalema	188
Arcos de la Frontera	179	El Bosque	188
Von Arcos Richtung Küste	184	Grazalema	189
Medina Sidonia	184	Zahara de la Sierra	191

Abstecher nach Ronda 192

Von Ronda Richtung Küste	198	Ausflug nach Gibraltar	200

Sevilla 208

Geschichte	210	Parque de María Luisa	231
Catedral Santa María	222	Isla de la Cartuja	231
Reales Alcázares	225	Barrio de Triana	233
Entlang des Río Guadalquivir	230		

Provinz Huelva — 234

Niebla	235	Zwischen Matalascañas und Huelva	248
Bollullos Par del Condado	238		
Almonte	239	Mazagón	248
El Rocío	239	La Ruta Colombina	249
Parque Nacional Coto de Doñana	243	Monasterio de la Rábida	249
		Palos de la Frontera	252
Matalascañas	246	Moguer	252

Huelva — 254

Punta Umbría	257	Ayamonte	268
El Rompido	260	Umgebung von Ayamonte	270
Lepe	261	Der Norden der Provinz Huelva	271
El Terrón	261		
La Antilla	262	Minas de Riotinto	271
Islantilla	263	Aracena	273
Isla Cristina	264	Westlich von Aracena	275

Etwas Spanisch — 276

Register — 285

Frühling im Hinterland der Costa de la Luz

Kartenverzeichnis

Provinz Cádiz　　　　　　　　　　　　　Umschlagklappe hinten
Provinz Huelva　　　　　　　　　　　　Umschlagklappe vorne

Arcos de la Frontera	180/181
Cádiz Altstadt	134/135
Conil de la Frontera	113
El Puerto de Santa María	148/149
Gibraltar	203
Großraum Sevilla	211
Huelva	254/255
Isla Cristina	266/267
Jerez de la Frontera	169
Novo Sancti Petri & La Barrosa	122/123
Punta Umbria	258/259
Ronda	195
Sanlúcar de Barrameda	163
Sevilla Übersicht	213
Sevilla	216/217
Tarifa	78/79
Vejer de la Frontera	104/105
Wanderung von Caños de Meca nach Barbate	100/101

Zeichenerklärung für die Karten und Pläne

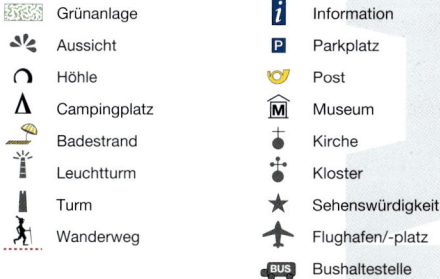

- Grünanlage
- Aussicht
- Höhle
- Campingplatz
- Badestrand
- Leuchtturm
- Turm
- Wanderweg
- Information
- Parkplatz
- Post
- Museum
- Kirche
- Kloster
- Sehenswürdigkeit
- Flughafen/-platz
- Bushaltestelle

Alles im Kasten

Dramaturgie des Stierkampfs	30
El Siglo de Oro	35
Erste Gehversuche der Demokratie	36
Das Geheimnis des Sherry	60
La Almadraba – die Schlacht um den Thun	91
Camarón de la Isla	129

Cuartetos, Chiringitos, Comparsas und Coros: Karneval in Cádiz	137
Schlemmen am „Ufer der Meeresfrüchte"	146
Schiffsausflüge von Sanlúcar in den Naturpark Coto de Doñana	166
Spanische Pferde: Pura Raza, Cartujanos und Andalusier	176
Der Priester, sein Bischof und der Bandit	179
Gibraltar: Eintritt frei	201
Die Weinregion Condado de Huelva	238
La Romería del Rocío	241
Gib niemals auf: Die Fahrten des Christoph Kolumbus	250
Pata Negra: Schwarzhufer-Schinken aus Jabugo	275

 Mit dem grünen Blatt haben unsere Autoren Betriebe hervorgehoben, die sich bemühen, regionalen und nachhaltig erzeugten Produkten den Vorzug zu geben.

Vielen Dank!

Herzlichen Dank allen Leserinnen und Lesern, die mit Tipps und Beiträgen bei der Aktualisierung dieses Reisehandbuchs geholfen haben:

Michael Priesteroth, Annette und Rüdiger Hammer, Karin Furka, Christoph Fülscher, Julia Mayer, Bernd Schebesta, Kristina Waimer, Elvira Walther, Dr. Werner Gundlach, Verena Bayer, Theo Falck, Heike Schmutz, Markus Hartmann, Ute und Thomas Saul, Sven Breckwoldt, Tina Schilli, Sylvia Zimmermann und Familie, Susanne Hellkuhl, Peter Sturhahn und Anette Distelhoff, Daniela Haenchen, Jens Jobs, Jara Waspi, Barabara Reith, Karin Silberhorn, Nancy Lochmann, Monika Köller, Sarah Humberg, Thorsten Wallerius.

Was haben Sie entdeckt?

Haben Sie ein charmantes Hotel gefunden, eine prima Bar, einen schönen Wanderweg? Und welcher Tipp war nicht mehr so toll? Wenn Sie neue Informationen, Verbesserungsvorschläge oder Ergänzungen zu diesem Reisehandbuch haben, dann lassen Sie es mich bitte wissen!

Ich freue mich über jede Zuschrift!

Schreiben Sie an: Thomas Schröder, Stichwort „Costa de la Luz" | c/o Michael Müller Verlag GmbH | Gerberei 19, D – 91054 Erlangen | thomas.schroeder@michael-mueller-verlag.de

Kachelbänke an der Plaza España in Sevilla

Wohin an der Costa de la Luz?

(1) Provinz Cádiz → S. 76

Eine ausgesprochen vielfältige Region zwischen Meer und Gebirge: In der Provinz Cádiz wird für jeden Urlaubsgeschmack etwas geboten. Die Auswahl an schönen Stränden ist bestechend, als Urlaubsdomizil locken hübsche, von internationalem Publikum geprägte Städtchen wie Tarifa oder Conil. Im Hinterland findet sich eine ganze Reihe reizvoller Ausflugsziele wie die Sherry- und Pferdestadt Jerez, die „Weißen Dörfer" Vejer und Arcos und der Naturpark der Sierra de Grazalema. Einen Besuch unbedingt wert ist auch die uralte Stadt Cádiz selbst.

(2) Abstecher nach Ronda und Gibraltar → S. 192

Ronda und Gibraltar zählen zwar nicht zum Gebiet der Costa de la Luz, liegen aber quasi vor der Haustür. Einen Ausflug lohnt insbesondere Ronda mit der ältesten Stierkampfarena Spaniens und seiner fantastischen Lage über einer tiefen Schlucht. Gibraltar wiederum ist schon eine Kuriosität für sich: Duty-Free-Shops im Dutzend, Bobbys als Verkehrswächter und die berühmten Affen auf dem Apes Den.

(3) Sevilla → S. 208

Andalusiens Hauptstadt muss man gesehen haben. Sevilla beeindruckt mit Lebenslust und farbenfrohen Festen, ebenso mit zahlreichen Museen, Palästen und hochrangigen Monumenten – in der Stadt am Guadalquivir stehen mit der Kathedrale und der Königsresidenz Alcázar gleich zwei der prachtvollsten Bauten Spaniens. Einen modernen Akzent setzt der spektakuläre, 2011 eröffnete „Sonnenschirm" Metropol Parasol. Das Altstadtviertel Santa Cruz verführt zum Tapas-Bummel, und in der „Schlangenstraße" Calle Sierpes bieten sich beste Shoppingmöglichkeiten.

④ **Provinz Huelva** → S. 234

Die Provinz Huelva glänzt insbesondere mit ihren kilometerlangen, feinsandigen und fast nirgends überlaufenen Stränden. Das Dörfchen El Rocío am Rand des Nationalparks Coto de Doñana ist alljährlich Ziel der berühmtesten Wallfahrt Spaniens, das Städtchen Niebla präsentiert sich als pures Mittelalter. Auf den Spuren von Christoph Kolumbus wandelt man in Palos de la Frontera und im nahen Monasterio de la Rábida.

Costa de la Luz: Die Vorschau

Gesichter einer Küste

Strände, Strände, Strände ... Und noch viel mehr. Die Costa de la Luz zählt zu den vielfältigsten und reizvollsten Landstrichen Andalusiens. Und vor allem: Sie hat sich ihren Charakter bewahrt. Die „Küste des Lichts" erstreckt sich von Tarifa nach Nordwesten bis zur portugiesischen Grenze und umfasst die andalusischen Provinzen Cádiz und Huelva. An ihrem südlichsten Punkt reicht sie bis auf 14 Kilometer an Afrika heran. Entsprechend gestaltet sich das Klima. Ihren Namen verdient die andalusische Atlantikküste denn auch durchaus: „Etwas Strahlenderes und Schimmernderes, ein diffuseres und gleichzeitig doch grelleres Licht ist nicht vorstellbar", schrieb Théophile Gautier 1840 über Cádiz. Einen besonderen Reiz der Costa de la Luz machen die gewachsenen Fischerdörfer und kleinen Städtchen aus, die wie Conil oder Tarifa ihre Traditionen und ihr Ortsbild trotz zunehmenden Fremdenverkehrs weitgehend erhalten haben. Noch facettenreicher präsentiert sich das Hinterland, mit seinen bildhübschen „Weißen Dörfern" eine wahre Essenz Andalusiens. Zu Ausflügen verlocken aber auch die Städte wie Jerez, Heimat des Sherrys und Sitz der Königlichen Reitschule, oder das meerumschlungene Cádiz, die älteste Stadt Westeuropas. Und Andalusiens farbenprächtige Hauptstadt Sevilla ist schließlich auch nur einen Katzensprung entfernt ...

Landschaft

Die Küstenzonen der Costa de la Luz sind von beeindruckender landschaftlicher Vielfalt. Neben den kilometerlangen Sandstränden finden sich hier schattige Wälder, grandiose Dünensysteme, zahlreiche Flussmündungen und die Salzmarschen der Marismas mit ihrer artenreichen Tier- und Pflanzenwelt. Erfreulicherweise wurden viele dieser

„Eine wahre Essenz Andalusiens"

ökologisch wertvollen Gebiete weiträumig als Naturparks oder gar als Nationalpark ausgewiesen. Im Binnenland der Lichtküste liegen weite Kampfstierweiden und ausgedehnte Hügellandschaften, weiter landeinwärts erstrecken sich wildschöne Sierras wie die Sierra de Aracena oder die Sierra de Grazalema, ein zerklüftetes Kalksteingebiet der Klippen, Schluchten, Höhlen, seltenen Pflanzen und dichten Wälder, in dem auch noch die aus dem Tertiär stammende Pinsapo-Tanne wächst.

Architektur, Kunst & Kultur

Die ganz großen Monumente vom Rang der Alhambra in Granada und der Mezquita in Córdoba hat die Costa de la Luz selbst nicht zu bieten. Das nahe Sevilla allerdings kann sich durchaus mit diesen beiden anderen Kulturhauptstädten Andalusiens messen und wird deshalb in diesem Führer ausführlich gewürdigt. Doch gibt es auch in den Provinzen Cádiz und Huelva so manches zu entdecken. Die „Weißen Dörfer" im Hinterland der Lichtküste, insbesondere Vejer de la Frontera, Arcos de la Frontera und Medina Sidonia, atmen Geschichte, erinnern mit ihren engen Gassen und den Resten mancher Festungen noch an die Jahrhunderte der Maurenherrschaft. Einen modernen Kontrast bildet unweit von Vejer de la Frontera das ungewöhnliche Freilichtmuseum Montenmedio Arte Contemporáneo, das zahlreiche Werke bekannter internationaler Künstler beherbergt. Die Provinzhauptstadt Cádiz wurde in ihrer langen Geschichte zwar immer wieder zerstört, die besondere Atmosphäre lohnt einen Besuch jedoch unbedingt; das Museo de Cádiz verfügt zudem über eine beachtliche archäologische Sektion und vor allem über eine der bedeutendsten Gemäldesammlungen Andalusiens. Vor den Toren von Huelva, der zweiten Provinzhauptstadt der Costa de la Luz, liegt

Costa de la Luz: Die Vorschau

eine Reihe von Orten, die eng mit den Expeditionen von Christoph Kolumbus verknüpft sind. Zu besichtigen sind auf dieser „Ruta Colombina" unter anderem das Kloster, in dem er seine Fahrten plante, und ein Dokumentationszentrum samt Nachbauten der „Pinta", „Niña" und „Santa María". Eine Kuriosität für sich ist das Dörfchen El Rocío am Rand des Doñana-Nationalparks: Die riesigen Plätze und ungewöhnlich breiten Straßen der Siedlung bestehen aus Sand und verleihen zusammen mit den zahlreichen Kapellen dem Ort die Atmosphäre eines Westerndorfs. Die Stadt Ronda liegt etwas abseits und bereits im Hinterland der Costa del Sol, wäre eigentlich also gar nicht mehr Thema dieses Führers. Wer jedoch, z. B. im Rahmen einer Rundfahrt, in die Nähe kommt, sollte sich den Abstecher überlegen: Rondas spektakuläre Lage, die schöne Altstadt und die älteste Stierkampfarena Spaniens sind den Weg allemal wert.

Küche und Keller

Andalusien gilt in Spaniens Küchengeographie als die „Zona de los Fritos", das Gebiet der frittierten Gerichte. Köstlich sind insbesondere die auf diese Art zubereiteten Fische und Meeresfrüchte, die Pescaítos fritos, die es auch als gemischte Platte Fritura mixta oder Frito variado gibt. Berühmt für ihren frittierten Fisch ist die Stadt Cádiz, doch findet man ihn überall entlang der Costa de la Luz. Fachgerecht gekochte Garnelen wiederum sind eine Spezialität von El Puerto de Santa María. Und natürlich dürfen auch an der Lichtküste die weltbekannten andalusischen Tapas nicht fehlen. Tapas bedeutet „Deckel"; der Name stammt wohl daher, dass irgendwann ein vor Fliegen schützender Deckel auf einem Weinglas mit eben diesen feinen Häppchen bestückt wurde. Ein Rundgang durch mehrere Bars mit zwei Tapas hier, einer Tapa dort, ist im heißen Klima Südspaniens eine beliebte Alternative zum komplet-

„Viel Platz für Sonnenanbeter und Strandläufer"

ten Mahl. Andalusiens berühmtester Wein stammt aus Jerez und heißt auch so, bei uns bekannt unter dem Namen Sherry; in der Regel wird er je nach Süßegrad als Aperitif oder als Dessertwein getrunken. Im Charakter dem Sherry ähnlich ist der Manzanilla-Wein aus Sanlúcar de Barrameda. Sehr gute, leichte und trockene Weißweine produziert die Region Condado de Huelva in der Provinz Huelva.

Strände

Ein großer Vorzug der Costa de la Luz sind ihre fabelhaften, schier endlosen (leider manchmal aber auch windgepeitschten) Naturstrände, die noch viel Platz für Sonnenanbeter und Strandläufer bieten. Gut 270 Kilometer Sandstrand hat die andalusische Tourismusbehörde hier gezählt, verteilt auf eine Küstenlinie von rund 380 Kilometern. Ein Verhältnis, das für sich spricht – und ein Kapital, mit dem die Verantwortlichen künftig hoffentlich weise umzugehen wissen. Auch an der Küste des Lichts sind nämlich schon Feriensiedlungen entstanden, zum Glück allerdings bislang noch weitaus weniger und meist auch etwas geschmackvoller angelegt als an der benachbarten Costa del Sol. Einzelne Strände hervorzuheben, fällt angesichts der immensen Auswahl gar nicht so leicht. Einer der reizvollsten Strände der Provinz Cádiz ist sicher die von einer riesigen Düne bewachte Playa de Bolonia; weitere Strandschönheiten finden sich beispielsweise bei Zahara de los Atunes, im Gebiet zwischen Caños de Meca und Novo Sancti Petri sowie bei Rota und Chipiona. Die Küste der Provinz Huelva besteht, von den Flussmündungen abgesehen, fast nur aus Sandstränden, die sich allein zwischen Matalascañas und Mazagón über mehr als 25 Kilometer erstrecken; ähnlich schöne Strände gibt es auch zwischen Punta Umbría und El Rompido, östlich von Isla Cristina und an der Küste bei Ayamonte.

Fischerboot am Strand von La Antilla (Provinz Huelva)

Hintergründe & Infos

Ein erster Überblick	18	Anreise	40
Hintergrund: Andalusien	21	Unterwegs an der Costa de la Luz	43
Landschaft und Geographie	22	Übernachten	50
Flora und Fauna	25	Küche und Keller	54
Feiern Sie mit!	26	Wissenswertes von A bis Z	62
Geschichte	32		
Reiseziel Costa de la Luz	39		

Blick über die Dächer von Tarifa (Provinz Cádiz)

Ein erster Überblick

Zwischen dem Anfang der Küste bei Tarifa und ihrem Ende bei Ayamonte an der Grenze zu Portugal liegen gut 200 Kilometer. Luftlinie wohlgemerkt, denn auf der Straße sind zwischen den beiden Orten fast 340 Kilometer zurückzulegen.

Verantwortlich für diese große Diskrepanz ist der Río Guadalquivir, dessen Flussmündung im Nationalpark Coto de Doñana unter höchsten Schutz gestellt ist und die Costa de la Luz in zwei Bereiche teilt. Die „Küste des Lichts" kann deshalb nicht durchgängig bereist werden: Zwischen den beiden Provinzen Cádiz und Huelva ist der Umweg landeinwärts über Sevilla obligatorisch. Eigentlich handelt es sich also um zwei Küsten, die sich zudem über ein beträchtliches Gebiet erstrecken – Grund genug, an dieser Stelle schon einmal einen Überblick zu geben. Die Reihenfolge der Gebiete entspricht dabei dem Aufbau dieses Handbuchs.

Die Küste der Provinz Cádiz: Die Provinz Cádiz bildet derzeit sicher die häufiger bereiste Region der Lichtküste. Das hat durchaus seine Gründe. Einerseits sind die Transferzeiten von den Flughäfen in den meisten Fällen deutlich kürzer, vor allem aber offeriert die Provinz insgesamt gesehen das breitere Programm. Das Hinterland hier ist abwechslungsreicher als beim Nachbarn Huelva, die günstigere Lage und die besseren Verkehrsverbindungen ermöglichen eine Vielzahl reizvoller Ausflüge. Für Reisen zur Nebensaison vielleicht ebenfalls nicht ganz unwichtig ist das internationaler geprägte Publikum mancher (nicht aller!) Küstensiedlungen der Provinz Cádiz, das dort für eine deutlich längere Saison und damit letztlich auch für mehr Leben im Ort sorgt.

Ein erster Überblick

Wichtige Urlaubsorte Tarifa ist Windsurfers und Kiters Traum. Nirgendwo sonst an der durchaus nicht windstillen Costa de la Luz pfeift es so kräftig wie hier – für einen Badeurlaub trotz herrlicher Strände natürlich nicht ideal. Die Stadt selbst jedoch besitzt Charme, das Publikum ist international und bunt, die Saison lang.

Bolonia: Das winzige Örtchen besitzt nur eine Handvoll Einwohner und glänzt mit einem sehr schönen Strand, der in eine riesige Düne ausläuft. Die wenigen, meist recht schlichten Unterkünfte sind im Sommer oft belegt.

Zahara de los Atunes: Ein bescheidenes Fischernest, mit seinem kilometerlangen Strand und einigen recht guten Hotels gleichzeitig auch ein Feriendörfchen. Außerhalb der spanischen Urlaubssaison im Hochsommer geht es ausgesprochen ruhig zu in Zahara. Die etwas außerhalb gelegene Urbanisation Atlanterra ist keine Schönheit.

Los Caños de Meca: Die kleine Siedlung beim Kap Trafalgar war früher ein Hippie-Treffpunkt und besitzt auch heute noch einen gewissen kosmopolitischen Anstrich. Wunderbare Strände, an denen z. T. nackt gebadet wird, originelle Kneipen. Eher wenige Unterkünfte. Außerhalb der Sommersaison herrscht kaum Betrieb.

Zahora und **El Palmar de Vejer:** Zwei kleinere Strandsiedlungen jenseits des Kaps von Trafalgar. Einzeln stehende Häuser, umgeben von Bauernland; kilometerlange Strände. Vorwiegend schlichte Unterkünfte, allmählich jedoch im Visier der Touristikbranche. El Palmar ist fest in Hand der Surfer. Auch im Winter haben einige Bars und Restaurants geöffnet.

Vejer de la Frontera: Kein Urlaubsort im eigentlichen Sinn, sondern ein sehr attraktives „Weißes Dorf" einige Kilometer landeinwärts der Küste. Dank seiner verkehrsgünstigen Lage und dem recht vielfältigen Angebot an Unterkünften ist Vejer für Individualreisende jedoch eine Überlegung wert. Mit dem Auto bis vors Hotel zu fahren ist in den engen Altstadtgassen allerdings kaum möglich.

Conil de la Frontera: Ein Städtchen mit Eigenleben jenseits des Fremdenverkehrs, dazu lange, breite Strände, reichlich Bars und Restaurants sowie ein hübscher Ortskern. Nicht umsonst zählt Conil bei deutschen Urlaubern zu den beliebtesten Zielen der Lichtküste. Das Publikum der beiden Sprachschulen und die recht große Ausländerkolonie bringen auch zur Nebensaison Leben in den Ort.

Novo Sancti Petri: Ein ganz anderes Urlaubskonzept – Novo Sancti Petri ist eine erst Anfang der 90er-Jahre errichtete Feriensiedlung aus mehreren, praktisch ausschließlich pauschal gebuchten Großhotels der gehobenen Kategorie. Prima Strand mit reichlich Platz, viel deutsches Publikum, exzellente Sportmöglichkeiten, darunter ein berühmter Golfplatz. Wer die „echte Andalusien" kennenlernen möchte, sollte hier für ein paar Tage einen Mietwagen einplanen.

El Puerto de Santa María: In der quirligen Stadt an der Bucht von Cádiz spielt der internationale Fremdenverkehr kaum eine Rolle – als Urlaubsziel wird El Puerto ganz überwiegend von Spaniern besucht. Einen Ausflug wert ist die Stadt jedoch allemal, kommt dank der guten Verkehrsverbindungen auch als Standquartier für den Besuch von Cádiz in Betracht.

Rota: Auch diese Kleinstadt ist bislang, wie die gesamte Küste in diesem Gebiet, vorwiegend vom innerspanischen Tourismus geprägt. Erstklassige Strände sind an der Costa de la Luz ja fast schon Standard; beim Vergleich mit dem Nachbarstädtchen Chipiona besitzt Rota zur Nebensaison den vielleicht etwas lebendigeren Charakter.

Costa Ballena: Eine junge Feriensiedlung im landwirtschaftlich geprägten Gebiet zwischen Rota und Chipiona, an der noch eifrig gebaut wird. Hoch aufragende Kräne dürften hier für die nächste Zeit sicher ein alltäglicher Anblick bleiben. Der Strand, natürlich, ist wieder einmal prima.

Chipiona: Obwohl einzelne Hotels auch bei deutschen Veranstaltern gebucht werden können, ist Chipiona eine Hochburg spanischer Urlauber. Von etwa Mitte Juli bis Anfang September tobt hier denn auch das Leben, dann wird es schlagartig sehr ruhig in dem kleinen Städtchen. An den Stränden gibt es nichts zu mäkeln.

Sanlúcar de Barrameda: Die Kleinstadt an der Mündung des Río Guadalquivir ist kein Badeort im eigentlichen Sinn, besitzt aber ein gewisses Flair, einige gute Unterkünfte und zahlreiche feine Restaurants, bietet sich deshalb sowohl als Ausflugsziel wie auch als Zwischenstation für Individualreisende an.

Die Küste der Provinz Huelva: Hier steht vor allem das Stranderlebnis im Vordergrund. Die Provinz Huelva ist deutlich dünner besiedelt als die Provinz Cádiz, das Angebot an Ausflugszielen weniger vielfältig, und die Hauptstadt Huelva kann mit ihrer Konkurrentin Cádiz an Attraktivität schon gar nicht mithalten. Aber natürlich gibt es auch in der Provinz Huelva einiges zu erleben, insbesondere für Naturfreunde. Da hauptsächlich von Spaniern besucht, fällt die Saison an der hiesigen Küste ausgesprochen kurz aus. Noch im Juni und bereits wieder im September sind viele Feriensiedlungen fast menschenleer, von den Wochenenden einmal abgesehen. Etwas mehr Betrieb herrscht dann nur noch in den wenigen Küstenorten, die auch ein Eigenleben abseits des Fremdenverkehrs besitzen.

Wichtige Urlaubsorte Matalascañas ist eine reine, sehr ausgedehnte Feriensiedlung und der größte Touristenkomplex in der Provinz Huelva. Beim Ort erstrecken sich Dutzende von Kilometern bester Strand, schöne Ausflugsziele in der Umgebung sind der Nationalpark Doñana und das Dörfchen El Rocío.

Mazagón ähnelt Matalascañas im Charakter, ist aber etwas kleiner und besitzt weniger Hotels. Auch hier bietet der Strand reichlich Platz, von der Mündung des schwer verschmutzten Río Odiel sollte man jedoch geflissentlich Abstand halten.

Punta Umbría, auf einer Halbinsel gegenüber der Hauptstadt Huelva gelegen, ist sowohl ein Ferienort als auch ein prosperierendes Fischerstädtchen und deshalb auch außerhalb der Saison belebt. Prima Strände.

La Antilla: Früher ein Fischerörtchen, setzt La Antilla mit seinen langen Stränden inzwischen eindeutig auf den sommerlichen Fremdenverkehr. Die Zahl der Hotels und Pensionen ist jedoch gering, die Mehrzahl der fast ausschließlich spanischen Besucher wohnt in großen Apartmentanlagen.

Islantilla: Noch recht jung ist diese reinrassige Feriensiedlung, die mittlerweile praktisch schon mit La Antilla zusammengewachsen ist. Großer Golfplatz. Mehrere Hotels gehobener Kategorie, die praktisch ausschließlich pauschal gebucht werden. Die kilometerlangen Strände des Gebiets sind ein wahres Paradies für Strandwanderer und Muschelsucher.

Isla Cristina: Wie Punta Umbría eine Mischung aus Ferien- und Fischerstädtchen, weshalb sich Isla Cristina auch außerhalb der Sommersaison nicht völlig ausgestorben zeigt. Die Mehrzahl der Urlauber sind Spanier, die in eigenen Apartments wohnen, durch einige große Ferienhotels kommt aber auch internationaler Tourismus nach Isla Cristina. Zwischen hier und Islantilla erstreckt sich durchgehend feinster Strand.

Isla Canela und **Punta del Moral**: Die jüngsten Tourismusprojekte an der Küste von Huelva sind einander benachbart und liegen am früher praktisch jungfräulichen Strand einige Kilometer außerhalb des spanisch-portugiesischen Grenzstädtchens Ayamonte. Mehrere große Pauschalhotels.

Strahlendes Licht: am Strand von Bolonia (Provinz Cádiz)

Hintergrund: Andalusien

Die Costa de la Luz ist Teil Andalusiens, der zweitgrößten unter den insgesamt 17 Autonomen Gemeinschaften Spaniens. Von der Bevölkerungszahl her nimmt Andalusien mit mehr als acht Millionen Einwohnern sogar den landesweit ersten Rang ein.

Andalusien hat das Spanienbild im Ausland geprägt. Vieles, das als „typisch spanisch" angesehen wurde und wird, ist tatsächlich „typisch andalusisch", und auch das nicht mehr unbedingt. Andalusien ist die Heimat des Flamenco, des Sherry und des Stierkampfs. Carmen und Don Juan sind Andalusier. Andalusien, um nur einige der gängigen Vorstellungen aufzugreifen, bedeutet alte Männer auf Mauleseln, heißblütige Zigeuner und bitterarme Tagelöhner, bedeutet den Klang von Gitarren und Kastagnetten, den Anblick blumengeschmückter Innenhöfe und wilder Kampfstiere auf hitzeflirrenden Feldern. Klischees, gewiss. Doch so oft sie schon bemüht wurden, teilweise treffen sie immer noch zu. Sie sollten nur nicht vergessen lassen, dass es natürlich längst auch ein anderes, modernes Andalusien der Autobahnen, Hochgeschwindigkeitszüge und Top-Hotels gibt.

In Kürze: Andalusien

Fläche: 87.260 Quadratkilometer, größer als z. B. Österreich

Bevölkerung: Rund 8,4 Millionen Einwohner, die bevölkerungsreichste Region Spaniens. Fast jeder sechste Spanier ist Andalusier.

Bevölkerungsdichte: Etwa 96 Einwohner pro Quadratkilometer, knapp über dem spanischen Durchschnittswert. Siedlungszentren bilden die Küsten und das Tal des Guadalquivir. Viele Bergregionen sind dagegen geradezu menschenleer.

Verwaltung und Politik: Seit 1981 ist Andalusien als Comunidad Autónoma Andalucía eine der 17 teilautonomen Regionen Spaniens. 2007 stimmte die Mehrheit der Bevölkerung einem neuen Autonomiestatut zu, das der Comunidad mehr Kompetenzen gegenüber Madrid zusichert, die Einheit des Landes Spanien aber nicht in Frage stellt. Traditionell gilt die Autonome Gemeinschaft Andalusien als Hochburg der Sozialisten. Sie besitzt ein eigenes Parlament und eine eigene Regionalregierung, die Junta de Andalucía. Die teilweise Selbstverwaltung betrifft unter anderem die Bereiche Kultur, Soziales, Polizei, Tourismus und Umwelt.

Landesflagge: grün-weiß-grün

Provinzen: Andalusien ist in acht Provinzen eingeteilt, die nach ihren Hauptstädten benannt sind. Von Ost nach West: Almería, Granada, Jaén, Málaga, Córdoba, Sevilla, Cádiz, Huelva. Jede wird von einem gewählten Rat und einem ernannten Gouverneur regiert.

Hauptstadt: Sevilla (ca. 700.000 Ew.)

Gesellschaft: Zu den Außenseitern der andalusischen Gesellschaft zählen die „Gitanos" genannten Zigeuner, die rund ein Prozent der Bevölkerung ausmachen und unter einer extrem hohen Arbeitslosigkeit leiden. Eine weitere diskriminierte Bevölkerungsgruppe sind die aus Marokko über die Meerenge geflüchteten afrikanischen Immigranten, die mangels gültiger Papiere ihr Leben mit schlecht bezahlten Aushilfsjobs fristen müssen. Dabei haben diejenigen, die ins Land gelangt sind, noch Glück gehabt, denn die heimliche, von Schlepperbanden organisierte Überfahrt durch die gefährliche Straße von Gibraltar fordert alljährlich viele Opfer.

Wirtschaft: Andalusien zählt zu den ärmeren Gebieten Spaniens. Umso höher ist die Arbeitslosigkeit, besonders unter Jugendlichen. Die Landwirtschaft, die vor allem in den Provinzen Cádiz und Sevilla vorwiegend auf Großgrundbesitz betrieben wird, und der Fischfang sind traditionell die Basis der andalusischen Wirtschaft. Den weit überwiegenden Teil des Bruttoinlandsprodukts erwirtschaftet mittlerweile jedoch der Dienstleistungssektor, zu dem auch der Tourismus zählt. Der Bergbau steckt in einer schweren Krise, die Industrie spielt trotz der unübersehbaren Großanlagen z. B. um Cádiz und Huelva nur eine relativ geringe Rolle.

Tourismus-Website: www.andalucia.org

Vom Wind zerzaust: Küstenvegetation bei Caños de Meca

Landschaft und Geographie

Lange Sandstrände, Dünen, Kiefernwälder, Flussmündungen und Salzmarschen bestimmen das Landschaftsbild der Lichtküste. Das unmittelbare Hinterland ist überwiegend flach bis leicht hügelig.

Die Form der Costa de la Luz ähnelt einer nach Südwesten geöffneten Sichel, wobei das Gebiet zwischen Tarifa und Cádiz sozusagen den Griff bildet. Zwischen Anfang und Ende der Costa de la Luz liegen gut 200 Kilometer Luftlinie, doch beträgt die eigentliche Küstenlinie rund 380 Kilometer.

Gebirge im eigentlichen Sinn gibt es an der Costa de la Luz und ihrem unmittelbar anschließenden Hinterland nicht. Einzig im Süden der Provinz Cádiz ragen zwischen Tarifa und Barbate kleinere Sierras („Säge", nach der gezackten Form mancher spanischen Gebirgszüge") auf, die aber nur Höhen von etwa 400 bis 600 Metern erreichen. Nordwestlich von Barbate erstreckt sich noch sanftes Hügelland, dann wird die Landschaft flach und präsentiert sich zwischen Cádiz und dem westlichen Ende der Costa de la Luz bei Ayamonte fast bretteben. Weiter landeinwärts sieht es anders aus: Die Sierra de Grazalema im Nordosten der Provinz Cádiz steigt bis immerhin über 1600 Meter Höhe an, und die Sierra de Aracena im Norden der Provinz Huelva verfehlt die Tausendmetermarke nur knapp.

Flüsse sind ein prägendes Element der Costa de la Luz. Der breiteste und längste von ihnen, der Río Guadalquivir, bildet die Grenze der beiden Provinzen und hat von seiner Quelle in der Provinz Jaén aus schon fast ganz Andalusien durchflossen, bevor er bei Sanlúcar de Barrameda mündet. Andere große Flüsse der Region sind der Río Guadalete, der in die Bucht von Cádiz mündet, der Río Tinto und der Río Odiel bei Huelva sowie der Río Piedras bei Lepe. Der Río Guadiana bei Ayamonte schließlich markiert die Grenze zu Portugal und das Ende der Costa de la Luz.

Naturschutzgebiete

Marismas liegen im Mündungsgebiet von Flüssen und werden vom offenen Meer durch eine Landbarriere getrennt. An der flachen Costa de la Luz reichen diese Salzsümpfe oft weit landeinwärts. Durch den Wechsel von Ebbe und Flut steigt und sinkt der Wasserspiegel, Süß- und Salzwasser mischen sich. Die Marismas sind Heimat einer an das Salz angepassten Flora und vieler seltener Tiere, bieten insbesondere zahlreichen Vogelarten ein wichtiges Brutgebiet, Winterquartier oder eine Raststation auf ihren Zügen. Nicht umsonst wurden die Marismas von Barbate und der Bucht von Cádiz als Naturpark ausgewiesen, die Doñana als wichtigstes Vogelschutzgebiet Europas sogar als Nationalpark. Leider schützt das alle diese Gebiete nicht vor Abwasser- und Industrieeinleitungen in die dort mündenden Flüsse.

Sandstrände bilden ebenfalls ein Charakteristikum der Costa de la Luz und den weitaus größten Teil ihrer Uferlinie, insgesamt rund 270 Kilometer. In aller Regel sind die Strände der Lichtküste herrlich breit, werden häufig von Dünen und Kiefern- bzw. Pinienwäldern begleitet und bestehen aus feinem, hellen Sand, der manchmal mit angespülten Muscheln durchsetzt ist. Felsküsten hingegen sind selten an der Costa de la Luz. Sie beschränken sich auf kurze Abschnitte im Süden der Provinz Cádiz, wo sie zwischen Barbate und Caños de Meca sogar einen spektakuäären, bis zu hundert Meter tiefen Steilabfall bilden.

Naturschutzgebiete gibt es an der Costa de la Luz und in ihrem Hinterland in erfreulich großer Zahl. Die bedeutendsten sind als Nationalpark und, eine Stufe tiefer, als Naturpark klassifiziert.

Parque Nacional Coto de Doñana: Der einzige Nationalpark der Costa de la Luz zählt überwiegend zur Provinz Huelva. Die mehr als 50.000 Hektar große Zone im Mündungsgebiet des Río Guadalquivir in den Atlantik war lange Jahrhunderte königliches Jagdreservat und blieb deshalb nahezu unbebaut. Um den Nationalpark selbst erstreckt sich eine weitere Schutzzone, der Parque Natural Entorno de Doñana. Weltweite Bedeutung kommt dem Nationalpark insbesondere aufgrund seiner Funktion als Rückzugsgebiet und Raststation zahlreicher Vogelarten zu, darunter einiger sonst nur in Afrika heimischer Spezies. Das Kerngebiet des Nationalparks ist nur auf geführten Ausflügen zugänglich, die im Dokumentationszentrum El Acebuche unweit von Matalascañas beginnen. In der Provinz Cádiz bieten die Ausflüge ab Sanlúcar de Barrameda Gelegenheit zu einer Tour.

Parque Natural de la Sierra de Grazalema: Der über 47.000 Hektar große Gebirgspark

Natur pur: Bucht bei Conil (Provinz Cádiz)

erstreckt sich im Nordosten der Provinz Cádiz und reicht bis hinüber in die Nachbarprovinz Málaga. Er liegt in einer der niederschlagsreichsten Regionen Spaniens und zählt zu den ökologisch wertvollsten Landschaften des Landes. Unter den zahlreichen Arten von Greifvögeln gibt es große Bestände an Gänsegeiern.

Parque Natural Los Alcornocales: Los Alcornocales, ebenfalls im Grenzgebiet der Provinzen Cádiz und Málaga, schließt sich direkt südlich an den Park von Grazalema an, ist aber in der Durchschnittshöhe deutlich niedriger; eine teilweise aus Sandstein bestehende Mittelgebirgslandschaft der sehr ausgedehnten Korkeichenforste, die zusammen mit den Beständen an Eichen und Bergeichen einen Begriff davon geben, wie Spaniens einst riesige Wälder vor dem Einsetzen der Zivilisation einmal ausgesehen haben mögen. Hier leben Fischotter, Wildschwein, Königs- und Steinadler und auch der Uhu.

Parque Natural del Estrecho: Provinz Cádiz. Er erstreckt sich entlang der Meerenge zwischen Spanien und Afrika, reicht im Nordosten bis kurz vor Algeciras und im Nordwesten über Bolonia hinaus bis kurz vor die Urbanisation Atlanterra; ausgeklammert bleibt das Stadtgebiet von Tarifa. Besonders zahlreich im Park vertreten sind Vögel wie der Wanderfalke oder der Schwarze Milan; für Zugvögel bildet das Gebiet eine wichtige Raststation. Unter den Schutz des Naturparks gestellt ist auch die vorgelagerte artenreiche Meereswelt sowohl des Atlantiks als auch des Mittelmeers.

Parque Natural de la Breña y Marismas de Barbate: Provinz Cádiz. Ein nur kleiner Naturpark beiderseits der Stadt Barbate, der sich auf zwei Gebiete verteilt. Die östliche Zone umfasst das Sumpfland der Marismas des Río Barbate, die westliche reicht von den steil abstürzenden, teils bis zu 100 Meter hohen Küstenfelsen bei Caños de Meca bis ins hügelige, bewaldete Hinterland und beherbergt zahlreiche Vogelarten, darunter Silbermöwen und Reiher. Eine schöne Wanderung führt quer durch das Breña-Gebiet und entlang der Steilküste, siehe unter Caños de Meca.

Parque Natural Bahía de Cádiz: Provinz Cádiz. Von Industrie und Zersiedelung bedroht, bewahrt der Naturpark doch ausgedehnte Feuchtgebiete mit Marschen, Dünen und Salinen, die von einem System von Flutungs- und Abzugskanälen durchzogen werden und auch der Fischzucht dienen. Der Park ist Heimat einer Vielfalt an Pflanzen- und Tierarten, darunter Kormorane, Säbelschnäbler und auch Chamäleons.

Parque Natural Sierra de Aracena y Picos de Aroche: Der Naturpark im Norden der Provinz Huelva zählt zur Gebirgsregion der dünn besiedelten Sierra Morena und wird von ausgedehnten Wäldern aus Korkeichen und Kastanien sowie großen Weide- und Koppelflächen geprägt – ein idealer Lebensraum für die hier halbwild gehaltenen schwarzen Schweine, die mit die besten Schinken Spaniens liefern.

Landschaft bei Conil de la Frontera

Flora und Fauna

Die Pflanzen- und Tierwelt der Lichtküste ist nicht nur ein Resultat der südlichen Lage, sondern auch des menschlichen Einflusses.

Pflanzenwelt: Im Frühling ist die Costa de la Luz ein einziger blühender Garten, bringen selbst die kargsten Böden wahre Blumenmeere hervor. In der Sonnenglut des Sommers sind viele Blüten dann schon verdorrt. Nach den ersten Herbstregen sprießt es jedoch schon wieder allerorten.

Bäume und Wälder Wälder sind nicht mehr so zahlreich wie einst, wurden weite Gebiete doch schon von den Römern abgeholzt. Die vorherrschenden Bäume in Küstennähe sind Pinien, zu erkennen an ihrer schirmförmigen Krone, und Aleppokiefern. Stellenweise gibt es auch Zwergpalmen, die einzige einheimische Palmenart Europas. Landeinwärts wachsen vor allem Stein- und Korkeichen; häufig sieht man auch verwilderte Ölbäume und Johannisbrotbäume. Eine botanische Besonderheit der Sierra de Grazalema sind die Pinsapo-Tannen, eine seltene, uralte Koniferenart, die streng geschützt ist.

Las Dehesas: Die ausgedehnten, von Menschenhand geschaffenen Viehweiden der Dehesas sind typisch für die Sierra de Aracena und Teile der Provinz Cádiz. Es handelt sich um Stein- und Korkeichenwälder, die vom Unterholz gesäubert wurden und der Viehzucht, der Forstwirtschaft, aber auch der Gewinnung von Kork, Holzkohle und Honig dienen. Da sich menschliche Eingriffe in den nur extensiv bewirtschafteten Gebieten in engen Grenzen halten, sind sie Heimat einer artenreichen Tierwelt.

Kulturpflanzen Ein großer Teil der fruchtbaren Gebiete wird landwirtschaftlich genutzt. Hier gibt es große Olivenhaine und ausgedehnte Weingärten, besonders in der Provinz Huelva auch riesige Erdbeerfelder. Die hochstämmigen Dattelpalmen, die so manchen Boulevard zieren, wurden von den Mauren ins Land gebracht, ebenso die Orangenbäume, deren Duft viele Plätze umschmeichelt. Feigenkakteen (Opuntien) stammen ursprünglich vom amerikanischen Kontinent und werden häufig als Hecken gepflanzt. Sie schützen ihre herrlich süßen Früchte durch winzige, aber sehr lästige Stacheln – nicht anfassen! Aus Amerika importiert wurden auch die Agaven, eine Sukkulentenart, deren auffällige, meterhohen Blütenstände im Juni blühen. Nach der Blüte stirbt die Pflanze ab.

Tierwelt: Nur in den geschützten Gebieten hat sich noch eine artenreiche Tierwelt erhalten können. Besonders wichtige Rückzugsräume sind die Sierras im Landesinneren und die Marismas der Küste.

Säugetiere Große Säugetiere wird man nur selten in freier Wildbahn beobachten können. Zu erwähnen sind Hirsch, Wildschwein und Ginsterkatze; in der Sierra de Grazalema lebt vereinzelt der Steinbock. Der seltene Luchs findet im Doñana-Park eines seiner wichtigsten Refugien. Weit häufiger trifft man auf die mehr oder weniger domestizierten „Freunde des Menschen", von denen oft eigene Rassen erhalten sind: Kampfstier, das Iberische Schwein, Kartäuserpferd und Merinoschaf, außerdem natürlich Esel und Maulesel.

Vögel Vögel sind in besonderem Artenreichtum vertreten. In den Gebirgen kreisen noch andernorts selten gewordene Adlerarten, auch Geier sind vergleichsweise häufig zu beobachten. Die Feuchtgebiete der Küsten sind Heimat oder Raststation für zahlreiche Wasser- und Watvögel wie Reiher, Störche, Flamingos, Löffler und natürlich viele Entenarten.

Reptilien und Amphibien Schlangen begegnet man eventuell auf Wanderungen. Die meisten Arten sind ungiftig, es gibt jedoch auch Vipern, deren Biss gefährlich sein kann. Beste Vermeidungsstrategien sind in unübersichtlichem Gelände knöchelhohes Schuhwerk und lange, dicht gewebte Hosen, dazu ein fester Schritt: Schlangen flüchten, wenn man ihnen die Chance lässt. Vorsicht bei Steinhaufen und Ruinen! Dort leben auch Skorpione, deren Stich schmerzhaft, jedoch in der Regel nicht lebensbedrohlich ist. Heimisch sind außerdem verschiedene Eidechsenarten, selten auch Chamäleons.

Meerestiere Trotz der Bedrohung durch Fangflotten und Schleppnetze existieren noch zahlreiche Fischarten. Haie gibt es natürlich auch, doch braucht man vor ihnen keine Angst zu haben – Haiangriffe sind in spanischen Gewässern eine absolute Seltenheit. Delphine und Wale sieht man mit etwas Glück auf den Beobachtungstouren, die ab Tarifa stattfinden.

Feiern Sie mit!

In Spanien haben sich alte Traditionen lebendiger erhalten, als dies in den meisten anderen Ländern Westeuropas der Fall ist. Das gilt erst recht für die Costa de la Luz.

Feste

Andalusien ist das Land der Ferias und Fiestas – eine Reise ohne Teilnahme an einem dieser vor Lebensfreude überschäumenden Feste wäre nicht komplett. Ihre Zahl geht in die Tausende, feiert doch schon jedes Dorf einmal jährlich seinen Schutzpatron, und je nach Region und Anlass zeigen sie sich völlig unterschiedlich. Wein, Tanz, Musik und viel, viel Spaß fehlen jedoch nie.

Ferias entwickelten sich aus traditionellen Jahrmärkten zu allgemeinen Volksfesten, die nur teilweise noch Bezug zur Vergangenheit haben, aber immer ein erlebenswertes Ereignis sind. Oft sind sogenannte „Casetas" aufgebaut: Zelte oder Boxen, die Vereinen gehören oder von Familien gemietet sind, im ersten Fall meist frei zugänglich.

Fiestas sind religiösen Ursprungs, doch spielt das weltliche, lustbetonte Element immer auch eine Rolle: Spätestens nach der Prozession oder der Messe quellen die Bars über, wird gefeiert bis in den Morgen. So auch in der eigentlich als eher düster zu vermutenden Karwoche Semana Santa („Heilige Woche"). Neben der Karwoche existieren noch eine ganze Reihe ebenso reizvoller Großereignisse und zahllose unbekanntere und deshalb zumindest ursprünglichere Festivitäten.

Die Prozession beginnt: Semana Santa in Jerez

Hauptfeste im Bereich der Costa de la Luz

Carnaval (Karneval, Fasching), unter Franco wegen antikonservativer Gesinnung der Feiernden verboten, heute wieder ausgelassen wie eh und je. Die peppigsten Umzüge finden in Cádiz statt, doch feiern auch El Puerto de Santa María, Chipiona und Isla Cristina mit bunten Prozessionen.

Semana Santa, die Karwoche, zählt zu den berühmtesten Festen Andalusiens. Hauptakteure der Prozessionen sind die teilweise schon seit Jahrhunderten bestehenden religiösen Bruderschaften, die „Cofradías". Im Mittelpunkt stehen die oft uralten und teilweise künstlerisch wertvollen „Pasos", kostbar geschmückte Jesus- und Mariendarstellungen, die der ganze Stolz der Bruderschaften sind. Ein besonders bizarres Bild bieten die „Nazarenos" und „Penitentes" (Büßer), die in anonymen Kutten mit Spitzhauben à la Inquisition oder Ku-Klux-Klan den Zug begleiten. Die bedeutendsten Feierlichkeiten zur Semana Santa finden in Sevilla statt, gefolgt von Jerez, Arcos de la Frontera und Cádiz, doch wird die Heilige Woche in jedem Ort enthusiastisch begangen. Ostersonntag finden in Vejer und in Arcos de la Frontera Stiertreiben statt. *Termine der Semana Santa*: 2017 vom 9. bis 16. April, 2018 vom 25. März bis 1. April, 2019 vom 14. bis 21. April, 2020 vom 5. bis 12. April.

Feria de Abril, in Sevilla. Ein einwöchiges Frühlingsfest mit Hektolitern von Sherry, festlich gewandeten Reitern und üppig geschmückten Familienzelten. Voraussichtliche *Termine der Feria de Abril* (Änderungen möglich): 2017 vom 2. bis 7. Mai, 2018 vom 24. bis 29. April, 2019 vom 7. bis 12. Mai (ungewöhnlich spät), 2020 vom 28. April bis 3. Mai.

Feria del Caballo, Fest des Pferdes, Anfang, Mitte Mai in Jerez de la Frontera. Für Pferdefreunde ein „Muss"; mit üppigem Beiprogramm jedoch für jedermann interessant.

Romería del Rocío, an Pfingsten. Neben der Semana Santa und der Feria de Abril von Sevilla das berühmteste Fest Andalusiens, eine mehrtägige Wallfahrt zum Örtchen El Rocío in der Provinz Huelva. *Pfingstsonntag* liegt 2017 am 4. Juni, 2018 am 20. Mai, 2019 am 9. Juni und 2020 am 31. Mai.

Corpus Cristi, Fronleichnam. Der zweite Höhepunkt im kirchlichen Festkalender. Jedes kleine Dorf feiert, bedeutende Feste in Cádiz und Zahara de la Sierra.

Día de San Juan, vom 23. auf den 24. Juni, in vielen Orten. Ein Mittsommernachtsfest, das wirklich die ganze Nacht hindurch geht, große Feuerwerke.

Virgen del Carmen, am 16. Juli. Das Fest der Schutzheiligen der Fischer und Seeleute, in praktisch allen Hafenorten mit einer Meeresprozession begangen.

Fiestas Colombinas, Ende Juli, Anfang August in Huelva. Ein Fest zur Erinnerung an die Entdeckungsfahrten von Kolumbus und das bedeutendste von mehreren Festen dieser Art im Großraum Huelva.

La Virgen de la Asunción, Mariä Aufnahme in den Himmel (Mariä Himmelfahrt), am 15. August, in ganz Andalusien ebenso gefeiert wie im Rest Spaniens.

Carreras de Caballo, an wechselnden Terminen in der zweiten und vierten Augustwoche. Berühmte Pferderennen am Flussstrand von Sanlúcar de Barrameda.

Bienal de Flamenco, fast den ganzen September über, jedoch nur in geraden Jahren (2018, 2020), ein großes Flamencofestival in Sevilla.

Fiestas de la Vendimia, etwa Mitte September in Jerez, ein Fest der Weinlese mit zahlreichen Veranstaltungen.

Romerías nennen sich in Spanien die Wallfahrten zu einer oder einem Schutzheiligen. Die größte Wallfahrt Europas findet zu Pfingsten statt und führt zu dem winzigen Dörfchen El Rocío in der Provinz Huelva: Bis zu einer Million Menschen nehmen an dieser farbenprächtigen und ausgelassenen Romería teil.

Auf die schier unzähligen Feste der einzelnen Städte und Dörfer wird in diesem Handbuch in den jeweiligen Ortskapiteln noch näher eingegangen. Im Kasten deshalb nur eine Aufstellung der bedeutendsten Festivitäten – sowohl als Appetithäppchen wie auch als Anregung, sie bei der Urlaubsplanung zu berücksichtigen. Es lohnt sich! Achtung jedoch, bei vielen lokalen Festen sind Unterkünfte in aller Regel lange vorher ausgebucht.

Flamenco

Eine Spezialität Andalusiens, doch zu einem der spanischen Klischees schlechthin geworden. Dabei ist längst nicht alles Flamenco, was sich der Ausländer unter diesem Namen vorstellen mag.

So gibt es eine ganze Reihe andalusischer Volkstänze wie die Sevillanas oder die Malagueñas, die häufig mit dem eigentlichen Flamenco verwechselt werden. Seine Ursprünge hat der Flamenco, der „Blues Europas", wohl in der von der restlichen Bevölkerung Spaniens lange völlig abgeschotteten Volksgruppe der Gitanos. Die regionalen Anfänge liegen etwa im „Flamenco-Dreieck" zwischen Cádiz, Sevilla und Ronda. Nachgewiesen sind jedoch auch vielfältige andere Einflüsse, unter anderem aus Nordafrika, aber auch aus Pakistan und Indien. Heute besitzt der Flamenco drei Hauptelemente, den Gesang (cante), Tanz (baile) und das Gitarrenspiel (toque), doch war dem nicht immer so: Lange Zeit galt Flamenco als reine Gesangskunst des *cante jondo*, zu übersetzen etwa mit „tief empfundener Gesang", dessen Texte, getragen vom *duende* (dem „Geist" oder „Dämon" des Flamenco), sich um

Leidenschaftlich: Flamenco-Tänzer in Aktion

Trauer, Einsamkeit und Leidenschaft drehen. Erst im 19. Jh. folgte die Begleitung durch die Gitarre und dann auch erst der Tanz, den viele fälschlicherweise für den Kern des Flamenco halten; Kastagnetten übrigens gehören überhaupt nicht dazu. 2010 wurde der Flamenco (wie schon 2009 der Tango) von der Unesco in die Liste des immateriellen Welterbes aufgenommen.

Guten Flamenco zu erleben ist gar nicht so leicht, viele Vorführungen in den *tablaos* sind auf Touristen zugeschnitten. Allzu schlimm muss das, je nach Können und Engagement der Akteure, nicht unbedingt sein: Nur wenige können ernsthaft behaupten, den „guten, wahren, echten" Flamenco auch zu erkennen. Ganz passable Chancen, ihn zu erleben, hat derjenige, der auf Plakatankündigungen und Anzeigen in den Tageszeitungen achtet. Auch bei den verschiedenen Festen ist häufig hochklassiger Flamenco zu sehen, z. B. bei der Fiesta de la Bulería anlässlich des Herbstfestes von Jerez. An Wochenenden bieten die *peñas*, meist recht urige Lokale örtlicher Flamencovereine, oft kostenlose Aufführungen.

Infos Centro Andaluz de Flamenco, in Jerez de la Frontera, siehe dort; eine Adresse insbesondere für wissenschaftlich Interessierte, die sich mit dem Thema näher auseinandersetzen wollen. www.centroandaluz deflamenco.es. Ein gutes Flamencomuseum gibt es in Sevilla.

www.deflamenco.com, mit zahlreichen Artikeln und Veranstaltungshinweisen. Spanisch und Englisch.

Día del Flamenco, 16. November, das Datum, an dem die Unesco den Flamenco in die Liste des Welterbes aufnahm, mit Veranstaltungen in diversen Orten.

Stierkampf

In der Zuschauergunst wurde er zwar längst vom Fußball überholt, blieb aber dennoch sehr populär. Die Corrida de Toros („Lauf der Stiere" = Stierkampf) ist Gegenstand zahlreicher Diskussionen.

In Katalonien ist der Stierkampf seit 2012 sogar verboten, was freilich auch als politische, gegen die Zentralmacht in Madrid gerichtete Aktion zu verstehen ist. Quasi als Retourkutsche ließ die konservative Landesregierung den Stierkampf im November 2013 zum „immateriellen Kulturgut" erklären und ist nun der Ansicht, dass damit das katalanische Verbot hinfällig wäre. Auch in Andalusien ist der Stierkampf nicht mehr unumstritten. Wie er dazu steht, muss jeder für sich selbst entscheiden. Tierschützer – die sich ja hoffentlich auch als Naturschützer verstehen – sollten dennoch wissen, dass die Abschaffung des Stierkampfs gerade für Andalusien einige negative ökologische Folgen nach sich ziehen würde: „Zum einen handelt es sich beim Kampfstier um eine sehr ursprüngliche Rinderrasse, die ohne Stierkampf schnell aussterben würde, und zum anderen weiden diese Rinder bis zu ihrem Tod mehrere Jahre in ausgedehnten Dehesas und auf Weiden, die auch Lebensraum für seltene Tiere und Pflanzen sind und ihren wirtschaftlichen Wert eben durch diese Kampfstiere erhalten. Ohne diesen würden viele Weideflächen zu intensiven Landwirtschaftskulturen degradiert werden" (Roberto Cabo, Reiseführer Natur).

Die Saison dauert von April bis September, wobei längst nicht in jeder Stadt und an jedem Wochenende Kämpfe stattfinden – meist sind sie mit einer Fiesta verbunden. Landesweit soll es knapp 2000 Corridas pro Jahr geben, bei denen jeweils sechs Stiere getötet werden. Die berühmtesten Kämpfe Andalusiens, ein Fest für jeden „Aficionado" (Liebhaber des Stierkampfs), finden in der Regel zur Feria de Abril in Sevilla statt, gefolgt von denen der Feria de Caballo von Jerez.

Dramaturgie des Stierkampfs

Als Ritual verläuft ein Stierkampf immer gleich. Wer zuschaut, sollte zumindest die Grundabläufe kennen.

Paseo: Einmarsch der Teilnehmer, begleitet von einer Musikkapelle. Den beiden voranreitenden Dienern des *presidente*, der die Oberaufsicht hat, folgen die drei *matadores* („Töter", auch: espadas); der älteste links, der jüngste in der Mitte und der zweitälteste auf der rechten Seite. Sie werden jeder zwei Stiere töten und entsprechen dem, was man sich bei uns unter „Torero" vorstellt. Doch Toreros sind alle, die mit dem Stier arbeiten, also auch die Mannschaft (*cuadrilla*) der Matadore, nämlich die *banderilleros* und die *picadores* zu Pferd, die jenen folgen. Den Schluss des Zuges bilden die Helfer, die mit Maultieren die toten Stiere aus der Arena schleifen. Nachdem der Präsident den Schlüssel für das Stiertor in die Arena geworfen hat, geht es los.

Suerte de varas (auch: Suerte de la pica): Das erste Drittel (Tercio) des Kampfes. Zunächst „testet" der Matador den Stier mit der *capa*, einem schweren Tuch; er will damit Eigenheiten des Stiers und dessen Verfassung kennenlernen. Auf den Matador folgt der Picador auf einem gepanzerten Pferd. Seine Lanze soll den Stier genau in den Nackenmuskel treffen, um diesen zu schwächen und den Stier so dazu zu bringen, den Kopf unten zu halten. Oft übertreibt der ja in den Diensten des Matadors stehende Picador vorsichtshalber seine Aufgabe, obwohl er damit den Unmut des Publikums herausfordert.

Suerte de banderillas: Die Banderilleros sollen dem Stier die zwei *banderillas*, mit Widerhaken versehene Spieße, in den Nackenmuskel stoßen, und zwar so, dass sie dort steckenbleiben. Es gibt rund ein Dutzend Varianten, diese etwa 65 cm langen Spieße (je kürzer, desto gefährlicher für den Banderillero) zu setzen. Zweck der Übung ist es, den Nackenmuskel des Stiers weiter zu schwächen und gleichzeitig seine Angriffslust zu reizen. Damit sich der Stier jedoch nicht zu sehr an den Menschen gewöhnt, dauert dieses Drittel meist nur etwa fünf Minuten.

Suerte de matar: Das „Drittel des Tötens". Erneuter Auftritt des Matadors, diesmal mit dem roten Tuch *muleta*. Verschiedene Manöver mit der Muleta sollen den Stier für den tödlichen Degenstich vorbereiten; ist es soweit, folgt der Todesstoß *estocada*. Dabei versucht der Matador den Kopf des Stieres durch Reizen mit der Muleta zu senken, um den Degen möglichst tief – zwischen die Schulterblätter und nach Möglichkeit bis in die Aorta – zu versenken. Trifft er die richtige Stelle, ist das Tier auf der Stelle tot. Er kann sich aber auch so lächerlich machen, dass es Pfiffe oder gar Sitzkissen hagelt. Ein tödlich verwundeter Stier, der nicht mehr angreifen kann, darf auch mit einem Dolch den Gnadenstoß „*Descabello*" erhalten. Je nach seiner Leistung kann der Presidente dem Matador als Ehrung ein Ohr des Stiers, zwei Ohren oder, höchste Lobpreisung, zwei Ohren und den Schwanz verleihen.

Stierkampf

Die Preisspanne bei Eintrittskarten ist recht weit und hängt nicht zuletzt auch vom Renommee der Arena und des Matadors ab. Ein wichtiges Kriterium unter vielen ist die Frage, inwieweit die Plätze der Sonne ausgesetzt sind, da die Matadore es vorziehen, im Schatten zu arbeiten: *sol* (Sonne), *sol y sombra* (teils, teils; nur manchmal angeboten) und *sombra* (Schatten) sind die Kategorien. Die Zuschauerränge nennen sich *gradas*, im Unterschied z. B. zu den viel teureren Logen. Wer möglichst preisgünstig davonkommen will, wählt mithin *gradas sol* – von dort sieht er absolut alles, jedoch aus einem gewissen, fürs erste Mal sicher günstigen Abstand. Am preisgünstigsten sind die *novilladas*, bei denen hoffnungsvolle Nachwuchsmatadore ihr Debüt gegen Jungstiere ableisten. Allerdings können solche Veranstaltungen auch leicht zu einer üblen Schlächterei ausarten, wenn nämlich ein noch unerfahrener Matador den Stier beim Todesstoß wieder und wieder nicht richtig trifft.

Literatur zum Stierkampf Tod am Nachmittag, Ernest Hemingway. Der „Papa" war ein echter Kenner des Stierkampfs. Seine auch mit Fotografien versehene Stierkampf-Fibel zählt – wie jeder Aficionado bestätigen wird – zum Besten, was jemals über die Corrida geschrieben wurde. Ebenso kenntnisreich, wenn auch bezüglich des modernen Stierkampfs deutlich desillusionierter, ist Hemingways Jahrzehnte später geschriebener, erst aus dem Nachlass veröffentlichter **Gefährlicher Sommer**.

Internet-Infos www.portaltaurino.com, ein Stierkampfportal, das unter anderen Themen auch eine Vorschau auf künftige Kämpfe bietet. Bislang nur auf Spanisch.

www.ctol.org, die Site des „Club Taurino of London", größter Stierkampfclub der Welt. Riesige und qualifizierte Linkliste.

www.anti-corrida.de, die Gegenseite: eine Webpage deutscher Stierkampfgegner mit weiterführenden Links. Hier auch Infos zu den tierquälerischen „Vergnügungen" auf manchen spanischen Festen, die mit der eigentlichen Corrida nichts zu tun haben.

Unblutig: Stier- und Pferdeshow „A Campo Abierto" bei Medina Sidonia (Provinz Cádiz)

Zum Schutz vor Piraten errichtet: Wachturm bei El Palmar (Provinz Cádiz)

Geschichte

Die Vergangenheit als wichtiger Schlüssel zur Gegenwart: Andalusiens Geschichte hat die Region nachhaltig geprägt.

Bis heute nicht zu übersehen ist der Einfluss der Mauren, die fast acht Jahrhunderte in Andalusien herrschten: Jeder Orangenbaum, jede Palme erinnert ebenso an die Söhne Allahs wie der Alcázar von Jerez und die Giralda und die Torre del Oro von Sevilla. Und noch immer tragen viele Orte den Namenszusatz „de la Frontera", der auf die einstigen Grenzlinien im Kampf der Christen gegen die Mauren verweist. Doch hatten schon vor den Mauren die Phönizier und Römer ihre Spuren hinterlassen. Und nachdem das letzte arabische Reich in Andalusien gefallen war, machte sich die kastilische Herrschaftsschicht des nunmehr vereinigten Spanien daran, Andalusien nach ihren Vorstellungen zu gestalten. Gleichzeitig mit dem Fall Granadas war Amerika entdeckt worden. Karavellen, überbordend von Reichtümern, die dem neuen Kontinent entrissen worden waren, landeten in Cádiz und Sevilla, machten die Hafenstadt am Guadalquivir zur reichsten Metropole des Landes. Doch die politische Macht lag weiterhin bei Kastilien. Andalusien folgte den von Madrid aus gesteuerten Geschicken Spaniens, erlebte den Glanz des Weltreichs mit und bald darauf seinen Jahrhunderte währenden Niedergang. Geblieben ist die Struktur des Großgrundbesitzes, die noch auf die großzügige Landverteilung während der christlichen Rückeroberung zurückgeht und der Andalusien einen guten Teil seiner sozialen Probleme verdankt.

Vorgeschichte – Geheimnis um Tartessos: Die Ansiedelung des Menschen in Andalusien ist ab der Jungsteinzeit belegt. Als erste Bevölkerungsgruppe erwähnen antike Geschichtsschreiber die Iberer, aus Afrika eingewanderte Berber, die den-

Geschichte 33

noch als die „Urbevölkerung" Spaniens gelten. Auf sie geht vielleicht die sagenumwobene Stadt Tartessos zurück, die vermutlich an der Mündung des Río Guadalquivir lag und ihren Reichtum der Bronzeherstellung verdankte. Mancher vermutet in Tartessos gar das legendäre Atlantis.

Ab etwa 1100 v. Chr. – Phönizier gründen Cádiz: Im Gebiet um die Meerenge von Gibraltar gründen Phönizier verschiedene Handelsniederlassungen, darunter Gadir, das heutige Cádiz, die älteste Stadt Spaniens und ganz Westeuropas.

Ab etwa 241 v. Chr. – Karthager: Nach ihrer Niederlage im Ersten Punischen Krieg gegen Rom beginnen die Karthager (auch: Punier) in Südspanien mit der Errichtung eines neuen Reichs. Gadir wird ihr Ausgangspunkt zur Eroberung der spanischen Küsten.

Ab 201 v. Chr. – Romanisierung: Auch den Zweiten Punischen Krieg entscheiden die Römer schließlich für sich. Andalusien wird romanisiert, neue Städte wie Hispalis (Sevilla) werden gegründet, bestehende Siedlungen wie Gades (Cádiz) ausgebaut. Die Römer errichten Wasserleitungen, Handels- und Heeresstraßen und führen ihr grundlegendes Rechtssystem ein. 27 v. Chr. entsteht die römische Provinz Baetica, deren Grenzen schon ungefähr denen des heutigen Andalusien entsprechen. Aus Baetica stammen berühmte Kaiser wie Trajan und Hadrian, in Córdoba wird der Gelehrte, Philosoph und Staatsmann Seneca geboren.

Ab dem 5. Jh. – Westgoten: Über Jahrhunderte hinweg hatte sich Andalusien im römischen Frieden gesonnt, hatte mit Rom das Christentum angenommen und den langsamen Niedergang geteilt. Ab dem Anfang des 5. Jh. jedoch ziehen Alanen, Sueben, Vandalen und Westgoten eine Spur der Verwüstung durchs Land, liefern sich auch untereinander heftige Gefechte. Als militärisch stärkstes der rivalisierenden Germanenvölker erweisen sich die Westgoten, die schließlich das spanische Erbe Roms antreten. Kulturell tritt das Germanenvolk nur wenig in Erscheinung.

Ab 711 – maurische Eroberung: Im Frühjahr 711 setzen Berbertruppen unter ihrem Führer Tarik über die Meerenge von Gibraltar. Die Berber, ein von den Arabern unterworfenes Bergvolk, sind als „Moros" bekannt, als Mauren. Nach kaum drei Jahren ist der größte Teil Spaniens in ihrer Hand, nur wenige Gebiete im Norden sind ausgenommen. Das neue maurische Reich wird „Al-Andalus" genannt, nach Meinung mancher Historiker abgeleitet aus „Land der Vandalen", in jedem Fall aber der Vorläufer des heutigen Namens Andalusien.

Ab 756 – Omaijaden: Nach blutigen Machtkämpfen herrscht Abd ar-Rahman als Emir in Córdoba und beginnt mit dem Bau der Moschee Mezquita. Seine Nachfolger regieren (meist) weise und tolerant und führen Al-Andalus auf den Höhepunkt seines Glanzes. Glaubensfreiheit für Juden und Christen ist garantiert, Künste und Wissenschaften werden gefördert. Berühmte Gelehrte und Dichter des Orients wie auch des Abendlandes lehren an den Königshöfen, die arabischen Ärzte genießen Weltruf. Schulen und Krankenhäuser entstehen. Bewässerungsanlagen und Wasserräder werden installiert, Nutzpflanzen wie Orange, Zitrone, Aprikose, Aubergine, Artischocke, Feige, Zuckerrohr, Baumwolle und Reis eingeführt.

Um 1031 – Zerfall in Teilkönigreiche: Nach dem Tod des letzten großen Omaijadenherrschers Almansor folgt ein rascher Abstieg des Reichs. Die Nachfolgekämpfe reißen nicht ab. 1031 ist das Herrschaftsgebiet der Mauren in etwa 30 kleinere Teilkönigreiche, die sogenannten „Taifas", zerfallen. Unterdessen hat sich im Norden

Spaniens der Widerstand der christlichen Königreiche verstärkt. Die „Reconquista", die Rückeroberung des Landes, rückt langsam gen Süden vor. 1085 fällt die Festungsstadt Toledo in die Hände Alfons VI. von Kastilien.

Ab 1089 – Almoraviden: In ihrer Not wenden sich die maurischen Herrscher an das sehr religiöse und kriegerische Berbervolk der Almoraviden. In blutigen Schlachten gegen die christlichen Heere festigen die Almoraviden die maurischen Besitzungen noch einmal und etablieren eine Zentralregierung. Mit der Toleranz gegenüber Andersgläubigen ist es nun vorbei; Juden müssen ebenso um ihr Leben fürchten wie die Mozaraber, unter maurischer Herrschaft lebende Christen.

Ab 1148 – Almohaden: Noch schlimmer werden die Zeiten für andalusische Juden und Christen unter dem fundamentalistischen Regime der Almohaden, einer Berbersekte, die sich von Nordafrika aus auch Al-Andalus einverleibt. In Jerez errichten sie den Alcázar, in Sevilla die Giralda und die Torre del Oro. Doch treten die Almohaden ein schweres Erbe an, denn mittlerweile hat der christliche Widerstand eine neue Qualität erreicht: Die bislang rivalisierenden Einzelkönigreiche im Norden und der Mitte Spaniens haben sich im Zeichen des Kreuzes zusammengeschlossen.

Ab 1212 – Durchbruch der Reconquista: Die für die Mauren verheerende Schlacht bei Navas de Tolosa im Grenzgebiet zwischen Kastilien und Andalusien markiert am 16. Juli 1212 einen Wendepunkt. In der Folge zerbricht auch der Almohadenstaat in Teilkönigreiche, die eines nach dem anderen untergehen: 1236 fällt Córdoba, 1248 Sevilla, 1263 Cádiz und 1264 Jerez in die Hände der Christen.

Ab 1238 – Nasriden: Fast ganz Al-Andalus ist nun in den Händen der Christen. Es verbleibt nur das 1238 gegründete Emirat der Nasriden mit ihrer Hauptstadt Granada. Taktisches Geschick vor allem, weniger militärische Stärke, sichert den letzten maurischen Herrschern das Überleben auf spanischem Boden. In Granada entfaltet sich fortan noch ein letztes Mal alle Eleganz arabischer Hochkultur. Erneut feiern Kunst und Dichtung Höhepunkte, erneut ergänzen sich die drei Kulturen der Mauren, Juden und Christen, erneut blühen die Übersetzerschulen. Mit dem Märchenschloss der Alhambra schaffen sich die Mauren einen letzten orientalischen Traum der Schönheit in Spanien.

Ab 1469 – Los Reyes Católicos: Die Heirat von Isabella von Kastilien und Ferdinand von Aragón katapultiert die iberische Halbinsel in ein neues Zeitalter – erstmals kann nun mit Recht von einem Land „Spanien" gesprochen werden. „Los Reyes Católicos", die „Katholischen Könige", wie Isabella und Ferdinand genannt wurden, machen sich schnell daran, ihren Einfluss zu sichern. Der katholische Glaube wird als Instrument zur Einigung des spanischen Volks eingesetzt. Zunächst trifft es die meist wohlhabenden Juden, die unter Zwangstaufen und dem Wüten der Inquisition leiden. Ab 1481 beginnen die Katholischen Könige mit dem endgültigen Abschluss der Reconquista.

1492 – große Ereignisse: Im Januar 1492 kapituliert Granadas letzter Herrscher Boabdil, zieht kampflos aus der Stadt ab und rettet so die Alhambra vor der Zerstörung. Ganz Spanien ist nunmehr zurückerobert. Wenige Monate später setzt die systematische Vertreibung der Juden ein, eine Schwächung der wirtschaftlichen Leistungskraft des Landes, die fatale Folgen hätte haben müssen. Dazu kommt es jedoch vorläufig noch nicht: Während der Belagerung Granadas erhält ein Genueser von den Katholischen Königen die Erlaubnis, den Seeweg nach Indien zu suchen. Die Fahrt beginnt in Huelva, und am 12. Oktober 1492 entdeckt Christoph Kolumbus, in Spanien „Cristóbal Colón" genannt, Amerika.

18. Jh. – Bourbonenherrschaft

16. Jh. – Aufstieg und Fall der Weltmacht Spanien: 1516 geht die Thronfolge Spaniens an einen Habsburger über. Karl V. regiert als Carlos I. von Spanien das „Reich, in dem die Sonne nicht untergeht". Unter seiner Herrschaft werden die Kolonialgebiete ausgedehnt, Sevilla und später auch Cádiz nehmen durch den Warenverkehr einen ungeheuren Aufschwung. 1556 dankt Karl ab. Das Augenmerk seines Sohns Philipp (Felipe) II. gilt angesichts des sich ausbreitenden Protestantismus vor allem dem Erhalt der Macht der katholischen Kirche. Doch Philipps Kriege verschlingen viel Geld, Staatsverschuldung und Inflation steigen. Zwar steht Spanien auf der Höhe seiner Macht, sie ist jedoch unsichtbar bereits im Bröckeln begriffen. Zum Fiasko kommt es, als die protestantischen Niederlande, von England unterstützt, einen Aufstand beginnen. Philipps Antwort entwickelt sich zur Katastrophe: Die „Unbesiegbare Armada", Spaniens gewaltige Flotte, wird 1588 im Ärmelkanal verheerend geschlagen – der Beginn von Spaniens Niedergang als Seemacht.

17. Jh. – Spanien am Boden: Philipps Nachfolger zeigen sich als unfähige und schwache Regenten, die die Regierungsgeschäfte Günstlingen überlassen. 1609 werden unter Philipp III. Hunderttausende bisher verbliebener Mauren ausgewiesen, ein schwerer Aderlass für das ohnehin durch Auswanderung und Pest von Bevölkerungsrückgang betroffene Land. In einer Folge unnötiger Kriege verliert Spanien nacheinander die Niederlande, das Roussillon und auch Portugal. Die Kette der Niederlagen setzt sich fort in Kriegen gegen das aufstrebende Frankreich, die mit weiteren Territorialverlusten enden. Mit dem Tod des schwachen Königs Karl II. endet 1700 die habsburgische Linie. Das einst so glanzvolle Spanien liegt am Boden.

> ### El Siglo de Oro
> So sehr Spanien auch militärisch, wirtschaftlich und politisch absinkt, seine kulturelle Blüte dauert an und erreicht im 16. und 17. Jh. ihren Höhepunkt. Das „Goldene Jahrhundert" Spaniens wird geprägt durch Mystiker wie die heilige Theresa von Avila und Ignatius von Loyola, den Gründer des Jesuitenordens, durch Literaten wie Miguel de Cervantes („Don Quijote", erdacht im Gefängnis von Sevilla) und den Bühnenautor Calderón de la Barca, durch Maler wie El Greco und Velázquez. Letzterer, Hofmaler des Königs und mit vollem Namen Diego Velázquez de Silva (1599–1660) geheißen, ist der berühmteste Vertreter der Malerschule von Sevilla, der wohl herausragenden Künstlergruppierung Spaniens in jener Epoche, zu der auch Bartolomé Esteban Murillo, Juan de Valdés Leal und Francisco de Zurbarán zählen, letzterer zwar kein gebürtiger Andalusier, aber in Sevilla tätig.

18. Jh. – Bourbonenherrschaft: 1701 setzt der Spanische Erbfolgekrieg ein, in den halb Europa verwickelt ist und der sich in Spanien zusätzlich als Bürgerkrieg manifestiert. Zu jener Zeit greift sich England im Auftrag der Habsburger den Felsen Gibraltar. Der Frieden von Utrecht lässt 1713 den Bourbonen Philipp V. den Thron besteigen; Spanien muss jedoch die italienischen und verbliebenen niederländischen Besitzungen abtreten. Die nächsten Jahrzehnte sehen das Land als Verbündeten Frankreichs und unter reformfreudigen Herrschern. Karl IV. und sein Günstling Manuel de Godoy jedoch manövrieren das Land erneut in verschiedene Kriege. Der Höhepunkt des Desasters wird 1805 mit der verheerenden Niederlage gegen England in der Seeschlacht von Trafalgar am gleichnamigen Kap in der Provinz Cádiz erreicht.

19. Jh. – wirre Zeiten: 1808 installiert Napoleon mit Waffengewalt seinen Bruder Joseph Bonaparte als Herrscher Spaniens. Das Volk reagiert mit einem Aufstand, der sich zum Spanischen Unabhängigkeitskrieg ausweitet und nach sechs Jahren gewonnen wird.

Erste Gehversuche der Demokratie

Cádiz, die kosmopolitische Handelsstadt auf der kaum einnehmbaren Halbinsel, bildete damals das einzige von den Franzosen nicht eroberte spanische Territorium. Während die französischen Kriegsschiffe Cádiz beschossen, wurde hier von der Ständeversammlung, der Cortes, nach zweijähriger Beratungszeit unter permanentem Kanonendonner, 1812 die erste spanische Verfassung überhaupt verabschiedet. Für die damalige Zeit erwies sie sich als geradezu revolutionär, auch wenn sie kaum zur praktischen Anwendung gelangte – immerhin wurde damals von der freiheitlichen Seite der politische Begriff „liberal" geprägt.

Die Folgezeit bringt jedoch nur weitere Kriege und innenpolitisches Chaos. Zwischen 1840 und 1873 wechseln sich über dreißig Regierungen ab. Die Erste Republik 1873/74 scheitert binnen kurzer Zeit an innerer Zerrissenheit, im Amerikanisch-Spanischen Krieg von 1898 verliert Spanien nicht nur seine Flotte, sondern auch die Philippinen, Kuba und Puerto Rico und büßt damit endgültig den Traum vom Weltreich ein.

1900 bis 1936 – auf dem Weg in den Bürgerkrieg: In Spanien geht es nun drunter und drüber, auch wenn die Neutralität im Ersten Weltkrieg einen gewissen wirtschaftlichen Aufschwung ermöglicht. 1923 putscht General Primo de Rivera und errichtet eine Militärdiktatur. Doch auch er stolpert über innenpolitische Schwierigkeiten und tritt 1930 freiwillig ab. Die Zweite Republik, im April 1931 ausgerufen, ist nicht erfolgreicher. Zwischen 1934 und 1936 schlittert Spanien von einer politischen Krise in die nächste. Streiks überfluten das Land, die Rechte antwortet mit Mord, die Linke gibt mit gleicher Münze zurück – Spanien im Chaos.

1936 bis 1939 – Bürgerkrieg: 1936 mündet ein Militärputsch in den Spanischen Bürgerkrieg, dem über eine halbe Million Menschen zum Opfer fallen. „Bürgerkrieg" ist eigentlich das falsche Wort: Auf der einen, der letztlich siegreichen Seite der „Nationalen", steht eine Clique von gut ausgerüsteten, antidemokratischen Militärs, auf der anderen, der der „Republikaner", der Großteil der Bevölkerung. Andalusien hat im Bürgerkrieg noch relativ Glück im Unglück und gerät gleich zu Beginn fast völlig in die Hände der Franco-Truppen, bleibt deshalb von schwereren Verwüstungen verschont.

1939 bis 1975 – Franco-Diktatur: Der „Caudillo" und „Generalísimo" Francisco Franco Bahamonde wird zum spanischen Alptraum. Grundprinzipien seines diktatorischen Regimes, unterstützt durch Militär, Kirche und die rechtsextreme Falange-Partei, sind die absolute Autorität des Staates und die Unterdrückung aller abweichenden Auffassungen. Während des Zweiten Weltkriegs bleibt Spanien neutral und wird wenige Jahre danach im diplomatischen Verkehr wieder halbwegs „salonfähig"; 1959 befürwortet Adenauer vergeblich die Aufnahme in die NATO. Innenpolitisch hält die harte Linie über Jahrzehnte hinweg an. Am 20. November 1975 stirbt Franco – und in Spanien knallen die Sektkorken.

2004 bis 2011 – die Regierung Zapatero

Ab 1975 – endlich die Demokratie: Francos Nachfolger wird der vom „Caudillo" selbst erwählte König Juan Carlos I., ein Bourbone. Zunächst zaghaft, dann aber tatkräftig mit Hilfe des von ihm ernannten Ministerpräsidenten Adolfo Suárez González, bereitet Juan Carlos die Demokratie vor. 1977 finden die ersten freien Wahlen statt, 1978 erhält das Land eine demokratische Verfassung mit der Regierungsform der parlamentarischen Demokratie. 1981 erhält Andalusien als Comunidad Autónoma teilautonome Rechte. 1982 wird Spanien Mitglied der NATO. Damals übernimmt auch erstmals die sozialistische Partido Socialista del Obrero Español (PSOE) die Regierung, geführt von dem Andalusier Felipe González, unter dessen Führung die PSOE einen Sozialstaat moderner Prägung einrichtet. 1986 tritt Spanien der EG bei.

1978: Das spanische Volk stimmt der demokratischen Verfassung zu

1992 – Spaniens großes Jahr: Die 500-Jahr-Feier der Entdeckung Amerikas, die Olympischen Spiele in Barcelona, die Weltausstellung Expo in Sevilla, Madrid als Kulturhauptstadt Europas – Spanien im Festrausch. Die Preise steigen in schwindelnde Höhen, die Staatsschulden auch. Der großen Feier folgen Ernüchterung, wirtschaftliche Stagnation und horrende Arbeitslosigkeit.

1993 bis 1996 – Skandale, Skandale: Bei den Wahlen von 1993 wird die PSOE noch einmal stärkste Macht, doch ist ihr mit der konservativen Volkspartei Partido Popular (PP) ein starker Konkurrent erwachsen. Zudem kommt allmählich eine ganze Kette von Skandalen ans Licht. Vorgezogene Neuwahlen sind überfällig.

1996 bis 2004 – die Ära Aznar: Im März 1996 gewinnt die PP unter José María Aznar die vorgezogenen Parlamentswahlen. In einer Koalitionsregierung mit Basken und Katalanen gelingt es ihr, die Wirtschaft zu stabilisieren. Die Hürden zur Teilnahme am Euro werden ohne größere Probleme gemeistert, die Neuverschuldung gesenkt, die Inflation gebremst. Insgesamt gesehen darf Aznar durchaus zu Recht seinen Lieblingssatz verkünden: „España va bien". Bei den Parlamentswahlen 2000 erringt die PP, gestützt durch die erfreulichen Wirtschaftsdaten, deutliche 44,5 Prozent der Stimmen.

2004 bis 2011 – die Regierung Zapatero: Bei den spanischen Parlamentswahlen 2004 geschieht, was noch eine Woche vorher kaum ein politischer Beobachter vermutet hätte – die PP wird abgewählt. Ursächlich dafür war sicher auch der Versuch Aznars, das verheerende Al-Quaida-Attentat von Madrid (11. März 2004, für Spanier nur noch „11 M") in den Tagen vor der Wahl wider besseren Wissens der ETA anzulasten. Spaniens Umwelt kann der Regierungswechsel nur nützen, ebenso der Gleichstellung der Geschlechter – auf beiden Gebieten setzt der neue Regierungschef schon bald deutliche Akzente. Die spanischen Parlamentswahlen von März 2008 sehen erneut die PSOE unter Zapatero als Sieger. Zapateros zweite Amtsperiode wird freilich erheblich härter, als es die erste war. *La crisis*, die (Schulden-)Krise, hat das Land erfasst, und es scheint keinen Ausweg zu geben. Angesichts der katastrophalen Situation ruft Premier Zapatero vorgezogene Neuwahlen aus. Dass er selbst dabei nicht mehr antritt, ist alles andere als nobler Verzicht, sieht das Volk doch in ihm den Hauptschuldigen an der Misere – er hätte nicht den Hauch einer Chance gehabt.

2011 bis 2014 – große Veränderungen: Die vorgezogenen Wahlen zum spanischen Parlament am 20. November 2011 verlaufen wie allseits erwartet. Die PSOE erlebt das schlechteste Ergebnis ihrer Geschichte, Wahlsieger wird die PP unter Mariano Rajoy, die die absolute Mehrheit erreicht. Selbst in Andalusien wählen 46 Prozent die PP. Bei den Wahlen zum andalusischen Regionalparlament im März 2012 kippt die Stimmung schon wieder leicht. Zwar erhält die PP fast 41 Prozent, verfehlt damit aber die angepeilte absolute Mehrheit und sieht sich einer Regierungskoalition aus PSOE und der Vereinigten Linken IULV gegenüber.

Am 2. Juni 2014 kündigt der spanische König Juan Carlos, in den letzten Jahren alles andere als unumstritten, seinen Rücktritt an. Das Amt übernimmt sein Sohn Felipe VI., dem es mit ehrlichem und offenem Auftreten in kurzer Zeit gelingt, das verlorengegangene Vertrauen der Spanier in die Monarchie zurückzugewinnen.

Die politische Situation heute: Im Januar 2015 beendet Andalusiens PSOE-Regierungschefin Susana Díaz die Koalition mit der Vereinigten Linken und ruft vorgezogene Neuwahlen aus; ihr ehemaliger Partner, aber auch die PP vermuten wahltaktische Motive. Mit knapp 36 Prozent stärkste Partei wird, trotz deutlicher Verluste und weit entfernt von der absoluten Mehrheit, denn auch tasächlich die PSOE. Die PP verliert rund ein Drittel ihrer Sitze. Drittstärkste Kraft wird mit fast 15 Prozent die erst ein Jahr zuvor gegründete linke Protestpartei *Podemos* („Wir können"), die wirtschaftsliberale *Ciudadanos* („Bürger") erreicht gut neun Prozent. Die Ciudadanos ist es schließlich auch, die Susana Díaz zur Wiederwahl als Präsidentin Andalusiens verhilft und seitdem ihre Minderheitsregierung duldet.

Der drastische Umbruch der Parteienlandschaft, der sich bei den andalusischen Regionalwahlen schon abgezeichnet hatte, setzt sich bei den Parlamentswahlen im Dezember 2015 in ganz Spanien fort. Rajoys konservative PP wird zwar wieder stärkste Partei, sackt aber auf knapp 29 Prozent ab, die PSOE unter Pedro Sánchez auf 22 Prozent. Dafür holt das Volk neue Protagonisten auf die politische Bühne des Landes: Die Podemos springt aus dem Stand auf 21 Prozent, die Ciudadanos auf 14 Prozent. Der Niedergang des Zweiparteiensystems bringt jedoch neue Probleme mit sich. Rajoys PP ist für die Regierungsbildung auf einen Partner angewiesen – und der will sich nicht finden lassen. Nach mehreren gescheiterten Wahlgängen werden Neuwahlen ausgerufen.

Doch auch die Parlamentswahlen vom 26. Juni 2016 bringen keine wesentliche Änderung. Erneute Wahlen zeichnen sich ab, es wären die dritten in Folge innerhalb von nur zwölf Monaten gewesen. Erst eine Palastrevolution innerhalb der PSOE löst den Knoten: Sozialistenchef Sánchez, vehementer Gegner von Rajoy, tritt im Oktober 2016 zurück und macht den Weg frei für die Duldung Rajoys als Ministerpräsident und die Bildung einer Minderheitsregierung der PP. Die reine Wonne ist das Regieren für Rajoy freilich nicht. Zwar zeigen manche Wirtschaftsdaten wieder nach oben, und auch die Arbeitslosenrate scheint langsam zu sinken. Immer noch liegt sie freilich bei landesweit rund 20 Prozent; in Andalusien sind es knapp 30 Prozent, unter Jugendlichen sogar mehr als 50 Prozent. Die Neuverschuldung beträgt mit fünf Prozent des Bruttoinlandsprodukts zudem erheblich mehr als die von der EU vorgegebene Defizitgrenze von drei Prozent. Bis 2018 soll Spanien nun sein Defizit auf 2,2 Prozent verringern. Die neue Regierung wird also wieder verstärkt sparen müssen. Konflikte sind damit programmiert.

Der Weg ist das Ziel: Dünenpark „Parque Dunar" in Matalascañas

Reiseziel Costa de la Luz

Es gibt viele Möglichkeiten, die Küste des Lichts zu entdecken. Vorab stellt sich die Frage, ob es ein Pauschalurlaub oder eine Individualreise sein soll.

Pauschalurlaub oder Individualreise?

Pauschalurlaub, die vorgebuchte Kombination von Anreise, Unterkunft, Reiseleitung und meistens auch Verpflegung, ist in den wenigen echten Touristenzentren der Costa de la Luz die absolut vorherrschende Form des Fremdenverkehrs. In anderen Orten, wie z. B. in Vejer oder Tarifa, dominiert eher der Individualtourismus. Natürlich hat eine Pauschalreise ihre handfesten Vorteile. So werden Reiseveranstaltern oft erhebliche Nachlässe auf den Zimmerpreis eingeräumt – so manches noble Strandhotel, das bei privater Buchung ein sehr hohes Preisniveau aufweist, kann für Pauschalgäste durchaus bezahlbar bleiben. Außerdem hat man bei dieser Urlaubsform auch die Gewähr, wirklich ein Zimmer im gewünschten Quartier zu erhalten: In der Hochsaison, besonders in der Zeit ab Mitte Juli bis Ende August, gestaltet sich für Individualreisende die Suche nach einem freien Bett häufig sehr mühsam.

Individualreisen besitzen ebenfalls ihre Vorteile: Flexibilität bei der Wahl des Zeitraums, jederzeit möglicher Standortwechsel bei Nichtgefallen des Quartiers oder des gewählten Urlaubsorts, Unabhängigkeit von eventuellen Essenszeiten etc. Die Auswahl an Hotels und Pensionen ist üppig, die öffentlichen Verkehrsverbindungen sind überwiegend gut, Mietwagen relativ preiswert. Verbunden ist diese Reiseform allerdings mit einem höheren Aufwand bei der Planung, vor allem bei einer individuell durchgeführten Rundreise, der wohl schönsten Art, die Costa de la Luz zu erkunden. Wichtig ist dann auch die richtige Wahl des Zeitraums. Zur absoluten Hochsaison kann es sehr schwierig sein, ein freies Zimmer zu finden, doch sind auch schon im Juni und oft noch im September manche Urlaubsorte so gut gebucht, dass eine Reservierung ein paar Tage im voraus viel Ärger ersparen kann. Wer ganz sicher gehen will, das gewünschte Quartier zu erhalten oder längere Zeit am selben Ort verbringen möchte, sollte bereits ab der Heimat vorbuchen. Billiger als eine Pauschalreise ist eine individuell geplante Tour meist nur dann, wenn eher einfache Unterkünfte gewählt werden.

Anreise

Von allen spanischen Festlandsregionen liegt die Costa de la Luz am weitesten von Mitteleuropa entfernt. Immerhin sind von Hamburg bis Huelva gut 2600 Kilometer zurückzulegen, von Berlin bis Cádiz sogar mehr als 2800 Kilometer. Klar deshalb, dass der Flug die mit Abstand beliebteste Anreiseform darstellt.

Anreise mit dem Flugzeug

An Bequemlichkeit und Schnelligkeit nicht zu überbieten, oft sogar preisgünstiger als die übrigen Anreisevarianten.

Die reine Flugzeit nach Jerez de la Frontera beträgt z. B. ab München gerade mal drei Stunden. Die preisgünstigen Lowcostflüge und die Spar-Tarife der Liniengesellschaften sind allerdings aufgrund von hoher Nachfrage und von Kapazitätsbeschränkungen für die Hauptsaison schnell ausgebucht. Man sollte sich also rechtzeitig um das Ticket bemühen.

Flughäfen Wichtigster Airport für Lowcost-Airlines ist Jerez de la Frontera, gefolgt von Sevilla. Für Ziele im Westen der Provinz Huelva liegt der Flughafen im portugiesischen Faro am günstigsten. Falls sonst partout kein Platz mehr zu bekommen ist, bleibt als Alternative zumindest für die Provinz Cádiz noch der sehr häufig bediente Airport von Málaga.

Fahrradtransport und Mitnahme von Sportgepäck Beim Transport fallen fast grundsätzlich Extra-Gebühren an, bei Condor z. B. pro Strecke etwa 50 € für ein Fahrrad. Generell ist es ratsam, entsprechende Wünsche gleich bei der Flugbuchung anzugeben und auch Instruktionen über die nötige Transportverpackung einzuholen.

Klimabewusst reisen Bekanntermaßen trägt jeder Flug zur globalen Klimaerwärmung bei. Auf verschiedenen Websites wie z. B. **www.atmosfair.de** lässt sich mithilfe eines Emissionsrechners die Kohlendioxid-Belastung eines Flugs (z. B. München–Jerez und zurück: 1080 kg) berechnen. Gleichzeitig besteht die Möglichkeit, für Klimaschutzprojekte zu spenden, die das durch den Flug verursachte Aufkommen an Treibhausgasen wieder einsparen; nach Rechnung der Organisation wäre dies im genannten Fall durch eine Spende von 25 Euro möglich. Ähnlich arbeitet auch **www.myclimate.org**. ■

Anreise mit Auto oder Motorrad

Der Vorteil der Mobilität wird mit einer sehr langen Anreise sowie ziemlich hohen Fahrtkosten erkauft. Und, selten einkalkuliert: Parkplätze sind in spanischen Städten eine Rarität, Tiefgaragen teuer.

Rechnet man die Kosten genau durch, kommt die Anreise per Pkw teurer, als vielleicht zu erwarten wäre. Allein die Benzinkosten und Autobahngebühren schlagen für Hin- und Rückfahrt leicht mit 800 € zu Buche. Der bei solchen Rechnungen

Anreise mit Auto oder Motorrad 41

Spanien-Ikone: Der Stier von Osborne ist ein vertrautes Bild an Fernstraßen

gern vergessene Verschleiß am Fahrzeug ist dabei noch nicht einmal mit einbezogen. Hinzu kommt die lange Dauer der Anreise – drei Tage sind schon einzukalkulieren, soll die Fahrt nicht zur Tortur werden. Vor Ort bringt das Auto in Großstädten nur Nachteile. Wer Cádiz oder Sevilla noch nie besucht hat, kann sich kaum vorstellen, wie schwer es ist, dem Vehikel einen Platz für die Nacht zu sichern. Im Freien, so man tatsächlich einen Parkplatz gefunden hat, ist der Wagen extrem einbruchgefährdet. Parkgaragen nehmen abschreckende Gebühren von häufig mehr als 20 € pro Tag. Fazit: Die Anreise mit dem eigenen Fahrzeug lohnt sich, wenn überhaupt, wohl nur bei einem Aufenthalt von deutlich über drei Wochen.

Vor dem Start An Dokumenten werden Pass/Personalausweis sowie der nationale Führerschein und der Fahrzeugschein benötigt. Die Grüne Versicherungskarte ist nicht mehr Pflicht, wird bei Verkehrskontrollen aber dennoch häufig verlangt und ist deshalb dringend empfohlen. Eine nützliche Sprachhilfe im Fall des Falles bietet der „Europäische Unfallbericht", gratis erhältlich bei den Autoversicherern oder, meist gegen kleine Gebühr, den Automobilclubs.

Routenplanung Für die Anreise nach Spanien via Autobahn reicht praktisch jeder gebräuchliche Kartenmaßstab aus. Mitglieder mancher Automobilclubs können sich ein kostenloses Paket mit Übersichtskarten, Gebühreninformationen etc. zusammenstellen lassen. Routenplanung ist jedoch auch über das Internet möglich, z. B. www.viamichelin.de.

Hauptrouten Prinzipiell stehen zwei Hauptrouten zur Wahl: über die Rhônetalautobahn und entlang der Mittelmeerküste oder über Paris und Bordeaux zur nordspanischen Atlantikküste und weiter über Madrid. Die Kombination beider Routen kann vor allem für Süddeutsche interessant sein – bis Barcelona folgt man der Mittelmeerroute, dann geht es über Zaragoza und Madrid nach Sevilla. Welche Route im Einzelfall vorzuziehen ist, ist nicht nur eine Frage des Abfahrts- und Zielortes, sondern gewissermaßen auch des persönlichen Geschmacks.

Entlang der Mittelmeerküste: Ein Argument für diese Variante ist die bis weit nach Spanien hinein durchgehende Autobahn: Von den deutschen Grenzübergängen bis zum südspanischen Murcia braucht man die Autobahnen nicht zu verlassen und kann die Fahrt ab dort fast durchgängig über autobahnähnlich ausgebaute Nationalstraßen fortsetzen. In der Schweiz, in Frankreich und Spanien sind Autobahnen jedoch mautpflichtig. Gleichgültig, ob von Hamburg, Berlin oder München: Die kürzeste Anreise zum Mittelmeer erfolgt auf der Rhônetalautobahn zur spanischen Grenze. Bis Lyon, eventuell auch Valence, scheiden sich jedoch die Geister. Bayern und Österreicher fahren am kürzesten über die Schweiz (Vignettenpflicht!), der Westen der Republik am besten via Luxemburg bzw. Saarbrücken und Metz. Für die meisten anderen Abfahrtsorte ist die Strecke über die Rheintalautobahn zum Grenzübergang Mulhouse (Mühlhausen) die günstigste Wahl. Ab Lyon verläuft die Route über Orange und Narbonne zur französisch-spanischen Grenze bei Le Perthus/La Jonquera, etwa 460 Kilometer hinter Lyon gelegen. Barcelona wird auf der AP 7 umfahren, dann geht es weiter über Valencia und Alicante nach Murcia (ab Lyon gut 1200 km) und über die autobahnähnliche A 7 nach Puerto Lumbreras, die ab dort auf der ebenfalls vierspurigen A 92 N Richtung Granada. Je nach Ziel jetzt weiter via Málaga oder via Sevilla an die Costa de la Luz.

Über Madrid: Auf dieser Route bewegt man sich innerhalb Spaniens überwiegend auf Nationalstraßen, die als „Autovías" autobahnähnlich ausgebaut wurden, jedoch nicht mautpflichtig sind – für manchen vielleicht ein Grund, diese Variante zu wählen, die zudem in vielen Fällen auch etwas kürzer ist als die Mittelmeerroute.

Bis Paris sind je nach Abfahrtsort zwei Hauptstrecken möglich. Vom Raum Düsseldorf und damit auch vom Norden und Osten Deutschlands aus ist vor allem die Route über Aachen und Belgien zu empfehlen. Ab Südwestdeutschland ist dagegen die Strecke über Metz und Reims vorzuziehen. Von Paris geht es über Tours nach Bordeaux und zum französisch-spanischen Grenzübergang Hendaye/Irún, der etwa 790 Kilometer hinter Paris liegt. Weiter auf der A 8 zum Autobahnkreuz bei Bilbao (Bilbo), dann über die A 68 zum Kreuz bei Miranda de Ebro, nun auf der AP 1 bis Burgos, wo die Autobahn nach Umgehung der Stadt in die gebührenfreie, schnellstraßenähnlich ausgebaute A 1 übergeht, die schließlich vor Madrid in eine Ringautobahn (mautfrei) mündet. Von der Hauptstadt nimmt man die gebührenfreie A 4 nach Süden und erreicht via Córdoba und Sevilla die Costa de la Luz.

Anreise mit der Bahn

Mindestens 24 Stunden im Zug sind keine Kleinigkeit. Ein Preisvorteil gegenüber dem Flugzeug besteht zudem in der Regel nicht, von Sondertarifen für Gruppen etc. einmal abgesehen.

Neben der großen Distanz sind auch die nötigen Zwischenaufenthalte für die lange Dauer der Anreise verantwortlich – dreimal Umsteigen ist das Minimum. Je nach Abfahrts- und Zielort kann die Bahnreise an die Costa de la Luz deshalb durchaus auch 40 Stunden und mehr dauern. Ein Vorteil gegenüber dem Bus sind die möglichen Zwischenstopps auf der Strecke.

Info-Telefone der DB ✆ 01806 996633 („Mensch zu Mensch", gebührenpflichtig) und **0800 1507090** (Computeransagen, gebührenfrei), www.bahn.de.

Fahrradtransport: Das Rad per Bahn nach Spanien mitzunehmen, bedarf einiger Vorarbeit – die zur Verfügung stehenden Stellplätze sind begrenzt und in der Regel reservierungspflichtig. Informationen bei der DB und auf den Internet-Serviceseiten des Fahrradclubs ADFC.

DB: www.bahn.de/bahnundbike

ADFC: Hauptgeschäftsstelle Bremen, ✆ 0421/346290, www.adfc.de.

Anreise mit dem Bus

Rund ums Jahr ist die Costa de la Luz auch per Linienbus zu erreichen. Zwar sind die Busse komfortabel ausgestattet, eine Erholung ist die Fahrt von weit mehr als 30 Stunden jedoch nicht.

Die Busse der „Europäischen Fernlinienverkehre" (Eurolines, Europabus) verbinden Spanien mit vielen Städten Deutschlands. An der Costa de la Luz direkt zu erreichen sind so Cádiz, Chiclana de la Frontera, Conil de la Frontera, Huelva und Jerez de la Frontera; selbstverständlich fahren die Busse auch Sevilla an. Ansprechpartner in der Heimat ist meist die *Deutsche Touring*.

Modalitäten Zwei Gepäckstücke sind frei, Übergepäck gegen Aufpreis und nur, falls genug Platz ist.

Information, Buchungen Servicehotline ✆ 06196 2078-501069, www.eurolines.de.

Spanien: Hier ist die Buchung in praktisch jeder größeren Stadt möglich, Büros meist im dortigen Busbahnhof.

Fahrradtransport In den Linienbussen nicht möglich. Über mögliche Spezialveranstalter für Fahrradreisen nach Spanien informiert der ADFC, → „Anreise mit der Bahn".

Unterwegs an der Costa de la Luz

Das gute Verkehrsnetz der Costa de la Luz macht es leicht, die Küste und ihr Hinterland zu entdecken. Die Straßen sind überwiegend in ordentlichem Zustand. Das wichtigste öffentliche Verkehrsmittel ist der Bus, weit vor der Bahn.

Mit Auto oder Motorrad

Die Fahrweise der Spanier ist gelassener, als mancher vielleicht vermutet. Man fährt zwar flott, aber in aller Regel fair.

In den Städten stellt der Pkw allerdings nur eine Last dar. Die Orientierung dort ist oft schwierig, der Verkehr zu den Stoßzeiten erheblich, das Fahrzeug aufbruchgefährdet und ohne realistische Chance auf einen legalen und kostenlosen Parkplatz. Tiefgaragen sind teuer.

Straßennetz: Überwiegend in gutem Zustand und weiter im Ausbau. Neue Autobahnen entstehen, Ortsumgehungen werden angelegt. In abgelegeneren Gebieten und auf kleinen Straßen ist manchmal mit Schlaglöchern zu rechnen.

Autopistas: Autobahnen, die überwiegend gebührenpflichtig und mit die teuersten Europas sind. Die Costa de la Luz selbst besitzt nur wenige Autobahnen, nämlich die gebührenfreie A 49 Sevilla–Huelva und die AP 4 von Sevilla nach Cádiz, für deren etwa 95 Kilometer rund 7,50 € zu berappen sind. Die Bezahlung mit Kreditkarte ist möglich.

Autovías: Im Gegensatz zu den Autobahnen sind die Schnellstraßen Autovías gebührenfrei befahrbar. Besonders in der Provinz Cádiz wurden mehrere Autovías eingerichtet, darunter die A 381 Algeciras–Jerez via Alcalá de los Gazules. Ein weiterer Ausbau des Netzes ist geplant, z. B. die Verlängerung der A 48 Chiclana–Vejer de la Frontera bis Tarifa und die Erweiterung der A 382 Jerez–Arcos de la Frontera bis nach Antequera in der Provinz Málaga, doch geht es gegenwärtig nur langsam voran.

Parken: In Großstädten ist das Parken grundsätzlich ein heikles Kapitel. Auch aus Sicherheitsgründen ist es empfehlenswert, ein Parkhaus oder einen bewachten Parkplatz (aparcamiento vigilado) anzusteuern, beide durch ein weißes „P" auf blauem Grund gekennzeichnet.

Gelb markierte Bordsteine: Parkverbot, alternativ (oder gleichzeitig) auch durch die bei uns üblichen Schilder angezeigt.

Blau markierte Bordsteine: gebührenpflichtige Parkzone. An der nächsten Ecke steht ein Automat, den man je nach vorgesehener Parkdauer mit Münzen füttert; die Quittung gehört für den Parkwächter gut sichtbar unter die Windschutzscheibe. Auf dem Automaten stehen auch die Zeiten, in denen bezahlt werden muss; gebührenfrei parken darf man in der Regel sonntags, nachts und zur Siesta-Zeit.

La Grúa, der spanienweit gefürchtete Abschleppwagen, kommt schnell im Parkverbot und, bei längerer Überschreitung der Parkzeit, auch in den blauen Zonen. Alternative zur Grúa ist die an einem Rad befestigte Parkkralle, die das Fahrzeug lahmlegt; befreit wird es gegen eine saftige Strafgebühr von der nächsten Polizeistelle. Wer einen Strafzettel an der Scheibe findet, kann die Bezahlung dafür nicht mehr „vergessen", wie das früher gängige Praxis war: Geldbußen ab 70 € können nun europaweit eingetrieben werden. Und die spanischen Tarife sind hoch: Verbotenes Parken kann bis zu 90 € kosten.

„Parkwächter": Vor allem in Großstädten trifft man auf selbsternannte Parkwächter („Gorillas", darunter manchmal recht wilde Gesellen), die mit großen Gesten Autofahrer auf freie Parklücken aufmerksam machen, sie dort einweisen und auf ein Trinkgeld hoffen. Natürlich ist man zur Zahlung nicht verpflichtet. Aber auch Einheimische geben in einem solchen Fall meist einen kleinen Obolus (zumal dieser die Chance deutlich erhöht, das Fahrzeug unversehrt wiederzufinden ...). In manchen Gemeinden, in denen besonders viele Autos aufgebrochen werden, sind auch uniformierte Parkwächter unterwegs, die sich ebenfalls über eine kleine Spende freuen.

Diebstahl: Der Pkw selbst ist nicht gefährdeter als bei uns; Vorsichtige sichern ihn durch eine Zusatzsperre am Lenkrad. Autoaufbrüche dagegen sind in Andalusien immer noch eine Plage. Ausländische Wagen sind besonders beliebt, aber auch Mietwagen werden meist sofort erkannt. Gefährlich sind vor allem Großstädte wie Se-

Die Sierras im Inland besitzen traumhafte Motorradstrecken

villa, Cádiz und Jerez sowie alle Touristenregionen. Also Vorsicht: Nichts, aber auch gar nichts im Auto lassen; Handschuhfach und auch die Heckablage offen – die Chancen auf eine eingeschlagene Fensterscheibe stehen sonst gut. Vorsicht auch an Ampeln, Spezialisten greifen bei offenem Fenster blitzschnell Wertsachen aus dem Wageninneren. Bei Verlassen des Fahrzeugs immer den Zündschlüssel abziehen!

Unfall (*Accidente*): Bei kleineren Schäden einigt man sich in Spanien gern ohne Polizei und in bar, denn das Recht geht hier verschlungene Wege. Bei ernsthaften Beschädigungen Polizei holen, Namen und Anschrift, auch die Versicherungsnummer des Unfallgegners notieren sowie die Adressen etwaiger Zeugen; Fotos der Unfallstelle machen. Der „Europäische Unfallbericht" (→ Anreisekapitel) ist nützlich, Mitglieder von Automobilclubs sollten unbedingt ihre Notrufstationen konsultieren. Wieder in der Heimat, geht es an die Abwicklung des Schadens. Dabei hilft der Kontakt mit dem von der eigenen Haftpflicht benannten Schadensregulierer in Spanien, der sich mit der Versicherung des Unfallgegners in Verbindung setzen muss; den jeweils zuständigen Beauftragten nennt der *Zentralruf der Autoversicherer* unter der Telefonnummer 040 300330300 oder 0180 25026. Mittlerweile darf man als Geschädigter die Versicherung des Unfallgegners übrigens auch im Heimatland verklagen, wenn auch nach dem Recht des Unfall-Landes.

Notrufnummer ✆ 112, eine einheitliche Rufnummer für Feuerwehr, Ambulanz und Polizei.

ADAC-Notruf Rund um die Uhr: ✆ 0049 89 222222 (Fahrzeugschaden) bzw. 767676 (Verletzung/Krankheit).

Abschleppwagen/Werkstatt La Grúa heißt der Abschleppwagen, die Werkstatt nennt sich **Taller de reparaciones**.

Pannenhilfe (Auxilio en carretera): ✆ 900 112222. Ansprechpartner ist der spanische Automobilclub RACE.

Besonderheiten und abweichende Verkehrsbestimmungen in Spanien

Besonderheiten Kreisverkehre sind in Spanien viel häufiger als bei uns. Der Kreisverkehr hat immer Vorfahrt.

Linksabbiegen von Fernstraßen: Auf Überlandstraßen muss zum Linksabbiegen oft erst nach rechts abgebogen und die gerade verlassene Straße dann hinter einem Stoppschild auf direktem Weg überquert werden.

Linkseinbiegen in Fernstraßen: Ebenso ungewohnt – vielfach gibt es nach dem Linkseinbiegen zunächst eine Beschleunigungsspur, die links (!) von der eigentlichen Fahrspur verläuft. Durchgezogene Linien nicht überfahren!

Tanken Diesel nennt sich „gasóleo", Super bleifrei mit 95 Oktan „gasolina sin plomo" – nicht verwechseln!

Verkehrsverstöße/Strafen Wichtig zu wissen – die Strafen für Verkehrsvergehen liegen in Spanien weit höher als bei uns. So kostet Halten auf der Fahrbahn außerorts rund 200–400 €, eine Geschwindigkeitsüberschreitung um 20 km/h bis 300 €, Alkohol am Steuer ab 500 € usw. Wird man angehalten, sind die Strafen sofort zu zahlen, andernfalls wird der Wagen sichergestellt; bei extremen Überschreitungen (z. B. 110 km/h in Ortschaften, mehr als 0,6 mg/l Atemalkohol) ist mittlerweile auch Haft möglich. Achtung zudem, Bußgelder ab 70 € können jetzt EU-weit eingetrieben werden. Jeder Unfallbeteiligte ist verpflichtet, sich einem Alkohol- und Drogentest zu unterziehen.

Promillegrenze Die „Promillegrenze" liegt bei 0,25 mg/l Atemalkohol, was ungefähr 0,5 Promille Blutalkohol entspricht (falls der Führerschein noch keine zwei Jahre alt ist: 0,15 mg/l bzw. 0,3 Promille). Die Kontrollen sind strikt, die Strafen hoch.

Höchstgeschwindigkeiten Innerorts 50 km/h, außerorts 90 km/h (Wohnmobile

70 km/h), auf autobahnähnlichen Straßen 100 km/h (WoMo 80 km/h), Autobahnen 120 km/h (WoMo 90 km/h). Mit Anhänger auf Landstraßen 70 km/h, auf autobahnähnlichen Straßen und Autobahnen 80 km/h.

Überholverbot 100 m vor Kuppen und auf Straßen, die nicht mindestens auf 200 m zu überblicken sind.

Abschleppen durch Privatfahrzeuge ist verboten!

Gurtpflicht/Helmpflicht besteht sowohl inner- wie außerorts.

Reservekanister im Auto sind verboten.

Warndreiecke Ausländische Fahrzeuge benötigen nur ein Warndreieck, Autos mit einheimischen Kennzeichen jedoch zwei – das gilt auch für Mietwagen!

Weitere besondere Vorschriften Radar-Detektoren sind verboten, ebenso das Fahren mit Kopfhörern und die Benutzung von Handys und Headsets während der Fahrt – Ausnahme: „echte" Freisprechanlagen, die keine elektromagnetischen Störungen verursachen. Bei Unfällen, Pannen etc. außerorts muss beim Verlassen des Fahrzeugs eine reflektierende Warnweste getragen werden, beim Tanken müssen Motor, Licht, Musikanlage und auch das Handy ausgeschaltet sein.

Für Kinder unter 135 cm sind spezielle Rückhaltesysteme vorgeschrieben; verboten ist es, sie auf dem Beifahrersitz zu befördern, sofern auch Platz hinten im Wagen ist. Brillen- und Kontaktlinsenträger müssen einen Ersatz mitführen. Nach hinten überstehende Ladung muss mit einer genormten Warntafel gesichert sein. Sehr empfohlen wird die Mitnahme der Grünen Versicherungskarte sowie einer Box mit Reserve-Glühlampen.

Mietfahrzeuge

In Verbindung mit der Anreise per Flugzeug ist der Mietwagen sicher die komfortabelste Art, die Costa de la Luz zu entdecken. Im europaweiten Vergleich liegen die Preise für Mietwagen günstig.

Es muss ja auch nicht immer für den gesamten Urlaub ein Fahrzeug gemietet werden, denn in den großen Städten hat ein Mietauto dieselben Nachteile wie der eigene Wagen. Autovermietungen (*Alquiler de automóviles, Alquiler de coches*) finden sich an den Flughäfen, in zahlreichen Küstenorten und Großstädten. Meist lohnt es sich, mehrere Agenturen abzuklappern und die Preise und Konditionen zu vergleichen.

Wer schon zuhause weiß, wann genau er den Wagen benötigt, sollte möglichst ab der Heimat buchen. Das ist meist preisgünstiger als die Miete vor Ort, zudem hat man die Garantie, dass auch wirklich das Auto der Wahl verfügbar ist – in der Hochsaison kann es sonst schon mal eng werden.

Konditionen Mindestalter in der Regel 21 Jahre, Führerschein mindestens 1 Jahr alt; Mindestmietdauer 3 Tage. Die Angebote beinhalten – wichtiger Unterschied zur Anmietung in Spanien – auch alle Steuern. Daran gemessen, können sich die Preise internationaler Vermieter schon sehen lassen. Vollkaskoversicherung, Insassenversicherung und die Deckungssummen der Haftpflicht werden unterschiedlich gehandhabt: beim Preisvergleich auch darauf achten.

Vermittler www.billiger-mietwagen.de vergleicht die Preise von renommierten Vermittlern wie Cardelmar, Auto Europe etc. Alle vermitteln sie vorab Mietverträge, die dann vor Ort mit einem Vermieter abgeschlossen werden; die Preise liegen dabei in aller Regel deutlich unter denen einer Direktmiete. Beim Vergleich auch auf Details wie Gerichtsstand, Tankregelung (Rückgabe mit vollem Tank ist günstiger als der Ankauf einer Tankfüllung bei Anmietung und Abgabe mit leerem Tank), Selbstbehalt der Vollkaskoversicherung usw. achten.

Zum Vergleich einige weitere Internet-Vermittler: www.spanien-leihwagen.com, www.doyouspain.de, www.carjet.com, alle drei von Lesern empfohlen. Auch viele Reisebüros vermitteln Mietwagen in Spanien; ratsam, auch hier genau auf die Vertragsbedingungen zu achten.

Kleines Verkehrsschild-Glossar für Auto- und Motorradfahrer

Spanisch	Deutsch	Spanisch	Deutsch
Atención/ Cuidado	Achtung/ Vorsicht	Peaje	Mautgebühr
		Peatones	Fußgänger
Bandas sonoras	Holperschwellen	Peligro	Gefahr
Cambio de sentido	Wendemöglichkeit	Prohibido aparcar (avisamos grúa)	Parken verboten (wir rufen den Abschleppwagen)
Carga y descarga	Be- und Entladen	Prohibido estacionar	Parken verboten
Carretera cortada	Straße gesperrt	Prohibido el paso	Durchfahrt verboten
Ceda el paso	Vorfahrt gewähren	Respete las señales	Beschilderungen befolgen
Centro Ciudad	Stadtzentrum	Semáforo	Ampel
Circunvalación	Ortsumgehung	Salida	Ausfahrt
Curvas	Kurven	Solo turismos	Nur für Pkw
Desvío	Umleitung	Velocidad	Geschwindigkeit
Garaje	Garage	Vientos laterales	Seitenwinde
Obras	Straßenbauarbeiten	Zona peatonal	Fußgängerzone

Öffentliche Verkehrsmittel

Bahn: Entlang der Costa de la Luz spielt der Zug keine wichtige Rolle. Bahnlinien, beide abseits der Küste, gibt es nur zwischen Cádiz und Sevilla und zwischen Sevilla und Huelva.

Bus: An der Costa de la Luz das öffentliche Verkehrsmittel Nummer eins, zuverlässig und preisgünstig. Hundert Buskilometer kosten im Schnitt etwa acht Euro. Größere Ortschaften besitzen meist einen Busbahnhof, in kleineren Siedlungen gibt es dagegen meist nur eine Haltestelle, die nicht immer deutlich gekennzeichnet ist. Gekauft wird das Ticket dann im Bus, über die Abfahrtszeiten weiß in der Regel die nächstgelegene Bar Bescheid. Das Angebot verteilt sich auf verschiedene Gesellschaften; zu den wichtigsten gehören „Comes", „Los Amarillos" und „Linesur" in der Provinz Cádiz sowie „Damas" in der Provinz Huelva.

Achtung An Sonn- und Feiertagen, teilweise auch an Samstagen, verkehren die Busse deutlich seltener, auf manchen Strecken überhaupt nicht. Das gilt ebenso während des Winterfahrplans. Unsere Angaben beziehen sich auf Werktage im Sommerhalbjahr; zur Hochsaison von etwa Mitte Juli bis Ende August sind oft noch zusätzliche Busse unterwegs.

Fahrpläne sind an den Busbahnhöfen und in den Infostellen erhältlich, z. T. auch im Internet (leider meist nur auf Spanisch).

www.movelia.es, ein Portal zur Suche von Busverbindungen. Funktioniert nur auf Routen, deren Gesellschaften dem Suchsystem angeschlossen sind.

www.cmtbc.es, Portal für den Verkehr in der Bucht von Cádiz inklusive Jerez de la Frontera, etwas schwierig zu navigieren. Ähnliche Seiten sind www.ctmcg.com für den Großraum Campo de Gibraltar (Algeciras etc.) und für den Großraum Sevilla www.consorciotransportes-sevilla.com.

www.alsa.es, der Gigant im spanischen Busverkehr, an der Costa de la Luz bislang aber weniger stark vertreten.

www.tgcomes.es, Busse in bzw. von und zur Provinz Cádiz.

www.grupovalenzuela.com, Busse der ehemaligen Linesur ab Sevilla, z. B. Richtung Jerez und Algeciras.

www.losamarillos.es, vorwiegend tätig im Bereich Sevilla und Cádiz.

www.damas-sa.es, für die Provinz Huelva.

Stadtverkehr

Einmal angekommen, wird man andalusische Innenstädte ganz überwiegend zu Fuß erobern. Zur Überbrückung größerer Distanzen, etwa vom außerhalb gelegenen Busbahnhof ins Zentrum, empfiehlt sich der Bus oder das Taxi.

Stadtbusse: Die Einzelfahrt kostet in der Regel etwa einen Euro. Noch günstiger sind die häufig angebotenen Zehnertickets, meist „Bono-Bus" genannt und am Kiosk oder im Tabakgeschäft („Estanco") zu erstehen.

Sightseeing-Busse In einer Reihe von Städten werden Stadtrundfahrten angeboten, bei denen man an den einzelnen Haltestellen nach Belieben aus- und zusteigen kann. Erläuterungen zu den Sehenswürdigkeiten an der Route gibt es per Kopfhörer, meist auch in Deutsch. Die Tickets, in der Regel 24 Stunden lang gültig, sind mit Preisen um die 18 € nicht unbedingt ein Sonderangebot. Vorsicht auf dem meist offenen Oberdeck der Busse: Durch den Fahrtwind spürt man die Sonneneinstrahlung kaum, schützen Sie sich unbedingt mit einer Mütze.

Taxis: In Städten breit vertreten. Man kann sie während der Fahrt heranwinken (grünes Dachlicht: frei) oder an einem der Taxistände einsteigen. Spanische Taxis besitzen fast immer Taxameter und sind in aller Regel günstiger als bei uns. Die Preise variieren von Stadt zu Stadt, Zuschläge werden u. a. für Gepäck, Hunde sowie Fahrten von und zum Bahnhof, Busbahnhof oder Flughafen erhoben. Betrug ist selten.

Friedliche Koexistenz

Mit dem Fahrrad an der Costa de la Luz

Radtouren an der Costa de la Luz können viel Spaß machen, der oft heftige Wind allerdings stellt ein Problem dar. Günstige Reisezeiten sind das Frühjahr und der Herbst, im Hochsommer wird es heiß.

Entlang der Küste ist die Landschaft ganz überwiegend flach, und auch das teilweise hügelige Hinterland sollte trainierte Radler vor keine unüberwindlichen Probleme stellen. Das Verkehrsaufkommen hält sich, von den Großräumen um die Städte abgesehen, meist in Grenzen. Generell empfiehlt es sich, die Tour möglichst nicht gerade in die Hauptreisezeit zu legen, da dann die Verkehrsbelastung stark ansteigt. Auf manchen Strecken kann man auch auf Nebenstraßen ausweichen. Zwischen den Provinzen Cádiz und Huelva bleibt allerdings auch dem Radler der Weg landeinwärts über Sevilla nicht erspart.

Mit dem Fahrrad an der Costa de la Luz

Fahrradwege sind bislang eine Seltenheit und nur gelegentlich in größeren Städten sowie im Umkreis von Ferienorten anzutreffen. Spaniens Autofahrer zeigen sich jedoch meist von der rücksichtsvollen Seite. Der Asphalt ist mit normaler Reisebereifung gut zu befahren, für schmale Rennradreifen ist er teilweise etwas grob. Achtung: Vor dem Start neue Mäntel aufziehen, Ersatzschläuche einpacken – nicht alle Größen sind in Spanien erhältlich.

Verkehrsvorschriften Ob die Polizei diese überall durchsetzt, mag fraglich sein, darauf einstellen sollte man sich jedoch.

Helmpflicht besteht grundsätzlich außerhalb geschlossener Ortschaften, für unter 16-Jährige auch innerorts.

Reflektierende Kleidung ist nachts Pflicht.

Promillegrenze: 0,5 Promille

Fahrradanhänger für den Transport von Kindern sind verboten. Leser fuhren zwar dennoch unbeanstandet mehrere hundert Kilometer auf diese Weise, doch kann die Reise ebensogut bei der ersten Polizeikontrolle beendet sein. Gestattet ist die Mitnahme von Kindern nur auf einem Kindersitz.

Fahrradverleih Die Zahl der Verleihstationen ist insgesamt gering. Am besten stehen die Chancen noch in den touristisch ausgerichteten Bergregionen, größeren Fremdenverkehrsorten der Küsten und in manchen Städten. In letzter Zeit haben einige Städte (Cádiz, Sevilla) auch Verleihsysteme installiert, für die man sich allerdings registrieren und manchmal auch eine Kaution hinterlegen muss, was die Sache für den Reisenden eher unpraktisch macht. Besonderer Beliebtheit erfreut sich auch in Spanien das Mountainbike, „Bicicleta todo terreno" (All-Gelände-Rad) genannt und BTT abgekürzt. Für die teuren Räder sind allerdings auch entsprechende Mietpreise zu bezahlen.

Fahrradtransport im Regionalbus Per Bus klappt der Fahrradtransport oft erstaunlich gut, rechtzeitige Anfrage bei den Agenturen vorausgesetzt. Je nach Gesellschaft kann eine gewisse Gebühr anfallen. Sinnvoll ist es, möglichst früh vor Ort zu sein und an den Ausgangspunkten einer Linie einzusteigen, bei Zwischenhaltestellen kann es eventuell problematisch werden. In der Regel muss nur das Vorderrad ausgebaut und die Kette abgedeckt, eventuell auch der Lenker verdreht werden. Die Vorschriften allerdings verlangen bei nahezu allen Busgesellschaften die Verpackung in eine spezielle Radtransporttasche, worüber viele Busfahrer locker hinwegsehen. Falls nicht, können zwei große Müllsäcke (die für Baumüll), seitlich aufgeschnitten und mit Klebeband zum provisorischen Radsack verbunden, Abhilfe schaffen.

Spritztour: Unterwegs im Naturpark bei El Puerto de Sta. Maria (Provinz Cádiz)

Gegründet 1928: die Paradores-Kette

Übernachten

Die Angebotsskala reicht von der einfachen Pension bis zum Luxushotel im umgebauten Stadtpalast. Je nach Budget und Ansprüchen finden sich Doppelzimmer zu 40 € ebenso wie solche zu 400 €.

Schwierigkeiten bei der Quartiersuche können sich in der *Karwoche* generell (Höchstsaison!) sowie an der Küste in den Monaten *Juli* und *August* ergeben. Vor allem im August, wenn ganz Spanien in Urlaub ist, sind viele der Hotels in den Feriengebieten am Meer bis aufs letzte Bett belegt. Wer dann Probleme hat, eine Unterkunft zu finden, wendet sich am besten an die örtliche Touristeninformation, die noch am ehesten weiß, wo sich noch freie Zimmer finden. Solche Misslichkeiten können auch bei den sogenannten *Puentes* („Brücken") auftreten: Lange Wochenenden, an denen der Feiertag auf einen Donnerstag/Freitag oder Montag/Dienstag fällt, werden gerne zu Kurzreisen genutzt. Ähnliches gilt für berühmte *Fiestas* und *Großveranstaltungen*. Während des Motorradrennens Gran Premio de España, das Ende April/Anfang Mai in Jerez stattfindet, ist z. B. die gesamte Provinz Cádiz samt ihrer Nachbarregionen regelmäßig fast ausgebucht.

> **Preisangaben**: Die in diesem Handbuch genannten Preise beziehen sich auf die Übernachtung für zwei Personen im Doppelzimmer (DZ) und auf die reguläre Hochsaison (HS) und Nebensaison (NS). Sie beinhalten die Mehrwertsteuer IVA und sind als ungefährer Anhaltspunkt zu verstehen; Tagespreise im Internet können vor allem bei Last-Minute-Buchung auch deutlich niedriger liegen. Bei besonderen Ereignissen wie Messen und großen Festen ist dagegen oft mit weit höheren Preisen zu rechnen!

Übernachten

Außerhalb der Sommersaison ergeben sich andere Schwierigkeiten, denn dann haben manche Küstenhotels geschlossen. Wir geben bei den Hotelbeschreibungen nach Möglichkeit die Öffnungszeiten mit an. Dort, wo diesbezüglich nichts vermerkt ist, etwa in Städten, hat die Herberge in der Regel ganzjährig geöffnet.

Hotel-Klassifizierung: Die Einstufung der spanischen Unterkünfte wird von den örtlichen Behörden vorgenommen. Doch ist die Zahl der Sterne nicht unbedingt aussagekräftig, da sie sich vor allem an bestimmten Ausstattungsdetails orientiert. Ein Einsternhotel kann ohne weiteres besser möbliert und moderner sein als der Nachbar in der Dreisternklasse. Auch eine besonders schöne Architektur oder Lage oder eine freundliche Atmosphäre werden von diesem System natürlich nicht erfasst.

Hotel/Hotel-Residencia (H/HR) Diese Kategorie entspricht in etwa unseren Hotels, die Spanne liegt zwischen einem und fünf Sternen. Das Angebot reicht vom sterilen 300-Betten-Klotz bis zum familiären Traditionshotel. Hotel-Residencias und Hotels garni, bieten also mangels Restaurant nur Frühstück an, doch ist diese Zusatzbezeichnung im Aussterben begriffen. *Paradores* sind einer staatlichen Hotelkette angeschlossene Betriebe, die jeweils drei bis vier Sterne aufweisen. Kennzeichnend für Paradores ist ihre schöne Lage und/oder die Unterbringung in klassischen und stilvollen Gemäuern wie umgebauten Klöstern, Burgen etc. Im Winter schließen manche Paradores für einige Wochen, meist im Januar/Februar.

Hostal (Hs)/Pensión (P) Etwa mit unseren Gasthöfen oder Pensionen vergleichbar. Hostals besitzen ein oder zwei Sterne, bei Pensionen gibt es keine Sterne. Theoretisch sollten Hostals eine geringfügig bessere Ausstattung aufweisen, in der Praxis rangieren beide Kategorien jedoch in aller Regel auf etwa demselben Niveau, das im Normalfall unter dem der Einsternhotels liegt. Es gibt jedoch ganz hervorragende Unterkünfte, die aus steuerlichen Gründen die Klassifizierung als Pension oder Hostal vorziehen.

Fonda (F) Einfachstunterkünfte auf dem Land oder in Großstädten. Eine offiziell abgeschaffte Kategorie, auch wenn die Bezeichnung „Fonda" gelegentlich als Namensbestandteil (auch von Restaurants) dient und dann meist eine gewisse Rustikalität vermitteln soll.

Übernachtungs-Tipps für Individualreisende Unterkunftsverzeichnisse informieren über Kategorie und Adressen. Kostenlose Listen für die jeweilige Stadt sind oft bei den Infostellen vor Ort erhältlich; teilweise sind sie allerdings nicht vollständig.

Preise: Die Mehrwertsteuer IVA (10 %) ist nicht immer inklusive („incluido"), sondern wird manchmal erst bei Erstellen der Rechnung aufgeschlagen.

Beschwerden: Jeder Beherbergungsbetrieb muss Beschwerdeformulare („Hojas de Reclamación") zur Verfügung stellen; meist verhilft schon die Frage danach zur gütlichen Einigung. Falls nicht: Die Beschwerdeformulare dürfen auch auf Deutsch ausgefüllt werden. Der Wirt erhält nur den rosa Durchschlag, das weiße Original kann z. B. im Fremdenverkehrsamt abgegeben werden und den grünen Durchschlag behält der Reisende. Schon die Drohung mit dem Gang zum Fremdenverkehrsamt, z. B. bei überhöhten Preisen, zieht fast immer.

Singles haben es oft schwer in Spanien: Nicht jeder Beherbergungsbetrieb verfügt über Einzelzimmer. Besonders in Pensionen sind sie relativ selten; eine preislich akzeptable Alternative bilden die Einsternhotels. Wo vorhanden, muss man in etwa mit 70 Prozent des Doppelzimmerpreises rechnen. Ob Doppelzimmer verbilligt als Einzelzimmer abgegeben werden, steht allerdings im Ermessen des Hoteliers.

Außen- und Innenzimmer: Vor allem in Städten eine bedeutsame Unterscheidung. Außenzimmer (habitación exterior) besitzen Fenster zur Straße, was sie heller, luftiger und oft leider auch lauter macht. Innenzimmer (habitación interior) gehen auf einen Lichtschacht oder im günstigeren und selteneren Fall auf einen Innenhof; sie sind in aller Regel dunkler, gleichzeitig oft auch ruhiger.

Frühaufsteher: Wer gewohnt ist, morgens früh aufzustehen, sollte besonders in kleineren Hotels und Pensionen sicher gehen, dass er das auch kann: Meist bleibt die Pforte nämlich bis morgens um 8.30 Uhr verschlossen. Unbedingt abends absprechen, dass man früh raus will!

Reservierungen: Um keine üblen Überraschungen zu erleben, empfiehlt sich auch bei flexibler Reisegestaltung zumindest ein Anruf am Vortag.

Hotelbuchungsportale wie www.booking.com, www.hotel.de und www.hrs.de bieten einen guten Überblick über die aktuelle Marktsituation und teilweise auch günstigere Preise als bei Direktbuchung.

Ferienhäuser und Apartments: In vielen Küstengebieten flächendeckend vertreten, finden sich Ferienhäuser und Apartments seit einigen Jahren verstärkt auch im Inland. Die Miete ist allerdings meist nur wochenweise, im Sommer z. T. sogar nur monatlich möglich. Generell gilt: Je mehr Personen sich zur Miete einer Einheit zusammentun, desto billiger wird es pro Kopf.

Einige Veranstalter und Vermittler
Terraviva, Ferienhäuser und Wohnungen.
✆ 06022/5096960, www.terraviva.de.

Interhome Ferienwohnungen von Privat.
✆ 02421/1220, www.interhome.de.

www.atraveo.de und **www.fewo-direkt.de** vermitteln online ebenfalls zahlreiche Objekte in Andalusien. Über eine nachgerade gigantische Auswahl verfügt die spanische Seite **www.niumba.com**.

RAAR (Red Andaluza de Alojamientes Rurales): Diese Vereinigung von Privatvermietern offeriert Ferienwohnungen und ganze Häuser in ländlichen Regionen. Broschüre und zentrale Buchung bei RAAR, Telefon ab Deutschland 0034 902 442233, www.raar.es.

Lokal tätige Agenturen haben sich auf bestimmte Gebiete spezialisiert und kennen sich dort natürlich besonders gut aus. Eine empfehlenswerte Adresse z. B. für Conil und Umgebung ist „Casa Andaluza", Näheres im Text zu Conil de la Frontera.

Fast schon ein Hoteldorf: Castellar de la Frontera

Camping

Das Angebot an Plätzen ist ordentlich, ihre Ausstattung in der Regel auch. Die Preise liegen nicht niedrig. Im Sommer wird es voll.

Klassifiziert sind alle spanischen Plätze in folgende Kategorien: Luxus (an der Costa de la Luz bislang nicht vorhanden); 1. Kategorie (meist auch sehr gut ausgestattet); 2. Kat. (Durchschnitt), 3. Kat. (eher selten, magere Ausstattung).). Hinzu kommen die sog. „besonderen Campingformen"; die Bezeichnung „Camping Cortijo" steht beispielsweise für Camping auf dem Bauernhof. Alle Plätze müssen ein Depot zur Abgabe von Wertsachen unterhalten. Ein guter Online-Führer der Vereinigung spanischer Campingclubs (FECC) findet sich unter www.guiacampingfecc.com.

Mobiles Campen: die Huckepack-Variante

Öffnungszeiten: Dank des milden Klimas sind relativ viele Plätze rund ums Jahr in Betrieb. Die Öffnungszeiten der nur saisonal geöffneten Plätze schwanken zwar, zwischen Anfang Juni und Mitte, Ende September hält aber praktisch jeder geöffnet. Offizielle Betriebszeiten sind im Text angegeben, doch nicht immer verlässlich: Bei Mangel an Kundschaft wird auch mal früher geschlossen oder später geöffnet. Am engsten wird es auf den Campingplätzen ab etwa Mitte Juli bis Ende August, doch riskiert man nur selten, abgewiesen zu werden.

Preise: Den gebotenen Luxus lassen sich die besseren Plätze auch gut bezahlen – 30 € ist man zu zweit und mit Auto zur Hochsaison ganz schnell los, auf sehr guten Plätzen können es auch noch leicht ein paar Euro mehr werden. Die Preise vieler Plätze splitten sich nach Hochsaison und Nebensaison auf, die von Camping zu Camping unterschiedliche Zeiten haben können. Berechnet werden die Preise in der Regel separat nach Personen, Auto und Zelt; unsere Angaben beziehen sich auf die Hochsaison und auf kleine Zelte. Manche Plätze vermieten die Stellflächen auch pauschal beziehungsweise zu hohem Grundbetrag plus Aufschlag nach Personenzahl – unangenehm für Einzelreisende, oft auch für zwei Personen noch eine Verteuerung gegenüber dem anderen System. In der Provinz Cádiz ist dieses auf den Preislisten oft „Parcela minimo" genannte Abrechnungsverfahren zur Hochsaison leider schon fast die Regel geworden: Dort müssen dann auch Einzelreisende mit Fahrrad häufig den Preis für ein Zelt, ein Auto und zwei bis drei Personen löhnen; in der Nebensaison wird dagegen meist akkurat nach tatsächlicher Belegung kassiert.

Schlicht, aber köstlich: frittierte Meeresfrüchte

Küche und Keller

Andalusiens Küche steht nicht gerade im Ruf, die raffinierteste Spaniens zu sein, hat aber doch einige echte Leckereien vorzuweisen. Weltberühmt und vielgepriesen sind die hiesigen Tapas und die Weine aus Jerez.

Spanien als Billigland, das ist lange vorbei. Dennoch isst man hier immer noch vergleichsweise preisgünstig und dabei erstaunlich gut. Wer rechnen will oder muss, kann zum *Menú del día* greifen: Dieses „Tagesmenü" wird – meist nur mittags und nur an Werktagen – in einfachen bis leicht gehobenen Gaststätten angeboten und liefert zu Preisen zwischen durchschnittlich etwa zwölf bis 15 Euro keine kulinarischen Höhenflüge, im Normalfall aber solide Kost inklusive (nicht mehr grundsätzlich, aber meistens) mindestens einem Viertel Wein oder einer Flasche Wasser.

Frühstück (*Desayuno*): Überall in Spanien ist man diesbezüglich mit wenig zufrieden – ein Milchkaffee und ein Croissant oder auch ein Stück Süßgebäck reichen den meisten Spaniern völlig aus. Eine spanische Frühstücksspezialität sind *Tostadas*, geröstetes Weißbrot vom Vortag (meist mit großer Auswahl an Aufstrich, viele Spanier begnügen sich jedoch mit Olivenöl und/oder Tomatenpaste). Besonders sonntags beliebt sind auch *Churros con chocolate*, Fettgebäck mit süßer flüssiger Schokolade.

Mittagessen (*Comida, Almuerzo*): Zumindest an Werktagen ist das Mittagessen für Spanier die wichtigste Mahlzeit des Tages. Es beginnt keinesfalls vor 13 Uhr, meist sogar erst um 14 Uhr oder noch später. Traditionell besteht das Mittagessen aus Vorspeise, Hauptgericht und Nachspeise.

Abendessen (*Cena*): Zum Abendessen braucht man nicht vor 21 Uhr anzutreten. Spanier fangen kaum vor 22 Uhr an und retten sich deshalb am späten Nachmittag gern noch mit einem Imbiss (*Merienda*, oft Kaffee und Kuchen) oder am frühen Abend mit diversen Tapas über die Runden.

Platz nehmen In gehobenen Restaurants wird man vom Kellner platziert. In Spanien ist es absolut nicht üblich, sich zu einem Fremden an den Tisch zu setzen. Auch wenn das Restaurant knallvoll und ein großer Tisch nur von einer einzelnen Person belegt ist – zu fragen, ob man Platz nehmen kann oder sehnsüchtig auf die freien Stühle zu starren, gilt als ausgesprochen unhöflich.

Zahlen Die Rechnung verlangt man mit „La cuenta, por favor", noch höflicher ist „La cuenta, cuando pueda". Der Umgang mit der spanischen Mehrwertsteuer IVA wird unterschiedlich gehandhabt: Meist sind die auf der Karte angegebenen Preise inklusive; vor allem in teureren Restaurants werden die zehn Prozent jedoch manchmal auch erst beim Zahlen auf den Gesamtbetrag aufgeschlagen. In Spanien ist getrenntes Zahlen die Ausnahme. Üblicherweise begleicht einer am Tisch die Rechnung und die anderen geben ihm ihren Anteil oder übernehmen die nächste Runde.

Trinkgeld Beim Bezahlen lässt man sich zunächst genau herausgeben und dann, je nach Zufriedenheit mit der Bedienung, einen angemessenen Betrag auf dem Tellerchen liegen. Die übliche Zehn-Prozent-Regelung wird gemeinhin nicht so eng gesehen.

Lokale

Bars: Schlicht die Kneipe ums Eck. In Spanien ist sie kein Platz, an dem man ganze Abende verbringt. Hinein, etwas getrunken, vielleicht eine Kleinigkeit gegessen, und weiter in die nächste. Chromblitzende Bars mit neuzeitlicher Ausstattung sind die Regel, mit etwas Suchen findet sich auch Gemütlicheres. *Bodegas* sind urige Weinschänken auf der untersten Stufe der Preisskala, *Cervecerías* ihr etwas teureres Pendant, in dem vornehmlich Bier getrunken wird.

Tapas sind herzhafte, leckere Kleinigkeiten aller Art. Verbreitet sind sie in ganz Spanien, doch ist Andalusien ihre Hochburg. Oliven in tausendundeiner Variation, ein Scheibchen Schinken, frittierte Fischchen, ein Stück Tortilla – die Auswahl ist bestechend. Oft sind Tapas in Vitrinen angeordnet, so dass man durch Deuten auch mal unbekanntere Varianten ordern kann. Am besten fragt man vorab schon mal, worum es sich handelt: *Pescado* (Fisch), *Mariscos* (Meeresfrüchte) oder *Carne* (Fleisch)?

Bocadillos sind belegte Weißbrote ohne Butter, etwa in der Art von Baguettes, ideal für den sättigenden Imbiss zwischendurch und nur in den einfacheren Bars zu haben. Die Auswahl ist ähnlich breit wie bei Tapas, reicht von Wurst und Schinken über Käse bis hin zu Sardellen und Tortilla.

Platos combinados gibt es vor allem in Cafeterías, die besonders in Großstädten zu finden sind. Es handelt sich um meist willkürliche und fettreiche Zusammenstellungen, z. B. Wurst mit Spiegelei, Tomate und Pommes.

Spanisch	Deutsch
Tapas	**„Häppchen"**
Aceitunas	Oliven
Albóndigas	„Fleischbällchen"
Anchoas	Sardellen
Boquerones	„Fischchen"
Callos	Kutteln
Caracoles	Schnecken
Champiñones	Champignons
Ensaladilla rusa	Russischer Salat
Empanadas	gefüllte Teigtasche
Habas	Bohnen
Patatas („Papas") bravas	Kartoffeln scharf
Bocadillos	**belegte Weißbrote**
Atún	Thunfisch (meist Dose)
Butifarra	Schweinswurst
Chorizo	Dauerwurst
Jamón serrano	Schinken (roh)
Jamón York	Schinken (gekocht)
Lomo	warmer Kochschinken
Queso	Käse
Salchichón	Art Salami

Restaurantes: Ein komplettes Essen im Restaurant besteht mindestens aus Vorspeise (*primero*), Hauptgericht (*segundo*) und Nachspeise (*postre*). Anders als in Italien ist der Wirt jedoch nicht böse, wenn man es bei Salat und Hauptgericht belässt. Im Inneren von Restaurantes weist oft ein Schild auf den *Comedor* hin: Es zeigt den Weg zum Speisesaal.

Bar-Restaurantes sind ein meist recht preiswertes Mittelding zwischen beiden, als Restaurant oft nicht zu erkennen. Bar-Restaurantes sind auch der richtige Ort für *Raciones*, eine Art „Über-Tapa", nämlich eine ganze Portion vom Gleichen wie z. B. eine Schinkenplatte. Falls man am Tresen essen kann, so fällt das immer etwas preisgünstiger aus als am Tisch.

Chiringuitos nennen sich die Lokale am Strand, ursprünglich rustikale Kneipen mit einfachem Speiseangebot, heute manchmal aber auch veritable und trotz des schlichten Erscheinungsbilds nicht immer preisgünstige Restaurants.

Marisquerías servieren vorwiegend Fisch und Meeresfrüchte. In Andalusien sind sie, anders als die gehobenen Lokalitäten gleichen Namens in Katalonien oder auf den Balearen, meist gar nicht teuer.

Spanische und andalusische Spezialitäten

Für den mitteleuropäischen Magen vielleicht etwas ungewohnt (aber gesund) ist die reichliche Verwendung von Olivenöl. Spanien ist der weltgrößte Olivenproduzent und Andalusien wiederum die spanische Hauptregion des Anbaus.

Vorspeisen (Entremeses), Salate (Ensaladas) und Suppen (Sopas)

Zu den beliebtesten Vorspeisen zählen in Spanien die *Entremeses variados*, eine Art gemischter Teller, auf dem sich unter anderem mehrere Wurstsorten finden – aber Achtung, einen Vergleich mit der Vielfalt z. B. italienischer oder griechischer Vorspeisenplatten halten die Entremeses nicht aus. Salate sind ebenfalls beliebt, Suppen eher eine Domäne des Nordens. Eine Ausnahme bildet der *Gazpacho*, die berühmte pürierte Suppe Andalusiens, die erfrischend kühl serviert wird. Grundzutaten jedes Gazpacho sind Öl, Knoblauch, Salz und Essig; Tomaten sind so gut wie immer dabei, meist auch Gurken, Paprikaschoten und Weißbrotkrumen. Es existieren jedoch unzählige Variationen, vermutlich etwa so viele, wie Andalusien Köche zählt.

Spanisch	Deutsch
Entremeses	Vorspeisen
siehe unter „Tapas"	
Ensalada	Salat
de arroz	Reissalat
de marisco	Meeresfrüchtesalat
del tiempo	nach Saison
Verde	grüner Salat
Remojón	Orangensalat mit Stockfisch

Eier-(Huevos) und Reisgerichte

Die *Tortilla*, eine Art Eieromelett, gegessen als Vorspeise wie als Hauptmahlzeit, kann man getrost als das spanische Nationalgericht bezeichnen: Sie ist wirklich im ganzen Land zu bekommen. Die Variationen sind vielfältig: Tortilla mit Garnelen, mit Schinken, Käse, Gemüse ... Am häufigsten angeboten wird die *Tortilla de patatas*, auch „Tortilla española" genannt und nur aus Kartoffeln, Zwiebeln und eben Eiern hergestellt. Reisgerichte haben an der Costa de la Luz wenig Tradition, obwohl die weltbekannte *Paella*, eigentlich in Valencia beheimatet, natürlich auch hier angeboten wird. Wenn sie gut sein soll, muss sie frisch zubereitet werden und benötigt dafür etwa eine halbe Stunde aufwärts.

Spanische und andalusische Spezialitäten

Gemüse (Verdura) und Eintöpfe (Potajes, Guisos)

Reine Gemüsegerichte sind äußerst selten. Fleisch, Schinken, Wurst oder Fisch gehören nach spanischem Verständnis einfach zu einer kompletten Mahlzeit. Vegetarier haben es deshalb in Andalusien nicht gerade leicht. Auch der andalusische Gemüseeintopf *Potaje andaluz*, ein Potpourri aus Kichererbsen und verschiedenen Gemüsen, enthält meistens Speck oder Wurst und basiert auf einer Fleisch- oder Geflügelbrühe. Das gilt auch für die „Guisos", die immer eine Art Ragout bedeuten.

Spanisch	Deutsch	Spanisch	Deutsch
Verdura	Gemüse	Garbanzos	Kichererbsen
Aguacate	Avocado	Guisantes	Erbsen
Alcachofas	Artischocken	Habas	Saubohnen
Alubias	Weiße Bohnen	Lentejas	Linsen
Berenjenas	Auberginen	Patatas	Kartoffeln
Cebollas	Zwiebeln	Pimiento	Paprika
Coliflor	Blumenkohl	Tomates	Tomaten
Endibias	Endivien	Zanahorias	Möhren
Espinacas	Spinat		

Fleischgerichte (Carnes)

An ihren Fleischgerichten sollte man die andalusische Küche vielleicht besser nicht messen, vom Schinken und den Wurstwaren abgesehen. Hervorragend sind die andalusischen Bergschinken *Jamón serrano*, die besten kommen aus Jabugo in der Provinz Huelva. Eine Köstlichkeit sind auch die Wurstwaren wie *Caña de lomo*, gebeizte und luftgetrocknete Schweinelende, oder *Morcón*, eine mit Paprika marinierte und ebenfalls luftgetrocknete Wurst. Aber Vorsicht, die guten iberischen Qualitäten haben ihren Preis.

Spanisch	Deutsch	Spanisch	Deutsch
Carnes	Fleisch	Cordoniz	Wachtel
Bistec	Beefsteak	Faisán	Fasan
Chuleta	Kotelett	Hígado	Leber
Escalope	Schnitzel	Perdiz	Rebhuhn
Solomillo	Filet	Pollo	Huhn
Cabrito	Zicklein	Riñones	Nieren
Cerdo	Schwein	Ternera	Kalb
Conejo	Kaninchen	Vaca	Rind
Cordero	Lamm		

Fisch und Meeresfrüchte (Pescados y Mariscos)

Anders als Fleischspeisen sind Fischgerichte die eigentliche Domäne der andalusischen Küche und hier noch relativ preiswert geblieben. Sie kommen vor allem frittiert auf den Tisch, als *Pescaítos fritos* bzw. als gemischte Platte *Fritura mixta* oder *Frito variado*. Besonders günstig kauft man sie in den Frittierstuben *Freidurías*, abgepackt in der Papiertüte.

Küche und Keller

Spanisch	Deutsch	Spanisch	Deutsch
Pescados	Fisch	Urta	Zahnbrasse
Anguilas	Jungaal	Mariscos	Meeresfrüchte
Atún	Thunfisch	Almejas	Venusmuscheln
Bacalao	Stockfisch	Berberechos	Herzmuscheln
Besugo	Seebrasse	Bogavante	Hummer
Bonito	kl. Thunfisch	Calamares	Tintenfisch (klein)
Cazón (en adobo)	Dornhai (mariniert)	Chipirones	Tintenfisch (sehr klein)
Dorada	Goldbrasse	Gambas	Garnelen
Lenguado	Seezunge	Langosta	Languste
Merluza	„Seehecht"	Langostino	Hummerkrabben
Mero	Zackenbarsch	Mejillones	Miesmuscheln
Rape	Seeteufel	Navajas	„Taschenmesser", lange Muscheln
Salmón	Lachs		
Sardinas	Sardinen	Pulpo	Krake
Trucha	Forelle	Sepia/Choco	Tintenfisch (groß)
Zubereitungsarten für Fleisch und Fisch			
a la brasa	vom Grill	a la marinera	nach „Seemannsart"
a la plancha	vom heißen Blech	al horno	aus dem Backofen
al ast	vom Drehspieß	cocido	gekocht
a la cazuela	aus der Kasserolle		

Desserts (Postres)

Hier hat die andalusische Küche einiges von den Mauren geerbt, die ja jahrhundertelang die Herrschaft über die Region innehatten. Überliefert wurden viele der Rezepte von den Nonnen der Klöster. Die Liste der Süßwaren ist schier endlos, wie der Blick in eine „Pastelería" genannte Konditorei schnell zeigt. Da gibt es das Eierkonfekt *Tocino de cielo* (Himmelsspeck), das Mandelgebäck *Alfajores* aus Medina Sidonia, die „Ölkuchen" *Tortas de aceite* und viele mehr. Spanien ist, wenig bekannt, aber auch ein Land der hervorragenden Käse. An erster Stelle zu nennen wäre der Schafskäse *Queso manchego* aus der Mancha, doch produziert auch Andalusien viele hervorragende regionale Käsesorten, meist aus Schafs- oder Ziegenmilch.

Spanisch	Deutsch	Spanisch	Deutsch
Postre	Nachtisch	Manzana	Apfel
Arroz con leche	Milchreis	Melocotón	Pfirsich
Flan	Karamelpudding	Melón	Melone
Pastel	Gebäck	Naranja	Orange
Helado	Eis	Pera	Birne
Tarta	Torte	Piña	Ananas
Queso	Käse	Pomelo	Grapefruit
Fruta	Obst	Sandía	Wassermelone
Fresas	Erdbeeren	Uva	Trauben

In Reih und Glied: Fässer in einer Bodega

Getränke

Wein: Sherry aus Jerez de la Frontera muss längst nicht immer so kopfschmerzsüß sein wie die bei uns meist angebotenen Sorten. Mit dem Begriff „Sherry" kann man allerdings nur im Ausland etwas anfangen: In Spanien bestellt man einen *Jerez*, oder besser gleich einen *Fino* oder eine der anderen Sorten. Weniger bekannt, doch qualitativ ebenso hochwertig sind die sherryähnlichen Weine *Manzanilla* aus Sanlúcar de Barrameda (Cádiz); will man letztere in einem Lokal bestellen, so achte man darauf, dass man nicht den gleichnamigen Kamillentee serviert bekommt ... Alle werden sie aus schlanken kleinen Gläsern und meist als Aperitif getrunken, die süßeren Sorten als Dessertwein.

Weitere andalusische Weine: Spanienweit sind rund 40 Weinbaugebiete durch die Herkunftsbezeichnung D.O. (Denominación de Origen) geschützt. In der Provinz Huelva produziert die D.O. *Condado de Huelva* ganz unterschiedliche Weine, darunter in letzter Zeit verstärkt leichte, frische Weißweine, die jung getrunken werden. Als Begleitung zum Essen empfiehlt sich auch einer der exquisiten Weine aus dem bekannten nordostspanischen Anbaugebiet *La Rioja*. Aber auch die einfacheren „Hausweine" ohne Qualitätsbezeichnung („Vino de Mesa", „Vino de la Casa", „Vino del País") sind in aller Regel durchaus trinkbar. Spanier verstehen etwas vom Wein, und nur wenige Wirte sind so grausam, ihren Gästen miserable Qualität vorzusetzen.

Andere Alkoholika

Bier: *Cerveza* hat, gemessen am Verbrauch, in Spanien dem Wein schon seit längerer Zeit den Rang abgelaufen. Mit dem Reinheitsgebot ist es zwar nicht weit her, am Geschmack gibt's aber kaum was zu mäkeln. Ein Glas vom Fass bestellt man mit „*una caña*", eine Flasche (Botella) schlicht mit „*una cerveza*". Ein Radler heißt in Spanien „*clara*".

Das Geheimnis des Sherry

Herstellung: Zwei Eigentümlichkeiten sind ursächlich für den besonderen Geschmack der Sherry-Weine. Zum einen die Methode der Gärung, bei der das Fass nur zu drei Vierteln gefüllt und leicht offen belassen wird. Durch die Luft bildet sich eine Hefedecke (*Flor*) auf dem Wein und schützt ihn vor Oxydation. Das zweite Charakteristikum ist das *Solera-Verfahren*, das stets gleichbleibende Qualität garantiert. Sherry lagert in den „Andanas", langen Reihen aus Fässertreppen mit drei bis fünf Stufen – je tiefer das Fass liegt, desto älter der Wein. Vom ältesten, dem so genannten „Grundwein" im untersten Fass, wird nun eine gewisse Menge für den Verbrauch abgezapft und durch Sherry des vorherigen, eine Stufe höher lagernden Jahrgangs ersetzt, die Fehlmenge dieses Fasses wieder durch einen Vorjahrgang und so fort. Sherry ist also kein Jahrgangswein.

Sorten Fino ist der trockenste und leichteste Sherry, von heller, fast blasser Farbe und einem Alkoholgehalt um 15 Prozent, beliebt als Aperitif und zu Fisch, Meeresfrüchten und mildem Käse. Er sollte gut gekühlt serviert werden, Trinktemperatur um die sieben Grad.

Amontillado wurde noch eine Weile ohne die Hefedecke gereift. Er ist ein wenig dunkler, einen Hauch süßer und mit 16–18 Prozent auch kräftiger als der Fino. Er wird ebenfalls als Aperitif getrunken, passt aber auch zu weißem Fleisch, Sardinen und gut gereiftem Käse. Beste Trinktemperatur um die 14 Grad.

Palo Cortado liegt von seinen Merkmalen her zwischen Amontillado und Oloroso, ein eher selten anzutreffender Wein. Trinktemperatur: 15 Grad.

Oloroso stammt aus schwereren Weinen, deren Hefedecke durch Zugabe von fast reinem Alkohol abgetötet wurde. Längere Lagerung macht ihn noch dunkler und schwerer: 18–20 Prozent. Ein kräftiger Wein, der gut zu Rind und Wildgerichten passt. Beste Trinktemperatur 16 Grad.

Cream (auch: Dulce) ist meist ein Oloroso, der mit speziellen Süßweinen wie „Moscatel" und „Pedro Ximenéz" verschnitten wird. Sehr süß und mit etwa 20 Prozent auch sehr kräftig, ein klassischer Dessertwein. Trinktemperatur um die 13 Grad.

Pedro Ximénez wird aus der gleichnamigen, vorher angetrockneten Traube gekeltert. Ein weiterer Dessertwein, am besten um die 17 Grad warm serviert.

Produzenten Bekannte Namen, die gute Qualität versprechen, sind Domecq, Sandeman, Harvey, González Byass, Osborne und Terry, um nur einige zu nennen. Doch haben neben diesen großen Produzenten auch kleinere Betriebe überlebt, die vielfach ebenso exquisite Sherrys produzieren. Viele der Kellereien in Jerez de la Frontera sowie in Sanlúcar de Barrameda und El Puerto de Santa María, den beiden anderen Städten des „Sherry-Dreiecks", können besichtigt werden, nähere Informationen hierzu in den jeweiligen Ortskapiteln.

Artistisch: Sherry-Spezialist beim Einschenken

Brandy: Weinbrand, fälschlicherweise, aber geschmacklich und qualitativ relativ treffend auch als „Coñac" bezeichnet. Andalusien, besonders Jerez de la Frontera, produziert die hochwertigsten Sorten Spaniens: Sie reifen wie Sherry nach der *Solera*-Methode und in alten Sherry-Fässern, was ihnen den speziellen Geschmack und die besondere Färbung verleiht. Die meisten Sherryproduzenten stellen auch Brandy her. Brandy de Jerez gibt es in drei Güteklassen: Ein „Solera" wurde rund eineinhalb Jahre im Fass gereift, ein „Solera Reserva" drei Jahre. Wer das Beste vom Besten möchte und auch bereit ist, entsprechende Preise zu zahlen, achte auf die Bezeichnung „Solera Gran Reserva", eine Spitzenqualität mit Lagerzeiten zwischen acht und 15 Jahren.

Aguardientes: „Feuerwässer", Sammelbezeichnung für alle Arten von Schnaps.

Licores: Liköre, die aus den verschiedensten Früchten hergestellt sind, gibt es in großer Vielfalt, allerdings meist von sehr süßem Geschmack.

Cava/Champaña: Spanischer Sekt, in der Region Katalonien schon seit dem Mittelalter produziert. Die Cavas („Keller") reifen nach der Méthode Champenoise in der Flasche und stehen auch sonst dem berühmten Champagner kaum nach, sind aber preisgünstiger.

Sangría: Die angeblich so „typisch spanische" Mischung aus Rotwein, Brandy, Orangen- oder Pfirsichsaft und Zucker wird von Spaniern selbst eher selten getrunken. Sie wissen warum, der Kopfschmerz am nächsten Tag kann fürchterlich sein.

Tinto de Verano („Sommer-Rotwein") ist da schon gebräuchlicher: eine Mischung aus Rotwein und Zitronenlimonade, dem Namen gemäß besonders an heißen Tagen beliebt.

Alkoholfreies

Kaffee: Meint in Spanien immer etwas in der Art von „Espresso". *Café solo* ist schwarz, *café cortado* enthält nur wenig Milch, während ein *café con leche* aus einem Tässchen Espresso mit sehr viel Milch besteht, optimal fürs Frühstück. Wer noch mehr Milch möchte, bestellt sich *leche manchado*. Ein *carajillo* ist ein Café solo mit „Schuss", wahlweise mit Brandy, Whisky oder anderen Alkoholika, ein *café con hielo* ein Café solo, zu dem ein Glas mit Eiswürfeln serviert wird, in das der Kaffee dann gegossen wird.

Tee wird in Spanien normalerweise nicht besonders oft getrunken, meist ist er nur als Beuteltee zu erhalten. In den großen Städten sind allerdings Teestuben (*Teterías*) in orientalischem Stil seit einigen Jahren in Mode.

Chocolate ist eine schier unglaublich dicke flüssige Schokolade. Zum Frühstück allein schon fast sättigend, wird sie meist mit dem Fettgebäck Churros serviert.

Horchata de chufa: Die süße Erdmandelmilch kommt aus der Region Valencia, ist aber in ganz Spanien erhältlich. Sie muss frisch hergestellt sein, industriell produzierte Horchata schmeckt mäßig.

Erfrischungsgetränke sind im üblichen internationalen Angebot erhältlich. Etwas Besonderes sind die **Granizados**, eine Art halbflüssiges Wassereis, meist in den Geschmacksrichtungen „Limón" (Zitrone) oder „Café".

Zumos, Fruchtsäfte, sind in Cafeterías etc. frisch gepresst zu haben, kommen im Restaurant aber meist aus kleinen Dosen oder aus Tetrapaks.

Cerveza sin alcohol, alkoholfreies Bier, ist fast überall in kleinen Flaschen zu erstehen. Eiskalt serviert ist es ganz gut trinkbar.

Platz satt: Küste bei Conil

Wissenswertes von A bis Z

Ärztliche Versorgung

Prinzipiell übernehmen die privaten und gesetzlichen Krankenkassen die Kosten ambulanter Behandlungen im EU-Ausland. Erkundigen Sie sich jedoch vorab bei Ihrer Kasse über die aktuelle Verfahrens- und Abrechnungsweise und führen Sie die *Europäische Krankenversicherungskarte EHIC* (in der Regel auf der Rückseite der normalen Versicherungskarte enthalten) mit. Um der Bürokratie aus dem Weg zu gehen und vor unangenehmen Überraschungen sicher zu sein, ist die *Urlaubs-Krankenversicherung*, die z. B. im Gegensatz zu fast allen anderen Versicherungen auch medizinisch notwendige Krankenrücktransporte einschließt, in jedem Fall eine sinnvolle Ergänzung. Zu erhalten ist sie zu sehr günstigen Tarifen bei manchen Automobilclubs und bei fast allen Krankenversicherungen, natürlich auch für Mitglieder gesetzlicher Kassen.

> **Notruf**: ✆ *112*. Diese Notrufnummer für Polizei, Ambulanz und Feuerwehr funktioniert landesweit. Polizeinotruf ✆ 092 (Policía Local), ✆ 091 (Policía Nacional) und ✆ 062 (Guardia Civil). Ambulanz ✆ 061. Ärztlicher ADAC-Notruf in D: ✆ 0049 89 767676.

Bester Ansprechpartner im akuten Notfall ist die Notaufnahme *Urgencias* eines Krankenhauses (Hospital); sie ist rund um die Uhr geöffnet und behandelt auf EHIC-Karte kostenlos. Bei niedergelassenen Ärzten muss man in aller Regel bar bezahlen, lässt sich dann unbedingt eine genaue Rechnung mit Diagnose und Aufstellung der ärztlichen Leistungen geben und reicht diese beim Versicherer zur Rückerstattung ein. Gesetzliche Kassen erstatten in diesem Fall nur die heimischen Gebührensätze.

Apotheken, Farmacias, können bei kleineren Problemen oftmals den Arzt ersetzen. Nacht- und Sonntagsdienste sind an jeder Apotheke angeschlagen.

Baden

Mit ihren vielen Stränden ist die Costa de la Luz natürlich ein Badeparadies. An den meisten größeren Stränden, besonders denen der Ortschaften, darf der Badegast zur Saison mit Duschen, Vermietern von Sonnenschirmen, Liegen, Paddelbooten etc. rechnen, an vielen (aber immer noch zu wenigen) auch mit Rotkreuz-Stationen. Andalusiens Atlantik erwärmt sich im Sommer zwar nicht ganz so stark wie das Mittelmeer, doch zeigen sich die Temperaturen von Juni bis in den Oktober hinein gut badetauglich. Störend kann der oft starke Wind werden, gegen den die meist langen und offenen Strände wenig Schutz bieten.

Wasserqualität: Auch Spanien ist von der Verschmutzung der Meere betroffen. Die Küsten des Atlantik sind generell zwar weniger belastet als das Mittelmeer, doch gibt es besonders um Cádiz und Huelva auch einige üble Schmutzecken, die von industriellen Abwässern verursacht werden. Vor allem Flussmündungen und ihre Umgebung sollte man unbedingt meiden! Die **Blaue Umweltflagge**, auch Blaue Europaflagge genannt, wird jährlich an solche Badeorte verliehen, die u. a. bestimmte Kriterien des Umweltschutzes erfüllen. Hundertprozentige Sicherheit gibt das zwar nicht, doch bietet die Auszeichnung immerhin einen Anhaltspunkt. Andererseits kann auch ohne Blaue Umweltflagge das Wasser hundertprozentig in Ordnung sein: Das Umweltzeichen wird nur auf Antrag verliehen. Im Netz: www.blueflag.org.

Durchschnittliche Wassertemperaturen
am Beispiel der Provinz Cádiz (Durchschnittswerte in Grad Celsius)

Monat	°C	Monat	°C
Januar	15	Juli	20
Februar	15	August	21
März	15	September	21
April	16	Oktober	19
Mai	17	November	17
Juni	19	Dezember	16

FKK: An den langen Stränden der Costa de la Luz gibt es auch einige mehr oder weniger offizielle „Playas Nudistas", an denen Nacktbaden zumindest geduldet wird; Näheres in den Ortskapiteln. „Oben ohne" gebadet wird relativ häufig; es gibt jedoch Familienstrände, wo auch barbusiges Baden nicht unbedingt gern gesehen ist. Im Zweifelsfall sollte man sich an der einheimischen Damenwelt orientieren, schließlich ist man Gast.

Badeunfälle vermeiden: Der andalusische Atlantik ist nicht zu unterschätzen, jedes Jahr kommt es hier zu tödlichen Badeunfällen. Unterströmungen beispielsweise können auch bei scheinbar ruhiger See auftreten, auflandige Winde unter Wasser Verwirbelungen hervorrufen. Ablandige Winde wiederum sind, insbesondere für

Wissenswertes von A bis Z

Weitläufig: Strand bei Zahara de los Atunes

Kinder, gefährlich beim Baden mit Plastikbooten oder Luftmatratzen. Nehmen Sie die Gefahren des Meeres ernst! Schwimmen Sie möglichst nicht allein und vermeiden Sie Alkohol und das Baden mit vollem Magen. Lassen Sie Ihre Kinder am Strand nie auch nur für kurze Zeit unbeaufsichtigt, ebensowenig am Pool des Hotels oder der Feriensiedlung, denn auch dort geschehen alljährlich viele tragische Unfälle.

Warnflaggen: Falls an einem Strand grüne, gelbe oder rote Flaggen wehen, signalisieren sie mögliche Gefahren beim Baden: Rot – Gefahr, Badeverbot! Gelb – Vorsicht, Grün – Baden erlaubt. Bitte beachten Sie zu Ihrer eigenen Sicherheit diese Flaggen unbedingt. Leider wird die Beflaggung außerhalb der Hochsaison oft eingestellt.

Einkaufen

Märkte: Markthallen und Marktplätze sind die beste Adresse für Selbstverpfleger. Fleisch, Fisch, Brot, Käse, Wurst und Schinken gibt es hier in reicher Auswahl und zu niedrigen Preisen, ebenso saisonales Obst und Gemüse. Geöffnet sind die meisten Märkte von Montag bis Samstag, im Gegensatz zu anderen Geschäften aber in der Regel nur bis etwa 13.30 oder 14 Uhr. Ausnahmen finden sich in manchen Großstädten, in denen auch schon mal nach der Siesta eine erneute Verkaufsrunde beginnt.

Kaufhäuser/Einkaufszentren: Spaniens dominierende, fast konkurrenzlose Kaufhauskette ist *El Corte Inglés*. Sie bietet gehobene Preise, große Auswahl und meist gute Qualität, verfügt in fast allen Filialen auch über eine Lebensmittelabteilung. Im Umfeld der Städte finden sich, meist an den Ausfallstraßen, zudem gigantische Einkaufszentren, die so genannten „Hipermercados".

Souvenirs: Andalusisches Kunsthandwerk hat eine lange und reiche Tradition, sich aber vielerorts dem angepasst, was die Händler der Ferienorte unter dem allgemeinen Touristengeschmack zu verstehen scheinen. Dennoch findet man mit etwas

Suchen oft schöne Stücke. Außer Kunsthandwerk empfehlen sich natürlich auch kulinarische Souvenirs: Wie wär's zum Beispiel mit einem ganzen Schinken oder ein paar Flaschen Sherry? Und noch ein Tipp: Zigarren gehobener Kategorie, insbesondere Havannas, sind in Spanien immer noch viel preisgünstiger als bei uns; vor allem in größeren Städten bieten die Tabakgeschäfte „Estancos" eine oft hervorragende Auswahl.

Keramik wird hauptsächlich in Conil und in Arcos de la Frontera gefertigt. Breite Auswahl bietet Sevillas Töpferviertel Triana.

Wolldecken, handgewebt aus Schafswolle, kommen aus Grazalema.

Lederarbeiten in breiter Auswahl gibt es in Ubrique, südwestlich von Grazalema.

Weiden- und Schilfartikel sind eine Spezialität von Medina Sidonia.

Reiterzubehör ist ein Fall für die Pferdestadt Jerez, aber auch für Sevilla.

Stiefel für Reitsport, Landarbeit und Jagd kommen vor allem aus Valverde del Camino in der Provinz Huelva.

Feiertage

Zu den Höhepunkten des andalusischen Festkalenders siehe vorne im Kapitel „Feiern Sie mit!", hier nur die gesetzlichen Feiertage. Einige Feiertage, die auf einen Sonntag fallen, können am Montag „nachgeholt" werden. Infos für das jeweilige Jahr lassen sich im Internet mit dem Suchwort „Calendario laboral" abrufen.

1. Januar, Año Nuevo, Neujahr, wie bei uns.

6. Januar, Reyes Magos, Heilige Drei Könige. In Spanien Tag der Weihnachtsbescherung für die Kinder.

28. Februar, Día de Andalucía, der „Tag Andalusiens", regionaler Feiertag.

Jueves Santo, Viernes Santo, Gründonnerstag und Karfreitag. Ostermontag ist Arbeitstag.

1. Mai, Día del Trabajo, Tag der Arbeit.

15. August, Asunción, Mariä Aufnahme in den Himmel (Mariä Himmelfahrt).

12. Oktober, Día de la Hispanidad, Tag der Entdeckung Amerikas. Spanischer Nationalfeiertag.

1. November, Todos los Santos, unser Allerheiligen.

6. Dezember, Día de la Constitución Española, Tag der Verfassung.

8. Dezember, Inmaculada Concepción, Mariä unbefleckte Empfängnis.

25. Dezember, Navidad, Weihnachten.

Geld

Gleich das ganze Bargeld für die Reise mitzuschleppen ist nicht ohne Risiko. Es gibt sicherere Alternativen.

Geldautomaten („Bancomat"): Die bequemste Lösung an Bargeld zu kommen, Bedienungsanleitung auch auf Deutsch. Geldabheben kostet in vielen Fällen eine Gebühr.

Kreditkarten: Die gängigen Karten (Mastercard und Visa sind verbreiteter als American Express) werden von fast allen größeren Hotels, teureren Restaurants, Tankstellen etc. akzeptiert. Beim Bezahlen wird häufig der Ausweis verlangt. Auch Geldabheben vom Automaten ist möglich, bei vielen Karten aber nicht unbedingt preisgünstig.

Schnelles Geld: Bei finanziellen Nöten ist die Geldüberweisung mit Western Union die flotteste Methode. Der Betrag wird auf dem heimischen Postamt eingezahlt und trifft wenig später auf der spanischen Post ein. Wegen der saftigen Gebühren ist dieses Verfahren nur für den Notfall geeignet.

Spermnummer für Bank- und Kreditkarten: 0049 116116. Diese einheitliche Sperrnummer gilt mittlerweile für die Mehrzahl der deutschen Bankkunden und ist auch für die Sperrung von Personalausweisen mit Online-Ausweisfunktion zuständig. Aus dem Ausland ist sie zusätzlich unter 0049 30 4050 4050 anwählbar. Die Polizei empfiehlt, auch dann die Karte sofort sperren zu lassen, wenn der Automat sie einbehalten hat, da Bancomaten gelegentlich von Betrügern manipuliert werden. www.sperr-notruf.de.

Haustiere

Ein ernst gemeinter Rat: Lassen Sie Ihren Hund oder Ihre Katze nach Möglichkeit zuhause bei Freunden oder einem Tiersitter. Zum einen ist die Anreise per Flugzeug vor allem für größere Hunde traumatisch, da sie in einer Transportbox im lauten und dunklen Frachtraum untergebracht werden müssen. Zum anderen ist das Reisen mit den vierbeinigen Freunden immer noch großen Beschränkungen unterworfen, und dies, obwohl sich immer mehr Spanier selber „Gesellschaftstiere" (animales de compañía) zulegen. Die Mehrzahl der Hotels und auch manche der Campingplätze akzeptieren keine Hunde. An vielen Türen von Restaurants ist ebenfalls das Schild „Perros No!" zu lesen. Fast alle Strände sind für Hunde gesperrt, ebenso die meisten öffentlichen Verkehrsmittel.

Einreisevorschriften für Haustiere EU-Pass, ein für Hunde, Katzen und Frettchen (Tatsache) obligatorischer „Reisepass" samt implantiertem Mikrochip (alternativ eine spezielle Tätowierung), durch den die Identität des Tiers nachgewiesen und attestiert wird, dass es gegen Tollwut geimpft ist. Über Details informiert der Tierarzt, der auch die Prozedur durchführt.

Information

Oficinas de Turismo: Von den Fremdenverkehrsämter vor Ort kann man allgemeine Tipps erwarten, Hinweise zu Bussen und Bahnen, aktuelle Öffnungszeiten der Sehenswürdigkeiten, Stadtpläne und Unterkunftsverzeichnisse. Es gibt städtische (*Oficina municipal*) und regionale (*Oficina de la Junta de Andalucía*) Büros. Erstere sind nur für die jeweilige Stadt oder Gemeinde zuständig, letztere auch für den Rest Andalusiens und vor allem in den Großstädten vertreten. Während die städtischen Informationsstellen ihr Material in der Regel kostenlos verteilen, finanzieren sich die Büros der Junta de Andalucía selbst, weshalb dort für manche Publikationen eine meist recht niedrige Gebühr bezahlt werden muss. Leider werden durch die Krise immer mehr Infostellen geschlossen oder zusammengelegt.

Infostelle in Novo Sancti Petri

Spanische Fremdenverkehrsämter: Die Auslandsbüros des spanischen Fremdenverkehrsamts Turespaña sind Ansprechpartner für die Reiseplanung vorab. Es gibt sie in mehreren Städten Deutschlands, in Österreich und in der Schweiz.

Deutschland 10707 Berlin, Lietzenburger Str. 99, ✆ 030/8826543, berlin@tourspain.es.

60323 Frankfurt/Main, Myliusstraße 14; ✆ 069/725033, frankfurt@tourspain.es.

80051 München, Postfach 151940 (kein Publikumsverkehr); ✆ 089/5307460, munich@tourspain.es.

Österreich 1010 Wien, Walfischgasse 8, ✆ 0043 1 5120580. viena@tourspain.es.

Schweiz 8008 Zürich, Seefeldstraße 19; ✆ 0041 (0) 442536050. zurich@tourspain.es.

Internet

Immer mehr Hotels und Cafés offerieren ihren Gästen kostenfreies WLAN (meist WiFi genannt), meist muss dazu der Code (Código oder Clave) beim Personal erfragt werden. Im Folgenden einige interessante Sites, weitere Adressen sind im Text unter den jeweiligen Themenbereichen aufgeführt.

Allgemeine touristische Sites

www.spain.info, die offizielle Site von Turespaña, dem Spanischen Fremdenverkehrsamt. Umfangreiches Infoangebot.

www.andalucia.org: die Site des Andalusischen Fremdenverkehrsamts Turismo Andaluz. Auch hier reichlich Infos.

www.andalucia.com, sehr breit angelegte Site mit viel Service; Naturparks, Sportangebote und vieles mehr. Auf Englisch.

www.cadizturismo.com, die touristische Site der Provinz Cádiz. Auch auf Deutsch.

www.turismohuelva.org, die Site zur Provinz Huleva.

Spezialisierte Sites

www.ventanadelvisitante.es, Naturpark-Seite der andalusischen Regierung, sehr viel Information. Überwiegend Spanisch.

www.queplaya.es, eine Seite zu allen spanischen Stränden, mit Luftbildern. Spanisch.

www.sherry.org, die offizielle Seite zum berühmtesten Wein Andalusiens. Englisch.

www.tapas.de, Rezepte nicht nur für Tapas, sondern auch für Suppen, Desserts und vieles mehr.

www.realescuela.org: „Tanz der Andalusischen Pferde" – Site der Königlichen Reitschule in Jerez de la Frontera.

www.elpais.com Die große spanische Zeitung im Netz. Die konservative Konkurrenz ist www.elmundo.es.

www.michael-mueller-verlag.de: Unsere Site, mit Foren, Links sowie aktuellen Informationen zu Andalusien (siehe unter „Reiseführer/Updates"), die sich erst nach Redaktionsschluss ergeben haben – schauen Sie doch mal rein!

Kinder

Spanier gelten als sehr kinderfreundlich, die Andalusier machen da keine Ausnahme. Die lieben Kleinen dürfen fast alles und müssen anscheinend nie ins Bett, schreiende Rabauken im Restaurant quittiert der Kellner nur mit nachsichtigem Lächeln. Das Problem der relativ späten Essenszeiten lässt sich am besten mit Hilfe der Tapas-Bars lösen. Den üblichen „Kinderbedarf" gibt es natürlich auch in Andalusien, im Zweifel bieten die großen Einkaufszentren „Hipermercados" die breiteste Auswahl. Wer einen Leihwagen mieten möchte, sollte schon vor Vertragsabschluss klarstellen, dass er Kindersitze benötigt. Ein Buggy mit großen, luftbereiften Rädern rollt auf Kopfsteinpflaster und unebenem Untergrund besser als ein Wagen mit kleinen Rädern.

Klima und Reisezeit

3200 Sonnenstunden und mehr als 300 Sonnentage im Jahr sprechen für sich. Die jährliche Durchschnittstemperatur z. B. in Jerez de la Frontera liegt bei wohltemperierten 17,7 Grad Celsius. Verantwortlich für das Klima zeichnen im Sommer die beliebten Azorenhochs im Zusammenspiel mit Tiefdruckgebieten über der Sahara, während im Winter atlantische Schlechtwetterfronten für Regenfälle sorgen. Die Sierra de Grazalema im Nordosten der Provinz Cádiz ist sogar eine der an Niederschlägen reichsten Regionen ganz Spaniens. Auf das ganze Jahr bezogen, stimmt das Bild vom sonnigen Süden allerdings durchaus. Auch der Ruf des Tieflands als Hitzeloch Spaniens ist berechtigt. In Sevilla sind sommerliche Tagestemperaturen um die 40 Grad keine Seltenheit. Im Sommer 1946 wurden gar 47,4 Grad gemessen, bis heute der höchste Wert seit Beginn der Wetteraufzeichnungen, die 1922 begonnen wurden.

Ein wesentlicher Klimafaktor an der Costa de la Luz ist der hier oft kräftige Wind, der meist als kühler Westwind („Poniente") oder als heftiger Ostwind („Levante") weht. Faustregel: je weiter südöstlich, desto stürmischer. Besonders heftig bläst es im Bereich der Straße von Gibraltar, an der an durchschnittlich mehr als 300 Tagen im Jahr Windgeschwindigkeiten von über 30 Stundenkilometern erreicht werden – kein Wunder, dass das Städtchen Tarifa einer der beliebtesten Windsurfspots der Welt ist.

Günstige Reisezeiten sind vom Klima her das Frühjahr, in dem alles blüht und auch die größten Fiestas stattfinden, und der Herbst. Kenner, die aufs Baden verzichten können oder sehr abgehärtet sind, kommen auch gern im Winter. Im Sommer bleibt es an den Küsten dank der dort meist wehenden Winde noch erträglich, das Tiefland allerdings gleicht einem Backofen. Die Sommermonate sind auch der Zeitraum mit dem stärksten Run auf Hotelbetten, Restaurants und Strände. „Kulturziele" wie Sevilla allerdings werden das ganze Jahr über mehr als gut besucht.

Klimadaten am Beispiel Jerez de la Frontera-Flughafen

Monat	Ø Lufttemperatur (Min./Max. in °C)		Ø Niederschlag (in mm)	Ø Tage mit Niederschlag > 1 mm
Januar	5.4	15.9	89	7
Februar	6.6	17.5	60	7
März	7.7	20.2	42	5
April	9.4	21.5	54	6
Mai	12.1	24.6	37	4
Juni	15.3	28.8	13	2
Juli	18.0	33.0	2	0
August	18.4	33.1	6	0
September	16.8	30.2	22	2
Oktober	13.3	25.0	67	6
November	9.2	20.1	86	7
Dezember	7.1	16.8	109	9
Jahresmittel	11.6	23.9	587	55

Kleidung

In Kirchen sind Shorts und blanke Schultern traditionell verpönt, eine Regel, die für beide Geschlechter gilt, aber allmählich im Aufweichen begriffen ist – als Gast im Land sollte man dennoch Rücksicht nehmen. Wer von Herbst bis Frühjahr unterwegs ist, sollte unbedingt an warme Kleidung denken: Längst nicht alle Räume sind geheizt, und der kräftige Wind lässt die Luft kühler erscheinen, als sie ist.

Konsulate

Sie sind Ansprechpartner im akuten Notfall, allzuviel praktische Hilfestellung sollte man allerdings nicht erwarten. Konsulate sind meist nur Mo–Fr bis jeweils 12/12.30 Uhr geöffnet.

Deutsche Konsulate: Generalkonsulat Málaga, Calle Mauricio Moro Pareto 2, Edificio Eurocom, nördlich des Busbahnhofs, ✆ 952 363591.

Honorarkonsulat Jerez de la Frontera, Avenida de Méjico 10, Portal 1, 2°D; ✆ 956 187463.

Österreichisches Konsulat: Konsulat Sevilla, Av. de Cádiz 27-29; ✆ 955 517717.

Konsulat Málaga, Alameda de Colón 26/2 Izqu., Mobil-✆ 646 060972.

Schweizer Konsulat: Regionales Konsularcenter Madrid, in der dortigen Schweizer Botschaft, Calle Núñez de Balboa 35 A - 7°; ✆ 914 363960.

Kriminalität

Spanien genießt in Sachen Kleinkriminalität keinen besonders guten Ruf, auch wenn sich die Situation in den letzten Jahren gebessert hat und die allgemeine Kriminalitätsrate sogar deutlich unter der Deutschlands liegt. Tatsächlich sind Autoaufbrüche und andere Eigentumsdelikte in Großstädten und den Touristenzentren keine Seltenheit. Misstrauen gegen jedermann ist dennoch nicht angebracht, stattdessen die üblichen Vorsichtsmaßnahmen: Geparktes Auto immer offensichtlich leer lassen (Handschuhfach offen!), Geld und Pass am Körper tragen, Handy und Fotoapparat nicht dauernd in der Hand halten. Ein einfacher Trick gegen motorisierte Räuber ist es, die Handtasche in den Straßen immer zur Hausseite hin zu tragen. Die finsteren Ecken der Großstädte sind während der Siesta, also etwa von 14 bis 17 Uhr, wenn kaum ein Mensch auf der Straße ist, genauso ungemütlich wie in tiefer Nacht!

Landkarten

Hundertprozentig genau ist keine Karte; insbesondere im küstennahen Gebiet zwischen Conil de la Frontera und Novo Sancti Petri wird das Straßennetz oft nur sehr dürftig wiedergegeben. Angesichts der anhaltenden Straßenbautätigkeit gilt aber vor allem: Nur eine aktuelle Karte ist eine gute Karte.

Michelin 1:400.000, Blatt 578 Andalusien, eine zuverlässige und jährlich aktualisierte Regionalkarte des bekannten Verlags.

Marco Polo 1:200.000, Andalusien. Sehr detaillierter Maßstab, allerdings wird keineswegs ganz Andalusien abgedeckt – die Provinz Huelva fehlt fast völlig.

Öffnungszeiten

Vorgegeben sind sie von der Hitze: Die Nachmittagsruhe *siesta*, die etwa von zwei bis fünf Uhr dauert, ist heilig. Wenn Öffnungszeiten saisonal verschieden sind, wird nur in Sommer und Winter getrennt – Spanien kennt da nur zwei Jahreszeiten. Was sie genau bedeuten, kann im Einzelfall höchst unterschiedlich sein; lokale Busfahrpläne meinen mit „Sommer" oft die Badesaison, die für Spanier frühestens Mitte Juni beginnt und spätestens Mitte September endet.

Läden: Im allgemeinen sind sie Mo–Sa ab 9 Uhr bis 13.30/14 Uhr geöffnet, am Nachmittag wieder von 17 bis 19.30/20 Uhr, teilweise bis 21 Uhr. Das Ladenschlussgesetz wurde jedoch liberalisiert, weshalb manche Geschäfte (vor allem in Feriengebieten und größeren Städten) auch während der Siesta geöffnet haben, in Touristenorten teilweise sogar sonntags.

Museen: Hier gibt es unterschiedliche Regelungen. Die einzelnen Öffnungszeiten sind im Text jeweils angegeben, können sich aber schnell ändern. Zwei Faustregeln: Fast überall ist montags geschlossen und dienstags bis freitags vormittags geöffnet. Übrigens ist in den meisten staatlichen Museen der Eintritt für Besucher aus den Mitgliedsländern der EU (span. CEE) mittlerweile kostenlos.

Kirchen: Offen sind sie theoretisch meist von etwa 7 bis 12 Uhr, nachmittags von 17 bis 20 Uhr. Die Öffnungszeiten liegen allerdings völlig im Ermessen des Zuständigen. Die besten Chancen bestehen vormittags.

Post

Die einzelnen Schalter des Postamtes (*correos*) haben je nach den angebotenen Diensten unterschiedlich geöffnet. Um Briefmarken (*sellos*) zu kaufen, muss man sich ohnehin nicht auf die Post bemühen, zu erhalten sind sie auch im Tabakladen (*estanco*). Die Gebühren für Briefe und Postkarten ändern sich fast jährlich. Lang sind die Laufzeiten bis in die Heimat. Briefe werden schneller befördert als Postkarten – steckt man letztere in einen Umschlag, erreichen sie die Lieben daheim früher.

Tierischer Briefkasten

Rauchverbote

Seit 2011 ist in Spanien eines der schärfsten Anti-Tabak-Gesetze der EU in Kraft. War der Konsum von Zigarette, Zigarre oder Pfeife bereits vorher am Arbeitsplatz und in öffentlichen Gebäuden verboten, so gilt das Verbot seitdem auch in der gesamten Gastronomie. Hotelzimmer werden als vorübergehende Privaträume angesehen, Hotels dürfen deshalb einen bestimmten Prozentsatz ihrer Zimmer als Raucherzimmer ausweisen, wobei es sich natürlich immer um

Tarifas Trendsportart – Kite Surfing

dieselben Zimmer handeln muss. Tabakwaren gibt es schon seit Jahren nur noch im Estanco oder am Zigarettenautomaten in der Kneipe, der aus Jugendschutzgründen per Fernbedienung kontrolliert wird, nicht mehr am Kiosk.

Reisedokumente

Trotz des Schengener Abkommens braucht man weiterhin Personalausweis oder Reisepass, und sei es nur zum Einchecken im Hotel. Achtung, auch Kinder benötigen ein eigenes Reisedokument, der Eintrag im Ausweis der Eltern ist nicht mehr ausreichend. Autofahrer müssen zusätzlich Führer- und Fahrzeugschein mitführen; die Grüne Versicherungskarte wird dringend empfohlen. In jedem Fall ist es günstig, Pass *und* Personalausweis mitzuführen. Anzuraten ist auch, von allen wichtigen Papieren Fotokopien anzufertigen. Dies beschleunigt bei Verlust die Ausstellung von Ersatz erheblich, Ansprechpartner ist dann die örtliche Polizei oder das heimische Konsulat. Personalausweise mit Online-Ausweisfunktion können über die Hotline der Sperrnummer für Bank- und Kreditkarten (→ Geld) gesperrt werden.

Sport

Das breiteste Angebot findet sich natürlich in den Ferienzentren an der Küste, wo man vom Surfbrett bis zur Segelyacht alles ausleihen kann. Viele Sportanbieter wechseln jedoch von Saison zu Saison, aktuelle Listen sind bei den touristischen Informationsstellen vor Ort erhältlich.

Abenteuersportarten wie Parasailing, Drachenfliegen, Bungee-Jumping, Rafting etc. sind auch in Spanien stark im Kommen, zusammengefasst unter dem Stichwort

Turismo activo. Naturgemäß konzentriert sich das Angebot auf die vom Fremdenverkehr schon recht gut erschlossenen Bereiche der Sierras, und scheinbar ebenso naturgemäß wechseln auch hier die Anbieter recht schnell.

Angeln im Meer bringt nicht viel ein, eine Erlaubnis der Behörden ist dennoch nötig; Informationen über die lokale Lage in den Tourismus-Büros.

Golf Andalusien ist die europäische Hochburg des Golfsports, die Zahl der Plätze wächst jährlich. Bei deutschen Golfern beliebt ist vor allem der Platz von Novo Sancti Petri. Die Fremdenverkehrsämter halten einen entsprechenden Prospekt bereit.

Reiten Für Reiter ist Andalusien innerhalb Spaniens die bevorzugte Region, die Zahl der Reitställe dementsprechend hoch. Pferdefreunde sollten sich auch die Königliche Reitschule in Jerez nicht entgehen lassen.

Tennis Plätze, in der Regel auch für Nicht-Gäste zu mieten, finden sich reichlich bei vielen Hotels und manchen höherklassigen Campingplätzen.

Wandern Ein sehr reizvolles Wandergebiet sind die Sierras von Grazalema und Aracena. In Küstennähe jedoch bieten nur die wenigen Hügelregionen wie der Naturpark La Breña zwischen Barbate und Caños de Meca gute Wanderreviere; im küstennahen Hinterland bremsen oft eingezäunte Felder und Kampfstierweiden den Vorwärtsdrang. Traumhaft allerdings sind vielerorts die Möglichkeiten für Strandwanderer, die reichlich Auslauf finden.

Windsurfen/Kiting/Wellenreiten
Weltbekannt, aber nichts für Anfänger ist das Starkwindrevier Tarifa, das auch bei Kite-Surfern immer beliebter wird. Wellenreiter zieht es eher nach El Palmar und Caños de Meca.

Telefonieren

Telefonnummern von Festanschlüssen sind in Spanien neunstellig, Orts-Vorwahlen gibt es nicht mehr. Aus dem Ausland wird nach der Landesvorwahl 0034 die komplette neunstellige Teilnehmernummer gewählt.

> **Länder-Vorwahlen**
>
> **Nach Deutschland** (00)49, nach **Österreich** (00)43, in die **Schweiz** (00)41. Immer gilt: die Null der Orts-Vorwahl weglassen.
>
> **Nach Spanien** ab Deutschland, Österreich und der Schweiz: Ländervorwahl 0034, dann die komplette Teilnehmernummer.

Telefonzellen werden immer seltener. Sie akzeptieren nicht nur Münzen, sondern meist auch Telefon- und sogar Kreditkarten.

Handys: Die große Abzocke namens „Roaming" ist weitgehend beendet. Telefonieren im EU-Ausland darf ab dem 15. Juni 2017 (bis dahin gilt noch ein Maximaltarif von netto 19 Cent pro Minute) nicht mehr kosten als daheim; dies gilt ebenso für das mobile Internet. Alle denkbaren Schlupflöcher für Mobilfunkbetreiber waren bei Redaktionsschluss allerdings leider noch nicht geschlossen, erkundigen Sie sich deshalb vorsichtshalber bei ihrem Anbieter nach dessen genauen Tarifen.

www.teltarif.de/reise: Nützliche Seite mit aktuellen Infos und Tipps zum Thema „Telefonieren im Ausland".

Telefonieren ohne Geld: Das sog. „R-Gespräch" ist ein Service der Telekom, nützlich z. B., um nach Verlust der Barschaft von zuhause telegrafischen Nachschub (→ „Geld") anzufordern – die Gebühr zahlt der Angerufene.

Telefonnummer ab Spanien, ohne jede Vorwahl: **900 99 0049**.

Ein Computersystem verbindet weiter. Die Tarife liegen in erträglichem Rahmen: pro Verbindung 3,99 €, zusätzlich pro Minute 0,50 €. Der Service funktioniert nur zu Festnetzanschlüssen der Telekom.

Toiletten

Bezeichnet sind Toiletten meistens mit „Baños", „Servicios", „Lavabos" oder „Aseos". Um nicht ins falsche Abteil zu geraten, folgen Herren der Aufschrift „Señores" oder „Caballeros" (oft schlicht „C"), Damen suchen „Señoras" (oder „S").

Zeit

Auch in Spanien gilt die Mitteleuropäische Zeit (MEZ), wie bei uns werden die Uhren auf Sommer- und Winterzeit umgestellt. Da jedoch die Costa de la Luz innerhalb unserer Zeitzone sehr weit westlich liegt, geht die Sonne dort, abhängig von der Jahreszeit, etwa eine Stunde später auf und unter.

Zoll

Waren zum eigenen Verbrauch dürfen im privaten Reiseverkehr der EU, also auch zwischen Deutschland, Frankreich und Spanien, unbegrenzt mitgeführt werden.

Richtmengen zur Unterscheidung zwischen privater und gewerblicher Verwendung: 800 Zigaretten, 400 Zigarillos, 200 Zigarren, 1 kg Rauchtabak. 10 Liter Spirituosen, 20 Liter sogenannte Zwischenerzeugnisse, 90 Liter Wein, davon maximal 60 Liter Sekt, und 110 Liter Bier. Auch die Mitnahme höherer Mengen ist möglich, sofern sie dem eigenen Verbrauch dienen, was bei eventuellen Kontrollen dem Zoll allerdings glaubhaft zu machen wäre.

Anders ist die Regelung weiterhin beim Transit durch die Schweiz. Hier wurde Folgendes vereinbart: Sofern die vierfache Freimenge der jeweiligen Ware nicht überschritten wird, gibt es keine Probleme; Nicht-EU-Freimengen sind unter anderem 200 Zigaretten, 2 Liter Wein, 1 Liter Spirituosen. Bei Mitnahme höherer Mengen muss der Zöllner ungefragt (!) darüber in Kenntnis gesetzt werden. Er entscheidet dann, ob für die Waren eine Transitkaution zu stellen ist, die bei der Ausfuhr wieder erstattet wird. Besonders für Freunde des spanischen Schinkens ist es darüber hinaus wichtig zu wissen, dass beim Transit durch die Schweiz schon kleinere Mengen von Fleisch- und Wurstwaren Ärger bescheren können.

Surfertreff: El Palmar de Vejer (Provinz Cádiz)

Am Rand des Naturparks Grazalema: Zahara de la Sierra

Die Reiseregionen

Provinz Cádiz	76	Ausflug nach Gibraltar	200
Das Binnenland der Provinz Cádiz	167	Sevilla	208
		Provinz Huelva	234
Abstecher nach Ronda	192	Der Norden der Provinz Huelva	271

Tarifa: Afrika zum Greifen nah

Provinz Cádiz

Ein Reiseziel par excellence: Die Provinz Cádiz vereint kilometerlange, feinsandige Strände, reizvolle Badeorte und eine bildhübsche Hauptstadt mit einem abwechslungsreichen Hinterland, dessen Dörfer und Landschaften zu den schönsten Spaniens zählen.

Natürlich sind die fantastischen Strände der Hauptanziehungspunkt für Reisende aus dem In- und Ausland, doch hat die Provinz Cádiz eben noch ganz andere Vorzüge. Viele ihrer Küstenstädtchen, insbesondere das Surfermekka Tarifa und Conil, die Hochburg deutscher Sprachschüler, glänzen mit intaktem Ortsbild und einer lebendigen Atmosphäre. Wenige Kilometer landeinwärts warten die berühmten „Weißen Dörfer" wie Vejer de la Frontera, Arcos de la Frontera und Medina Sidonia. Ein Kontrastprogramm zu den sanft gerundeten, sonnenverbrannten Hügelrücken des Hinterlands der Küste bildet die üppig grüne, felsige Gebirgslandschaft der Sierra de Grazalema ganz im Nordosten der Provinz, ein wunderbares Gebiet für Wanderungen. Freunde des Reitsports wiederum zieht es nach Jerez de la Frontera, dem Sitz der Königlichen Reitschule, der zusammen mit den Nachbarstädten El Puerto de Santa María und Sanlúcar de Barrameda auch das Dorado für Weinliebhaber bildet: Hier liegt das „Sherry-Dreieck", die Heimat des berühmtesten Weins Spaniens. Und dann ist da noch die Provinzhauptstadt Cádiz selbst, die älteste Stadt ganz Westeuropas – und eine bildschöne dazu.

Gleich an zwei Meeren liegt die Provinz, doch konzentriert sich das Interesse eindeutig auf die Atlantikküste Costa de la Luz. Dies nicht nur deshalb, weil sie schließlich das Thema dieses Reisehandbuchs ist: Am Mittelmeer ist schlicht nur

Provinz Cádiz

wenig geboten. Die mäßig attraktive und von einer hohen Kriminalitätsrate geplagte Industrie- und Hafenstadt Algeciras belastet das Wasser ihrer Bucht beträchtlich, und weiter nordöstlich gibt es entlang der Küste bis zur Provinzgrenze von Málaga zwar viele Feriensiedlungen, aber kaum noch nennenswerte Ortschaften.

Unter den Gästen der Provinz Cádiz bilden die spanischen Urlauber bislang die überwiegende Mehrheit. Dennoch ist der Anteil ausländischer Besucher hier vergleichsweise höher als in der Nachbarprovinz Huelva. Dies gilt besonders für den Abschnitt zwischen Tarifa und der Provinzhauptstadt, während die Küstenregion zwischen El Puerto de Santa María und Sanlúcar de Barrameda mit den Ferienstädtchen Rota und Chipiona bis heute eher eine Domäne der Einheimischen geblieben ist. Dementsprechend kurz und praktisch ausschließlich auf die Monate Juli und August beschränkt ist dort die Saison. Geschmackssache: So leer die Strände außerhalb dieser Zeit sind, so wenig Betrieb herrscht dann in der Regel auch abends in den Ortschaften – wer es in Vor- und Nachsaison etwas lebendiger liebt, ist mit Tarifa oder Conil besser bedient.

Tarifa

Die südlichste Stadt des europäischen Festlands: Nicht mehr als 14 Kilometer sind es von hier bis Afrika, dessen sonnenverbrannte Hügel jenseits der Meerenge oft deutlich zu sehen sind.

Tarifa, jeder zweite Autoaufkleber im Städtchen verkündet es, ist „High Wind Area" und deshalb seit Jahren eines der Topziele für Surfcracks. Die Betonung liegt auf „Cracks": Anfänger werden an den hiesigen Windstärken, die an mehr als 300 Tagen im Jahr durchschnittlich 4,5 Beaufort erreichen, wohl keine Freude haben.

Ähnlich geht es oft auch denjenigen, die baden oder sich an den langen Stränden im Nordwesten Tarifas aalen wollen: Wenn die Sandkörnchen so vehement durch die Gegend fliegen, dass der geplagte Strandgast Schutz hinter dem Handtuch suchen muss, dann drängt sich der Vergleich mit einem Sandstrahler schon auf.

So man Glück mit dem Wind hat oder mal aufs Baden verzichtet, lässt es sich jedoch auch als Nichtsurfer in Tarifa wohl sein: Das Städtchen ist durchaus ansehnlich. Sein alter Ortskern, überwiegend noch von dicken Festungsmauern umgeben, erinnert schon ein wenig an das nahe Marokko. Die engen Gässchen laden zu Streifzügen ein, und auch der Fischerhafen bietet Abwechslung. Vielleicht das beste an Tarifa ist jedoch die lebendige und originelle Atmosphäre, die das bunte internationale Publikum dem Städtchen verleiht.

Seit einigen Jahren bemüht sich Tarifa, auch den weniger sportlichen Badegast anzulocken. Mit einigem Erfolg, wie es scheint, denn das Städtchen ist „de moda" in Spanien, in Mode. An Besuchern herrscht wahrlich kein Mangel: Zählt der Ort im Winter etwa 18.000 Einwohner, so halten sich im Sommer fast zehnmal soviele Menschen in und um Tarifa auf.

Orientierung: Den Hauptzugang zur Altstadt bildet das Stadttor *Puerta de Jerez*. Es liegt genau am Knick der Durchgangsstraße, die Richtung Algeciras Calle *Amador de los Ríos* heißt, in Richtung Cádiz *Calle Batalla Salado*. Letztere bildet die Hauptstraße der neueren Viertel, und hier hat sich auch ein guter Teil der teilweise recht farbenprächtigen Infrastruktur aus Surfershops, Boutiquen und Cafés angesiedelt.

Geschichte: Der Name Tarifa stammt von dem maurischen Feldherrn *Tarif Ben Malik*, der 710 hier landete, um durch eine Art Testüberfall den großen

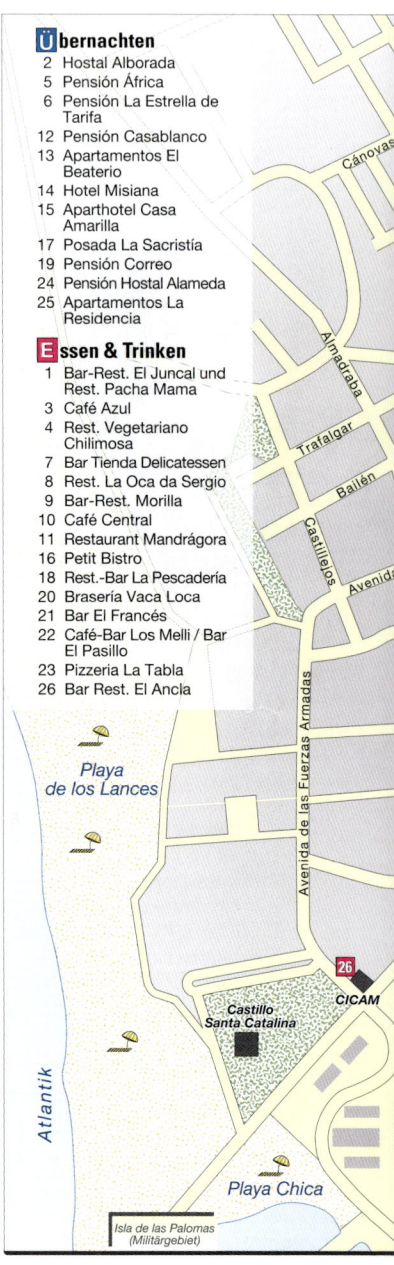

Übernachten
2 Hostal Alborada
5 Pensión África
6 Pensión La Estrella de Tarifa
12 Pensión Casablanca
13 Apartamentos El Beaterio
14 Hotel Misiana
15 Aparthotel Casa Amarilla
17 Posada La Sacristía
19 Pensión Correo
24 Pensión Hostal Alameda
25 Apartamentos La Residencia

Essen & Trinken
1 Bar-Rest. El Juncal und Rest. Pacha Mama
3 Café Azul
4 Rest. Vegetariano Chilimosa
7 Bar Tienda Delicatessen
8 Rest. La Oca da Sergio
9 Bar-Rest. Morilla
10 Café Central
11 Restaurant Mandrágora
16 Petit Bistro
18 Rest.-Bar La Pescadería
20 Brasería Vaca Loca
21 Bar El Francés
22 Café-Bar Los Melli / Bar El Pasillo
23 Pizzeria La Tabla
26 Bar Rest. El Ancla

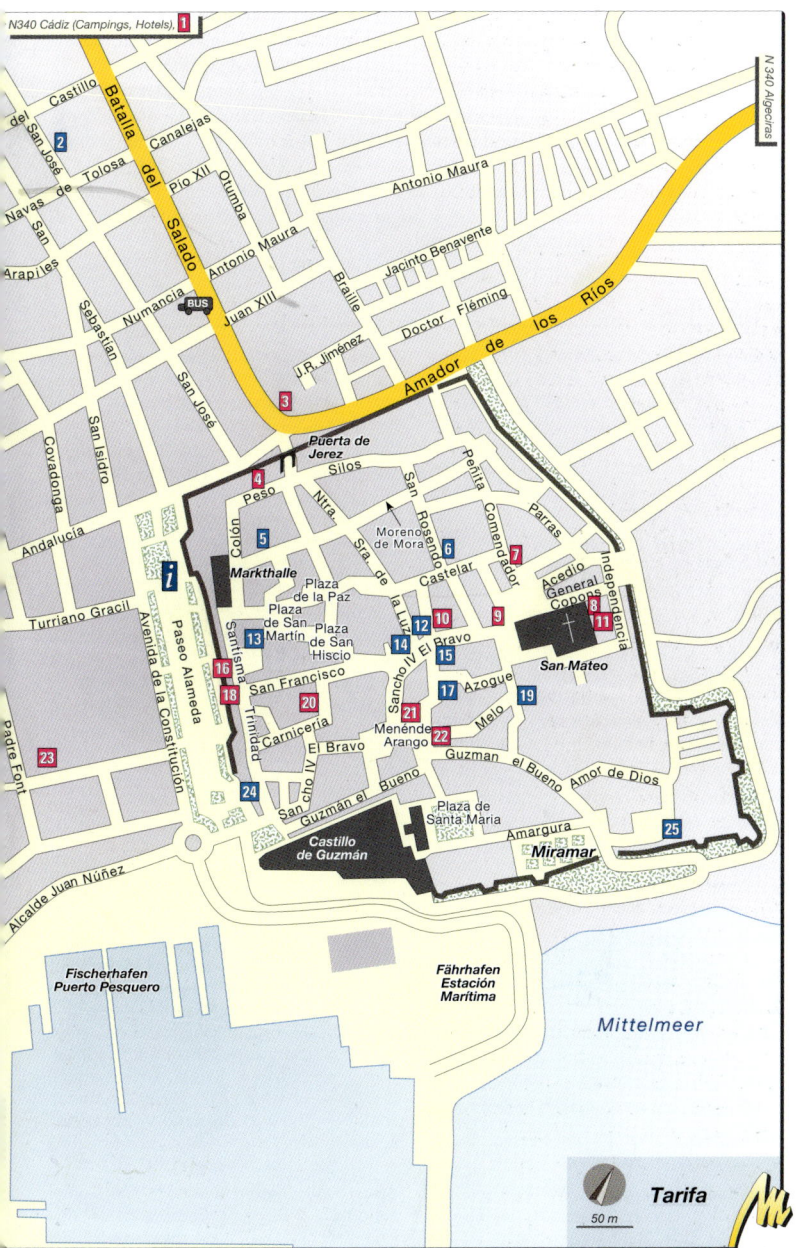

Eroberungszug durch Spanien vorzubereiten. 1292 gelang den Christen die Rückeroberung der Stadt, doch mussten sie sich zwei Jahre später einer erneuten maurischen Offensive erwehren. Während der Belagerung ereignete sich ein Drama, das man exemplarisch für den spanischen Nationalstolz nennen könnte: Der Sohn des Stadtkommandanten Alonso Pérez de Guzmán war in den Händen der Mauren, die damit drohten, den Jungen umzubringen, falls sein Vater nicht die Festung übergeben würde. Guzmán zögerte keine Sekunde – und warf von seiner Burg aus den Mauren ein Schwert zu ... Tarifa blieb in christlicher Hand, Guzmán erhielt von der Krone ausgedehnte Ländereien und den angesichts der Geschehnisse ziemlich makabren Beinamen „El Bueno", Der Gute.

Basis-Infos

Information Oficina Municipal de Turismo, Paseo Alameda s/n, am nördlichen Ende der Promenade im Westen der Altstadt; ℡ 956 680993. Gutes Büro, u. a. mit aktuellem Programm zu geführten Touren, Ausstellungen etc. Geöffnet Mo–Fr 10–13.30, 16–18 Uhr, Sa/So 10–13.30 Uhr, zur HS evtl. erweitert. www.aytotarifa.com/Turismo.

Verbindungen Busbahnhof (Terminal Bus) der Gesellschaft COMES etwas abseits vom Zentrum an der Calle Batalla del Salado, hinter der Tankstelle. Nach Algeciras 12-mal, Málaga 3-mal; Cruce Conil 6-mal, Cádiz 6-mal, Zahara/Barbate 1-mal, Jerez 1-mal und Sevilla 4-mal täglich. Zur HS bedienen Stadtbusse das Gebiet entlang der N 340 Richtung Cádiz und damit auch die meisten Campings, deutlich seltener wird auch Bolonia angefahren.

Auto: Das Gewirr engster Einbahngassen in Tarifas Altstadt ist nur etwas für extrem starke Nerven, Parkplätze gibt es dort zudem kaum. Am besten stehen die Chancen auf freie Stellplätze noch im Gebiet westlich der Alameda. Nichts im Fahrzeug lassen!

Ärztliche Versorgung Clinica Playa, deutschsprachig, Avenida de las Fuerzas Armadas 58, etwas südwestlich der Altstadt, ℡ 956 682926.

Centro Médico, spezialisiert auf Sportverletzungen, Av. Andalucía 5, Edificio Andalucía Plaza, nicht weit von der Infostelle, ℡ 689 647126, www.tarifacentromedico.com.

Einkaufen Surfshops und trendige Boutiquen an der Calle Batalla del Salado.

Markthalle, sehr schön, mit Bar und mit richtig maurischem Charakter, am oberen Ende der Calle Santísima Trinidad, an der westlichen Stadtmauer.

Feste & Veranstaltungen Virgen del Carmen, am 16. Juli, das mit einer Meeresprozession begangene Fest der Schutzheiligen der Fischer und Seeleute.

Feria y fiestas en honor a la Patrona Nuestra Señora de la Luz, das Hauptfest der Stadt, in der ersten Septemberwoche. Breites Programm, am ersten Sonntag des Monats Prozession der Heiligen, die von ihrem acht Kilometer entfernten Santuario zur Hauptkirche nach Tarifa gebracht wird, begleitet von zahlreichen Reitern.

Tarifa Tango Festival, an einem langen Wochenende im Dezember, u.a. mit Tanz im Castillo. www.tarifatangofestival.com.

Internet-Zugang Ciber-Papelería Pandor@'s, Papierwarengeschäft mit Internet-Anschluss. C. Sancho IV. El Bravo 13 a, gegenüber Hotel Misiana.

Post Calle Coronel Moscardó s/n, unten in der Altstadt. Öffnungszeiten: Mo–Fr 8.30–14.30 Uhr, Sa 9–13 Uhr.

Schiffsausflüge/„Whale watching" Firmm ist einer unter mehreren Anbietern von Fahrten in die Straße von Gibraltar, bei denen Delfine und Wale beobachtet werden können. Die Tiere werden dabei nicht bedrängt – „Firmm" (Foundation for Information and Research on Marine Mammals) ist eine ernsthafte Schweizer Organisation, die so ihre Erforschung der Meeressäuger finanziert. Preis p.P. 30 €, Kinder unter 6 Jahren 10 €, unter 14 Jahren 20 €; Reservierung ratsam. Hauptbüro an der Calle Pedro Cortés 4, nahe dem Café Central, ℡ 956 627008, www.firmm.org.

Sport Windsurfen & Kiting: Alle Center außerhalb in Richtung Cádiz, z. B. bei den Hotels Dos Mares (℡ 956 684035) und Hurricane (Ion Club, ℡ 619 340913) und am Strand

Tarifa 81

von Valdevaqueros (Spinout, ℡ 956 236352, www.tarifaspinout.com). Komplette Adressenliste bei der Infostelle.

„Turismo activo": Die deutsch geführte Agentur Girasol offeriert diverse Outdoor-Sportarten wie Mountainbiketouren, Klettern, Reitausflüge, vermietet auch Mountainbikes. Calle Colón 12, nahe Markt, ℡ 956 627037, www.girasol-adventure.com.

Tauchen: Centro de Buceo Club Scorpora, eines von mehreren Tauchzentren; Local 6, Puerto Comercial, ℡ 956 680576, www.buceoscorpora.com.

Reiten: Aventura Ecuestre, beim Hotel Dos Mares. Carretera de Cádiz, km 79.5, ℡ 956 236632, www.aventuraecuestre.com.

Sprachschule Escuela Hispalense, Avda. Fuerzas Armadas 1, ℡ 956 680927, www.hispalense.com.

Marokko-Ausflüge

Tanger Zauber des Orients, Moscheen, Paläste und bunte, lebendige Märkte – der Ausflug nach Nordafrika kann viel Spaß bereiten. Die Altstadt **Medina** ist das Herz Tangers. Das Gewirr kleiner Gässchen erstreckt sich gleich westlich hinter dem Hafenkomplex, zu erreichen durch das Stadttor Bab el Bahr. Zentrum der Medina ist der **Petit Socco**, ein Souk (Markt) mit großem Angebot. Nördlich oberhalb des Petit Socco liegt die **Kasbah** mit Palast, Moschee und Museum, südwestlich am Rand der Medina der Hauptplatz **Grand Socco**, auf dem donnerstags und sonntags große Berbermärkte stattfinden. Doch so reizvoll der Kontakt mit dem fremden Kulturkreis ist, er hat auch seine Schattenseiten. Vorsicht vor scheinbar freundlichen Kontakten: Oft steckt der Wunsch dahinter, an die ausländische Barschaft zu gelangen. Seien Sie grundsätzlich sehr skeptisch, wenn Sie angesprochen werden, von wem auch immer. In der Gruppe entfällt diese Problematik aber.

Schiffsverbindung Häufige Schnellboote („Jets", Fahrzeugmitnahme möglich) der FRS (www.frs.es, ℡ 956 681830) und der INTERSHIPPING (℡ 956 684729) zum Stadthafen Tanger-Ville. Fahrtdauer offiziell 35 Minuten (meist aber etwas länger), Hin- und Rückfahrt p.P. etwa 70 €, im Internet auch mal günstiger. Reisepasspflicht! Tickets direkt im Hafengebäude oder in Reiseagenturen. Bei der Rückfahrt auf die saisonal wechselnden Zeitunterschiede (Sommer: zwei Stunden, Winter: eine Stunde) zwischen Spanien und Marokko achten!

»› Lesertipp: „Wichtig für Individualreisende: Vor der Rückfahrt muss man sich den Stempel für den Pass im Hafenbüro (großer Rundbau) holen, sonst wird man am Boot zurückgeschickt und muss einen 1-km-Dauerlauf machen, um das Schiff nicht zu verpassen" (Rainer Koch). «‹

Organisierte Touren nach Marokko Eintagestouren (Personalausweis ist ausreichend) mit Besichtigungen, Mittagessen und obligatorischem und ausgedehntem Aufenthalt in mindestens einem Souvenirladen und einer „Kräuterapotheke" sind ab etwa 50 € fast überall zu buchen, auch direkt im Hafengebäude. Sehr preiswerte Angebote hat oft das Reisebüro Travelsur an der Av. Andalucía 10, nahe Taxistand, ℡ 956 680819. Es gibt auch recht günstige Zwei- und Dreitagestouren (Reisepasspflicht).

Tour nach Tanger: Ein Besuch bei Kamelen gehört dazu

Übernachten   → Karte S. 78/79

Generell sind die Preise recht hoch. Die meisten gehobenen Hotels, viele auf Surfer eingestellt, liegen wie das „Dos Mares" in Strandnähe Richtung Cádiz, einige Kilometer außerhalb von Tarifa, und sind über die N 340 zu erreichen.

Außerhalb *** Hotel Dos Mares**, am Strand gut 5 km in Richtung Cádiz. Hübsche, angenehme Anlage, Swimmingpool, Tennis, gutes Restaurant und, natürlich, Surf-Center mit Schule und Verleih. Zwei Personen zahlen nach Saison etwa 80–200 €, es gibt auch Bungalows und Junior-Suiten. Carretera de Cádiz km 79,5, ℘ 956 684035, www.dosmareshotel.com.

** **Hurricane Hotel**, ebenfalls in dieser Richtung, knapp 8 km von Tarifa entfernt, ein architektonisch reizvoller Bau am Meer. Schöner Garten, zwei Pools. Auch hier ist man bestens auf Surfer eingestellt. Preisniveau etwa wie oben, es gibt auch Suiten. Carretera de Cádiz km 77, ℘ 956 684919, www.hotelhurricane.com.

** **Hotel Cien por Cien Fun**, noch gut einen Kilometer weiter außerhalb als das „Hurricane", landeinwärts der N 340. Mit hübschem Garten, tropisch angehauchtem Design und einem guten Restaurant. Auch ein Pool und eine Surfbasis sorgen für „100 % Fun". Von November bis Ostern geschlossen. Standard-DZ/F etwa 80–160 €, es gibt auch Superior-Zimmer und Suiten. Ctra. de Cádiz km 76, ℘ 956 680330, www.100x100fun.com.

》》》 Lesertipp: Apartamentos Cuatro Molinos, ebenfalls in Richtung Cádiz. „Etwa zehn Minuten Autofahrt von Tarifa Richtung Valdevaqueros. Großzügig angelegte, sehr gepflegte Apartmentanlage am Hang, komfortabel und liebevoll eingerichtete Apartments" (Mandy Schmalzler). Apartments für zwei Personen etwa 75–120 €, auch Apartments für vier Personen sowie Ferienhäuser, darunter eine renovierte Wassermühle. Calle Bailen 19, Mobil-℘ 639 624531, www.4molinos.com. 《《《

In Tarifa-Stadt 》》》 Mein Tipp: Apartamentos La Residencia 25, in Traumlage am Rand der Altstadt. Die umgebaute ehemalige Militärresidenz von 1953 verfügt über 14 geräumige und sehr komfortabel ausgestattete Apartments, die Mehrzahl mit fantastischem Blick vom Balkon übers Meer nach Afrika. Serviceorientierte deutschsprachige Leitung, Dachterrasse mit Infinitypool, Sauna, Parkplatz im Hof. Mindestaufenthalt in der Regel drei bis fünf Tage. Zweier-Apartment mit Meerblick nach Saison etwa 150–300 €. Calle Jesús 5, ℘ 951 088929, mobil 669 653228, www.laresidenciatarifa.com. 《《《

* **Hotel Misiana** 14, direkt an der Hauptgasse im Herzen der Altstadt, leider kein eigener Parkplatz. Das ehemalige Hotel Sancho IV, im Besitz der Sängerin Ana Torroja. Sehr hübsch gestylt; die angeschlossene und sehr beliebte Tapas-Bar ist ebenfalls schön gestaltet. DZ je nach Saison etwa 75–150 €. C. San Joaquin 2, bei der C. Sancho IV. el Bravo, ℘ 956 627083, www.misiana.com.

》》》 Mein Tipp: Apartamentos El Beaterio 13, in der Altstadt nahe der Markthalle. Das ehemalige Frauenkloster des 16. Jh., vom Deutschen Endo und seiner kroatischen Frau Karmen zum Apartmenthaus umgebaut, ist eine prima Adresse. Großer, mit Glas überdachter Patio, zwölf Apart-

Versteckt: Eingang der Apartamentos El Beaterio

Tarifa 83

ments mit Platz für zwei bis sechs Personen, alle geräumig und bestens ausgestattet mit kompletter Küche, deutschem Sat-TV etc., die schönsten drei liegen auf dem Dach. Einstellmöglichkeit für Fahrräder und Boards an der Alameda. Ganzjährig geöffnet. Unbedingt vorher anrufen. Preis pro Person je nach Saison und Apartmentgröße etwa 30–45 €. Pl. del Ángel 2, neben der Kirche, der Eingang ist von außen kaum zu erkennen, ✆ 956 680924 oder (mobil) 629 592 716, www.el-beaterio-tarifa.com. **«**

Aparthotel Casa Amarilla 15, im Herzen der Altstadt gegenüber dem Café Central. Das „Gelbe Haus", kenntlich am entsprechenden Kachelschmuck, offeriert individuell und komplett eingerichtete Studios und Apartments für zwei bis vier Personen. Hübsches Design, manche Zimmer jedoch nicht ganz leise. Zwei Personen zahlen je nach Saison und Ausstattung etwa 80–130 €. C. Sancho IV el Bravo 9, Eingang im Seitengässchen; ✆ 956 681993, www.lacasaamarilla.net.

** Hostal Alborada 2, in einem Neustadtviertel westlich der Batalla del Salado, wesentlich leichter anzufahren als die Altstadtquartiere und mit Chancen auf einen freien Parkplatz. Fast 40 Zimmer, gepflegt und recht ordentlich ausgestattet, im ersten Stock ein hübscher Patio. DZ/Bad etwa 50–90 €. C. San José 40, ✆ 956 681140, www.hotelalborada.com.

Pensión Posada la Sacristía 17, gleich hinter der Casa Amarilla. Von der Einstufung her eine klare Untertreibung, beherbergt das Gebäude des 17. Jh. – einst tatsächlich ein Gasthaus (Posada), aber keine Sakristei – heute doch eines der feinsten Hotels in und um Tarifa. Ein Café-Restaurant ist angeschlossen. Ganzjährig. Die Zimmer fallen alle unterschiedlich aus und kosten pro DZ etwa 80–150 €; es gibt auch Apartments und Suiten. C. San Donato 8, ✆ 956 681759, www.lasacristia.net.

Pensión Hostal Alameda 24, am Rand der Altstadt. Elf Zimmer mit hotelähnlichem Komfort, auf den Balkonen der Räume im zweiten Stock versperrt leider eine hohe Mauer die Aussicht, und in den Zimmern zur Altstadtseite sind teilweise die Music-Bars der Umgebung zu hören. Sonst eine solide Adresse. DZ/Bad nach Saison etwa 60–100 €. C. Santísima Trinidad 7, ✆ 956 681181, www.hostalalameda.com.

Pensión Correo 19, mitten in der Altstadt. Historisches Haus, sehr unterschiedlich ausfallende Zimmer (vorher ansehen), allesamt unkonventionell und individuell eingerichtet sind, von manchen Direktzugang auf die Sonnenterrasse. Die Glocken der nahen Kirche könnten lärmempfindliche Gäste stören. Ganzjährig. DZ/Bad nach Saison und Ausstattung etwa 40–90 €, ohne Bad etwas günstiger. Auch 3er- und 5er-Zimmer. C. Coronel Moscardó 8, gegenüber der Post und unweit der Kirche San Mateo, ✆ 956 680206, www.pensioncorreo.com.

Pensión Casablanco 12, ein Ableger des nahen Hotels Misiana. 2005 eröffnetes Altstadtquartier gehobener Klasse, dessen niedrige Klassifizierung in die Irre führt. Sieben studioähnliche Zimmer und „Suiten", minimalistisch designt; viel Glas, Stahl und Naturstein. In einem Teil der Zimmer gibt es Hochbetten, die nur über eine Leiter zu erreichen sind. Zwei Personen zahlen je nach Saison und Ausstattung etwa 50–120 €. Calle Nuestra Senora de la Luz 2, ✆ 956 627083, www.hotelcasablanco.com.

Pensión La Estrella de Tarifa 6, ebenfalls in der Altstadt. Der „Stern von Tarifa" besitzt acht überwiegend nicht sehr große, aber nett im maurischen Stil dekorierte Zimmer, DZ/F etwa 50–90 €. Es gibt auch zwei „Suiten". C. San Rosendo 2, ✆ 956 681985, www.laestrelladetarifa.com.

»» Mein Tipp: Pensión África 5, herzige Altstadtpension mit kleinem Patio und Dachterrasse. Relativ ruhige Lage, die freundlichen Zimmer sind einfach ausgestattet, aber nett möbliert und bunt gestrichen. Von Lesern gelobt. Abstellmöglichkeit für Fahrräder und Boards. DZ/Bad nach Saison 40–75 €, ohne Bad etwas günstiger. C. María Antonia Toledo 12, ✆ 956 680220, www.hostalafrica.com. **«**

Camping

Sechs Plätze um Tarifa, jeweils einige Kilometer außerhalb Richtung Cádiz.

La Paloma, 2. Kat., mit am weitesten von Tarifa entfernt, nämlich zwölf Kilometer. Zum Meer 500 Meter, dort jedoch ein echter Traumstrand mit einer hohen Düne. Gut ausgestattet, von Mitte November bis Februar in der Regel geschlossen. Zwei Personen, Auto, Zelt etwa 25 €. Carretera de Cádiz km 74, ℅ 956 684203, www.camping paloma.com.

Torre de la Peña, 2. Kat., beiderseits der N 340, 8 km von Tarifa. Beliebt bei Surfern; viel Schatten, teilweise sehr schöner Blick auf Afrika; Felsstrand mit kleinen Sandbuchten. Gut ausgestattet und ganzjährig geöffnet. Zwei Personen, Auto, Zelt 32 €, auf den Strandplätzen noch mehr, ohne Auto auf den Hügelplätzen deutlicher günstiger. Carretera de Cádiz km 78, ℅ 956 684903, www.campingtp.com.

Río Jara, 2. Kat., stadtnächster Camping, etwa 5 km von Tarifa entfernt und laut Werbung „der südlichste Platz Europas". Gepflegtes Gelände, durch Hecken unterteilt. Sanitäres prinzipiell in Ordnung, zur Hochsaison manchmal überlastet, Schatten mittel. Vom Sandstrand durch einen Flussarm getrennt. Ganzjährig. Zwei Personen, Auto, Zelt etwa 32 €. Carretera de Cádiz km 81, ℅ 956 643570, www.campingriojara.com.

Essen & Trinken/Nachtleben → Karte S. 78/79

Die lokale Fischspezialität Tarifas ist La Urta, eine in der Straße von Gibraltar gefangene, sehr wohlschmeckende Zahnbrassenart.

Restaurants Besten Ruf genießen auch die Restaurants der außerhalb gelegenen Hotels „Dos Mares", „Hurricane" und „Cien por Cien Fun", siehe jeweils oben.

»> Mein Tipp: Rest.-Bar La Pescadería [18], sehr gutes Lokal in der alten Stadtmauer, mit Tischen direkt an der Alameda. Ein Spezialist für Fischgerichte, ganz besonders für Thunfisch. Menü ab etwa 25–30 €, die „Degustación de Atún" für zwei Personen kommt auf etwa 30 €. Paseo de la Alameda s/n, ℅ 956 627078. **«**

Petit Bistro [16], wenige Schritte weiter, ein freundlicher, französisch geführter Familienbetrieb. Gutes, preiswertes Mittagsmenü 10 €, Abendmenü 16 €, à la carte ab etwa 25 €. Prima Crêpes, deftig oder als Dessert. Paseo de la Alameda s/n.

Rest. Mandrágora [11], in der östlichen Altstadt. Gute, spanisch-marokkanisch inspirierte Küche; angenehmes Interieur. Menü ab etwa 25–30 €. Nur abends, So Ruhetag. Calle Independencia 3, ℅ 956 681291.

Bar-Rest. El Ancla [26], in Hafennähe. Der „Anker" ist ziemlich schlicht und mit Fußball-Devotionalien von Atletico Bilbao eingerichtet, genießt aber allerbesten Ruf für Fisch (Thun!) und Meeresfrüchte. Die Preise liegen absolut im Rahmen. Avenida Fuerzas Armadas 15, ℅ 956 680913.

»> Lesertipp: Restaurante La Oca da Sergio [8], praktisch um die Ecke vom Rest. Mandrágora. „Netter italienischer Wirt, sehr leckere Küche (super Pizza, Pasta etc.). Und man sitzt sehr schön; relativ ruhig, angenehme Atmosphäre. Calle General Copons 6" (Patricia Wiede). **«**

»> Mein Tipp: Brasería Vaca Loca [20], im Herzen der Altstadt. Gemütliches kleines Lokal mit nur wenigen Tischen im Inneren. Spezialität ist Fleisch vom Kamingrill, an dem das Gericht zubereitet wird, alles frisch gemacht und prima gewürzt. Hauptgerichte kosten im Schnitt etwa 12–18 €. C. Cervantes 6, zur NS nur abends offen. **«**

Bar El Francés [21], ebenfalls eine Top-Empfehlung. Kleines Lokal mit ebenfalls kleiner Terrasse und einem (wie der Name ja schon vermuten lässt) französischen Chef. Feine Küche, exzellentes Preis-Leistungs-Verhältnis. Früh kommen, oft voll besetzt. Calle Sancho IV El Bravo 21.

Pizzeria La Tabla [23], westlich der Alameda in der Calle Huerta del Rey, einer Fußgängerzone. Meist proppenvoll mit Einheimischen, die hier riesige Pizzas zu günstigen Preisen verdrücken. Als „Besteck" dient eine Schere, gegessen wird mit der Hand.

Bar-Rest. Morilla [9], im Zentrum der Altstadt. Freundlicher und solider Familienbetrieb, dessen Straßenterrasse oft dicht belagert ist. Ordentliche Hausmannskost und Fischgerichte, Hauptspeisen kosten im Dreh etwa 12–15 €. C. Sancho IV. El Bravo 2, bei der Kirche.

🌿 **Rest. Vegetariano Chilimosa [4]**, nahe der Stadtmauer und der Puerta de Jerez, ein winziges Restaurant mit nur drei Tischen, die Speisen gibt es jedoch auch zum Mitnehmen. Gute vegetarische Küche

Tarifa

Nett dekoriert: Pacha Mama

zu günstigen Preisen, Wein und Bier aus ökologischer Produktion. C. Peso 6. ■

Bar-Rest. El Juncal 1, außerhalb der Stadt Nähe Camping Río Jara. Bodenständiges Lokal mit reichlich bemessenen Speisen, Spezialität Huhn und Fisch. Nicht teuer. Cruce de la Luz, von Tarifa kommend kurz vor dem Camping rechts in die Straße, dann gleich rechter Hand. In der Nähe an der Hauptstraße, mit reizvollem Ambiente, großem kinderfreundlichen Garten, etwas gehobeneren Preisen und prima Fleischgerichten vom Grill: **Rest. Pacha Mama** 1.

Bars & Cafés Café Central 10, mit einer Tradition, die bis 1894 zurückreicht. Einer der beliebtesten Treffpunkte Tarifas; kein Wunder, kommt man doch fast automatisch hier vorbei. Pl. Oviedo, der Mittelpunkt der Altstadt.

Café Azul 3, knapp außerhalb der Stadtmauern. „Das" Frühstückscafé Tarifas schlechthin, hübsch dekoriert und gemütlich in mehrere kleine Räume unterteilt. Müsli, Vollkornbrot etc. C. Batalla del Salado 8.

Bar Tienda Delicatessen 7, mit Tischen im Freien an einem hübschen Platz der Altstadt. Zu essen gibt es u. a. lokale Käse- und Wurstwaren, die im angeschlossenen Geschäft auch verkauft werden; gute Auswahl spanischer Weine. Auch ein netter Platz fürs Frühstück. Plaza de Oviedo 3.

》》 Mein Tipp: Café-Bar Los Melli 22, Szenetreff in der Altstadt, bei Tapasgängern beliebt besonders am späteren Abend. Ausgesprochen preisgünstig. C. Guzmán el Bueno 16. Gleich nebenan auf Nr. 18 und ganz ähnlich im Charakter: Bar El Pasillo 22. 《《

Nachtleben Im Sommer öffnen viele Kneipen am Strand, in denen dann in Permanenz Surf- und Kitevideos laufen. Treffpunkt in der Altstadt ist das Gebiet der C. Santísima Trinidad, entlang der westlichen Mauer, und ihrer Seitenstraßen. Außerhalb der Saison ist es ruhig in Tarifa.

Café-Bar Almedina, an den Treppen zum Rathaus an der Plaza de Santa Maria. Donnerstagabend finden hier ab 22.30 Uhr Flamenco-Abende statt, am Freitag DJ-Sessions. Calle Almedina 3.

La Ruina, praktisch im Zentrum des Nachtlebens der Altstadt. Seit vielen Jahren aktuelle Open-Air-Bar direkt auf der alten Stadtmauer, im Sommer jeden Abend knüppelvoll. C. Santísima Trinidad 2.

Soul Café, eine Etage tiefer und, anders als La Ruina, auch im Winter zumindest an Wochenenden geöffnet.

Tejota, gleich hinter dem Stadttor. Treffpunkt ausländischer Tarifa-Residenten, darunter viele Deutsche. C. Jerez 21.

Tribu, auch in der Altstadt. Beliebte Surferkneipe, Videountermalung dementsprechend. Gute Pizzas. C. Nuestra Señora de la Luz 7.

Mombasa Café, das ehemalige Tanakas und spätere Nuit, die einzige echte Disco in der Altstadt. Erst ab weit nach Mitternacht aktuell. Plaza San Hiscio.

Baden: Tarifas Strände erstrecken sich von der Stadt über mehr als zehn Kilometer nach Nordwesten, bieten also reichlich Platz. Es gibt eine Reihe von Restaurants und Chiringuitos, das Hinterland bildet eine wichtige Raststation für Zugvögel und ist deshalb teilweise unter Naturschutz gestellt. Wenn nur der Wind nicht wäre ...

Playa Chica: Der winzige Sandstrand im Stadtbereich unweit der Hafeneinfahrt ist den Winden oft weniger stark ausgesetzt als die anderen Strände von Tarifa, außerdem eine Kuriosität: Da die Landverbindung zur Isla Paloma (Militärgebiet) als Grenze zwischen den beiden Meeren gilt und die Playa Chica östlich davon liegt, bildet sie den letzten Strand des Mittelmeers.

Playa de los Lances: Mit diesem Strand beginnen die Atlantikstrände Andalusiens. Die feinsandige, im Schnitt 120 Meter breite Playa de los Lances, beliebt auch beim surfenden Publikum, reicht vom Stadtbereich über rund 7 km nach Nordwesten bis zur Punta de la Peña und ist mit Toiletten, Duschen, Warnflaggen etc. gut ausgestattet, bietet auch reichlich Restaurants und Strandkneipen. Ein großer Parkplatz liegt wenige hundert Meter vor dem Hotel Dos Mares.

Playa de Valdevaqueros: Die Fortsetzung der Playa de los Lances ist der zweite große Strand Tarifas. Der „Strand des Cowboy-Tals" erstreckt sich über rund 5,5 km und ist mit einer durchschnittlichen Breite von knapp 60 m zwar schmaler als die Playa de los Lances, bietet aber immer noch reichlich Platz und läuft zudem in eine fantastische Riesendüne aus. Mehrere Chiringuitos, beliebt bei Surfern. Zu erreichen ist er über mehrere Zufahrten von der N 340 und der abzweigenden Straße, die zum Camping La Paloma führt; Parkplätze sind jedoch relativ rar.

Sehenswertes

Abgesehen von seinem Kastell und den Stadtmauern, die aus mehreren unterschiedlichen Bauphasen des 10.–16. Jh. stammen, kann Tarifa nicht mit besonderen, herausragenden Monumenten glänzen. Reizvoll ist in erster Linie das teilweise noch mittelalterlich geprägte Stadtbild an sich.

Plaza Santa María heißt der kurz vor dem Meer gelegene Hauptplatz der Altstadt, an dem neben dem Rathaus und einem eher bescheidenen Park auch ein drolliger kleiner Brunnen steht. Linker Hand der Plaza in Richtung Meer trifft man auf den Aussichtspunkt *Miramar*. Er könnte auch „Mira-Africa" heißen, reicht der Blick doch oft über die Straße von Gibraltar bis weit hinüber nach Marokko. Bei sehr klarem Wetter sind dort sogar ohne weiteres einzelne Gebäude zu erkennen.

El Castillo del Guzmán: Die Burg des einstigen Stadtkommandanten Guzmán erhebt sich rechter Hand der Plaza Santa María. Das Kastell ist uralt, geht in seinen Grundzügen auf eine bereits im 10. Jh. an Stelle einer römischen Festung erbaute Maurenburg zurück. Viele Hinweistafeln informieren auf Englisch und Spanisch über die einzelnen Bauteile. Von den Türmen und Wällen bietet sich ein weiter Blick, im Inneren des Komplexes steht eine gotisch-mudéjare Kirche, ehemals eine Moschee. Das Fenster, aus dem Guzmán das Schwert zur Ermordung seines Sohns warf, ist heute allerdings zugemauert.
Täglich 9.30–19.45 Uhr (Führungen tägl. um 12 Uhr); Eintrittsgebühr 4 €.

Paseo Alameda: Die „Ramblas von Tarifa" sind eine schattige Promenieranlage westlich außerhalb der Altstadtmauern. Die hiesigen Freiluftcafés bilden an lauen Sommerabenden einen beliebten Treffpunkt.

Centro de Interpretación de Cetáceos y Aula del Mar (CICAM): Ein langer Name für ein doch recht kleines Interpretationszentrum, das sich den Meeressäugern der Straße von Gibraltar widmet und Fotos diverser Wal- und Delfinarten zeigt.
Offiziell (aber nicht zuverlässig) geöffnet März–Okt., dann tägl. 10–18 Uhr; Eintritt frei.

Spaziergang vor der Riesendüne: am Strand von Bolonia

Bolonia

Eine schöne Kombination aus traumhaftem Strand, einer riesigen Düne und den Ausgrabungen einer Römersiedlung.

Etwa 15 Kilometer hinter Tarifa in Richtung Cádiz zweigt von der N 340 ein Sträßchen ab, das nach sieben Kilometern in dem winzigen Weiler endet. Das Hinterland von Bolonia besteht aus einer wenig besiedelten, wildromantischen Berglandschaft, in der kaum etwas anderes als Zwergpalmen wächst. Bolonia selbst ist wiederum nicht viel mehr als eine von Hügelketten geschützte, verstreute Ansammlung von Häusern, zwischen denen Kühe umherziehen und Pferde weiden. Ganz in der Nähe liegen die Ruinen der römischen Siedlung Baelo Claudia, die ihren Wohlstand einer Art Fischfabrik verdankte. Wahrhaft begeisternd zeigt sich der herrliche, geschwungene Sandstrand von Bolonia, dessen als Naturmonument geschützte Düne sich am Ende der Bucht einen Hügel hochzieht. Einige wenige Bars und Fischrestaurants haben sich an ihm etabliert, sonst ist meist erfreulich wenig los – zur Nebensaison zumindest, denn im Juli und August herrscht einiger Betrieb in Bolonia. Freies Camping ist verboten, weshalb man für einen längeren Aufenthalt auf eine der wenigen Pensionen oder Apartments angewiesen bleibt. Für einige Strandtage in ruhiger Atmosphäre liegt man mit Bolonia sicher nicht falsch.

Verbindungen Stadtbusse ab Tarifa fahren nur zur Hochsaison.

Baden Die **Playa de Bolonia** erstreckt sich über fast vier Kilometer Länge; der feine Sand schimmert hell, das Wasser ist von bester Qualität. Außerhalb der Hochsaison hat man den Strand mit seiner Riesendüne fast für sich.

Übernachten Im Hochsommer dürfte sich die Unterkunftsfrage problematisch bis unlösbar gestalten. In der Nebensaison werden auch für relativ wenig Geld Apartments komplett mit Küche und Kühlschrank angeboten.

* **Pensión Bellavista**, in Bolonia gleich an der Kreuzung der Hauptstraße, sozusagen das Ortszentrum des kleinen Dorfes. Ganzjährig geöffnet. DZ/Bad etwa 50–65 €. Bolonia-El Lentiscal 21, ✆ 956 688553, www.hostalbellavista.es.

* **Pensión La Posada de Lola**, etwas abseits der Straße. Sympathische Leitung; Zimmer einfach, aber charmant eingerichtet und

Provinz Cádiz

in freundlichen Farben gestrichen. Ganzjährig geöffnet, „aber im Winter kommt ja keiner", so die Besitzerin. DZ/Bad etwa 60–70 €, ohne Bad etwas günstiger; Achtung, auch die beiden Räume, deren Fenster nur auf einen Gemeinschaftsraum gehen, kosten denselben Preis. Bolonia-El Lentiscal 26, von der ostwärts führenden Straße beim bunt bemalten Surfboard abbiegen, ✆ 956 688536, www.hostallola.com.

Apartamentos Miramar, mit neun Studios und Apartments für hiesige Verhältnisse recht große Anlage an der Straße nach Osten. Zwei Personen zahlen etwa 50–90 €; es gibt auch ganze Häuser (Casas Rurales) zu mieten. Bolonia-El Lentiscal s/n, ✆ 956 688561, www.apartamentosmiramar.es.

* **Hostal-Apartamentos La Hormiga Voladora**, an der nach Osten führenden Straße nahe Abzweig zur Pensión Lola. Die „Fliegende Ameise" ist eine hübsche Anlage aus mehreren Häuschen, die fast wie ein kleines Dorf wirkt; teilweise schöner Blick auf Meer und Düne. Das Mobiliar der 14 Zimmer (alle etwas unterschiedlich) ist eher schlicht, aber geschmackvoll. Gutes Preis-Leistungs-Verhältnis. DZ/Bad etwa 55–85 €; es gibt auch drei Apartments. ✆ 956 688562, www.lahormigavoladora.com.

>>> Lesertipp: Pensión Hostal Casa Rios, nicht weit entfernt, meerwärts des Restaurante Rejas. „Tolle Lage direkt am Strand, Zimmer mit Meerblick, leckeres Abendessen und sehr entspanntes Personal" (Anja Ganssmüller). Schöne Restaurant-Terrasse; 25 schlicht-ordentliche Zimmer und Apartments (nicht alle zum Meer), DZ etwa 55–95 €. ✆ 956 688586, www.hostalriosbolonia.com. **<<<**

Essen & Trinken Restaurante Rejas, an der Straße nach Osten. Wohl das beste Restaurant im Ort, betrieben von zwei Brüdern, der eine Wirt, der andere Fischer – frischer als hier kommt das Meeresgetier selten auf den Tisch. Nicht teuer, prima Preis-Leistungs-Verhältnis. ✆ 956 688546.

Bar-Rest. Otero, strandnah bei den Ruinen von Baelo Claudia. Eines von mehreren gemütlichen Lokalem hier (alle nur im Sommer geöffnet), Terrasse mit schönem Blick aufs Meer. Von Lesern gelobt.

La Cabaña, entgegengesetzt am südöstlichen Siedlungsrand, am Ende der Straße. Hübsches Holzhaus, eher Bar als Restaurant, beliebter Surfertreff und vor allem in wirklich fantastischer Aussichtslage über dem Meer.

Baelo Claudia: Die Ruinen der römischen Siedlung erstrecken sich gleich westlich des Dörfchens Bolonia. Baelo Claudia wurde im 2. Jh. v. Chr. gegründet und erlebte seine Glanzzeit im ersten nachchristlichen Jahrhundert, wurde unter Kaiser Claudius (41–54 n. Chr.), dem es seinen Beinamen verdankt, in den Status einer eigenständigen Gemeinde erhoben. Der Wohlstand von Baelo Claudia gründete sich auf die Verarbeitung von Thunfisch, der entweder eingesalzen oder zu einer Art Paste verarbeitet wurde. Besonders letztere, lange haltbar und *garum* genannt, war im gesamten Römischen Reich heiß begehrt. Auf einer Führung durch die mauerumgürtete Ausgrabungsstätte gelangt man zunächst zum Hauptplatz *Forum*, unweit der Kreuzung der beiden Hauptstraßen *Decumanus* und *Cardo* gelegen. Im Umfeld erstrecken sich die Reste der wichtigsten

Römersiedlung Baelo Claudia

Gebäude: das Kapitol mit den Tempeln der Juno, des Jupiter und der Minerva sowie eines weiteren, der ägyptischen Göttin Isis gewidmeten Tempels; direkt gegenüber stand das „Basilica" genannte Ratsgebäude, daneben der Markt. Die Längsseiten des Forums nahmen Geschäfts- und

Versammlungsgebäude ein. Etwas abseits des Hauptplatzes liegen die Thermen und das gut erhaltene Amphitheater der römischen Siedlung, in dem im Sommer Veranstaltungen stattfinden. Wohl um die von ihr ausgehende Geruchsbelästigung möglichst gering zu halten, war die Anlage zur Verarbeitung der Thunfische in Strandnähe angesiedelt, ein ganzes Stück vom Ort selbst. – Angeschlossen ist ein zweistöckiges, mit 2000 Quadratmetern sehr üppig dimensioniertes und wegen seiner Lage im Naturschutzgebiet nicht ganz unumstrittenes **Besucherzentrum** (von manchen Einheimischen „El Bunker" genannt), das u.a. die Geschichte der Ausgrabungen dokumentiert.

Di–Sa 9–18.30 Uhr (April bis Mitte Juni bis 20.30 Uhr), So 9–15.30 Uhr; von Mitte Juni bis Mitte Sept. nur Di–So 9–15.30 Uhr. Mo geschlossen. Eintritt für EU-Bürger frei.

Zahara de los Atunes

Ein ehemaliges Fischerdörfchen, das sich dank seines riesigen Strands heute vor allem dem Fremdenverkehr widmet. Vier Kilometer außerhalb ist eine große Urbanisation gewachsen.

Auch Zahara ist über eine Seitenstraße der N 340 zu erreichen, die einige Kilometer nordwestlich der Kreuzung nach Bolonia abzweigt. In dem familiär wirkenden Ort, dessen Kern vorwiegend aus schlichten, flachen Häusern besteht, mischen sich touristisch genutzte mit gewerblich orientierten Gebieten, dazwischen liegt noch viel Brachland. Ein bodenständiges, trotz der in jüngster Zeit recht zahlreichen Besucher bislang nicht groß für den Fremdenverkehr herausgeputztes Dorf, so der Eindruck. Selbst das riesige, von den Herzögen von Medina Sidonia errichtete „Castillo de las Almadrabas" aus dem 16. Jh., das anderswo längst hergerichtet worden wäre, ist eine leer stehende Ruine. Außerhalb der Hochsaison ist in Zahara von Rummel denn auch kaum etwas zu spüren, die Atmosphäre für manchen vielleicht schon zu entspannt – wer seinen gesamten Urlaub hier verbringen will, sollte schon einen Mietwagen ins Budget einplanen. Die ausgedehnten Strände der Siedlung werden selbst im Sommer nie wirklich voll.

Anders sieht es südöstlich von Zahara aus. Etwa vier Kilometer vom Ort selbst entstand hier in einem bis dahin nahezu jungfräulichen Küstenabschnitt die architektonisch wenig erfreuliche (aber dennoch gern von der spanischen Prominenz besuchte) Urbanisation Atlanterra. Verantwortlich für Genehmigung und Baukontrolle war der Bürgermeister von Tarifa, zu dessen Gemeinde dieses Gebiet gerade noch gehört – Zahara selbst zählt bereits zur Gemeinde Barbate. Die hochfliegenden Pläne, die teilweise ohnehin hart am Rande der Legalität errichtete Feriensiedlung weiter auszubauen, sind immer wieder mal Anlass zum Zwist zwischen den beiden Gemeinden. „Ein Entwicklungsmodell, das an die Costa del Sol der 70er-Jahre erinnert", schrieb dazu die Tageszeitung „Diario de Cádiz".

Information Punto de Información, strandnah unweit der Kastellruinen, ✆ 956 063600, Extensión 9140. Nur etwa von Ostern bis September geöffnet, zur HS täglich 11–14, 17–22 Uhr, sonst nur am Wochenende.

Verbindungen Busse der Gesellschaft COMES nach Barbate und Cádiz 3-mal, Vejer 2-mal täglich (zur HS häufiger), nach Tarifa und Algeciras im Sommer 1-mal täglich.

Feste & Veranstaltungen Fiesta y Feria de Verano, in der Regel Anfang August, ein großes, mehrtägiges Fest.

Festival Internacional de Música Barroca, etwa Mitte August, ein erst 2014 gegründetes Festival mit hochklassiger internationaler Besetzung.

Übernachten **** Hotel Meliá Atlanterra, in der gleichnamigen Urbanisation. Ein großer, strandnaher Bau mit 285 komfortablen Zimmern, zahlreichen Sportmöglichkeiten, Hallenbad, riesigem Pool etc. Geöffnet Mai bis Oktober. DZ etwa 120–350 €, ganz überwiegend jedoch (preiswerter) pauschal gebucht. Bahía de la Plata s/n, ✆ 956 439000, www.melia.com.

*** **Hotel Doña Lola**, kleineres Hotel gleich bei der Brücke an der Zufahrt zum Ortskern. 2012 renoviert; angenehme Bauweise, geräumige, komfortabel ausgestattete Zimmer, Pool. Ganzjährig geöffnet. DZ nach Saison und Ausstattung etwa 90–180 €, angeschlossen ein preisgünstigeres Hostal sowie Apartments. Pl. Thompson 1, ✆ 956 439009, www.donalolazahara.com.

*** **Hotel Pozo del Duque**, am südöstl. Ortsrand von Zahara, Richtung Atlanterra. 1994 errichtetes Haus in angepasster Architektur, kleiner Pool, ein Teil der Zimmer mit Balkon zum Meer. Geöffnet etwa März bis Oktober; DZ/F ca. 60–190 €; auch Suiten. Avda. Bahía de la Plata 32, ✆ 956 439400, www.pozodelduque.com.

*** **Hotel Gran Sol**, im Ortszentrum am Ende einer Palmenallee gelegen, nur ein paar Schritte vom Strand. Großes, hübsches Haus mit mehreren Trakten, viele Zimmer mit Meerblick; Pool. DZ nach Saison und Lage 80–160 €. C. Sánchez Rodriguez s/n, ✆ 956 439309, www.gransolhotel.com.

** **Hotel El Cortijo de la Zahara**, in der Urbanisation Atlanterra, bereits 1883 als Militärstützpunkt zur Bewachung der Küste errichtet. Im Stil ähnelt das Hotel allerdings tatsächlich eher einem „Cortijo". Geräumige und angenehm eingerichtete Zimmer, Pool, gutes Restaurant. DZ/F nach Saison und Ausstattung 80–210 €, es gibt auch Suiten. Carretera Atlanterra, km 4, ✆ 956 439 456, www.elcortijodezahara.com.

Camping Bahía de la Plata, 2. Kat., südöstlich außerhalb des Ortes in Richtung der Urbanisation Atlanterra. Fast direkt am Strand gelegener Platz, der ältere Abschnitt hübsch eingegrünt. Ganzjährig geöffnet. Deftige Preise: zwei Personen, Auto, Zelt je nach Parzellengröße ab etwa 38 €, zur NS (wie üblich) deutlich günstiger. Es gibt auch Bungalows für vier Personen zu mieten. Carretera de Atlanterra s/n, ✆ 956 439040, www.campingbahiadelaplata.com.

Essen & Trinken Rest. Casa José María, an der Straße zum Strand, nahe Hotel Gran Sol. Gehobenes Restaurant mit Fokus auf Thunfisch- und Reisgerichten, Menü à la carte ab etwa 30 €. Ein Hotel („Avenida Playa") gehört dazu. Av. Doctores Sánchez Rodríguez 12. Vom Angebot her ähnlich, aber etwas preisgünstiger ist das nahe **Rest. Atarraya**.

Taberna Trasteo, ebenfalls im Ortskern, östlich vom kleinen Hauptplatz. Schick gestaltetes Lokal mit raffinierter, origineller Küche, teilweise in Richtung „Fusion". Nicht ganz billig. Calle María Luisa 24.

Rest. Zoko, westlich vom kleinen Hauptplatz, ein modern eingerichtetes Lokal, das sich für Tapas & Co. empfiehlt, teilweise auch mit asiatischen Anklängen. Normale Preise. Calle Real 14.

Rest.-Pizzeria Cristobal, an der Pl. Thompson beim Hotel Doña Lola. Kleine Terrasse, viel von Einheimischen besucht. Ordentliche Qualität zu vernünftigen Preisen, neben Pizzas auch gute Fischgerichte. C. Thompson 2.

Baden: Zahara glänzt mit einem guten Dutzend Kilometer Küste, die ganz überwiegend aus feinen, breiten Sandstränden besteht.

Playa Arroyo del Cañuelo: Im äußersten Südosten der Region. Der hintere der beiden Strände, die jenseits des Cabo de Plata von Atlanterra liegen, wird nur durch die Halbinsel von Punta Camarinal von Bolonia getrennt. Ein abgeschiedener kleiner Strand in unverbauter Umgebung, vom Ende der Straße über einen Fußweg zu erreichen, der das Cabo de Gracia quert.

Playa del Cabo de Plata: Nur das Kap Cabo de Plata trennt Atlanterra von diesem mittelgroßen Strand aus feinem Sand, der bis zum Cabo de Gracia reicht. Größere Bausünden sind hier nicht zu beklagen, im Hinterland stehen nur einige Villen.

Playa de Zahara de los Atunes: Der Hauptstrand des Ortes erstreckt sich über mehr als 6 km von Atlanterra bis über Zahara hinaus und ist im Schnitt gut 30 m breit. Das Serviceangebot ist ordentlich, es gibt Restaurants und mehrere Chiringuitos, die zur Saison sogar bis weit in die Nacht öffnen; im Chiringuito „La Luna" finden dann auch Flamencosessions etc. statt.

Almadraba-Gemälde im Hotel Playa del Carmen (Barbate)

La Almadraba – die Schlacht um den Thun

Seinen Beinamen „de los Atunes" trägt Zahara zu Recht. Im Frühjahr, wenn von März bis Juni die Thunfisch-Schwärme auf ihrer Wanderschaft zum Laichen im Mittelmeer die Straße von Gibraltar passieren, und im Herbst, wenn sie in den Atlantik zurückkehren, findet hier wie auch in anderen Küstenorten (Chiclana, Conil, Barbate und Tarifa) das blutige Schauspiel der Almadraba statt. Obwohl der Name „Thunfischfalle" auf die Mauren zurückgeht, ist diese Fangmethode noch weit älter, wurde vielleicht schon von den Phöniziern eingeführt. Dabei werden die Fische etwa drei Kilometer vor der Küste in einem Labyrinth aus Netzen eingekesselt, die eine bis zu mehr als 30 Meter tiefe Barriere bilden und die Tiere in eine bestimmte Richtung leiten. Im „Copo", der letzten Kammer der Netzkonstruktion, beginnt dann unter Aufsicht des Anführers der Fischer („Arraez", abgeleitet vom arabischen „Rais": Kapitän) das Schlachten. Den bedrängten Fischen wird der Raum knapp, das Meer schäumt von ihren verzweifelten Schwanzschlägen. Mit Harpunen stechen die Fischer die Tiere ab, das Wasser im Netz färbt sich blutrot. An Eisenhaken („Ganchos" oder „Cloques"), die auf langen Schäften befestigt sind, wird die halbtote Beute schließlich an Bord gehievt – eine Knochenarbeit, denn so mancher große Atún bringt es auf acht Zentner und mehr. Beste Kunden der Fischer sind übrigens die Japaner, deren Kühlschiffe oft schon Wochen vorher in Wartestellung liegen: Bekannt als Feinschmecker in Sachen Fisch, zahlen sie für den roten Thun der Costa de la Luz höchste Preise, akzeptieren aber nur den wesentlich fetteren „Atún de Derecho" der Frühjahrs-Almadraba; den vom Laichen erschöpften und abgemagerten „Atún de Revès" der Herbstfänge verschmähen sie. Sobald die Ernte eingefahren ist, übernehmen die Japaner die Fische im Ganzen und lassen sie an Bord von eigens mitgebrachten Spezialisten zerteilen. – All dies galt zumindest früher, denn heutzutage ist der Blauflossen-Thunfisch durch Überfischung massiv bedroht; schuld sind sicher nicht die Almadrabas, sondern die großen Hochsee-Fangflotten.

Hauptplatz der Fischerstadt Barbate: Plaza de la Inmaculada

Barbate

Trotz langer Strände ist Barbate kein Ferienort im eigentlichen Sinn, lebt in erster Linie vom Fischfang und der Verarbeitung der Beute.

Viele Jahrzehnte hieß das Städtchen offiziell Barbate de Franco, doch hört diesen Beinamen heute kaum noch jemand gern. Der Ort an der Mündung des gleichnamigen Flusses, der östlich der Siedlung ausgedehnte Marismas (Gezeitensümpfe) bildet, war zwar schon zu römischer und maurischer Zeit besiedelt, lange Zeit jedoch nur ein kleiner Hafenweiler. Der weitaus größte Teil des gut 20.000 Einwohner zählenden Städtchens entstand erst im letzten Jahrhundert, was man Barbate auch ansieht: Eine Schönheit ist der Ort nicht gerade, das modern geprägte Zentrum um den Rathausplatz *Plaza de la Inmaculada* und entlang der Hauptstraße *Avenida de la Mar* wenig aufregend. Touristen machen sich eher rar, einzig im Hochsommer finden vorwiegend spanische Urlauber den Weg hierher. Wie oft bei solchen Städten kann man Barbate deshalb immerhin eine gewisse Ursprünglichkeit attestieren.

Die seit jeher wichtigste Einkommensquelle der Stadt ist die Fischerei, für die sich Barbate mit seinem großen Hafen eigentlich auch bestens gerüstet zeigt. Seit einiger Zeit ist das Gewerbe jedoch in einer Krise, die Fänge sind rückläufig. Dennoch geht aber weiterhin so mancher Fisch ins Netz, neben den (seltener gewordenen) Thunfischen der berühmten Almadraba vor allem Sardinen, Sardellen, Makrelen und die „Urta" genannte Zahnbrassenart. Verwertet wird die Beute gleich vor Ort: Barbate ist Standort einer bedeutenden fischverarbeitenden Industrie. Die entweder als Konserven oder als luftgetrocknete und gesalzene „Salazones", gelegentlich auch als geräucherte „Ahumados" haltbar gemachten Produkte genießen guten Ruf. Klar, dass auch die vielen Fischrestaurants von Barbate mit erstklassiger Ware aufwarten.

Information Oficina Municipal de Turismo, an der Strandpromenade Paseo Marítimo 5, nicht weit vom „Leuchtturmplatz" Plaza del Faro. Geöffnet Mo–Fr 8–14.30 Uhr (Juli/August auch 18–20.30 Uhr). ℡ 956 063 613. turismo@barbate.es.

Barbate

Verbindungen Busse der Gesellschaft COMES starten am Busbahnhof ganz im Norden der Avenida de la Mar. Anschlüsse nach Zahara 3-mal, Vejer, Conil und Cádiz je 7-mal täglich.

Baden Zwar kommt kaum jemand ausschließlich zum Baden nach Barbate, die Strände des Städtchens sind jedoch zumindest optisch gar nicht übel.

Playa del Carmen: Der breite Stadtstrand erstreckt sich, von einer Promenade begleitet, über fast zwei Kilometer. Seine Wasserqualität gilt allerdings nicht gerade als die beste, was angesichts der nahen Hafeneinfahrt und vor allem der Mündung des Río Barbate durchaus nachzuvollziehen ist.

Playa de Hierbabuena: Am Strand westlich des Hafens dürfte es diesbezüglich besser aussehen. Knapp einen Kilometer Länge und durchschnittlich 30 Meter Breite misst diese Playa, die bereits am Rand des Breña-Naturparks liegt und deren Hinterland völlig unverbaut ist.

Einkaufen Zu den Spezialitäten der Fischfabriken von Barbate zählen neben Konserven insbesondere die „Salazones". Unter letzteren besonders lecker sind **mojama**, die luftgetrockneten Lendenstücke vom Thun, und **huevas secas**, ebenfalls getrockneter und gepresster Thunfischrogen, köstlich mit Mandeln oder einfach mit Butter.

Delicias de Barbate, eine spezialisierte Verkaufsstelle mit breiter Auswahl an Produkten, direkt im Hafen nahe der Haupteinfahrt. Täglich geöffnet.

La Chanca, in der Gegenrichtung an der Straße Richtung Vejer, im Gewerbegebiet El Olivar, nicht weit entfernt vom Aldi. Ähnliches Angebot, von etwa Mai bis Mitte September kann man hier auch auf Führungen ein „Museo del Atún" besichtigen.

Feste und Veranstaltungen Verbena de San Juan, die Nacht des 23. auf den 24. Juni, mit dem traditionellen Verbrennen der „Juanillos", der „kleinen Juans" – keine Sorge, es sind nur Puppen …

Nuestra Señora la Virgen del Carmen, 16. Juli. Die Schutzpatrin der Fischer und Seeleute wird in Barbate natürlich hoch verehrt und mit einer großen Meeresprozession gefeiert.

Übernachten *** Hotel Adiafa, 2007 eröffnetes Quartier unweit des Paseo Marítimo und der Plaza de Faro. Ordentliche, wenn auch vielleicht etwas nüchterne Zimmerausstattung, Garage. Über Weihnachten/Neujahr geschlossen. Standard-DZ nach Saison etwa 50–150 €, es gibt auch Superiorzimmer und Suiten. Avenida Ruiz de Alda 1, ✆ 956 454060, www.adiafahoteles.com.

** Hotel Playa del Carmen, drei Blocks hinter dem gleichnamigen Strand. Solides Mittelklassehotel mit 18 geräumigen Zimmern und schön gestalteten Bädern, durch die Straße leider etwas laut. DZ etwa 50–80 €. Im Winter geschlossen. Av. Ruiz de Alda 46, ungefähr auf halbem Weg zwischen der Plaza del Faro und der Infostelle, ✆ 956 434311, www.hotelplayacarmen.es.

Essen & Trinken Am Hauptstrand zahlreiche Fischrestaurants, die vielfach jedoch nur während der Saison öffnen.

Rest. El Campero, knapp westlich der unteren, meernahen Av. de la Mar. Wohl das beste Restaurant im Ort, gehobene Fischküche (eindeutiger Schwerpunkt: Thunfisch!), die ihren Preis hat: Menü ab etwa 50 €. Mit den recht üppigen Fisch- und Marisco-Tapas an der Bar kommt man günstiger davon. Av. de la Constitución 5. Mo geschlossen. ✆ 956 432300.

Rest. El Capitán, direkt im Hafengebiet beim Ortsausgang Richtung Caños de Meca. Noch recht junges, gehobenes Lokal mit guter Küche, Terrasse und Blick auf den Sporthafen. Von Lesern auch für den freundlichen Service gelobt. Di Ruhetag. Puerto Deportivo s/n, ✆ 956 434462.

Bar-Rest. Nueva Estrella Polar, an der Hauptstraße nicht weit vom „Leuchtturmplatz" Plaza del Faro. Selbst hergestellte „Salazones", außerdem diverse Fisch-Raciones, jeweils um etwa 10–12 €. Daneben offeriert der „Polarstern" auch ein recht preiswertes Tagesmenü, wie üblich jedoch nur werktags.

》》 Lesertipp: Bar Rufo, an der Strandpromenade Paseo Marítimo. „Schlicht, aber tolle gemischte Fischplatte, am Sonntagmittag nur von Spaniern besucht, die sogar längere Wartezeiten in Kauf nahmen" (Britta und Stefan Pailer). **《《**

La Galería, an der Strandpromenade Paseo Marítimo, ein „Kunst-Café" mit wechselnden Ausstellungen und guten Cocktails.

Uraltes Gotteshaus: Ermita de San Ambrosio

Parque Natural de la Breña y Marismas de Barbate

Der Naturpark mit dem ellenlangen Namen erstreckt sich beiderseits von Barbate auf einer Fläche von knapp 3000 Hektar, ist also für andalusische Verhältnisse ausgesprochen klein. Der geschützte Bereich verteilt sich auf zwei Zonen, die Marismas des Río Barbate im Osten und den ausgedehnten Pinienwald Pinar de la Breña bzw. Pinar de Barbate im Westen, der das größte küstennahe Waldgebiet der Provinz Cádiz bildet. Man merkt es dem schönen Wald nicht an, dass er Anfang des 20. Jh. von Menschenhand gepflanzt wurde, um ein System von Wanderdünen zum Stillstand zu bringen. Unter dem schattigen Dach der Pinien wachsen Zwergpalmen, Weißdorn und Rosmarinsträucher, auch Orchideen sind mit etwas Glück zu entdecken. Die Steilküsten des Gebiets stürzen in spektakulären Felsformationen zum hier ebenfalls naturgeschützten Meer hinab. Besonders exponiert steht der alte Wachtturm *Torre del Tajo*, hinter dem das Kliff rund hundert Meter tief abfällt.

Fußwege ins Innere des Pinienwalds beginnen an der Playa de Hierbabuena und an zwei Parkplätzen entlang der Verbindungsstraße, die am Hafen von Barbate vorbei nach Caños de Meca führt. Das Gebiet lässt sich jedoch auch auf einer etwas ausgedehnteren, sehr schönen Wanderung erkunden, die von Caños de Meca hoch über dem Meer nach Barbate führt, siehe unten.

Landeinwärts des Pinienwalds, zu erreichen über eine Zufahrt von der genannten Verbindungsstraße, beginnt das Gebiet der Streusiedlung San Ambrosio, die über Pisten auch mit Vejer und Zahora verbunden ist. An der Piste Richtung Zahora steht die Ruinenkirche *Ermita de San Ambrosio*, eines der wenigen frühchristlichen Gotteshäuser in Südspanien. Errichtet wurde das denkmalgeschützte Kirchlein auf noch weit älterem Kulturboden, steht es doch auf einer römischen Nekropolis. Von

Übernachten/Essen Hotel Rural El Palomar de la Breña, ein schönes Quartier in absolut ruhiger ländlicher Lage, untergebracht in einem geschichtsträchtigen, mexikanisch anmutenden Gutshof des 18. Jh. Zuletzt ausgebaut und erweitert; geräumige und ansprechend eingerichtete Zimmer mit eigener Terrasse. Pool. Die Küche wurde von Lesern sehr gelobt. Die Besonderheit des Anwesens ist jedoch der Jahrhunderte alte, namensstiftende „Palomar", der größte Taubenschlag Europas, der in seinen mehr als 7000 Nischen über 5000 Taubenpaare beherbergen konnte: Ein imposantes landwirtschaftliches und architektonisches Denkmal, das die Besitzer gerne auch Nicht-Gästen zeigen. Im November, Januar und Februar zeitweise geschlossen oder nur am Wochenende geöffnet. DZ nach Saison etwa 55–110 €. Beschilderte Abzweigung landeinwärts etwa 5 km hinter Barbate in Richtung Caños, dem Taubensymbol vorbei an der Área Recreativa El Jarillo folgen; ab der Hauptstraße sind es noch knapp 3 km passabel befahrbare Piste. Pago de la Porquera, San Ambrosio, ℡ 956 435003, www.palomardelabrena.com.

Finca San Ambrosio, großes, grünes Grundstück mit mehreren Gebäuden im Cortijo-Stil. Sieben gut ausgestattete Apartments (davon drei im Hauptaus), alle mit eigener Terrasse. Großer Pool. Die deutschen Besitzer Gabi und Edgar können viel über die Gegend und ihre Geschichte erzählen. Wochenweise Buchung bevorzugt, auf kurzfristige Anfrage evtl. Abweichungen möglich. Ganzjährig; Wochenpreis für zwei Personen nach Objekt und Saison etwa 250–610 €. Anfahrt zunächst wie oben, an der großen Gabelung dann aber links ab; später erneut links, vorbei an der Ermita. ℡ 956 450413, www.finca-san-ambrosio.com.

Venta Luis, auf dem Weg zur Finca San Ambrosio. Urige Landkneipe, Gemüse aus dem eigenen Garten, die Spezialität „Bauernhuhn" (Pollo de Campo) gibt es nur auf Vorbestellung: ℡ 956 430458.

Los Caños de Meca

Einst ein Hippie-Hangout, hat sich die kleine Siedlung, schön gelegen und mit feinen Stränden gesegnet, bis heute eine gewisse alternative Atmosphäre bewahrt.

Zwar ging der langgestreckte Ort, der noch im Gemeindegebiet von Barbate und unterhalb der bewaldeten Hügel des Breña-Naturparks liegt, inzwischen den Weg vieler ehemaliger Geheimtipps: Zuerst kamen Hippies und Individualreisende, dann entstanden Villen, später kleine Urbanisationen. Bislang hält sich die Bebauung jedoch in erträglichem Rahmen, und auch das Publikum gibt sich hier immer noch einen Tick bunter als üblich. Die herrlichen Strände werden ohnehin so schnell nicht überfüllt sein. Zur spanischen Urlaubssaison von Mitte Juli bis Ende August ist Caños de Meca für einen so kleinen Ort ausgesprochen belebt. Dann öffnen mehrere hübsche Bars und sogar Discos, an den Stränden herrscht nachts rege Partystimmung. Im Frühjahr oder Herbst macht Caños dagegen einen eher ruhigen Eindruck, im Winter wird es still hier. Ganz hinten im Ort, am östlichen Ende der Straße, kann man, nur bei Ebbe und mit etwas Vorsicht, über den Nacktbadestrand und vorbei an kleinen Buchten in etwa einer halben Stunde Fußweg zu den kleinen Wasserfällen *caños* (etwa: „Wasserröhre, Wasserhahn") gelangen, die der Siedlung den Namen gaben. Ratsam allerdings, sich vorher über die Gezeiten zu erkundigen, um auch den Rückweg trocken und vor allem unbeschadet zu überstehen.

Verbindungen Busse der Gesellschaft COMES ganzjährig von/nach Barbate, Conil und Cádiz mindestens 2-mal täglich, zur Saison oft wesentlich häufiger.

Baden Die schönen Strände sind ein großer Vorzug von Caños de Meca. Wind und

Provinz Cádiz

Wellen locken viele Kite-Surfer, zur Saison öffnen deshalb auch mobile Kiting-Schulen.

Playa Nudista: Ganz im Osten des Dorfes und unterhalb der Klippenausläufer des Breña-Parks liegt dieser schöne Naturstrand, an dem Nacktbaden zumindest toleriert wird. Leider gibt es wegen Einleitungen der oberhalb liegenden Häuser gelegentliche Schwierigkeiten mit der Wasserqualität, es mussten sogar schon Badeverbote ausgesprochen werden. Achtung beim Parken an der Sackgasse der Zufahrt, es wird häufig eingebrochen! Mittlerweile gibt es hier auch zwei gebührenpflichtige Parkplätze.

Playa de Caños de Meca: Der Hauptstrand des Ortes erstreckt sich kilometerweit bis zur Playa Marisucia am Kap Trafalgar. In seinem zentralen Abschnitt, auch „Playa Pirata" genannt, präsentiert er sich feinsandig und mit recht gutem Serviceangebot inklusive diverser Bars. Weiter westlich stören streckenweise Felsen das Badevergnügen.

Playa de Marisucia: Dieser Strand, auch „Playa de la Curva" genannt, verläuft an der Südostseite des Kaps von Trafalgar; ein wunderschön geschwungener Strand, an dem bei starkem Levante Anschwemmungen aller Art allerdings keine Seltenheit sind.

Playa de los Bancos: Der Strand auf der anderen, der westlichen Seite des Kaps von Trafalgar geht praktisch nahtlos in die kilometerlangen Strände von Zahora und El Palmar über. Hier, im Gebiet nahe des Kaps selbst, drohen allerdings gefährliche Strömungen – wer sichergehen will, sollte das Baden besser lassen.

Übernachten ** **Hostal La Breña**, am östlichen Ortsrand. Eigentlich kein Hostal, sondern ein gepflegtes kleines Hotel mit sieben hübsch gestalteten Zimmern, Parkplatz (in diesem Gebiet nicht unwichtig) und sehr gutem Restaurant. Pool. DZ etwa 60–140 €. Avenida Trafalgar 4, ✆ 956 437368, www.hotelbrena.com.

** **Hostal Mar de Frente**, ganz in der Nähe des Hostals La Breña. Schöne Lage über dem Meer, die Terrassenzimmer dorthin (besonders hübsch unter dem Dach) sind in jedem Fall vorzuziehen. Direktzugang zum Strand. Geöffnet etwa Ostern bis Anfang November. DZ/Bad nach Lage und Saison 60–120 €. Av. Trafalgar 3, Mobil-✆ 693 430396, www.hostalmardefrente.com.

Guesthouse Meerlust – Las Ballenas, in der Siedlung Cañada del Álamo im Hinterland von Caños. Seit 2008 führen die Schweizer Besitzer Colette und Hans ihr Edel-B&B (benannt nach einem südafrikanischen Weingut), das seitdem schon viele Stammgäste gewonnen hat. Schönes grünes Grundstück, individuelle Betreuung. Nur drei top-ausgestattete Zimmer, besonders begehrt die Suite mit Meerblick und gleich zwei Dachterrassen. Fahrradverleih; Pool. Mindestaufenthalt drei Nächte; für kleinere Kinder nicht geeignet. Zwei Personen zahlen etwa 130–175 €, in der Suite 160–205 €. Anfahrt von Caños Richtung Barbate, in der ersten Rechtskurve links in den Waldweg (Zufahrt für Gäste erlaubt), noch etwa zwei Kilometer; Mobil-✆ 630 605662. www.meerlust.es.

** **Hostal Madreselva**, deutlich besser, als die Einstufung vermuten ließe. Einst ein Ableger des Hurricane-Hotels von Tarifa, jetzt im Besitz der „Califa"-Gruppe aus Vejer. Rustikal-hübsche Zimmer, jedes mit einer kleinen Terrasse. Pool und Cafeteria. Geöffnet von etwa Ostern bis Oktober. DZ/F nach Saison etwa 90–120 €. An der Hauptstraße Av. Trafalgar 104, ✆ 956 437255, www.califavejer.com.

Casas Karen, hübsche Anlage mit ökologischem Anspruch und diversen Unterkünften: Studios, Strohhäuser (Chozas de Paja) und Apartments auf einem großen Grundstück, reizvoll konzipiert mit gemauerten Sofas, kleinen Innenhöfen und Terrassen. Geleitet von der freundlichen, deutschsprachigen Belgierin Karen Abrahams; internationale Atmosphäre. Studios und Apartments mit Platz für 2–7 Personen, Wochenpreis für zwei Personen je nach Größe, Ausstattung und Saison etwa 140–790 €, pro Nacht 50–140 €. Sofern Platz ist, auch Vermietung einzelner Zimmer möglich. Camino del Monte 6, aus Richtung Barbate kommend durch den Ort bis zur Ecke Av. Trafalgar/Calle Levante. Innerhalb des Residencial Cabo Trafalgar; wegen der Sperre am Eingang möglichst schon vorher Kontakt aufnehmen. ✆ 956 437067, mobil 649 780834, www.casaskaren.com.

Apartamentos Casa Meca, ebenfalls eine prima Adresse, insbesondere für einen längeren Aufenthalt. In einem locker bebauten Gebiet am westlichen Ortsrand, strandnah kurz vor der Abzweigung zum Cabo Trafalgar. Kleine, schön begrünte Anlage aus drei hellen, ansprechend möblierten und modern ausgestatteten Studios bzw. Apart-

Los Caños de Meca

ments für zwei bis fünf Personen, die auch Zentralheizung besitzen. Deutsche Leitung. Zweipersonenstudio je nach Saison 290–510 € pro Woche, das besonders schöne „Turmapartment" mit weitem Blick aufs Meer für zwei bis vier Personen 400–790 € pro Woche. Je nach Verfügbarkeit ist zur NS auch kürzerer Aufenthalt möglich. ✆ 639 613402 (mobil), www.casameca.com.

≫ **Lesertipp:** El Poseidon, „schöne Anlage mit alternativem Touch, in nächster Nähe zu Casas Karen. Mehrere Apartments unterschiedlicher Größe, sehr gemütlich. Geleitet von der freundlichen, deutschsprachigen Spanierin Rosa" (Holger Rohmig). Studios für zwei Personen nach Saison 50–90 €, es gibt auch Zweier-„Bungalows" sowie Apartments für vier Personen. ✆ 956 437035, www.casasposeidon.com. ≪

Camping Auf allen Plätzen in und um Caños herrscht im Hochsommer reichlich Betrieb, Ruhesuchende sind hier dann an der falschen Adresse.

El Faro de Trafalgar, 2. Kat., nahe der Abzweigung zum Cabo de Trafalgar, nicht weit vom Strand. Mittlere Ausstattung, mit Bar-Restaurant und Einkauf. Geöffnet etwa Ostern bis Mitte September. Zwei Personen, Auto, Zelt 28 €. ✆ 956 437017, www.campingfarodetrafalgar.com.

Camaleón, 2. Kat., am westlichen Ortsrand, Strand in kurzer Fußentfernung. Ganz gut schattig; einfache Ausstattung. Ein Platz vor allem für junge Leute, im Sommer Partyatmosphäre und viel Trubel bis in den Morgen. Zur NS wirkt die Anlage manchmal etwas vernachlässigt. Geöffnet etwa Ostern bis September. Zwei Personen, Auto, Zelt ca. 28 €. ✆ 956 437154, www.campingcamaleon.com.

Essen/Kneipen Viele Restaurants und Bars sind nur zur Saison in Betrieb.

Restaurante La Breña, im gleichnamigen Hotel. Eines der besten Restaurants von Caños, moderne, originelle Küche mit internationalen Einflüssen; Spezialität Thunfisch. Menü ab etwa 25 €.

Restaurante Castillejos, ein kurzes Stück westlich. Mediterran-kreative Küche aus frischen Zutaten, schöne Dachterrasse für den Cocktail danach. Preislich etwa wie oben, wer sich an die feinen Tapas hält, kommt auch günstiger weg.

La Pequeña Lulú, noch hinter dem Hostal La Breña. Hübsches Lounge-Restaurant mit netter Atmosphäre, von der Terrasse Blick aufs Meer. Die Speisekarte ist eher klein, aber ambitioniert, das Essen gut.

Bar El Pirata, nahe der Kreuzung nach Barbate, an der Meerseite der Hauptstraße.

Blick auf Trafalgar: Strand von Caños de Meca

Eigentlich ein Bar-Restaurante, direkt oberhalb der zentralen Playa auf den Felsen gebaut. Eine beliebte Adresse mit fantastischem Ausblick aufs Meer.

Jaima, noch etwas weiter östlich, schon jenseits der Abzweigung nach Barbate. Eine Zeltkonstruktion mit marokkanischem Ambiente, Kissen, niedrigen Tischen etc. Unten am Meer, zugehörig und mit ebenfalls sehr schöner Atmosphäre und variabler Musik: **Mecarola**.

Ketama, eine kleine Kneipe gegenüber der Pirata Bar. Mit Ausnahme weniger Wintermonate fast rund ums Jahr geöffnet; oft geht es hier bis in den Morgen rund.

Bar-Rest. Levante, an der Hauptstraße beim Residencial Cabo de Trafalgar. Die Auswahl an Gerichten hält sich in Grenzen, doch ist die Atmosphäre freundlich-alternativ; auch vegane Küche. Samstags findet hier ein Flohmarkt statt. Auf demselben Gelände auch eine prima Bäckerei („Pana Tería") und die gute **Pizzeria Mr. Wolf**.

Bar Las Dunas, bei der Sperrung an der Straße zum Kap. Rustikale, große Kneipe; ganzjährig geöffnet und deshalb auch im Winter ein beliebter Treffpunkt. Gelegentlich Konzerte, Flamenco & Co.

Cabo de Trafalgar: Aus dem Schulunterricht bekannt ist das Kap von Trafalgar als Schauplatz der berühmten *Seeschlacht* am 21. Oktober 1805, bei der England der spanisch-französischen Flotte eine verheerende Niederlage beibrachte. England verlor kein einziges Schiff, Frankreich und Spanien gleich zwanzig; neun davon konnten erst vor wenigen Jahren geortet werden. Bekannt auch, dass Britanniens Flottenlenker Lord Nelson bei eben dieser Schlacht sein Leben ließ. Was die Lehrer nicht so gern erzählen, ist die Geschichte, wie Nelsons Leichnam zur Beerdigung nach Gibraltar zurückgebracht worden sein soll, nämlich zum Zwecke der Konservierung in einem gefüllten Rumfass verstaut ... Von Caños de Meca liegt das flache, kaum über 20 Meter hohe Kap nur einen reizvollen Strandspaziergang (die Zufahrt für Kfz ist gesperrt) entfernt, und trotz seiner geringen Höhe bietet es im Umfeld des 1860 errichteten Leuchtturms (zukünftige ein „Hotel", www.myfloatel.de) eine schöne Aussicht. Die teils tonnenschweren Felsblöcke am Strand wurden beim Lissabon-Tsunami (ausgelöst durch das Erdbeben von Lissabon 1755) aufgeworfen.

🚶 Wanderung von Caños de Meca nach Barbate

Route: Caños de Meca – Torre del Tajo – Barbate und zurück. **Reine Wanderzeit**: etwa 3,5–4 Stunden. **Einkehr**: nur in Caños und Barbate; Trinkwasser und Sonnenschutz nicht vergessen.

Charakteristik: Eine leichte, teilweise durch Holzpfähle markierte Wanderung durch den schönen Pinienwald des Parque Natural de la Breña y Marismas del Barbate. Beim alten Wachtturm Torre del Tajo öffnet sich ein fantastischer Blick auf die Steilküste und bei gutem Wetter bis Marokko. Am Ortsrand von Barbate trifft man auf die Playa de Hierbabuena, die sich zu einer Badepause anbietet. Wer sein Quartier in Conil hat, kann die Tour im Sommer auch als One-Way-Wanderung angehen, indem er einen der dann recht häufigen Busse nach Caños nimmt, den Park durchquert und ab Barbate mit dem Bus zurückfährt, sollte sich aber vorher über die Abfahrtszeiten informieren. Leser warnten vor Stechmücken auf der Tour, vielleicht eine jahreszeitlich bedingte Ausnahme. Für alleinreisende Frauen ist der Weg durch das doch recht einsame Gebiet vielleicht nicht unbedingt zu empfehlen; zumindest, so eine Leserin, würden Einheimische davon abraten.

Route: Die Wanderung beginnt am Ende der Straße ganz im Osten von Caños (dort zwei gebührenpflichtige Parkplätze, Achtung, beim Parken auf der Straße nichts im

Wanderung von Caños de Meca nach Barbate

Alter Wachtturm hoch über der Küste: Torre del Tajo

Wagen lassen!). Hier geht es hinauf, vorbei am Hotel La Breña und am zweiten Parkplatz, dann rechts durch das Tor auf das Gelände des Naturparks. Hinter dem Tor nimmt man den mittleren der drei Wege, der geradeaus und relativ küstennah parallel zum Strand durch ein locker bewachsenes Sandgebiet führt, folgt dann immer den weiß-grün markierten Holzpfählen. Nach etwa fünf Minuten geht es schräg links und steil hinauf in den bald dichteren Pinienwald. Nach einer Weile steigt der Weg nur mehr flach an und überquert etwa eine Viertelstunde nach Beginn der Wanderung eine erste schnurgerade *Brandschneise*, die rechts nach etwa 20 Metern an einer Art Steilabbruch oberhalb der Küste endet.

Jenseits der Brandschneise setzt sich der Sandweg klar erkennbar fort, vorbei an einzelnen, aus dem Inland kommenden Seitenpfaden. Etwa eine Viertelstunde hinter der ersten trifft man auf eine zweite Brandschneise, die küstenwärts ebenfalls bald endet, kaum zehn Minuten weiter auf eine dritte. Hier kommt schon der alte Wachtturm in Sicht, und knapp eine Dreiviertelstunde nach Beginn der Wanderung ist die *Torre del Tajo* auch erreicht.

Errichtet wurde der Wachtturm im 16. Jh. als Ausguck nach Piratenschiffen, doch nutzten ihn auch die Fischer von Barbate, um nach nahenden Thunfischschwärmen zu spähen. Das Panorama von oben gilt als „der schönste Blick der Provinz Cádiz", so ein Auskunftsschild hier, doch ist das Innere des 1993 restaurierten Turms leider nicht zugänglich. Ganz in der Nähe jedoch bietet sich eine ebenfalls prachtvolle Aussicht auf die Steilküste (Vorsicht!), die hier rund hundert Meter tief abfällt.

Nun folgt man weiter dem bisherigen Weg, vorbei an einer Abzweigung landeinwärts, die kurz hinter dem Turm passiert wird. Bald beginnt der Weg sich aus dem Wald heraus zu senken; immer deutlicher kommt Barbate in Sicht. Etwa 25 Minuten hinter der Torre del Tajo geht es vorbei an einer zweiten Abzweigung, die nach schräg links aufwärts zur Straße von Barbate nach Caños führt; wir halten uns jedoch weiter abwärts. Wenige Minuten weiter könnte man schon nach rechts zum Ende des Strands Playa de Hierbabuena absteigen, weiter nach Barbate selbst geht es links, immer auf einer Art Sockel etwa ein Dutzend Meter über dem Strand, jedoch schneller. Rund eine Dreiviertelstunde hinter der Torre del Tajo trifft man, kurz vor dem großen *Hafen*, schließlich auf die Straße von Barbate nach Caños. Der Weiterweg in den Ort wird etwas öde und dauert bis zum „Leuchtturmplatz" *Plaza del Faro*, der mit mehreren guten Bars und Restaurants den Beginn des Zentrums markiert, noch etwa eine Viertelstunde. Zurück geht es auf derselben Route.

Einstieg in die Gegenrichtung: Vom Zentrum kommend, geht man auf der Straße am Hafen vorbei. 50 Meter hinter dessen Einzäunung, kurz bevor die Straße bei einem Überholverbotsschild in einer Rechtskurve ansteigt, folgt man bei einer Art Parkplatz einer breiten, etwa parallel zu Straße und Strand verlaufenden und von Holzzäunen eingefassten Piste, beschildert „Sendero del Tajo". Nach etwa 30 Metern geht es rechts auf einen schmalen unscheinbaren Sandweg (also nicht etwa weiter auf der Piste!); nun immer diesem Weg folgen.

Zahora

Die westliche Nachbarsiedlung von Caños besteht aus einer Reihe weit verstreuter Häuser und Höfe, umgeben von fruchtbaren Feldern und erschlossen durch ein labyrinthisches Netz kleiner Sträßchen und Pisten; die mittlere (und wichtigste) der drei Zufahrten liegt beim Camping Caños de Meca, dessen Umgebung sozusagen das Zentrum von Zahora bildet. Obwohl das Gebiet sehr ländlich wirkt, herrscht hier das ganze Jahr über etwas Betrieb, und auch im Winter finden sich einige geöffnete Bars und Restaurants. Wirklich Klasse hat der kilometerlange Strand, der nach Osten bis zum Cabo de Trafalgar reicht und im Westen in den Strand von El Palmar übergeht. Die schönen Strände wecken aber auch Begehrlichkeiten: Seit Jahren sind immer wieder Gerüchte zu hören, die vom bevorstehenden Bau eines oder mehrerer Großhotels wissen wollen. Bislang blieb es bei den Gerüchten.

Baden Die Playa de Zahora fällt zwar etwas schmaler aus als der Strand bei El Palmar, bietet aber doch reichlich Platz. Vorsicht jedoch bei Wellengang: Unterströmungen machen das Baden hier sehr gefährlich. Weiter nordwestlich, zu erreichen über die Zufahrt vorbei am Saboy, später aber nur noch zu Fuß, folgt die einsamere Playa de Mangueta.

Reiten Centro Hípico Zahora, Ausritte im Naturpark und am Strand. Deutschsprachig.

Mobil-✆ 620 276866.

Übernachten Apartments und Häuser in Zahora und Umgebung (Caños, El Palmar etc.) vermittelt u. a. Casa Andaluza in Conil, siehe dort.

Apartments Hacienda Sajorami, hübsche, kinderfreundliche und strandnah gelegene Anlage mit Apartments und Bungalows („Casas"), diverse Sportmöglichkeiten (Mountainbikes, Reiten, Kajak). Gutes Grill-Restaurant. DZ etwa 70–85 €, Apartment-Preis et-

Zahora 101

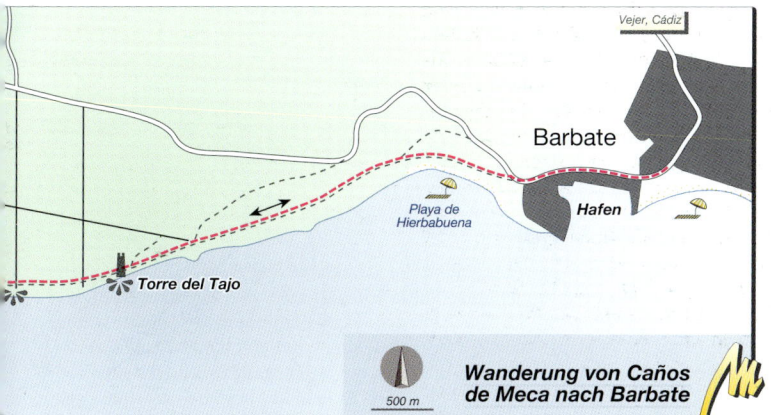

wa 90–120 € pro Tag. Im Winter (Nov. bis Mitte März) liegen alle Preise etwas niedriger. Auch über Vamos Eltern-Kind-Reisen buchbar. Playa de Zahora 171, Mobil- ✆ 670 991126, www.haciendasajorami.com.

Casa Rural Sajorami Beach, strandwärts direkt benachbart und vom Bruder des Hacienda-Besitzers betrieben, mit sehr schön gelegenem, wenn auch nicht billigem Strandrestaurant. Deutschsprachige Rezeption. Neben DZ zu 50–130 € gibt es auch Apartments in Holzhäuschen etc. sowie ein komplettes Haus. Playa de Zahora 175, ✆ 650 766889 (mobil), 956 437424, www.sajoramibeach.com.

Camping Caños de Meca, 1. Kat., an der Straße nach Caños de Meca, zum Meer gut 500 m. Solide Ausstattung, Pool, Einkauf und Bar-Restaurant. Geöffnet von etwa Ostern bis Mitte Oktober. Zwei Personen, Auto, Zelt etwa 28 €. Carretera Vejer-Caños, km 10, ✆ 956 437120, www.campingcm.com.

Pinar San José, 1. Kat., in der Nähe auf der anderen Straßenseite. Sehr schattig im Pinienwald gelegen und gut ausgestattet, u. a. mit Pool. Der Supermarkt mit Fischtheke wird auch von den Einwohnern von Zahora und Umgebung gern genutzt. Ganzjährig. Zwei Personen, Auto, Zelt zur HS ab 32 € (kleine Parzelle; Auto muss dann auf dem Camping-Parkplatz abgestellt werden, gegen Aufpreis auch größere Parzellen). Carretera Vejer-Caños, ✆ 956 437030, www.campingpinarsanjose.com.

Essen/Nachtleben Asador El Antojo, ein Fest für Liebhaber deftiger Fleischgerichte vom Grill; Portion um die 15–20 €. Schöne Lage mit Meerblick. Anfahrt: Quasi am Ortsausgang in Richtung Caños hinter dem Club Hípico meerwärts ab, dann die dritte Abzweigung links zum Parkplatz. Nur abends (außer am Wochenende), im Winter nur am Wochenende geöffnet. Carril la Aceitera s/n, ✆ 956 437325.

Rest. Amarna, fast direkt am Strand, in Sichtweite der Casa Rural Sajorami Beach und von deren Besitzern erst 2016 eröffnet. Praktisch nur zu Fuß zu erreichen. Von außen erinnert das Lokal mit etwas Fantasie an ein umgedrehtes Schiff. Gehobene Küche mit „Fusion-Touch", mittlere Preise, nur zur Saison geöffnet; Mo Ruhetag. ✆ 956 232153.

Venta Curro, „zentral" im Gebiet hinter dem Camping Caños de Meca, hier in die Straße, dann gleich wieder rechts. Mit großem Parkplatz, das Lokal selbst ist klein und eher unscheinbar, aber bekannt für gute, wenn auch nicht billige Fischgerichte, ein Dauerbrenner in Zahora. Von November bis Februar geschlossen. Carril del Pozo s/n.

》》 Lesertipp: Restaurant La Traíña, „sieht zwar aus wie eine Strandbar und man kann nur draußen sitzen, aber das Essen ist einfach köstlich. Am Herd stehen die Mutter und ihre Nachbarin, die Söhne servieren. Die Karte ist umfangreich und alles, wirklich alles, was wir dort gegessen haben, war sehr gut, ebenso das Preis-Leistungsverhältnis. Es befindet sich, von Conil kommend, beim Campingplatz Caños de Meca schräg rechts ab und dann die kleine Straße geradeaus, nach ca. 500 Metern auf der linken Seite" (Birgit Raczka). Camino de La Yeguada 234.

Saboy, beliebter Treffpunkt im Hinterland, gleichzeitig ein Restaurant, zu erreichen über die nördliche Zufahrt (Carril de Mangueta). Geöffnet Do–So, auch im Winter. Am Wochenende spielen hier, sofern nicht wieder einmal die Polizei einschreitet, oft lokale Bands. ✆ 956 437346.

AnfiTeatro, ebenfalls in diesem Gebiet, ein alternatives kleines Open-Air-Theater, in dem im Sommer oft Aufführungen, Konzerte etc. stattfinden. Carril de Mangueta s/n, Mobil-✆ 633 603300.

El Palmar de Vejer

Der kleine Weiler bildet gewissermaßen die Strandsiedlung des Inlandsdorfs Vejer de la Frontera und besteht aus einer Reihe von Häusern, die sich über Kilometer parallel zur Küste erstreckt; im bäuerlich geprägten Hinterland stehen nur wenige Bauten. Wie Zahora glänzt auch El Palmar mit einem äußerst langen, hier sogar etwas breiteren Strand, und wie dort sollte man bei Wellengang mit dem Baden sehr vorsichtig sein. Die meist hohen Wellen haben El Palmar aber auch zu einem sehr beliebten Spot der Surf-Szene werden lassen. Mehrere Shops bieten rund ums Jahr entsprechende Kurse an, in den Bars herrscht oft gute Party-Stimmung. An der Küstenstraße gibt es eine Reihe kleiner Pensionen und Restaurants; große Hotels existieren bislang nicht.

Übernachten/Essen/Kneipen

* **Hostal Casa Francisco**, an der Strandstraße. Zwölf Zimmer, viele mit Balkon zum Meer. Das nicht gerade billige, aber sehr gute angeschlossene Restaurant ist auf Fischgerichte spezialisiert. DZ/Bad nach Saison etwa 50–110 €. El Palmar s/n, ✆ 956 232249. www.casafranciscoeldesiempre.com.

* **Hostal El Pajaro Verde**, eins der letzten Häuser an der Strandstraße in Richtung Conil. Acht schlichte, aber durchaus brauchbare Zimmer, zum Teil mit Meerblick (kein Balkon), zum Teil nach hinten. Ein Restaurant ist angeschlossen. Geöffnet März bis November. DZ/Bad 55–80 €. Mobil-✆ 636 416721, www.elpajaroverde.com.

El Acebuche, etwas zurückversetzt von der Strandstraße Nähe Wachtturm, im Gebäude der (nicht zugehörigen) Pizzeria El Acebuche. Geführt von der Deutschen Claudia; die beiden Studios (schlicht, aber recht geräumig und mit Gartenterrasse, TV und Kochmöglichkeit) sind ganzjährig zu mieten, ebenso ein Holzhaus für zwei Personen mit Küche, TV und Terrasse. Gratis-Parkplätze. Zwei Personen zahlen etwa 30–50 €, im Juli und August nur wochenweise bei einem Tagespreis von 75 bzw. 90 €. Paseo Marítimo s/n, ✆ 677 061461 (mobil), www.apartamentosacebuche.com.

Pizzeria Dolce Vita, noch etwas weiter Richtung Conil, zu erkennen am Dekorations-Boot. Prima Holzofenpizza.

Rest.-Lounge La Torre, direkt beim Wachtturm. Das einzige Lokal hier, das mit großer Terrasse direkt am Strand liegt; kulinarische Rundumversorgung vom guten Frühstück bis zum Abendessen; Reisgerichte, Salate etc. Witzig sind die Schaukeln als Sitzgelegenheit in einem Teil des Inneren.

Café-Bar Las Manuelas, im bäuerlich geprägten Hinterland. Optisch schlichtes, unprätentiöses Lokal, in dem zu recht günstigen Preisen u.a. schmackhafte und große Tapas serviert werden. Sehr beliebt bei den Einheimischen. Carretera de Pozo Piñero 121, eine Verbindungsstraße zur Hauptstraße, die nordwestlich der Pizzeria Dolce Vita von der Strandstraße abzweigt.

Rest. Buenavida, an der Strandstraße noch etwas südöstlich des Hostals Casa Francisco. Buntes Gartenlokal mit andalusisch-asiatischer Fusion-Küche aus Bioprodukten; abends Cocktails und im Sommer oft Konzerte. Samstags findet hier ein Secondhand-Flohmarkt (darunter reichlich Surferkleidung), am Sonntag der Kunsthandwerksmarkt „Mercado Dominguero" statt.

Cortijo El Cartero, nicht weit vom Wachtturm. Eine ganzjährig geöffnete Kneipe, in der vor allem Soul, Jazz und Reggae laufen; an Winterwochenenden oft live. Essen gibt es auch.

Camping El Palmar, 2. Kat., im Farmland etwa einen Kilometer vom Strand. Sanitärs im „maurischen" Stil, Schatten durch Bäume, absolut ruhig gelegen, Pool. Ganzjährig geöffnet. Zwei Personen, Auto, Zelt etwa 28 €. Im Winter erhebliche Rabatte für Langzeitaufenthalt. ℡ 956 232161, www.campingelpalmar.es.

Vejer de la Frontera

Ein bildschönes „Weißes Dorf" par excellence, in beherrschender Höhe und mit weiter Aussicht auf einer Hügelkuppe gelegen, die durch einen Taleinschnitt geteilt wird.

Trotz der Nähe zur Fernstraße ist Vejer von den Auswüchsen des Tourismus verschont geblieben. Die Pflastergassen des ruhigen, komplett unter Denkmalschutz gestellten Ortes schlängeln sich auf- und abwärts, verleihen Vejer ein maurisches Flair. Palmen und blumenübersäte Hinterhöfe bilden einen reizvollen Kontrast zu den weiß gekalkten Hauswänden.

Schon immer gern als Ausflugsziel besucht und in den letzten Jahren bei Spaniern auch als Zweitwohnsitz in Mode gekommen, bietet sich das große Dorf, mit mehr als 12.000 Einwohnern fast schon ein Städtchen, für mobile Reisende auch als Standquartier an: Vejer liegt günstig für Touren in der Region *La Janda*, die den Küstenbereich zwischen den Gemeinden Barbate und Conil umfasst und weit ins Hinterland reicht. Die Atmosphäre im Sommer ist lebendig, aber nicht so trubelig wie etwa in Conil, und in einigen Kilometern Entfernung finden sich mehrere schöne Strände.

Basis-Infos

Information Oficina Municipal de Turismo, Avenida de los Remedios 2, bei der Bushaltestelle an der Hauptzufahrt aus Richtung Conil; ℡ 956 451736. Öffnungszeiten im Sommer Mo–Fr 10–14, 17.30–20.30 Uhr, Sa 10–14, 17–20 Uhr, So 10.30–14 Uhr, im Winter geringfügig eingeschränkt. www.turismovejer.es.

Weißes Dorf mit weitem Blick: Vejer de la Frontera

Provinz Cádiz

>>> **Mein Tipp:** Stadtführungen, **Vejer by Manuel**, deutschsprachige Führungen, die der sympathische, in Hannover geborene Manuel Sánchez Pazos sehr amüsant und hintergründig gestaltet. Von mehreren Lesern empfohlen. Treffpunkt ist vor der Infostelle, März bis Oktober (sonst auf Anfrage) Mo–Fr 11.15 und 13.30 Uhr, Sa 12.30 Uhr; Gebühr p.P. je nach Teilnehmerzahl 5,50–6,50 €. Mobil-✆ 646 405237, www.vejer-by-manuel.com. <<<

Verbindungen Bus: Vejer besitzt zwei Busstationen bzw. Bushaltestellen: „Barca de Vejer" unten im Tal, „Los Remedios" bei der Infostelle am Rand des Ortes selbst; die Mehrzahl der Busse (nicht alle) stoppt jedoch an beiden Haltepunkten. COMES fährt nach Barbate 7-mal, Conil und Cádiz je 5-mal täglich, im Sommer u.a. auch nach Tarifa und Algeciras.

Auto: Mehrere Zufahrtsmöglichkeiten, am günstigsten ab der N 340/A 48. Besser nicht in den Altort hineinfahren, sondern an den Zufahrtsstraßen parken: Das labyrinthische Innere von Vejer wurde nicht für Autos erbaut. Gratis-Parkplätze am *Parque de los Remedios* bei der Infostelle und an der *Plaza de la Paz* (Anfahrt von Süden), ein Parkhaus liegt an der *Calle Corredera*.

Einkaufen Flohmarkt „Rastro" an jedem ersten So im Monat entlang der Altstadtgasse Calle Juan Relinque, von Juni bis September Beginn um 19 Uhr, in der restlichen Zeit um 11 Uhr.

🌿 **Colmado Palomita**, Delikatessengeschäft mit Produkten, die hauptsächlich aus der Provinz Cádiz stammen: Schinken und Wurstwaren, Weine, Liköre, Öle, Fischkonserven aus Barbate etc. Avenida de los Remedios 1, nahe dem Hauptzugang zur Altstadt. ■

🌿 **Ya en tu casa**, ein Stück weiter. „Spezialitäten aus Andalusien", ähnliches kulinarisches Angebot wie oben. Auf Wunsch auch Versand. Calle Corredera 17. ■

Pasteleria Galvan, die älteste Bäckerei im Ort. Im Angebot sind u.a. die typischen „Tortas vejeriegas" aus Mehl, Zimt, Zucker und Schweineschmalz, sehenswert aber auch das Innere mit alten Fotos von Vejer (z.B. die traditionelle Tracht der Frauen, die nur ein Auge frei lässt) und vom Stiertreiben. Calle Altozano 1, Ecke C. Juan Bueno.

Ü bernachten
5 Casa Montecote
7 Hotel La Casa del Califa
9 Hotel Hospedería del Conv. de S. Francisco
11 Hotel V
12 Hostal La Posada
15 Casa Rural El Cobijo de Vejer
17 Casa Rural Leonor
19 Hostal Buenavista
21 Hostal La Janda

E ssen & Trinken
1 Rest. Asador Castillería
2 Rest. Asador La Nueva Tajea
3 Rest. Las Delicias
4 Califa Tapas
6 Pizzeria Il Forno
7 Rest. Jardín del Califa
8 Restaurante Trafalgar
10 Casa Varo
13 Rest. Cervecería Central
14 Mercado gastronómico de San Francisco
16 Mesón Pepe Julián
18 Bar Sumia
20 Bar Conejito

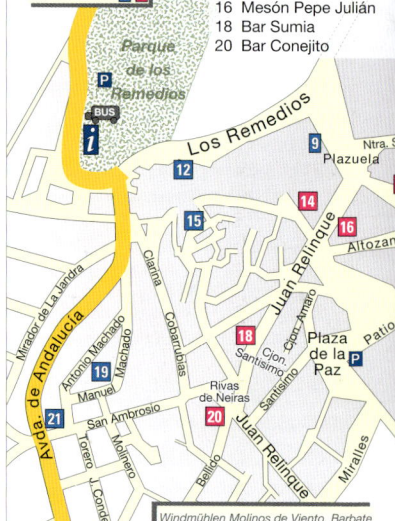

Windmühlen Molinos de Viento, Barbate

Feste und Veranstaltungen Fiesta de Primavera, Beginn in der Regel eine Woche nach Ostern. Mehrtägiges Frühlingsfest mit großem Festgelände bei den Mühlen im südlichen Ortsteil San Miguel, dort dann auch ein bedeutender Viehmarkt.

Romería al Santuario de Nuestra Señora de la Oliva, am 7. Mai, eine Wallfahrt zur Kapelle der Stadtpatronin „Jungfrau der Olive", die etwa fünf Kilometer außerhalb in Richtung Barbate liegt.

Noche de Velas, Anfang Juni (kein fester Termin). Viele Restaurants und die Plaza España werden mit Kerzen geschmückt, nachts an der Plaza España ein Klassikkonzert unter freiem Himmel.

Candelá de San Juan, 23./24. Juni. Große Freudenfeuer in der Johannisnacht, bei denen die lebensgroßen, oft Politikern oder

Vejer de la Frontera 105

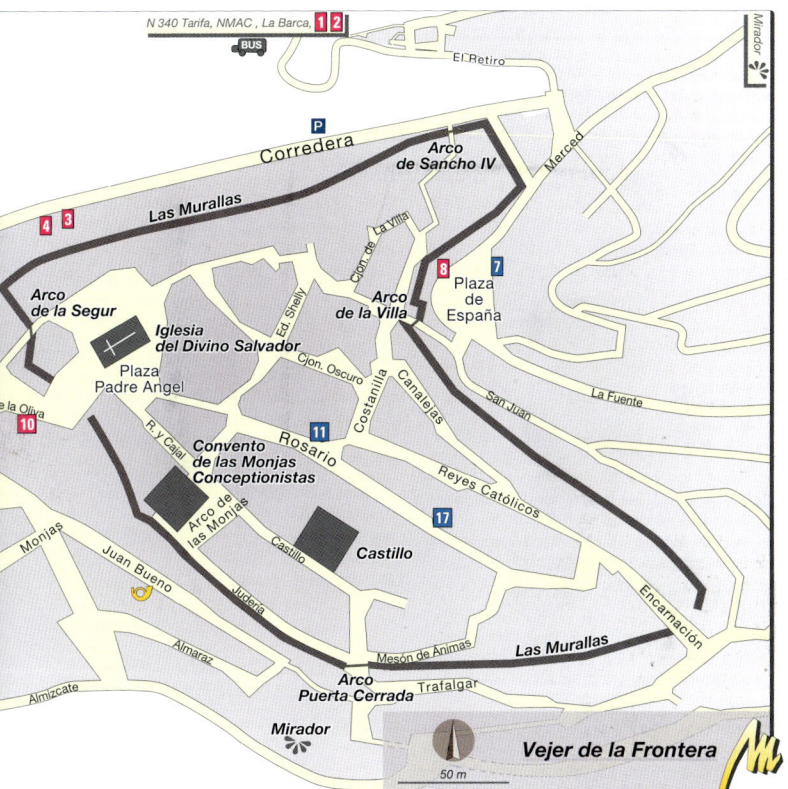

anderen Personen nachgebildeten Puppen „Juanas" verbrannt werden. Um Mitternacht Feuerwerk an der Pl. España.

Toro Embolao, am Ostersonntag. Sowohl um 12 Uhr als auch um 16 Uhr wird jeweils ein Stier in den Gassen freigelassen und von Vertretern der Dorfjugend zum Angriff gereizt. Obwohl die Hörner entschärft sind, zieht es die Mehrzahl vor, das Spektakel aus sicherer Entfernung zu beobachten. Anschließend Party bis in die Nacht.

Velada de Agosto, 14-tägiges Fest zu Ehren der Stadtpatronin Virgen de la Oliva, mit breitem Kulturprogramm aus täglichen Konzertaufführungen, Flamenco etc.

Reiten Finca La Mimbre, deutsch geführter Reitstall südlich des Orts, Ausritte im Pinienwald und am Meer. Carretera de los Soldados s/n, vorheriger Anruf ratsam, ✆ 956 232648, www.reiturlaub-finca-la-mimbre.com.

》》 Lesertipp: Picadero Camargo, „hier kann man sehr gut reiten. Liegt im Tal und sieht aus wie eine kleine Arena" (Chantal Weidenmüller und Andreas Schaum). Carretera Vejer–Medina km 98,5, nahe Venta El Rayo; Mobil-✆ 636 041457, www.picadero-camargo.com. 《《

Sprachschule La Janda, C. José Castrillón Shelly 22. Auch Flamenco-Kurse. ✆ 956 447060, www.lajanda.org.

Übernachten
→ Karte S. 104/105

Übernachten *** **Hotel Hospedería del Convento de San Francisco** 9, nostalgischer Charme in einem ehemaligen Franziskanerkloster aus dem 17. Jh., direkt am „Hauptplätzchen" von Vejer. Gut geführtes Haus, das zugehörige Restaurant „El Refectorio" genießt besten Ruf. DZ etwa 75 €, mit „Salón" 105 €. Plazuela s/n, ℡ 956 451001, www.tugasa.com.

** **Hotel La Casa del Califa** 7, ein Hotel mit sehr angenehmem Charakter. Jahrhundertealtes Haus, schlicht-schöne Zimmer, alle etwas unterschiedlich in marokkanisch-arabischem Stil eingerichtet. Die Terrasse bietet eine weite Aussicht. Mehrere Patios, Garten, Restaurant in einer ehemaligen Zisterne; Parkmöglichkeit (wie üblich gegen Gebühr) nicht weit entfernt. Viele unterschiedliche Zimmerkategorien, Standard-DZ/F etwa 100–110 €. In der Dependance „Las Palmeras del Califa" (Calle Triperia 1) liegen die Preise im Schnitt etwas höher. Plaza de España 16, ℡ 956 447730, www.califavejer.com.

Hotel V 11, gesprochen „Hotel Uwe"; das „V" steht natürlich für Vejer. Offiziell als „Pension Rural" kategorisiert, in Wahrheit aber sicher eins der Tophotels von Vejer. Untergebracht in einem Haus des 17. Jh; geräumige und sehr gut ausgestattete Zimmer mit offenen Bädern (Geschmackssache). Toll sind die Dachterrasse mit Fernblick und die alte Zisterne Aljibe, in der man Ayurveda-Behandlungen buchen kann. Mitten im Gassengewirr der Altstadt gelegen, kaum mit dem Auto anzufahren (Gepäckservice). „Classica"-DZ, die Standard-Kategorie, kommen auf ca. 220 € (mittlerer Preis), Superior- und Exklusivzimmer gegen Aufpreis. C. Rosario 11-13, ℡ 956 451757, www.hotelv-vejer.com.

Casa Rural El Cobijo de Vejer 15, prima Adresse am Rand der Altstadt, ein hübsches Haus, das um einen zentralen Patio aufgebaut ist. Die insgesamt sieben Zimmer besitzen entweder Kühlschrank oder gleich eine komplette Küche, zum Teil auch eine eigene Terrasse. DZ mit üppigem Frühstück etwa 75–95 €, die beiden größten Zimmer bis 120 €. La Viña 7 (San Filmo 7), nicht ganz leicht zu finden, ℡ 956 455023, www.elcobijo.com.

》》 Mein Tipp: Casa Rural Leonor 17, mitten in der Altstadt und in dieser Kategorie eine feine Adresse, insbesondere wegen des guten Preis-Leistungs-Verhältnisses. Familiäres Quartier mit gewissem ländlichem Charme; sechs rustikal eingerichtete, ansprechende Zimmer unterschiedlicher Größe; weiter Blick von der Dachterrasse. Von Lesern gelobt. DZ/Bad nach Größe und Saison etwa 50–70 €, auch ein Apartment gibt es. C. Rosario 25, ℡ 956 451085, www.casaleonor.com. 《《

** **Hostal La Janda** 21, westlich etwas oberhalb der Altstadt; an der Zufahrtsstraße beschildert. Freundliche Besitzer, 36 Zimmer unterschiedlicher Größe, alle ordentlich eingerichtet. Restaurant angeschlossen. DZ/Bad nach Saison etwa 45–60 €. C. Hermanos Machado 16, Ecke Av. Andalucía, ℡ 956 450142.

** **Hostal Buenavista** 19, ganz in der Nähe, ebenfalls freundlich geführt. Von den meisten Zimmern und der Dachterrasse herrlicher Blick auf die Stadt. Kleiner Parkplatz, Parken im Umfeld geht auch relativ problemlos. Die Preise liegen ganz ähnlich wie oben. C. Manuel Machado 4, Mobil-℡ 620 316671.

** **Hostal La Posada** 12, solides Quartier, zentrumsnah an der Hauptzufahrt gelegen. Nur sechs Zimmer, oft belegt. Das angeschlossene Restaurant serviert üppige Portionen. DZ/Bad 40–50 €, auch Apartments. C. Los Remedios 21, ℡ 956 450258, www.hostal-laposada.com.

🍃 **Übernachten außerhalb** Casa Montecote 5, etwa vier Kilometer nordwestlich von Vejer im Gebiet von La Muela. Hübsch eingegrünte, locker bebaute Anlage aus sieben Studios und Apartments und einem Häuschen, alle mit Küche und Terrasse. Mit verschiedenen Umweltsiegeln ökozertifiziert, deutsche Leitung durch Gisela und Rainer. Kleiner Pool, Sauna. Zwei Personen zahlen je nach Objekt und Saison etwa 60–95 €, vier Personen 90–120 €. Ganzjährig geöffnet (Heizung). La Muela, hinter dem Gasthaus Venta Rufino links auf den Schotterweg (Camino el Tejar/Montecote), noch 700 Meter, ℡ 956 448489, www.casamontecote.com. ■

Camping Vejer, 2. Kat., gut ausgestatteter Platz, Pinien spenden Schatten; Swimmingpool, Bar und Laden. Geöffnet etwa Ostern

Vejer de la Frontera 107

bis September. Zwei Personen, Auto, Zelt etwa 25 €. Auch Bungalows. Offiziell ganzjährig geöffnet, zur absoluten NS evtl. vorher anfragen. An der Fernstraße Richtung Tarifa, in den Ort etwa vier Kilometer, ✆ 956 450098, www.campingvejer.es.

Essen & Trinken/Kneipen → Karte S. 104/105

Essen & Trinken Restaurante Trafalgar **8**, an der Pl. España, eines der renommiertesten Restaurants von Vejer. Moderne andalusische Küche, ordentliches Preis-Leistungs-Verhältnis: Menü à la carte ab etwa 30 € aufwärts. Plaza de España 31, ✆ 956 447 638. Di Ruhetag, außer zur Hochsaison.

»› Mein Tipp: Rest. Jardín del Califa **7**, ganz in der Nähe, über einen verwinkelten Zugang dem Hotel Casa del Califa angeschlossen. Hübsch dekoriertes Lokal mit Innenterrasse; die Küche mischt andalusische und arabische Einflüsse, viele vegetarische Optionen. Menü ab etwa 25 €. Pl. de España 16, unbedingt reservieren: ✆ 956 451706. Eine auf Tapas spezialisierte Filiale mit Terrasse und schöner Fernsicht liegt an der Corredera 33: **Califa Tapas 4**. «‹

Rest. Las Delicias 3, gleich beim Califa Tapas. Innen sehr reizvolles und sehenswertes Ambiente (das Lokal war einst ein Theater), außen eine Panorama-Terrasse. Gelegentlich Konzerte. Gehobene Küche mit ebensolchen Preisen, zu den Spezialitäten zählen Fisch (insbesondere Thun) und Rindfleisch der regionalen „Retinto"-Rasse. Calle Corredera 31, nur zur Saison geöffnet, ✆ 956 451807.

Rest.-Cervecería Central 13, in der Tat sehr zentral gelegen. Tische im Freien auf einer meist schattigen Treppe, ideal bei Hitze. Moderne andalusische Küche, gute Weinauswahl, mittleres bis gehobenes Preisniveau. Calle Teniente Castrillón 5, Mo Ruhetag, ✆ 956 450457.

Casa Varo 10, unterhalb der ehemaligen Pfarrkirche. Schick gemachtes Restaurant mit Tischen auch an der alten Mauer. Gute Thunfischgerichte; Menü ab ca. 25–30 €, man kann es aber auch bei halben Raciones etc. belassen. Calle Nuestra Señora de la Oliva 9.

»› Mein Tipp: Mercado gastronómico de San Francisco **14**, die ehemalige Markthalle von Vejer, jetzt zu einem Tapas-Markt mit verschiedenen Ständen umgebaut: Meeresfrüchte, Tostas und Montaditos, Fleisch- und Wurstwaren, Pizza etc. Amüsant und nicht teuer, beliebt bei den Einheimischen. Plaza San Francisco, vom nördlichen Bereich der Calle Juan Relinque durch einen Durchgang zu erreichen. «‹

Mesón Pepe Julián 16, in der Nähe. Breite Auswahl an Tapas und Raciones, sowohl Fisch als auch Fleisch. Gut, aber nicht ganz billig, besonders der Schinken hat seinen Preis. C. Juan Relinque 7.

Bar Sumia 18, ein kleines Stück weiter südlich. Kleines Lokal mit arabisch-andalusischer Küche, Tajine, Hummus, Lammspieße etc. Netter Service, günstige Preise. Calle Juan Relinque 14.

»› Lesertipp: Bar Conejito **20**, noch ein paar Schritte weiter. „Eine kleine Bar, die vom Ehepaar Elena und Pedro betrieben wird; Pedro werkelt hinter seiner Küchenbank und Elena macht den Service. Die schmackhaften Tapas sind einen Besuch wert, von den Klassikern bis hin zu leckeren Fisch-Tapas" (Thorsten Wallerius). Calle Bellido 1. «‹

Essen außerhalb »› Mein Tipp: Rest. Asador Castillería **1**, im üppig grünen Ortsteil Santa Lucía. Lauschiges Gartenrestaurant mit guter, preiswerter Küche, dank seiner Grillspezialitäten ein Fest für Fleischesser. Nur vom Josefstag (19. März) bis Ende September geöffnet. Ab etwa Anfang Juni sehr gut besucht, deshalb früh kommen: Mittags bis 13 Uhr, abends bis etwa 20.30 Uhr stehen die Chancen gut. Anfahrt über ein schmales Seitensträßchen der Fernstraße im Tal, das zwischen den beiden Zufahrten nach Vejer nordwärts abzweigt, etwa einen Kilometer hinter der Hauptstraße dann linker Hand. Reservierungen werden nur für sechs Tische angenommen: ✆ 956 451497. «‹

Rest. Asador La Nueva Tajea 2, ein kleines Stück weiter. Exzellente Grillgerichte (Fleisch und Fisch), nicht billig, aber das Geld wert. Auch hier ist es vor allem am Wochenende ratsam, etwas vor den spanischen Essenszeiten zu kommen oder zu reservieren: ✆ 956 447142.

Pizzeria Il Forno [6], an der Zufahrt von der Fernstraße zum Ortsteil La Muela. Gute italienische Küche, Pizza aus dem Holzofen, viele Zutaten aus dem eigenen Garten, kinderfreundlich und mit günstigen Preisen. Am Sonntag oft gesteckt voll; Di Ruhetag. ✆ 956 448496.

Kneipen Café-Bar Janis Joplin, Kuriosität für Fans. 1980 eröffnet, der Name ist Programm für Musikstil und Publikum. In der alten Stadtmauer, gegenüber der Kirche Iglesia Divino Salvador.

Café-Bar La Bodeguita, fast genau gegenüber. Ebenfalls sehr hübsch in einem alten Gewölbe untergebracht, gibt es hier neben guter Musik auch feine Montaditos.

Sehenswertes

Seinen Reiz verdankt das Städtchen nicht den einzelnen Monumenten, sondern dem wunderschönen, in vielen Ecken noch maurisch anmutenden Ortsbild an sich.

Las Murallas: Die etwa einen Kilometer langen Stadtmauern, die den alten Ortskern Vejers umgeben, stammen aus dem 15. Jh. und umschließen eine Fläche von etwa vier Hektar. Bewacht werden sie von zwei Türmen und insgesamt vier Stadttoren, dem Arco de la Segur, Arco de Sancho IV, Arco de la Vila und Arco Puerta Cerrada.

Iglesia del Divino Salvador: Besonders romantisch zeigt sich Vejer in der Umgebung der ehemaligen Pfarrkirche, die im 13. Jh. auf den Resten einer Moschee errichtet wurde. In buntem Stilgemisch, irgendwo zwischen Romanik und Mudéjar, liegt sie auf dem östlichen Hügel der Stadt und am Rand der alten Stadtmauern, die dessen Kuppe umfrieden.

Convento de las Monjas Conceptionistas: Das ehemalige „Nonnenkloster der Unbefleckten Empfängnis" stammt aus dem 16. Jh.; die frühere Kirche dient nach einer umfassenden Renovierung nun als Volkskundemuseum *Museo Local de Costumbres y Tradiciones de Vejer* (Mo-Sa 10–14, 17–20 Uhr; 1 €). Gleich nebenan liegt eines der Wahrzeichen Vejers, früher der Zugang zum Judenviertel und wegen seiner herrlichen Durchsicht auf die Stadt heute viel fotografiert: der „Nonnenbogen" **Arco de las Monjas**.

Castillo: Die kleine Festung auf der höchsten Erhebung innerhalb des Mauerrings geht in ihren Grundzügen auf die maurische Zeit zurück, wurde jedoch im 15. Jh. erweitert. Einst war das Kastell die Burg der Guzmán-Dynastie, später Residenz der Medinacelis. Den Zugang bildet ein aus Naturstein und Ziegeln errichtetes Tor des 11. Jh., der Innenhof ist hübsch begrünt und von einem großen Jasminstrauch beduftet. Durch den Torbogen bietet sich ein schöner Blick auf Vejer.

Plaza de España: Der eigentliche Hauptplatz von Vejer liegt östlich unterhalb der Kirche Iglesia del Divino Salvador und schon knapp außerhalb des mauerumwehrten Bereichs. Er wird wegen der Figuren auf seinem schmucken, mit Azulejos aus Sevilla verzierten Brunnen auch Plaza de los Pescaítos genannt, „Platz der Fischchen".

Molinos de Viento: Am südlichen Ortsrand besetzen einige uralte Windmühlen das Gelände neben der Zufahrt zum Fußballplatz; ein kurioser Anblick, den man eher in der Mancha, der Heimat Don Quijotes, vermuten würde. Eine der Mühlen ist als eine Art Privatmuseum gegen eine kleine Spende für Besucher zugänglich; der Besitzer Juanino (Mobil-✆ 660 841720, www.losburrosdejuanino.com) bietet auch Eselritte in die Umgebung sowie „Schnupperritte" für Kinder an.

Vejer de la Frontera/Umgebung 109

Sehenswertes in der Umgebung

Montenmedio Arte Contemporáneo (Fundación NMAC): Eine ungewöhnliche Fusion aus reizvoller Landschaft und moderner Kunst bildet dieses 2001 eröffnete Freiluftmuseum einige Kilometer außerhalb von Vejer. Geleitet von der Direktorin Jimena Blázquez, stellt es eine echte Bereicherung der Region dar. Rezeption und einige Installationen sind in ehemaligen Militärbaracken untergebracht, die wahre Attraktion der Privatstiftung ist jedoch der Skulpturenpark, der sich über rund 30 Hektar Pinienwald erstreckt und Arbeiten internationaler Künstler beherbergt, unter ihnen Marina Abramović, Santiago Sierra und Susana Solana. Alle Werke wurden vor Ort angefertigt – die Künstler reisen extra nach Montenmedio, um sich von der Umgebung inspirieren zu lassen, und engagierten lokale Arbeitskräfte für die Ausführung. So schuf Gunilla Bandolin, in Anlehnung an die Wasserspeicher der Region, eine „Impresión del Cielo" (Eindruck vom Himmel) in Form einer gestuften Elipse. Shen Yuan errichtete eine Keramikbrücke zwischen den Kulturen Chinas und Spaniens, Olafur Eliasson eine spiegelnde, gekrümmte Ziegelwand. Etwa zwei Dutzend Werke umfasst die permanente Kollektion, temporäre Exponate kommen hinzu. Insgesamt eine wirklich erlebenswerte Ausstellung, deren Reiz durch den schönen Waldspaziergang (gutes Schuhwerk!) noch gesteigert wird.

Lage und Öffnungszeiten: Die Fundación NMAC liegt etwa 8 km von Vejer entfernt rechter Hand der N 340 Richtung Tarifa bei km 42,5. Angeschlossen ist sie dem (ökologisch sehr umstrittenen) Golf- und Freizeitgelände „Dehesa Montenmedio Golf & Country Club". Öffnungszeiten im Sommer Di–So 10–14, 17–20.30 Uhr, im Winter Di–So 10–14 Uhr, häufige Wechsel. Eintritt 5 €, am ersten So im Monat ist der Eintritt frei. Das Gelände ist auf eigene Faust begehbar, unter ✆ 956 455134 lassen sich Führungen reservieren. www.fundacionnmac.org.

Die spiegelnde Ziegelwand von Olafur Eliasson

Reizvolles Städtchen: Conil de la Frontera

Conil de la Frontera

Der betriebsamste Badeort der Costa de la Luz, ein hübsches Städtchen von gut 20.000 Einwohnern. Das lässig-entspannte Individualistenziel von einst ist Conil heute zwar nicht mehr, besitzt aber durchaus noch gewisses Flair.

Der touristische Aufschwung des Städtchens kommt nicht von ungefähr, glänzt Conil doch mit kilometerlangen Sandstränden und einer romantischen, gewachsenen kleinen Altstadt mit netten Bars und Cáfes. Mit dem zunehmenden (insbesondere innerspanischen) Fremdenverkehr entstanden, meist etwas außerhalb des eigentlichen Ortes oder an seinen Rändern, Apartmentanlagen und größere Hotels. Dennoch sind Verhältnisse, wie sie selbst in kleineren Städten der Costa del Sol herrschen, längst noch nicht erreicht. Die Einwohner freilich klagen schon seit langem über astronomisch ansteigende Preise für Bauland und Wohnungen.

Conil macht Laune. Zur spanischen Urlaubszeit im Juli und vor allem im August mag es manchem zwar schon mal etwas zu viel Betrieb sein im reizvollen Ortskern, doch ist die Stimmung dann eigentlich durchaus amüsant, das Publikum bunt gemischt. Der Strand, der nach Südosten praktisch durchgehend bis zum Cabo Trafalgar reicht, hat ohnehin immer genug Platz für alle und ist auch für Spaziergänger ein Paradies: Von Nordwest nach Südost bietet er Raum für 16 Kilometer Strandwandern. In der Nebensaison lohnt sich ein Besuch in dem dann eher ruhigen Städtchen noch mehr. Im Frühjahr und Herbst fällt auch erst die ungewöhnlich hohe Zahl von Urlaubern aus Deutschland so richtig auf: Des Rätsels Lösung sind zum einen zwei Sprachschulen, die hier ihre Kurse abhalten, zum anderen aber auch der durchaus beträchtliche Anteil treuer Conil-Fans, die den Ort irgendwann ins Herz geschlossen haben und Jahr für Jahr wiederkommen.

Conil de la Frontera 111

Geschichte: Das Gebiet um Conil war schon in der Vorgeschichte von Nomadenvölkern besiedelt, die von der Jagd und der Schafzucht lebten. Über die Gründung der Siedlung selbst gehen die Meinungen auseinander. Vermutlich um 1200 bis 1050 vor Christus von Phöniziern als Stützpunkt zum Fang und zur Verarbeitung von Thunfisch angelegt, blieb Conil auch unter den Römern und Westgoten ein bedeutender Hafen. Später wurde Conil als eine der ersten spanischen Siedlungen von den Mauren erobert und unter deren Herrschaft von Vejer aus regiert. Nach der Rückeroberung, und um seine Verdienste bei der Verteidigung von Tarifa zu belohnen, erhielt Don Alfonso Pérez Guzmán den Ort als Lehen. Später gelangte Conil in den Herrschaftsbereich der Herzöge von Medinaceli, in deren Besitz die vom Thunfischfang wie auch von Landwirtschaft geprägte Siedlung bis in die Anfänge des 19. Jh. blieb.

Orientierung: Die Hauptstraße *Carretera* führt durch neuere Viertel, in denen sich entlang der Straße die Mehrzahl der wichtigen Einrichtungen befindet, und erreicht dann beim Stadttor *Puerta de la Vila* das historische Zentrum von Conil. Direkt dahinter liegt die *Plaza España,* der kleine Hauptplatz der Altstadt, mit einem Denkmal, das (inoffiziell) José Saramago mit einem Schüler darstellt. Ein Stück unterhalb erstreckt sich die besonders in der Dämmerung entzückende *Plaza Santa Catalina* mit ihrer kuriosen, heute nicht mehr benutzten Kirche, die im 16. Jh. erbaut und Ende des 19. Jh. in seltsamer Weise restauriert wurde. Erst vor wenigen Jahren wurde sie einer weiteren, umstrittenen Restaurierung unterzogen und beherbergt seitdem verschiedene Ausstellungen. Die dahinterliegende ehemalige Fischfabrik *La Chanca*, ein Industriedenkmal des 16. Jh., wurde mit reichlich Beton ebenfalls restauriert und in ein Interpretationszentrum zum Thunfischfang verwandelt, dessen Öffnungszeiten (zuletzt im Sommer tgl. 9–21 Uhr, zur NS So/Mo geschlossen; gratis) leider häufig wechseln. Nahe der Plaza Santa Catalina findet sich auch der Eingang zum süßen kleinen Volkskundemuseum *Museo de Raíces Conileñas* (tgl. 11–13 Uhr, Fr/Sa auch 19–21 Uhr; Eintritt frei, Spende erwünscht). Um die Ecke steht der gotische Wachtturm *Torre de Guzmán* (15./16. Jh.), das Wahrzeichen von Conil und neben einem Thunfisch auch Bestandteil des Stadtwappens.

Basis-Infos

Information Oficina Municipal de Turismo, Carretera 1, beim Kreisverkehr an der Zufahrt zur Altstadt. Öffnungszeiten im Sommer täglich 9–14, 18–21 Uhr, sonst täglich 8.30–14.30 Uhr. ℡ 956 440501, www.turismo.conil.org.

Centro de Inicitiativas Turísticas CIT, private, sehr engagierte Tourismus- und Kulturinitiative; die nette Montaña (Monti) spricht perfekt Deutsch. Verschiedene Führungen in den Alltag von Conil, z.B. ins Fischerviertel, p. P. 6 €, außerdem sommerliche Flamencoaufführungen, Infos zu Tanzkursen etc. Ausdruckservice für Bordkarten. Calle Laguna 7, ℡ 956 113328, www.cityconil.com.

Verbindungen Bus: Zwei Stationen der Gesellschaft COMES, Busse stoppen jeweils nur an einer von beiden. Besser, man achtet vorher darauf, gleich direkt am Busbahnhof anzukommen.

Casa de Postas (Cruce Conil), bei der Fernstraße, etwa drei Kilometer vom Zentrum entfernt: Busse nach Málaga 2-mal, Tarifa und Algeciras je 8-mal, Jerez 1-mal, Sevilla 4-mal täglich.

Estación de Autobuses, neuer Busbahnhof, an der nordöstlichen Umgehungsstraße Av. Cañada Honda (Ronda Norte), knapp einen Kilometer vom Zentrum entfernt. Nach Cádiz 10-mal, Jerez und Sevilla 1-mal, Barbate 9-mal, Vejer 8-mal, El Palmar und Caños de Meca 2-mal täglich, im Sommer teilweise zusätzliche Abfahrten.

Stadtbusse verkehren im Sommer ab dem „El Punto" genannten Kreisverkehr bei der

Infostelle, unter anderem zur Urbanisation Fuente del Gallo, zu den Campingplätzen und zum Hafen Puerto Pesquero.

Taxi: Standplätze an der Carretera und nahe Puerta de la Vila;. Radio Taxi unter ✆ 956 440787.

Fahrrad-& Rollerverleih: Conil Bikes, C. Gonzalo Sánchez Fuentes s/n, nordwestlich der Infostelle an der Straße Richtung Fuente del Gallo und Hafen; schräg gegenüber der Tankstelle; ✆ 956 441536. Fahrräder (ab 10 € pro Tag) und Roller (ab etwa 35 €), Mehrtagesmiete jeweils günstiger. Deutsche Leitung. www.conilrent.de. Fahrräder auch bei Camaleón Bike Sport, → Sport.

Einkaufen Markthalle Mercado de Abastos, in der Neustadt auf der C. Rosa de los Vientos. Prima für Frischfisch, Obst und Gemüse etc.

Straßenmarkt jeden Freitag auf dem großen Platz an der Ecke Carretera/Avenida de la Música (Ringstraße).

Deutsche Zeitschriften in der Papelería L'Atalaya, C. Gonzalo Sánchez Fuentes 13 (nahe Conil Bikes) und der Librería La Cañaílla, Calle Prieta 7.

Deutsche Bäckerei: Carpe Diem, Calle Arrumbadores 3, nahe Markthalle, zu erkennen an der großen Breze. Die meisten Kunden sind übrigens Spanier …

Öl, Wein: CAUR, C. Laguna 15, in einer westlichen Parallelstraße zur Hauptzufahrt. Hier auch Käse, Honig, Oliven, Marmeladen etc., vieles aus regionaler Produktion. ■

Fischkonserven, Salazones: Gadira, Produkte der Almadraba: Thunfisch geräuchert, mariniert, eingesalzen, als Konserve, zur Saison auch frisch. Calle Catadores 11, nahe Markt.

Marisquería La Pepa, C. Cádiz 29. Gambas, Langostinos etc., aber auch diverse Fischkonserven. Auch ein paar Tische auf der Straße.

Feste Feria de Primavera El Colorado, meist in der ersten Juniwoche. Das große, urige Fest im kleinen Weiler El Colorado, an der N 340 etwa 10 km Richtung Cádiz, zieht mit Reiterumzügen, Stierkämpfen etc. auch sehr viele Einwohner von Conil an.

Fiesta de la Virgen del Carmen, um den 16. Juli, zu Ehren der Schutzheiligen der Fischer und Seeleute; das lebendige Hauptfest des Städtchens.

Feria en Honor de Nuestra Señora de las Virtudes, an etwa vier bis fünf Tagen um den 8. September. Ebenfalls ein Fest, bei dem sich Religion und weltliches Vergnügen mischen, gleichzeitig das inoffizielle Ende der spanischen Touristensaison in Conil. Der Ort ist dann meist ausgebucht.

Semana del Flamenco, eine Woche um den 16. November, den „Tag des Flamenco", an dem die Unesco im Jahr 2010 den Flamenco in die Liste des Immateriellen Welterbes aufnahm.

Internet-Zugang Ciber Locutorio, Calle San Sebastián 5, in der Neustadt nicht weit vom Stadttor.

Post Calle La Vid, westlich der Infostelle, Öffnungszeiten: Mo–Fr 8.30–14.30 Uhr, Sa 8–13 Uhr.

Sport Geführte Radtouren: Camaleón Bike Sport Center, von mehreren Lesern gelobt, im Hotel Costa Conil (nahe Hipotel Gran Conil), Mobil-✆ 639 431464, www.camaleonsports.de.

Reiten, Ausritte: Einen kompletten Reiturlaub buchen kann man bei Monika Ostermann, Carril Ladrillera Reyes 21, Mobil-✆ 679 716358, www.reiterferien-mit-moni.com.

Strandwandern: Ausgiebige Möglichkeiten. Richtung Südosten überspannt eine Brücke die Mündung des Río Salado, dahinter folgt bis zum Cabo Trafalgar durchgehend Strand – echte Langstreckenwanderer könnten also immer am Meer entlang bis Caños de Meca laufen, den Breña-Naturpark durchqueren (siehe die dortige Wanderung) und ab Barbate mit dem Bus zurückfahren. Nordwestlich von Conil beginnt hinter der Urbanisation Fuente del Gallo ein weit verzweigtes Wegenetz, das entlang der Steilküste (Vorsicht!) bis zum Hafen Puerto Pesquero und weiter, vorbei am Leuchtturm, bis zur Urbanisation Roche reicht; unterwegs liegen immer wieder schöne Badebuchten.

》》 Lesertipp: Finca El Anfora, ein weiterer Anbieter von Reiturlaub. „Dort kann man zwar keine Strandausritte machen, aber

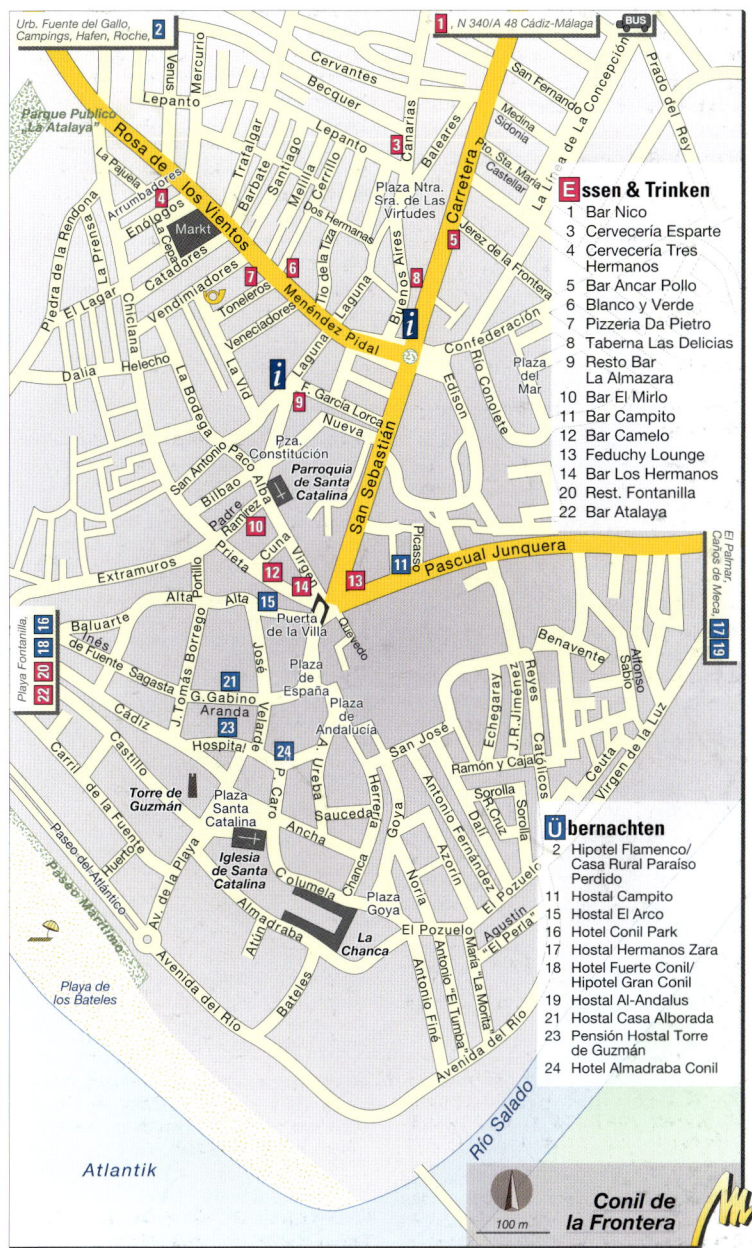

bekommt ganz tollen Reitunterricht auf sehr gut ausgebildeten spanischen Hengsten" (Sybille Wasmuth). Deutsche Leitung. Ctra. del Pradillo, km 1,5; Mobil-℡ 627 458874, www. fincaelanfora.com. ⋘

Yoga: Ocean Yoga, Hatha-Vinyasa-Kurse unter deutscher Leitung, Einzel- und Gruppentermine, Mobil-℡ 655 281666, www.ocean yoga.es.

Sprachschulen Academia Andaluza de Idiomas, familiär und freundlich. Leiterin Isabel Tomé hat lange in Deutschland gelebt und kennt Conil und Umgebung bestens. Kleine Klassen, viele Aktivitäten, angenehme Atmosphäre. Zweiwöchige Intensivkurse mit täglich vier Stunden Unterricht kosten etwa 300 €, natürlich wird auch für günstige Unterkunft gesorgt. Auch Surfkurse. Isabels Schulgebäude liegt unweit der Infostelle in einem Wohngebiet östlich der Carretera: C. Confederación 13, Ecke C. Jerez; ℡ 956 440552. www.academia.anda luza.net.

Academia Atlántika (kein Schreibfehler), ebenfalls eine langjährig eingeführte, renommierte und engagierte Schule. C. Bodegueros 5; ℡ 956 441296. Kontakt in Deutschland: Academia Atlantika; ℡ 040 477587; www.atlantika.net.

Übernachten → Karte S. 113

Zur Sommersaison herrschen hohes Preisniveau und starke Nachfrage, dann rechtzeitig reservieren. Während des restlichen Jahres deutlich niedrigere Preise und kaum Probleme bei der Quartiersuche.

**** Hotel Fuerte Conil 18, eine ausgedehnte, relativ zentrumsnah oberhalb der Playa Fontanilla gelegene Anlage. Bei der Planung wurde (anders als im jüngeren Schwesterhotel Fuerte Costaluz) auf ortsüblichen Stil Wert gelegt, ebenso auf Umweltfreundlichkeit. Vielleicht etwas überstylte, aber doch recht hübsche Architektur, Schönheitsfarm, Sportmöglichkeiten etc. Mit 250 Zimmern ist das Hotel für einen kleineren Ort wie Conil vielleicht jedoch etwas überproportioniert. Von November bis Anfang Februar geschlossen. Standard-DZ/F nach Lage und Saison etwa 80–300 €; es gibt auch „Exklusiv"-Zimmer. Playa de la Fontanilla s/n, ℡ 956 443344, www.hotelfuerteconil.com.

**** Hotel Conil Park 16, etwas näher Richtung Zentrum. Mit gut 150 Zimmern gleichfalls nicht eben klein. In Stufen errichtete Anlage, deren Zimmer, Bungalows und Apartments ein kleines Dorf nachbilden sollen, die aber dennoch etwas steril wirkt; an der Zimmeraustattung gab es angesichts der Tatsache, dass es sich immerhin um ein Viersterne-Haus handelt, gewisse Leserkritik. Hübsch gelegener Pool. Geöffnet April/Mai bis Oktober. DZ/F nach Lage und Saison 70–220 €. Camino de la Fontanilla, ℡ 956 043000, www.conilparkhotel.com.

**** Hipotel Gran Conil 18, noch jenseits des Hotels Fuerte Conil. Sehr schöne Aussichtslage hoch über der Küste, exquisite Ausstattung, mit mehr als 300 Zimmern freilich schon ein rechter Klotz. Geöffnet ca. Mitte Februar bis Oktober, Preisspanne etwa wie im Hotel Fuerte Conil. Calle Pleamar s/n, ℡ 956 4958357, www.hipotels.com.

**** Hipotel Flamenco 2, in einer Urbanisation etwa drei Kilometer nordwestlich des Ortes. 2008 komplett renoviert; schöne Strandlage, für die Größe (über 120 Zimmer) architektonisch erstaunlich angenehm. Swimmingpool, Golf, Fahrradverleih etc. Deutschsprachig, gutes Restaurant. Preislage vergleichbar den anderen Viersternern und wie diese überwiegend pauschal (und damit günstiger) gebucht. Fuente del Gallo s/n, ℡ 956 495835, www.hipotels.com.

*** Hotel Almadraba Conil 24, zentral gelegenes Hotel in gefälliger andalusischer Architektur. Obwohl das Haus nur 17 Zimmer umfasst, wirkt es größer. Parkmöglichkeit (wie üblich gegen Gebühr) vorhanden. Von November bis etwa Anfang/Mitte März geschlossen. Funktional-komfortable DZ/F etwa 70–120 €, auch Familienzimmer mit Salon. C. Señores Curas 4, ℡ 956 456037, www. hotelalmadrabaconil.com.

⋙ Lesertipp: Casa Rural Paraíso Perdido 2, etwa sieben Kilometer nordwestlich von Conil. „Am Pinienhain in ländlicher Umgebung zwischen Fuente del Gallo und der N 340. Großzügige, vom nordafrikanischen Stil inspirierte Gartenanlage mit Pool unter Dattelpalmen und Zironenbäumen, betrieben von einem sympathischen holländisch-serbischen Paar. Hübsche saubere Zimmer,

Conil de la Frontera

Auch nachts sehr romantisch: Plaza Santa Catalina

großes Beduinenzelt zum Aufenthalt; familiäre lockere Atmosphäre" (Karsten Paul & Sabine Meiners). DZ/F 65–85 €, es gibt auch Suiten sowie Cabañas (Cottages) für 3–4 Personen. Carretera del Pradillo 21, Mobil- ✆ 628 238936; Anfahrtsbeschreibung unter www.paraisoperdidocasarural.com. «

》》》 **Mein Tipp:** * **Hostal Casa Alborada 21**, erheblich besser, als die Einstufung verrät, und in dieser Klasse eine Empfehlung. 2008 eröffnetes, sehr schön gestaltetes Quartier; hohe und sehr geschmackvoll eingerichtete Zimmer (eines liegt allerdings etwas ungünstig im EG bei der Rezeption), prima Bäder; Dachterrasse mit Meerblick. Exzellentes Preis-Leistungs-Verhältnis, in der NS ein Schnäppchen: DZ/Bad 50–90 €. C. General Gabino Aranda 5, ✆ 956 443911, www.alboradaconil.com. «

* **Hostal Campito 11**, knapp außerhalb der Altstadt. Solides Quartier, Zimmer gut in Schuss gehalten und mit Klimaanlage und Heizung ausgestattet; eine beliebte Bar (nur zur Saison) ist angeschlossen. DZ/Bad etwa 40–60 €, im Juli/August 90 €. C. Pascual Junquera 10, ✆ 956 440708, www.hostalcampito.com.

* **Hostal El Arco 15**, im oberen Altstadtbereich, dem Hostal Campito freundschaftlich verbunden; auch die Preise liegen recht ähnlich. Calle Capitán Pérez Moreno 5, Infos auch im nahen Café Central beim Stadttor, ✆ 956 456566. hostalelarcoconil.com.

* **Hostal Al-Andalus 19**, östlich knapp außerhalb der Altstadt, mit etwas Glück findet man Parkplätze vor der Tür. 2006 eröffnet; gut ausgestattete Zimmer mit Klimaanlage und TV, die sich um einen zentralen Patio gruppieren. DZ/Bad nach Saison etwa 40–70 €, im Juli/August bis 90 €. C. Pascual Junquera 65, ✆ 956 452531, www.al-andalusconil.com.

* **Hostal Hermanos Zara 17**, ganz in der Nähe. Die etwas engen, gelegentlich hellhörigen Zimmer und die Bäder sind für den Preis absolut in Ordnung. Ganzjährig geöffnet. In derselben Straße noch einige weitere Pensionen. DZ/Bad nach Saison etwa 20–40 €. C. Pascual Junquera 69, ✆ 956 440 466. www.hostalhermanoszara.com.

Pensión Hostal Torre de Guzmán 23, mitten in der Altstadt, auch bekannt als Heladería Pedro, da einer Eisdiele angeschlossen; ein Restaurant gibt es auch. Prima Adresse, Patio voller Grün und Blumen, sehr freundliche Besitzer. Gut möblierte und saubere Zimmer mit Klimaanlage, anständige Bäder, zentrale und ruhige Lage. Ein recht ordentliches Frühstück ist inbegriffen. DZ/Bad nach Saison und Ausstattung 50–90 €, im Juli/August bis 100 €. C. Hospital 5, ✆ 956 443061, www.hostaltorredeguzman.com.

Apartments, Ferienhäuser 》》》 **Mein Tipp: Casa Andaluza**, eine engagiert und deutschsprachig geführte Agentur für Kurz- und Langzeitmiete von Apartments und Häusern in Conil und der Umgebung wie El

Palmar, Zahora, Caños und Roche. Persönliche Beratung und freundlicher, kompetenter Service; die derzeit einzige Agentur mit Büro für Publikumsverkehr (ideal für Spontanbucher) vor Ort. Infos zu Yogakursen, Reservierungen für Whale Watching, Bodegas und Hofreitschule in Jerez etc. Karin Joanidopoulos, C. Chiclana 64 (beim großen Supersol-Supermarkt), ✆ 956 456053, www.casa-andaluza.com. «

Casa Conil, ein weiterer deutscher Vermittler von Ferienhäusern und Apartments. www.casa-conil.com.

Calle Cadiz, Vermietung von mehreren hochwertig eingerichteten FeWos, Apartments und „Mini-Apartments" in dieser zentralen Fußgängerzone der Altstadt. www.callecadizconil.de.

Camping

Insgesamt sieben Plätze liegen im Gemeindegebiet, die Mehrzahl davon nordwestlich außerhalb des Ortes.

La Rosaleda, 1. Kat., etwa 2,5 km nordwestlich des Zentrums. Gepflegtes Wiesengelände mit sehr guter Ausstattung und großem Pool; Schatten ist allerdings Mangelware. Ganzjährig geöffnet. Zwei Personen, Auto, Zelt etwa 40 €, ohne Auto (dann kleinere Parzelle möglich) auch günstiger. Anfahrt vom Kreisel bei der Infostelle Richtung Hafen, ✆ 956 443327, www.campinglarosaleda.com.

Los Eucaliptos, 2. Kat., ortsnächster Platz, etwa 1,5 km vom Zentrum (nicht am Meer) und damit noch in gestreckter Fußentfernung gelegen. Schatten und Sanitärs gut. Pool. Geöffnet Ostern bis September, Anfahrt wie oben. Zwei Personen, Auto, Zelt etwa 28 €. Anders als bei den anderen Plätzen wird hier auch zur HS einen „Mindestumsatz" per Parzellenmiete verlangt, für Einzelreisende dann der mit Abstand preisgünstigste Platz. Carretera de El Pradillo, km. 0,200, ✆ 956 441272, www.campingloseucaliptos.com.

Fuente del Gallo, 2. Kat., gut ausgestatteter Platz bei der gleichnamigen Urbanisation, etwa 4 km nordwestlich. Wenig Schatten, zum reizvollen Sand- und Felsstrand etwa 500 m. Geöffnet Mitte März bis September. Zwei Personen, Auto, Zelt etwa 34 €. Anfahrt wie Los Eucaliptos, beschilderte Abzweigung etwa 2 km weiter, ✆ 956 440137, www.campingfuentedelgallo.com.

El Faro, 2. Kat., noch eine ganze Ecke weiter, vorbei am Abzweig zum Camping Fuente del Gallo, nicht am Meer. Gut ausgestattet, unter anderem mit Swimmingpool. Ganzjährig geöffnet. Zwei Personen, Auto, Zelt etwa 28 €. Ctra. Puerto Pesquero, km 2, ✆ 956 444096, www.campingelfaro.com.

Cala del Aceite, 2. Kat., ausgedehntes Gelände in einem schattigen Waldgebiet, großer Pool, zur schönen Strandbucht Cala del Aceite ein paar hundert Meter. Auch Conils moderner Fischerhafen Puerto Pesquero liegt in Fußentfernung. Separater FKK-Bereich. Man spricht Deutsch. Ganzjährig geöffnet. Zwei Personen, Auto, Zelt etwa 30 €. Etwa 7 km vom Ortszentrum, vorbei an der Zufahrt zum Camping Fuente del Gallo, ✆ 956 442950, www.caladelaceite.com.

Essen & Trinken/Nachtleben → Karte S. 113

Die Küche Conils kann aus der Landwirtschaft und der Fischerei schöpfen. Neben Fisch, insbesondere Thun, kommt deshalb auch Gemüse nicht zu kurz. Von etwa Anfang Mai bis Anfang Juni findet die „Ruta del Atún" statt, an der sich viele Restaurants mit thunfischbezogenen Menüs beteiligen.

Restaurants & Bars Zahlreiche Restaurants liegen in der Fußgängerzone Calle Cádiz, der Hauptenflugschneise von den großen Hotels; mehrfach von Lesern empfohlen wurden hier „La Mejorana" auf Nr. 10 und der nahe Ableger „La Azotea".

Restaurantes Fontanilla [20], am gleichnamigen Strand westlich des Ortskerns. Einander direkt benachbarte Restaurants, die (weitläufig) derselben Familie gehören. Beide besitzen schöne Terrassen zum Meer und sind spezialisiert auf Fisch und Meeresfrüchte.

Conil de la Frontera

Rest. Blanco y Verde 6, in der Neustadt Nähe Infostelle. Mit zwei hübschen Patios innen viel größer, als es von außen den Anschein hat. Prima Küche, gut besonders Fleisch vom Grill. Immer wieder von Lesern gelobt. Menü à la carte ab etwa 20–25 €, an Werktagen günstige Mittagsmenüs. Auch die Bar ist beliebt. Ein Hotel ist angeschlossen. C. Rosa de los Vientes, Ecke C. Cerrillo.

Pizzeria Da Pietro 7, schräg gegenüber und ebenfalls viel von Einheimischen besucht. Der Besitzer ist Italiener, die Küche deshalb authentisch. Breite Auswahl an Nudelgerichten, sehr große und gute Pizzas; günstige Preise. C. Rosa de los Vientos, Ecke C. Toneleros.

》》Mein Tipp: Bar Los Hermanos 14 knapp außerhalb des Stadttors. Optisch zwar eher schlicht, aber Conils traditionell erste Adresse für Fischtapas: Täglich frisches Öl, bestes Mehl – gut frittieren ist teuer. Die Preise sind dennoch ausgesprochen günstig, es gibt Tapas sowie halbe und ganze Raciones. Urige Atmosphäre, flinke Kellner, die Rechnung wird mit Kreide auf den Tresen geschrieben. Calle Virgen 2. Zugehörig und ein kleines Stück oberhalb in derselben Straße, gut für Fleisch und etwas aufwendigere Tapas: **La Tahona**. 《《

Cervecería Tres Hermanos 4, von den Söhnen des „Los Hermanos" betrieben. Nicht das Original, aber eine preisgünstige, auch bei der Nachbarschaft beliebte Adresse für Tapas, Montaditos, Tostas & Co. Calle Enólogos 6, beim Markt.

Bar Campito 11, dem gleichnamigen Hostal angeschlossen und ein guter Platz für originell komponierte Tapas hoher Qualität. Ein paar Tische auch im Freien an der Straße. Sehr beliebt bei den Einheimischen. Nur im Sommer. C. Pascual Junquera 10.

Feduchy Lounge 13, beim Stadttor, untergebracht in einem ehrwürdigen Gebäude des 18. Jh., mit Terrasse. Auch hier gibt es ausgesucht feine Tapas und Raciones der wirklich innovativen Art, gelegentlich auch Sushi. Gute Weine. Nachts wird das Feduchy zur Cocktailbar. C. Pascual Junquera 2.

Taberna Las Delicias 8, ein Stück stadtauswärts. Hier sind die hausgemachten Tapas und Montaditos etwas traditioneller, dabei jedoch von guter Qualität und sehr preisgünstig – die Einheimischen wissen es zu schätzen. Calle Carretera 5.

》》Lesertipp: Bar Ancar Pollo 5, nicht weit entfernt. „Köstlich – tolles Essen zu tollen Preisen und gut präsentiert. Ein Besuch

Immer gut besucht: Bar El Mirlo

lohnt sich jedesmal" (Nancy Lochmann). Calle Carretera 21, Ecke Calle Jerez. «

Bar Camelo 12, nicht weit von den „Los Hermanos". Winzige Bar mit Tresen nach außen, baskische Besitzer: Spezialität ist deshalb Bacalao (Stockfisch) in vielen Varianten, köstlich z. B. als „Bacalao Camelo" mit Kartoffeln und Sahne. Tapas und Raciones. Calle Prieta 5.

Café-Bar El Mirlo 10, praktisch um die Ecke. Die „Amsel" ist ein alteingesessenes Lokal, das von jungen Betreibern wieder in Schwung gebracht wurde. Tische an der Gasse bei der Kirche, spanische Tapas-Klassiker und sehr günstige Preise. Immer voll, früh kommen. Calle Padre Ramírez 1.

»» Mein Tipp: **Resto Bar La Almazara** 9, noch etwas oberhalb. Tische auf dem kleinen Platz, freundlicher und effizienter Service, sehr delikate und auch ungewöhnlichere Tapas und Hauptgerichte zu nur leicht gehobenen Preisen; auch gute Salate und Desserts. Im Ausschank das „Esparte"-Bier der hiesigen Brauerei. Calle Laguna 5. «

Cervecería Esparte 3, in der Neustadt und ein Tipp für die Liebhaber von Craft-Bieren: Im 2014 eröffneten „Orca" (Esparte) werden direkt vor Ort sieben verschiedene Biere gebraut, vom American Ale bis zum Weißbier. Begleitende Tapas (Käse, Wurstwaren etc.) gibt es auch. Calle Canarias 3.

Bar Nico 1, weit in der Neustadt. Kleine, laute Nachbarschaftskneipe, berühmt für nur eine Tapa: „La Bomba", eine Art mit Fleisch gefüllter Kartoffelkloß. C. Ingeniero La Cierva, eine westliche Seitenstraße der Carretera.

Bar Atalaya 22, im gleichnamigen Park unweit der Hotels Fuerte und Conil Park. Keine Speisebar, aber in schöner Lage mit Blick, beliebt insbesondere für den Drink zum Sonnenuntergang.

Restaurants außerhalb Rest. Timón de Roche, in der Urbanisation Roche, einige Kilometer hinter dem Hafen. Große Terrasse direkt am Meer, innen maritim eingerichtet. Am Wochenende fest in der Hand der Einheimischen. Gute Küche mit Schwerpunkt auf Fisch, gehobene Preise. Der Service begeistert nicht alle Leser. Ganzjährig geöffnet. Urbanización Roche, C. Inglaterra s/n. ✆ 956 446232.

»» Lesertipp: **Rest. El Roqueo**, oberhalb der Küste in Richtung der Urbanisation Fuente del Gallo, quasi am Ende des Strands von Conil. „Leckere Meeresfrüchte, Fisch, Tapas und Desserts – für uns war es das typischste spanische Essen in Conil" (Elke & Willi Hoffmann). Montag Ruhetag, Okt.–Dez. geschlossen. Calle la Palmera s/n, ✆ 956 440205. «

Bar El Tergal, direkt beim Hafen. Tische und Stühle unter Pinien, breite Auswahl an Gerichten, sehr günstig mit mit exzellentem Preis-Leistungs-Verhältnis. Leider nur im Sommer (etwa von Juli bis September) geöffnet.

Strandbars Bar Curro Jiménez, an der Playa Fontanilla, im Gebiet unterhalb des Hotels Fuerte Conil; benannt nach einem Bandolero-Banditen aus einer spanischen Fernsehserie der 70er, ist sie die urigste der drei luftigen Lokale hier. Nebenan, von Ambiente und Küche gehobener, liegt La Ola. Noch ein Stück weiter, eher Restaurant denn Bar und mit sehr hübscher Atmosphäre und einer Auswahl guter Weine, findet sich El Huerto.

Nachtleben Im Sommer ist eine ganze Menge los in der Altstadt von Conil. Außerhalb der Saison geht es, von Wochenenden abgesehen, ruhiger zu.

Calle Ancha/Plaza Goya: Diese Kneipenzone mit Terrassenbars liegt südöstlich der Plaza Santa Catalina. Hier ist außerhalb der Saison vieles geschlossen.

Calle Tomás Borrego: Hier treffen sich besonders die etwas älteren Semester.

El Adán, die älteste und traditionsreichste Musikkneipe Conils, in den Siebzigern von bekannten Flamencokünstlern gegründet und auch heute noch ein beliebter Treffpunkt. Die Musikrichtung wechselt freilich immer mal, liegt irgendwo zwischen Pop und Flamenco. C. Tomás Borrego 14/16.

La Luna, etwas oberhalb. Groß und nur im Sommer geöffnet. Dann allerdings geht hier ab zwei, drei Uhr morgens die Post ab. C. Tomás Borrego 10.

Discoteca Icaro, Disco mit zwei Sälen für das junge Publikum; in Sala 1 läuft Latino-Musik, in Sala 2 Techno und House. Plaza de Andalucía, in der Altstadt unweit der Plaza España.

La Tertulia, etwa mit „Gesprächszirkel" zu übersetzen. Junges, schickes Publikum. Calle Gabino Aranda (Tiefgeschoss), vom Stadttor über die Pl. España, dann rechts.

Conil de la Frontera

Baden: Conil besitzt insgesamt 16 Kilometer Sandstrand. Im Südosten reicht der Strand, nur von der Mündung des Río Salado unterbrochen, bis zum Kap Trafalgar, im Nordwesten finden sich auch Steilküsten aus rotem Fels mit eingelagerten Sandbuchten.

Playa Castilnovo: Der breite Strand jenseits der Mündung des Río Salado erstreckt sich über fast 3 km nach Süden bis zu seiner Fortsetzung, der Playa El Palmar. Wenig besucht, kaum Einrichtungen; das Hinterland ist bäuerlich geprägt. Autoanfahrt über Seitensträßchen der Straße nach El Palmar und Caños de Meca.

Playas de los Bateles y Fontanilla: Die beiden Hausstrände von Conil gehen direkt ineinander über. Zusammen sind sie gut 2,5 km lang, breit und feinsandig. Das Serviceangebot ist gut, es gibt hübsche Strandbars und trotz der Stadtnähe reichlich Platz. In Richtung der Urbanisation Fuente del Gallo wird die Playa Fontanilla allmählich schmaler, die Steilküste imposanter.

Cala Puntalejos: Eine 400 Meter lange, von Felsen flankierte Sandbucht gleich nordwestlich der Urbanisation Fuente del Gallo. Nur zu Fuß zu erreichen. Wermutstropfen: Nach Regenfällen entwässert sich das hier mündende Trockental in die Bucht, was nicht gerade zur Wasserqualität beiträgt.

Nordwestlich der Cala Puntalejos: Nun folgt wieder Steilküste, ein schönes Gebiet für Spaziergänge, aber Vorsicht am Rand – es geht ganz schön tief hinunter! Die vereinzelten Buchten in diesem Gebiet sind nur sehr schwer zugänglich.

Cala del Aceite: Kurz vor dem Hafen Puerto Pesquero und von diesem durch ein bewaldetes Felskap getrennt, liegt diese sehr schöne Bucht, an die man relativ nahe mit dem Fahrzeug herankommt; Zufahrt Richtung Camping Cala del Aceite, dann meerwärts weiter; zuletzt Abstieg über eine Treppe.

Buchten Richtung Roche: Vom Hafen führt ein Nebensträßchen, vorbei am Leuchtturm und dann parallel zur Küste, zur schachbrettartig aufgebauten Urbanisation Roche, dem nördlichsten Außenposten von Conil. Das wunderschöne Gebiet wird von Wäldern und Steilküste geprägt; unterhalb liegen mehrere kleine bis mittelgroße Buchten, die z. T. über Treppen zu erreichen sind. Respektlos mitten in die Uferlandschaft gepflanzt steht am Rand von Roche das Großhotel „Calas de Conil".

Playa del Puerco: Hinter der Klippenküste beginnt im Gebiet von Roche ein weiterer langer Sandstrand. Die Playa del Puerco erstreckt sich über rund 1,5 km und geht dann auf Höhe von Novo Sancti Petri in die Playa de la Barrosa über. Ihr Hinterland ist (bislang?) weitgehend unbebaut. Parallel zum Strand und wenige hundert Meter landeinwärts verläuft ein Sträßchen, das Roche mit Novo Sancti Petri verbindet und auf kaum einer Karte verzeichnet ist.

Conil, für Strandläufer ein Traum

Paradies für Golfer: Novo Sancti Petri

Novo Sancti Petri

Eine gehobene Feriensiedlung für Sportler, in erster Linie für Golfer, umgeben von viel Grün – so die Pläne, als Anfang der Neunzigerjahre Novo Sancti Petri konzipiert wurde. Die Vorgaben wurden erfüllt.

Erst 1991 eröffnete an der kilometerlangen Playa de la Barrosa das erste Hotel. Den großen Schub brachte die Erweiterung des Provinzflughafens von Jerez anlässlich der Expo in Sevilla. Heute zählt Novo Sancti Petri an die 10.000 Hotelbetten, nahezu durchgängig in großen Anlagen der oberen Kategorie. Besucht werden sie vornehmlich von deutschen Urlaubern, die 80 Prozent der ausländischen Gäste von Novo Sancti Petri stellen. Vorwiegend in spanischer Hand sind hingegen die privaten Ferienhäuser der Urbanisation, die meist wohlhabenden Madrileños und Sevillanos gehören. So schnell, wie sie verkauft waren, konnten die Häuser damals gar nicht gebaut werden, und so dehnte sich Novo Sancti Petri weiter aus: La Loma, „der Hügel", heißt der jüngste Bauabschnitt im Südosten der Siedlung.

Ihren künstlichen Charakter kann die Siedlung natürlich nicht verleugnen. Die Planer haben sich jedoch redlich Mühe gegeben, die an der Costa del Sol gemachten Fehler hier nicht zu wiederholen. Kein Haus in „NSP", wie Insider den Namen gerne abkürzen, durfte höher als drei Stockwerke gebaut werden. Gedeckte Farben dominieren, ein großer Teil des Geländes wurde für Grünflächen freigehalten. Dazu zählt natürlich auch der große, von Meisterspieler Severiano Ballesteros entworfene und auf 36 Löcher erweiterte Golfplatz, gewissermaßen das Zentrum der Siedlung bildet und, neben dem langen Strand und den zahlreichen anderen Sport-

Novo Sancti Petri 121

möglichkeiten, auch ihren Hauptanziehungspunkt. Die Kehrseite der aufgelockerten Bebauung: Novo Sancti Petri ist ein Ferienort der langen Wege. Schon der Spaziergang zum Haupt-Einkaufszentrum „Centro Comercial Novo", das mit vielen Geschäften, Bank, Autoverleih, Bars, Restaurants etc. die wichtigste Versorgungsmöglichkeit bietet, gerät von manchen Hotels aus zur kleinen Wanderung. Zur sehr langgestreckten Nachbarsiedlung La Barrosa, die direkt an Novo Sancti Petri angrenzt, ist es in den meisten Fällen noch weiter, zum alten Fischerhafen Sancti Petri sind es gar rund acht Kilometer. Urlauber sollten deshalb, und sei es nur für ein paar Tage, einen Mietwagen ins Budget einplanen; nicht zuletzt auch deshalb, um Novo Sancti Petri zwischendurch einmal entfliehen zu können – gleich vor der Tür liegt Andalusien.

Information Oficina Municipal de Turismo, eine Außenstelle des Fremdenverkehrsamts Chiclana. An der Nahtstelle zwischen der Urbanisation und La Barrosa, ✆ 956 497 234. Geöffnet etwa Ostern bis Oktober, Mo-Fr 10–13.30, 18–20.30 Uhr, Sa 10–13.30 Uhr; in den Randzeiten eingeschränkt. Im Winter ist geschlossen, wie so vieles in Novo Sancti Petri. www.chiclana.com.

Verbindungen Busse nach Chiclana halten an allen Hotels, Abfahrten je nach Saison und Tageszeit halbstündlich bis stündlich.

Ärztliche Versorgung Clínica Novo Sancti Petri, im Gebiet landeinwärts der Golfanlage, ✆ 956 495000, www.clinicanovo.es.

Baden Die **Playa de la Barrosa**, der von Dünen begleitete, feinsandige Hausstrand von Novo Sancti Petri, verläuft nach Nordwesten über rund 7 km bis ans Ende der Nachbarsiedlung La Barrosa und ist durchschnittlich 60 m breit; im Südosten geht sie in die ebenfalls kilometerlange Playa del Puerco (siehe oben unter Conil) über. Zur Saison wird der mit der „Blauen Flagge" prämierte Strand täglich gereinigt; die Ausstattung lässt ebenfalls kaum Wünsche offen.

Sport Breites Angebot, zumal auch die meisten Hotels ihre Gäste mit vielfältigen Sportmöglichkeiten verwöhnen.

Real Novo Sancti Petri Golf Club, auf Cracks wie auf Anfänger eingestellt. Im Zentrum der Siedlung, ✆ 956 494005, www.clubgolfrealnovosanctipetri.com.

Reiten: Yeguada La Patiña, im Gebiet landeinwärts des Golfplatzes. Ausritte am Strand, im Wald etc. Mobil- ✆ 647 300596, www.hipicalapatina.com.

» **Lesertipp:** Cortijo Calinka, nahe der CA-9001 Richtung El Colorado. „Unterricht und tolle Ausritte u.a. zum Strand; die Pferde sind gut gepflegt. Es wird Deutsch gesprochen" (Karin Furka). Mobil- ✆ 693 747211, www.cortijocalinka.com. «

Fahrradvermietung: Andalucian Adventure Sports, im Komplex der Barrosa-Hotels. Neben Verleih auch geführte Touren, Wanderungen etc. Mobil-✆ 600 412225. www.andalusienrentabike.de.

Übernachten (→ Karte S. 122/123) Preisangaben erübrigen sich, da die hiesigen Hotels praktisch ausschließlich pauschal (und damit günstiger) gebucht werden. Hier nur ein Anhaltspunkt: DZ in den Fünfsternehäusern kosten je nach Saison meist um die 150–350 €, in den Viersternen überwiegend um die 100–300 €; im Web jeweils gelegentlich Sonderangebote. Swimmingpools sind in allen Anlagen Standard, Hallenbäder die Regel.

***** **Hotel GL Meliá Sancti Petri** [28], in der ersten Reihe am Strand. 226 Zimmer, auch drei „Präsidentensuiten", die übliche üppige Ausstattung dieser Klasse; „Royal Service" mit privater Rezeption für die besonders anspruchsvolle Klientel. Urb. Novo Sancti Petri s/n, ✆ 956 491200, www.melia.com.

***** **Barceló Sancti Petri Spa Resort** [20], in strandnaher, sonst jedoch etwas abgeschiedener Lage im Gebiet von La Loma, mithin am Rand von Novo Sancti Petri. 195 Zimmer und 91 Apartments, drei Pools. Ein Highlight ist sicher der mehr als 3500 Quadratmeter große Wellnessbereich, das größte Spa Andalusiens. ✆ 956 242790, www.barcelo.com.

***** **Hipotel Barrosa Palace** [18], das hiesige Flaggschiff der Hipotel-Kette, das zusammen mit seinen Viersterne-Schwesterhotels einen direkt am Strand gelegenen Komplex bildet, der fast tausend Zimmer umfasst. Ein Zentrum für Thalassotherapie

Übernachten

- 2 Aparthotel Ilunion Tartessus
- 6 Hotel Hospedería Santiago
- 8 Hotel Vincci Costa Golf
- 12 Aparthotel Sol Sancti Petri
- 13 Hotel Valentín Sancti Petri
- 15 Hipotel Barrosa Garden
- 17 Aparthotel Las Dunas
- 18 Hipotel Barrosa Palace
- 20 Hotel Barceló Sancti Petri Spa Resort/ Aparthotel Novo Resort
- 21 Hipotel Barrosa Park
- 22 Hotel Iberostar Royal Andalus
- 24 Hotel Sensimar Playa La Barrosa
- 25 Hotel Riu Chiclana
- 26 Hotel Iberostar Andalucía Playa
- 27 Hotel Club Aldiana Andalusien
- 28 Hotel Meliá Sancti Petri

und eine große Sportanlage sind angeschlossen. ℡ 956 492200, www.hipotels.com.

Die **** **Hotels Hipotel Barrosa Park** 21, und das renovierte **Sensimar Playa La Barrosa** 24, gehören dazu und liegen beide in der ersten Reihe am Strand; letzteres akzeptiert wie alle „Sensimar"-Hotels (TUI) nur erwachsene Gäste.

**** **Hipotel Barrosa Garden** 15, ein weiteres Hipotel. Das All-inclusive-Konzept ist Geschmackssache, aber bei Familien natürlich beliebt. ℡ 956 492123, www.hipotels.com.

**** **Hotel Valentín Sancti Petri** 13, 2002 eröffnet. Rund 550 Zimmer, über tausend Betten! Durch das sehr ausgedehnte Gelände des Hotels, das bis zu den Dünen reicht, verteilt sich die Gästeschar jedoch. Schöne Pools. In Familienbesitz, eine Ausnahme in Novo Sancti Petri. Viele Stammgäste. ℡ 956 491000, www.valentinhotels.com.

**** **Hotel Club Aldiana Andalusien** 27, am Strand im Südosten der Siedlung, mit dem üblichen breiten Animations- und Sportangebot dieser Kette, das von Reiten über Tauchen bis Kitesurfen reicht (und sich damit noch längst nicht erschöpft). ℡ 956 494949, www.aldiana.de.

**** **Hotel Riu Chiclana** 25, noch ein Stück weiter. Mit Platz für annähernd 1700 Gäste das bislang größte Haus in Novo Sancti Petri und mit All-Inclusive-Konzept besonders auf Familien mit Kindern abgestimmt. Wahrzeichen ist der eigene Leuchtturm. ℡ 956 242100, www.riu.com.

***** **Hotel Iberostar Royal Andalus** 22, direkt am Strand, 1991 als erstes Hotel von Novo Sancti Petri errichtet. Großzügige, weitläufige Anlage mit komfortabler Ausstattung und üppig bemessenem Poolbereich. ℡ 956 494109, www.iberostar.com.

***** **Hotel Iberostar Andalucía Playa** 26, direkt benachbart und mit ebenfalls umfangreicher Ausstattung. ℡ 956 497060, www.iberostar.com.

Novo Sancti Petri

E ssen & Trinken
1 Restaurante Popeye
3 Rest. La Casa del Farero
4 Bar Flotante
5 Bar-Rest. Caño Chanarro
7 Rest. Soave
9 Rest. La Mina
10 Café-Bar Noli (Venta Noli)
11 Rest. Club Náutico Sancti Petri
14 Bar Rest. La Sartén
16 Rest. Los Pescadores
19 Chiringuito El Bongo
23 El Rincón - Casa Ramón

Novo Sancti Petri & La Barrosa

400 m

**** Hotel Vincci Costa Golf 8, im Nordwesten der Siedlung, gut ausgestattet und mit großem Spa-Bereich. ✆ 956 494535, www.vinccihoteles.com.

***** Aparthotel Novo Resort 20, vor einigen Jahren von einer Apartmentanlage zum luxuriösen Aparthotel umgewidmet. In direkter Nachbarschaft des Hotels Barceló, Zugang zu dessen Einrichtungen möglich. ✆ 956 922162, www.novoresort.com.

*** Aparthotel Sol Sancti Petri 12, gleich meerwärts des Vincci Costa Golf, aber nicht ganz so gut ausgestattet. Für alle, die sich gerne auch mal selbst versorgen: Minimarket vorhanden, ein Buffet-Restaurant gibt es aber auch. ✆ 956 496040, www.melia.com.

**** Aparthotel Las Dunas 17, wiederum meerwärts des Sol Sancti Petri, in der ersten Reihe am Strand. Auch hier gibt es Apartments mit Kochecke, Einkaufsmöglichkeit vorhanden. ✆ 956 494985, www.aparthotelasdunas.com.

**** Aparthotel Ilunion Tartessus 2, im Siedlungsgebiet La Loma, also recht weit vom Schuss; selbst zum Strand ist es rund ein Kilometer. Gefällig konzipiertes Haus, das sich mit Apartments und Bungalows in erster Linie an Selbstversorger wendet. Praktisch deshalb: Nebenan liegt das Einkaufszentrum Centro Comercial Tartessus. ✆ 956 498490, www.iluniontartessus.com.

Essen & Trinken Die bessere Auswahl besitzt der Nachbarort La Barrosa.

»» Lesertipp: El Rincón – Casa Ramón 23, „im Centro Comercial Bellamar, von der Touristeninformation Richtung Strand. Von der Terrasse hat man einen wunderschönen Blick aufs Meer. Ein etwas älteres Ehepaar bewirschaftet das Restaurant. Eher einfache Einrichtung und schnörkellose Küche" (Eva Lubich). ««

La Barrosa

Schmal und langgestreckt verläuft der Nachbarort von Novo Sancti Petri parallel zur Küste. Das Publikum hier kommt überwiegend aus der Nachbarschaft. Gute Fischrestaurants. Hotels sind selten.

La Barrosa bildet die Strandsiedlung des Inlandsstädtchens Chiclana und ist deutlich älter als Novo Sancti Petri. Der Ort erstreckt sich kilometerweit am Meer entlang. Als grobe Orientierung dienen den Einwohnern die Lageangaben *Primera Pista* (Erste Piste) und *Segunda Pista* (Zweite Piste), die sich auf die parallel zum Strand verlaufende und heute natürlich asphaltierte Hauptstraße beziehen; der Übergang von der „Ersten" zur Richtung Novo Sancti Petri führenden „Zweiten Piste" liegt etwa auf Höhe der Apotheke und des südöstlichen Endes der Strandpromenade. Letztere zeigt sich, wie auch der Strand selbst, ausgesprochen gepflegt. Im Hinterland, das stellenweise durch alten Baumbestand aufgelockert ist, stehen neben jüngeren Siedlungen auch eine Reihe von Villen. Entlang der Hauptstraße, aber auch an der Strandpromenade lockt eine gute Auswahl an Bars und Restaurants, deren Küche sich am Geschmack der spanischen Klientel orientiert. Betrieb herrscht hier jedoch nur im Sommer und an Wochenenden.

Baden Die Playa de la Barrosa ist im Abschnitt vor La Barrosa ebenso gepflegt und gut ausgestattet wie vor Novo Sancti Petri, bietet auch hier viel Platz. Nordwestlich der Strandpromenade weicht sie einem kurzen Abschnitt bewaldeter Steilküste, hinter dem die Playa de Sancti Petri beginnt.

Übernachten (→ Karte S. 122/123) ** Hotel Hospedería Santiago **6**, in einer Villengegend landeinwärts der Hauptstraße. Flacher Ziegelbau; ruhig und nur wenige hundert Meter vom Strand gelegen. Garten unter alten Bäumen, rustikal-hübsche Zimmer, kleiner Patio. DZ/Bad nach Saison etwa 55-95 €. Capilla 4, etwa auf Höhe des Übergangs der beiden „Pisten", ✆ 956 494840, www.hospederiasantiago.com.

Essen & Trinken Rest. Popeye **1**, etwas außerhalb an der westlichen der beiden Straßen, die von La Barrosa nach Chiclana führen. Vom riesigen Schriftzug abgesehen eher unscheinbar, jedoch bei Einheimischen beliebt und mit guter Küche. Spezialität ist Fisch, insbesondere die Zahnbrassenart Urta. Mittleres Preisniveau. Carretera de la Barrosa s/n, ✆ 956 494424.

Bar-Rest. La Sartén **14**, in nahezu direkter Strandlage. Neben schöner Aussicht bietet die „Bratpfanne" ein breites Angebot an Fisch und Fleisch sowie insbesondere an Paellas und anderen Reisgerichten. Nicht ganz billig. Ganzjährig, von Oktober bis Mai nur mittags geöffnet. Complejo Atlántico, Calle Esturión s/n, ✆ 956 494207.

》》 Mein Tipp: Rest. La Mina **9**, relativ großes Lokal an der Hauptstraße in La Barrosa. Umfangreiche Speiseauswahl, gehobene Küche (Fisch, Fleisch und Reisgerichte) auf Basis frischer Produkte. Sehr freundliche Besitzer; der Koch ist Deutscher, seine spanische Frau im Service spricht sehr gut Deutsch. Mehrere Leser waren sehr zufrieden. Carretera de la Barrosa, Ecke Calle Cañadilla. Reservierung ratsam: ✆ 956 497258. Nicht weit entfernt liegt das ebenfalls von Leser gelobte italienische Rest. Soave **7**. 《《

Rest. Los Pescadores **16**, direkt am nordwestlichen Ende der Strandpromenade. Große Terrasse, im Sommer viel Betrieb. Spezialität auch hier natürlich Fisch, Ración frittierter Ware etwa 8–10 €, man kann aber auch deutlich mehr ausgeben. Primera Pista, Edificio Giralda.

Café-Bar Noli **10**, aus älteren Zeiten auch noch bekannt als „Venta Noli". Schattige kleine Terrasse. „Comida Casera" wird versprochen, Hausmannskost also. Hauptgerichte schon ab etwa 7 €, Ración Fisch ab 8 €. Ein Hostal ist angeschlossen. An der Hauptstraße, Segunda Pista.

Verschönerungsaktion in Sancti Petri

Sancti Petri

Jenseits von La Barrosa liegt auf einer Halbinsel ein wirklich seltsamer Ort. Die teilweise verlassene Siedlung besitzt eine ganz eigene Atmosphäre.

Sancti Petri, der Namenspatron der Urbanisation Novo Sancti Petri, wurde zu Beginn der 40er-Jahre des letzten Jahrhunderts planmäßig rund um eine Thunfischfabrik errichtet und diente als Siedlung für rund hundert Fischerfamilien. Damals gab es hier sogar ein Kino und einen „reisenden" Lehrer, der zweimal wöchentlich die Kinder unterrichtete. In den 70ern wurde der Ort aufgegeben, vom Militär als Übungsgelände genutzt und erst Ende der 90er wieder der Gemeinde Chiclana überlassen. 2008 ließ man einen Teil der verlassenen Bauten abreißen. Die verbliebenen Häuser und öffentlichen Gebäude, von einer immer noch prächtigen Allee beschattet, strahlen eine melancholische Stimmung aus. Doch zeichnet sich ein Umbruch ab: Die Gebäude, von denen manche von Einwohnern Chiclanas notdürftig als Sommerhäuser hergerichtet wurden, sollen restauriert werden; mit der Kirche „Nuestra Señora del Carmen", am 16. Juli Ziel einer Schiffsprozession ab Barrosa, wurde bereits ein Anfang gemacht. Einen denkwürdigen Gegensatz zu den alten Bauten bildet der moderne Sporthafen an der Westseite der Halbinsel. Im Sommer ist das sehr maritim geprägte Gebiet von Sancti Petri, natürlich auch wegen der Nachbarschaft zu den langen Stränden, ein beliebtes Ausflugsziel der Einwohner von Chiclana und Umgebung.

Baden Die Playa de Sancti Petri, ein 1200 m langer und im Schnitt 40 m breiter Naturstrand (an dem mit Anschwemmungen gerechnet werden muss), ist auch bei Windsurfern und Anglern sehr beliebt. Hübsche Sommer-Chiringuitos sind vorhanden.

Schiffsausflüge/Kajak Cruceros Sancti Petri veranstaltet von etwa Mitte Juni bis September Ausflugsfahrten auf verschiedenen Routen; Ziele sind u. a. das Castillo de Sancti Petri und der Naturpark Bahía de Cádiz, dessen Marismas hier münden.

Preis p. P. um die 12 € (Castillo mit Eintrittsgebühr 17 €). Im Sporthafen, ℅ 956 100324, www.albarco.com.

Sancti Petri Kayak offeriert zur Saison geführte Kajak-Touren u.a. durch die Kanäle der Marismas und zum Castillo Sancti Petri, p.P. jeweils ca. 15 €, Eintritt zum Castillo inklusive. Containerbüro im Hafen, Mobil-℅ 676 363718, www.sanctipetrikayak.net.

Essen/Kneipen (→ Karte S. 122/123) **Rest. La Casa del Farero** 🟦, an der Nordspitze der Siedlung. 2016 eröffnetes, schickes Restaurant, das tatsächlich im ehemaligen, komplett umgebauten Haus eines Leuchtturmwärters untergebracht ist. Sehr schöne Aussicht auf den Fischerhafen, Spezialität Fisch- und Reisgerichte. Gehobene Küche, leider auch ebensolche Preise; am günstigsten sind noch die Tapas auf der Terrasse. Am Wochenende oft Live-Musik. Mobil-℅ 661 254920.

Rest. Club Náutico Sancti Petri 🟦, mit konstanter Qualität ein gutes Beispiel für die Reihe von einander recht ähnlichen Lokalen im Sporthafen Sancti Petri, die allesamt alles andere als hochgestochen sind. Die Tagesspezialitäten sind selbstverständlich maritimer Natur.

Bar Flotante 🟦, auf der gegenüberliegenden Seite der Halbinsel, am dortigen Fischerhafen. Gute Fischtapas sowie halbe und ganze Raciones, mittlere Preise.

Bar-Rest. Caño Chanarro 🟦, in der Nähe. Großes, hallenartiges Lokal beim Fischerhafen, betrieben von der Fischervereinigung Asociación de Pescadores. Eine prima Adresse, freundliche Kellner und frischer Fisch; Ración um die 8 €, es gibt auch halbe Raciones und (an der Bar) Tapas.

Chiringuito El Bongo 🟦, sozusagen am Ortsanfang von Sancti Petri. Eines der beliebten Lokale am Strand, schöner Blick und recht ordentliche Küche. Nur im Sommer geöffnet.

Castillo de Sancti Petri: Das Kastell auf einer kleinen Insel vor Sancti Petri scheint bei bestimmten Lichtverhältnissen fast auf dem Wasser zu schweben. Errichtet wurde es vom 16. bis ins 18. Jh., doch sind die Grundmauern noch viel älter. Sie stammen von einem Heiligtum des phönizisch-karthagischen Gottes Melkart, der Entsprechung des jugendlichen Herkules – tatsächlich wurden hier auch Herkulesstatuen entdeckt. Ein Prospekt der Gemeinde vermeldet stolz, dass dieser „berühmteste Tempel der Antike" auch von Hamilkar Barkas (Vater Hannibals) und Julius Cäsar besucht wurde. 2011 wurde das Kastell aufwändig renoviert und kann seitdem besichtigt werden (Eintrittsgebühr 5 €); zu erreichen ist es, leider nur im Sommer, mit Cruceros Sancti Petri oder bei guter Kondition auch mit den Touren von Sancti Petri Kayak, siehe jeweils oben.

Chiclana de la Frontera

Chiclana, Gemeindesitz und Versorgungszentrum von Novo Sancti Petri und La Barrosa, hat seinen nahen Stränden viel zu verdanken.

Der Fremdenverkehr an der sechs Kilometer entfernten Küste brachte zahlreiche Arbeitsplätze und einen kräftigen Wirtschaftsaufschwung nach Chiclana, das bis dahin überwiegend von der Landwirtschaft und insbesondere vom Weinbau lebte. Die Stadt wuchs dadurch erheblich, zählt heute rund 80.000 Einwohner. Der Río Iro teilt Chiclana in zwei Hälften, *La Banda* im Norden und *El Lugar* im Süden, letztere das eigentliche, teilweise als Fußgängerzone ausgewiesene Zentrum. Vom Ortsbild her ist das Städtchen, wiewohl bereits im 14. Jh. unter dem aus Tarifa bekannten „guten" Guzmán El Bueno besiedelt, nicht allzu spektakulär, besitzt auch kaum hochrangige Sehenswürdigkeiten. Als Abwechslung zur Küste lohnt Chiclana dennoch einen Ausflug – sei es, um eine der hiesigen Bodegas zu besuchen, in denen feine, dem Sherry sehr ähnliche Weine gekeltert werden, oder auch nur, um einmal den lebendigen Alltag einer spanischen Kleinstadt zu erleben. Nur sollte man nicht gerade an einem Sommerwochenende kommen, wenn fast die gesamte Einwohnerschaft wiederum selbst am Meer weilt ...

Information Oficina de Turismo, im Centro de Interpretación de la Sal, Plaza de las Bodegas s/n; ✆ 956 535969. Freundlich und deutschsprachig geführtes Büro, geöffnet Juni bis September Mo–Fr 10–13.30, 18.30–20.30 Uhr, Sa 10–13.30 Uhr; in den übrigen Monaten Mo–Fr 10–14 Uhr. www.turismochiclana.es.

Verbindungen Busse nach La Barrosa, Novo Sancti Petri, San Fernando und Cádiz starten an der (provisorischen) Haltestelle Calle Paciano del Barco, auf der dem Zentrum gegenüberliegenden Flussseite nahe dem Fußballstadion; Abfahrten je nach Saison und Tageszeit halbstündlich bis stündlich. Busse der Gesellschaft COMES stoppen ungünstig weit im Norden an der Avenida de los Descubrimientos, beim Centro Comercial Las Redes, u.a. nach Conil 11-mal, Vejer 7-mal, Tarifa und Algeciras 9-mal täglich.

Straßenbahn: Die sog. „Tranvía Metropolitano de la Bahía de Cádiz" nach San Fernando und Cádiz war zuletzt noch in Bau, könnte aber bald in Betrieb gehen.

Einkaufen Straßenmarkt jeden Di auf dem Festgelände Recinto Ferial jenseits des Flusses.

Markthalle Mercado de Abastos an der zentralen Plaza de las Bodegas. Breites, buntes Angebot an Obst, Gemüse, Schinken, Käse etc.

Bodegas San Sebastián, 1887 gegründet. Probeschlückchen und Direktverkauf diverser Finos, Moscateles, Amontillados und Olorosos. Calle Mendaro 15, nicht weit vom Markt.

Bodegas Sanatorio, eine weitere traditionsreiche Bodega (1795 gegründet!) mit Direktverkauf, der auch eine nette Taberna angeschlossen ist. C. Olivo 1, Stadtteil La Banda, vom Zentrum über die Brücke, rechts und gleich wieder links.

Feste Fiesta de San Antonio, mehrere Tage um den 13. Juni, das ausgelassen gefeierte Hauptfest der Stadt.

Fiesta de San Juan Bautista, die Nacht des 23. auf den 24. Juni, mit der Verbrennung der Puppen „Juan" und „Juana".

Tradition seit 1887: Bodegas San Sebastián

Fiesta de Santa Ana, am 26. Juli, mit einer Prozession zur Wallfahrtskapelle im Süden des Zentrums. Die Tradition will es, dass Mädchen, die einen Bräutigam suchen, dort die Glocken läuten.

Virgen de los Remedios, 8. September, das Fest der Stadtpatronin, die gerade in der Provinz Cádiz noch so manche andere Siedlung behütet.

Übernachten *** Hotel Alborán, solider Dreisterner mit immerhin 70 Zimmern in recht zentraler, aber nicht ganz leiser Lage auf der dem Ortskern gegenüberliegenden Flussseite. Von November bis Mitte März geschlossen. DZ/F nach Saison und Ausstattung etwa 60–135 €. Plaza Andalucía 1, ✆ 956 403906, www.hotelesalboran.com.

** **Hostal Villa**, fast um die Ecke vom Hotel Alborán. Mit 42 Zimmern für die Kategorie relativ groß; Mobiliar nicht taufrisch, aber gepflegt. DZ/Bad meist um die 40–60 €. C. Virgen del Carmen 11, ✆ 956 400512, www.hostalvilla.com.

Essen & Trinken Bodega El Carretero, eine von mehreren Bodegas in Chiclana, die eigene Lokale betreiben, prima nicht nur für ein, zwei Gläschen Fino und ein paar Tapas. Calle Sor Angela de la Cruz 26, vom Ortskern über die Brücke, dann schräg rechts.

Casa Adolfo, schmucklos-nüchterne Tapas-Bar, die bereits 1961 gegründet wurde. Spezialität sind diverse Varianten iberischer Schinken (auch im Direktverkauf), es gibt aber auch andere Tapas. Plaza del Retortillo, nicht weit von der Markthalle und den Bodegas San Sebastián.

Sehenswertes

Bei einem Stadtbummel lohnt sich ein Blick auf die teilweise recht prunkvollen Fassaden der Bürgerhäuser, die ab dem 17. Jh. errichtet wurden.

Plaza Mayor: An der Ostseite des Hauptplatzes erhebt sich die neoklassizistische Pfarrkirche *San Juan Bautista* aus dem 18./19. Jh., im Norden führt ein Durchgang unter dem Uhrturm *Torre del Reloj*, auch „Arquillo de Reloj" genannt, in Richtung Fluss.

Museo de Chiclana: Ebenfalls an der Plaza Mayor informiert das Stadtmuseum insbesondere über die Geschichte von Chiclana; im Erdgeschoss finden Wechselausstellungen statt.
Di–Fr 10–14, 18–20 Uhr, Sa/So 10–14 Uhr; Eintritt frei.

Centro de Interpretación del Vino y la Sal: Nahe der Markthalle beherbergt ein ehemaliger Weinkeller an der Plaza de las Bodegas dieses neue, schön konzipierte Interpretationszentrum, das sich in mehreren Sälen dem Salzabbau in den hiesigen Salinen sowie den Weinen von Chiclana widmet.
Di–Sa 10–14, 18–20 Uhr (Juli/August Di–Fr bis 21 Uhr, Sa nur bis 14 Uhr); gratis.

Museo Municipal Taurino Paquiro: Jenseits des Flusses, in der Calle San Agustín 3, hat die Gemeinde ein Stierkampfmuseum eingerichtet. Gewidmet ist das „Romantische Museum der Toreros von Chiclana im 19. Jh." insbesondere dem Stierkämpfer Francisco Montes „Paquiro" (1805–1851).
Mo–Fr 11–13 Uhr sowie 19–21 Uhr (Sommer) bzw. 18–20 Uhr (Winter), Sa 11–13 Uhr; Eintrittsgebühr 2 €.

Richtung Cádiz

San Fernando

Mitten im Naturpark der Bucht von Cádiz sitzt diese 100.000-Einwohner-Stadt, die praktisch rundum von Wasser umgeben ist und früher den Namen „Isla del León" (Löweninsel) trug. Im Spanischen Unabhängigkeitskrieg fungierte der Ort 1810/1811 einige Monate lang als Sitz eines provisorischen Parlaments, bevor dieses nach Cádiz umzog. Quasi als Dank erhielt die „Löweninsel" wenig später das Stadtrecht und den neuen Namen San Fernando. Heute ist die Siedlung ein wichtiger Stützpunkt der spanischen Kriegsmarine. Im Zentrum, insbesondere entlang der Hauptstraße *Calle Real*, präsentiert sich San Fernando mit breiten Bürgersteigen und grünen Plätzen attraktiver, als es die Gewerbegebiete der Peripherie vermuten

Camarón de la Isla

Der größte Sohn der Stadt, für viele einer der besten Flamencosänger aller Zeiten, wurde am 5. Dezember 1950 unter dem Namen José Monge Cruz als zweites von acht Kindern einer Korbflechterin und eines Schmieds geboren; sein bescheidenes Geburtshaus steht in der Calle Carmen 29. Im Alter von gerade mal acht Jahren debütierte Camarón in der Venta de Vargas vor dem berühmten Flamenco-Sänger Manolo „Caracol", der nach der Aufführung seltsam nachdenklich und ergriffen gewesen sein soll: „Heute habe ich die Zukunft gehört." Mit zwölf Jahren gewann Camarón auf dem Flamenco-Festival von Montilla erstmals einen Preis und war fortan regelmäßig in der Venta de Vargas zu hören. 1969 veröffentlichte Camarón seine erste Platte, begleitet vom damals 21-jährigen Paco de Lucía, den er beim Billardspiel in einer Madrider Kneipe kennengelernt haben soll. Es war die Geburt des wohl innovativsten Duos der Flamencogeschichte und

der Beginn einer lebenslangen Freundschaft („Wir lebten außerhalb der Grenzen, die von den Regeln des Flamenco gesetzt wurden" – Paco de Lucía). 1979 revolutionierte Camarón mit dem Schlüsselalbum „La leyenda del tiempo" seinen Stil und öffnete, mit Anklängen an Rock und mit bis dahin im Flamenco nie gehörten Instrumenten, dem Flamenco neue Horizonte. Bereits bei diesem Album und auch später arbeitete er mit dem Gitarristen Tomatito zusammen. Doch die Karriere des begnadeten Sängers war zwar strahlend, aber kurz: Camarón starb im Juli 1992 im Alter von erst 41 Jahren. Zu seiner Beerdigung kamen mehr als 100.000 Anhänger. Begraben liegt Camarón in einem denkmalgeschmückten Mausoleum auf dem Friedhof Cementerio Municipal im Nordwesten des Zentrums von
San Fernando, ein weiteres Denkmal steht bei der Venta de Vargas. Seine 1989 mit Tomatito und dem Royal Philharmonic Orchestra aufgenommene Platte „Soy Gitano" gilt bis heute als das meistverkaufte Album in der Geschichte des Flamenco.

lassen. Die ganz großen Sehenswürdigkeiten fehlen zwar, doch genießt die Stadt unter Flamenco-Fans geradezu Kultstatus: Hier war die Heimat des populären Flamencosängers *Camarón de la Isla*, eines Ausnahmekönners seiner Zunft.

Information Oficina Municipal de Turismo, C. Real 26, an der Hauptstraße im Zentrum; ℘ 956 944226. Öffnungszeiten im Sommer Mo–Fr 10–14, 18–21 Uhr, Sa 11–14, 18–21 Uhr, So 11–14 Uhr; im Winter etwas eingeschränkter, Sa-Nachmittag geschlossen. www.turismosanfernando.org.

Verbindungen Die Straßenbahn „Tranvía Metropolitano de la Bahía de Cádiz" nach Cádiz und Chiclana soll nach diversen Verzögerungen bald fertiggestellt sein.

Zug: Bahnhof am nordöstlichen Rand der Innenstadt; eine weitere Haltestelle (Bahía Sur) liegt nördlich des Zentrums beim Einkaufszentrum Parque Comercial Bahía Sur. Cercanías-Züge von/nach Cádiz fahren stündlich.

Busse der Gesellschaft COMES fahren u.a. ab Bahnhof etwa alle 20 Minuten nach Cádiz, BELIZÓN Y RODRÍGUEZ ab der Plaza del Castillo (beim nordöstlichen Ende der Calle Real) alle 30 Minuten nach Chiclana.

Feste Feria del Carmen y la Sal, das Hauptfest der Stadt, an mehreren Tagen um den 16. Juli.

La Isla Ciudad de Flamenco, quasi direkt anschließend, ein Flamencofestival von etwa Mitte/Ende Juli bis Ende August. www.flamencodelaisla.com

Flamenco Peña Camarón de la Isla, unweit nördlich der westlichen Calle Real, nahe Parque Sacramento. Authentische Peña, in der am Wochenende häufig gratis Flamenco (mit und ohne Tanz, Termine in der Infostelle) stattfindet; gleichzeitig ein wichtiger Aufführungsort beim Festival La Isla Ciudad Flamenco. Calle Manuel de Arriaga s/n, ℘ 956 592395, www.pfccamarondelaisla.com.

Übernachten **** Hotel H2 Salymar, zentral nahe der Infostelle gelegenes und ordentlich ausgestattetes Stadthotel. Parkmöglichkeit. DZ nach Saison und Ausstattung etwa 60–120 €. Pl. de la Iglesia s/n, ℘ 956 802260, www.hotelsalymar.com.

** Pension Hostal La Andaluza, im westlichen Bereich der Hauptstraße, in seiner Klasse eine solide Adresse mit hotelähnlichem Charakter, aber auch hotelähnlichen Preisen. DZ/Bad nach Saison etwa 50–70 €. C. Real 226, ℘ 956 800100, www.hostallaandaluza.com.

Essen & Trinken Venta de Vargas, zentrumsnah am östlichen Ende der Hauptstraße gelegener Klassiker und eine Sehenswürdigkeit für sich. Zweifelsfrei das berühmteste Restaurant der Stadt: Hier wurde das Talent des jungen Camarón entdeckt. Das Innere ist eine einzige Ode an den Künstler; sehenswert auch die mit Kacheln verzierten Tische, die mehr als hundert Jahre alt sind. Zu den Spezialitäten zählen die Tortillitas de Camarones, kleine Küchlein aus Kichererbsen- und Weizenmehl und den winzigen, bleichen Sandgarnelen Camarones, denen der hellhäutige und (für andalusische Verhältnisse) hellhaarige Sänger seinen Künstlernamen verdankte. Menü um die 20–25 €. Pl. Juan Vargas s/n, So-Abend und Mo geschlossen; ℘ 956 881622, www.ventadevargas.es.

Parque Natural Bahía de Cádiz: Rund um San Fernando erstreckt sich über eine Fläche von rund 10.000 Hektar das Feuchtgebiet des Naturparks der Bucht von Cádiz. Sein labyrinthisches, dem Wechsel von Ebbe und Flut ausgesetztes System aus Marschland, Kanälen, Inselchen, Dünen und Schilfgürteln ist von hoher ökologischer Bedeutung und eine wichtige Raststation von Zugvögeln. Die seit dem Altertum genutzten Salinen dienen heute häufig als Fischfarmen. Ernsthaften Bedrohungen ausgesetzt ist das Gebiet durch das starke Bevölkerungswachstum und die Industrie der angrenzenden Orte. Am schönsten erlebt man den Park auf einer der Bootstouren, die im Sommer ab Sancti Petri stattfinden. Südwestlich von San Fernando, zum offenen Meer ausgerichtet, finden sich schöne Strände wie die Playa Camposoto und die Playa Castillo.

Information Centro de Visitantes, südwestlich der Stadt nahe der Playa Camposoto. Hübsches Besucherzentrum mit Ausstellung, Videoshow, Mirador und Cafeteria; Infos zu Spazierwegen im Park. Saisonal unterschiedliche Öffnungszeiten, in der Regel Mi–So 10–18 Uhr, von Ende Juni bis Anfang September noch länger und auch Di, aber mit Siesta von 14–17/18 Uhr. Calle Buen Pastor 507/Carretera de Camposoto, ℘ 956 243474.

Meerverbundenes Cádiz: Der Atlantik umschließt die Altstadt von drei Seiten

Cádiz (120.000 Einwohner)

Cádiz – ein fast magischer Klang nach Seeschlachten und mit Gold gefüllten Galeonen. Ganz so romantisch zeigt sich die Stadt der Gegenwart nicht mehr, doch hat sich Cádiz eine sehr eigene Stimmung bewahrt

Die Provinzhauptstadt selbst ist mit ihren rund 120.000 Einwohnern eher klein zu nennen, doch umgibt sie ein Ballungsraum weiterer Städte und Industriegebiete, in dem insgesamt etwa 400.000 Menschen leben. Wer Cádiz anfährt, muss vorbei an gigantischen, gleichwohl im Niedergang befindlichen Werften, an Konservenfabriken und Raffinerieschlöten, schließlich über mehrere schnurgerade Kilometer durch die Wohnblocks der Neustadt, die sich auf einer schmalen Halbinsel erstreckt. Erst ganz am Ende dieser Landzunge liegen die auf drei Seiten vom Atlantik umgebenen Ursprünge von Cádiz, der ältesten Stadt Westeuropas – besiedelt seit 3000 Jahren.

Die Jahrtausende sieht man der Altstadt nicht an, zu oft und zu gründlich wurde sie zerstört. Doch obwohl die ganz großen Baudenkmäler fehlen, ist *La Tacita de Plata*, das „Silbertässchen", dank seiner besonderen Atmosphäre einen Aufenthalt allemal wert. Wenige Städte sind so dem Meer verhaftet wie das „glänzende Cádiz" (Lord Byron), das sich wehmütig und stolz der Kolonialzeit zu erinnern scheint. Auf den weiten Plätzen, in den üppig grünen Parks, aber auch in den Gassen der Altstadt bleibt das flirrende Licht des offenen Ozeans überall gegenwärtig, hinterlässt Salzluft ihre Spuren an den abblätternden Fassaden. Kaum etwas gemein mit dem üblichen Andalusienbild haben die zum Schutz vor den Winterstürmen verglasten Balkone, die eher an das Baskenland oder Galicien erinnern.

Ebenso ungewöhnlich ist die hohe Zahl der insgesamt mehr als 120 Aussichtstürme, der im 18. Jh. von reichen Privatleuten errichteten „Miradores", die sich über den Flachdächern der weißen Altstadt erheben und Cádiz einen wehrhaften

Anstrich geben. Nicht zuletzt trägt auch der Hafen, an sich nicht sehenswert, aber einer der bedeutendsten Spaniens, seinen Teil zur Atmosphäre bei. Cádiz, übrigens (in Vertretung von Havanna) auch einer der Schauplätze des James-Bond-Films „Stirb an einem anderen Tag", wirkt weltoffen und nobel, ist aber immer von seltsam fremd erscheinendem Reiz.

> „Nur zwei Töne fallen ins Auge: blau und weiß. Aber das Blau ist so lebhaft wie Türkis, wie Saphir, wie Kobalt, wie alles, was man sich als maßloses Blau nur denken kann; und das Weiß ist so rein wie Silber, wie Milch, wie Marmor, wie der feinste Kristallzucker. Das Blau war der Himmel und sein Abglanz vom Spiegel des Meeres; das Weiß war die Stadt. Etwas Strahlenderes und Schimmernderes, ein diffuseres und gleichzeitig doch grelleres Licht ist nicht vorstellbar." (Théophile Gautier über Cádiz, 1840).

Orientierung: Das wuchtige Stadttor *Puerta de Tierra* markiert am Ende der kilometerlangen Zufahrtsstraße den Zugang zur fast völlig von Mauern umschlossenen Altstadt. Hält man sich nach dem Tor rechts, gelangt man, vorbei am Bahnhof, zur *Plaza San Juan de Dios*, dem heiteren Hauptplatz von Cádiz.

Geschichte

Glaubt man der Mythologie, so war es kein Geringerer als Herkules selbst, der *Gadir* („Befestigter Ort") gründete. Nüchterner sehen es die Historiker, die die erste Besiedlung den Phöniziern zuschreiben. Damals, vielleicht schon gegen 1100 v. Chr., lag die Stadt noch auf einer Insel. Schon wenige Jahrhunderte später muss Cádiz für damalige Verhältnisse dicht besiedelt gewesen sein: Erst Ende der Neunziger entdeckten Archäologen auf dem Gelände einer ehemaligen Kaserne mitten im Stadtzentrum eine Nekropole des 6. Jh. v. Chr., in der etwa 10.000 Tote bestattet worden waren. Im *Zweiten Punischen Krieg* taten die Römer sich arg schwer gegen die Karthager, die sich auf der gut zu verteidigenden „schwimmenden Festung" verschanzt hatten. Doch als sie schließlich erobert war, wurde *Gades* zur ersten spanischen Stadt, die Sprache und Recht Roms annahm.

711 erstürmten die Mauren Cádiz, ohne sich in der Folge sonderlich für die Stadt zu interessieren. 1263 gelang die christliche Rückeroberung. Die Entdeckung Amerikas brachte einen gewaltigen Aufschwung. Hier wie auch in Sevilla landeten die heimkehrenden, mit Gold und Silber bis an den Rand beladenen Galeonen. Cádiz entwickelte sich zum Haupthandelshafen für die überseeischen Kolonien. Doch kaum ein Jahrhundert später, die Seemacht Spanien war im Kampf gegen England geschwächt, brachen stürmische Zeiten an. Immer wieder wurden Hafen und Stadt angegriffen, historische Gebäude und ganze Flottenverbände zerstört: 1587 durch Englands „Hofpiraten" Sir Francis Drake und 1596 durch Graf Essex. Dennoch blühte Cádiz weiterhin, erhielt 1717 sogar an Stelle von Sevilla das Monopol des Amerikahandels. Die Erträge des Seehandels und die Reichtümer, die die Heimkehrer aus den Kolonien nach Cádiz brachten, wurden in repräsentative Bauten investiert. Auf jene Zeit gehen weite Teile des heutigen Stadtbilds zurück.

1805 richtete Lord Nelson seine Kanonen auf Cádiz. Im *Unabhängigkeitskrieg* gegen Napoleon belagerten die Franzosen 1808–1813 die Stadt und schossen sie in Brand, ohne sie jedoch einnehmen zu können. Während ihnen sozusagen die Ku-

Cádiz

Typisch für Cádiz: die „Miradores"-Türme

geln um die Ohren flogen, verabschiedeten die Mitglieder der Ständeversammlung *Cortes* die *Constitución de 1812*: Die erste Verfassung Spaniens, inspiriert durch die „afrancesados", vom Gedankengut der Französischen Revolution beeinflusste liberale Intellektuelle, war für die damalige Zeit geradezu umstürzlerisch und wurde eben deshalb von *Ferdinand VII.* schon zwei Jahre später wieder aufgehoben. Stolz auf diese Verfassung, die wegen ihrer Verabschiedung am Josefstag auch volkstümlich *La Pepa* (Josef = Pepe) genannt wird, sind die Einwohner dennoch bis heute, und so wurde die 200-Jahr-Feier im Jahr 2012 auch ein großes Ereignis für Cádiz.

Basis-Infos

Information Möglich, dass künftig eins der beiden Büros geschlossen wird bzw. diese zusammengelegt werden.

Oficina de Turismo de la Junta de Andalucía, Av. Ramón de Carranza s/n, nahe der Plaza San Juan de Dios. Gut informiertes und hilfsbereites Büro, geöffnet Mo–Fr 9–19.15 Uhr, Sa/So 10–14.45 Uhr. ✆ 956 203191, otcadiz@andalucia.org.

Delegación Municipal de Turismo, ein Pavillon direkt auf dem Paseo de Canalejas. Städtisches Büro, geöffnet Mo–Fr 8.30–18.30 Uhr (Juli–Sept. 9–19 Uhr), Sa/So 9–17 Uhr. ✆ 956 241001. www.cadiz.es.

Verbindungen Die Straßenbahn „Tranvía Metropolitano de la Bahía de Cádiz" nach San Fernando und Chiclana war zuletzt noch in Bau, könnte aber bald eröffnen.

Flug: Der stadtnächste Flughafen liegt bei Jerez, 32 Kilometer entfernt. Züge der Renfe (Cercanías C-1 und Mittelstrecke Richtung Sevilla) fahren insgesamt 12-mal, Busse der Linien M-050 und M-053 verkehren 2-mal täglich, Zeiten jeweils unter www.cmtbc.es.

Zug: Bahnhof (Renfe-Info: ✆ 902 320320) an der Plaza de Sevilla am östlichen Altstadtrand, Nähe Hafen. Nach El Puerto und Jerez mit den Cercanías-Nahverkehrszügen der Linie C1 etwa stündlich; Züge nach Sevilla alle ein bis zwei Stunden, Córdoba 12-mal täglich. Nach Huelva nur via Sevilla.

Bus: Mit Erscheinen dieser Auflage sollte der neue Busbahnhof beim Bahnhof eröffnet sein. COMES fährt nach Chiclana und El Puerto de Santa María jeweils etwa halbstündlich, nach Jerez 7-mal, Rota 4-mal,

Conil de la Frontera 10-mal, Arcos 4-mal, Vejer 7-mal; Algeciras 8-mal, Tarifa 6-mal tägl.; nach Sevilla 9-mal, Málaga 4-mal (z.T. im Codeshare mit PORTILLO), Ronda 3-mal täglich. AMARILLOS bedient Chipiona und Sanlúcar de Barrameda etwa stündlich, Abfahrten nach Arcos 4-mal täglich. ALSA fährt 4-mal täglich nach Granada.

Auto: 2015 eröffnete die gigantische Straßenbrücke „Puente de la Constitución de 1812" (im Volksmund schlicht „La Pepa" genannt) hinüber ins Gebiet von Puerto Real und zur AP4 nach Jerez; mit einer Länge von mehr als drei Kilometern ist sie die längste Brücke Spaniens.

Das labyrinthische Innere der Altstadt ist teilweise für Fremdfahrzeuge gesperrt, Parkplätze sind dort aber ohnehin Mangelware. Eine zentrale Tiefgarage findet sich an der Av. Ramón de Carranza (*Parking Canalejas*), preiswerter parkt man ebenerdig beim *Bahnhof*. Sehr günstige Tarife hat der oberirdische, aber bewachte *Parking Muelle Reina Sofia*, kaum zehn Fußminuten nordöstlich der Plaza España.

Mietfahrzeuge: Zentral liegt z. B. EUROPCAR, im Bahnhof, ✆ 902 105055, weitere Adressen bei den Infostellen. Fahrräder bei URBAN BIKE, zentral an der C. Marques de Valdeíñigo 4, ✆ 856 170664, www.urbanbikecadiz.es.

Sightseeing-Busse der Gesellschaft „City Sightseeing" (24 Stunden 17 €) umrunden die Altstadt und fahren bis zur Neustadt an die Playa de la Victoria, ergänzt durch eine geführte Altstadt-Tour. Haltestellen u. a. an der Uferstraße nahe der Kathedrale und unweit der Katamaran-Station.

Schiffsverkehr Katamarane („Buques de las Líneas Marítimas") des Consorcio de Transportes Bahía de Cádiz verkehren etwa stündlich nach El Puerto de Santa María (ca. 3 €) und 7-mal täglich nach Rota (ca. 5,50 €); eine elegante Nahverkehrslösung, die den Weg um die weite Bucht erspart. Station an der dem Bahnhof zugewandten Seite des Fährhafens; Fahrradtransport ist möglich. www.cmtbc.es.

Bootsausflüge, z.B. Rundfahrten durch die Bucht (verschiedene Routen, ab 12 €), veranstaltet mehrmals wöchentlich die Gesellschaft Albarco, Abfahrt nahe den Katamaranen. Mobil-✆ 617 378894, www.albarco.com.

Autofähren zu den Kanarischen Inseln mit ACCIONA TRASMEDITERRANEA, in der

Altstadt von Cádiz

Estación Marítima, Muelle Alfonso XIIII, ✆ 902 454645, www.trasmediterranea.es.

Baden Playa de la Caleta: Am westlichen Altstadtende liegt dieser kleine, aber hübsche Strand mit Gebäuden im nostalgischen Seebad-Stil. Die Wasserqualität ist bei Stadtstränden natürlich immer etwas kritisch, doch war der Strand zuletzt mit der „Blauen Flagge" ausgezeichnet, das Wasser sollte also tatsächlich sauber sein.

Playas de la Victoria y Cortadura: Auf sieben km Länge ist die Südwestseite der Neustadthalbinsel praktisch ein einziger Strand, im Sommer bei den „Gaditanos", wie die Einwohner von Cádiz genannt werden, höchst beliebt. Die Playa de la Victoria und die angrenzende Playa de la Cortadura waren zuletzt mit der „Blauen Flagge" prämiert. Weiter südöstlich erstrecken sich hinter dem Militärgelände Fuerte de Cortadura kilometerlange Strände ohne Bebauung.

Deutsches Konsulat Nächstes Büro in Jerez de la Frontera, siehe dort.

Einkaufen Shoppingzone ist vor allem das Gebiet zwischen der Plaza de las Flores und der Calle San Francisco, insbesondere die Calle Columela samt ihren Seitenstraßen; hier finden sich viele große internationale Labels.

Mercado Central an der Calle Libertad, unweit der Plaza Topete und der Post. Großer Markt mit buntem Angebot.

Tienda de Pelayo, originelles kleines Geschäft, das sich Produkten widmet, die in der Provinz Cádiz hergestellt werden: Flor de Sal aus San Fernando, Käse, Honig, Öl, Weine (auch Ausschank), Liköre etc. Ebenfalls im Angebot: Bier der 2012 in Cádiz gegründeten Brauerei Maier, benannt nach einem ausgewanderten Bayern, der bereits im 19. Jh. die Braukunst in die Stadt gebracht hatte. Gegen Gebühr ist auch eine Ausstellung klassischer spanischer Motorräder zu besichtigen. C. Cobos 17, nahe Hotel Patagonia Sur. ■

Feste und Veranstaltungen Es ist eine ganze Menge los in Cádiz, besonders in punkto Kulturfestivals.

Carnaval, Karneval, Fasching – das wildeste Fest von Cádiz. Näheres im Kasten.

Semana Santa, die Karwoche; Zentren der Prozessionen sind die Plaza de la Mina und die Kathedrale, die alle Pasos durchqueren müssen.

Festival Manuel de Falla, ein Festival klassischer Musik, alljährlich im Mai.

Mitten durchs Meer: der Weg zum Castillo de San Sebastián

Corpus Cristi, Fronleichnam. Unter anderem Prozessionen mit den riesigen, vor Edelmetall und Diamanten funkelnden Monstranzen, die sonst im Museum der Kathedrale ausgestellt sind.

San Juan, 23./24. Juni. Am 23. abends die „Quema de los Juanillos", übersetzt etwa „Verbrennen der kleinen Juans" – keine Sorge, es handelt sich um Puppen.

Trofeo de Ramón de Carranza, Fußballturnier mit großen Vereinen und anschließendem Barbecue am Strand, zu dem sich über hunderttausend Besucher in Cádiz einfinden. Wechselnde Termine im August.

Alcances-Festival, ein bedeutendes Dokumentarfilm-Fest im September.

Fiesta de la Virgen del Rosario, am 7. Oktober; ein Fest zu Ehren der Stadtheiligen.

Festival Iberoamericano de Teatro, Festival südamerikanischer Theater, im Oktober.

Festival de Música Española, an etwa zwei Wochen im November; ausschließlich spanischer Musik ganz unterschiedlicher Epochen und Stile gewidmet; www.festivaldecadiz.es.

Post Plaza Topete, genannt Plaza de las Flores (Altstadt), Öffnungszeiten: Mo–Fr 8.30–20.30 Uhr, Sa 9.30–13 Uhr.

Telefon & Internet-Zugang Locutorio Telefónico, Callejón de los Negros 1, Ecke Calle Lazaro Dou, gleich östlich der Plaza San Juan de Dios. Geöffnet ist täglich 10–15, 17–21 Uhr.

Cuartetos, Chiringitos, Comparsas und Coros: Karneval in Cádiz

Der Karneval von Cádiz ist spanienweit berühmt, nur noch mit dem von Teneriffa zu vergleichen. Die farbenprächtigen Umzüge könnten auch in Südamerika stattfinden, und an Aschermittwoch ist noch lange nicht Schluss ... Es waren vor allem Kaufleute aus Genua und Venedig, die schon im 16. Jh. Masken- und Kostümfeste nach Spanien brachten. Seit 1861 wird der Karneval von Cádiz von der Stadtverwaltung organisiert und dauert von Donnerstag vor Aschermittwoch bis zum übernächsten Sonntag. Eine hiesige Spezialität sind die Spottgesänge der je nach Zahl ihrer Mitglieder „Cuartetos" (drei bis fünf Personen), „Chiringitos" (etwa zwölf Personen), „Comparsas" (etwa 14 Personen) und „Coros" (40–50 Personen) genannten Gruppen, die in freundschaftlicher Konkurrenz zueinander stehen. In einem Vorab-Wettbewerb, der fast 20 Tage dauert, tragen sie tagsüber in den Straßen und abends im Teatro de Falla ihre satirischen Gesänge vor; das Finale, das am Donnerstag in der Woche vor Beginn des eigentlichen Karnevals stattfindet, wird vom Fernsehen übertragen. Neben den offiziellen gibt es auch eine ganze Reihe inoffizieller Gruppen und Grüppchen, die oft sehr fantasievoll kostümierten „Charangas". Höhepunkt des Karnevals ist das erste Wochenende bis einschließlich Dienstag; am Sonntag findet ein vierstündiger Umzug statt, der oft von mehr als 100.000 Menschen begleitet wird, gefolgt von einem großen Feuerwerk. Ab Aschermittwoch wird es ruhiger, doch endet der Karneval von Cádiz erst am ersten Fastensonntag mit dem „Umzug des Humors" im alten Stadtkern. – Wichtig zu wissen: Unterkünfte sind während der Karnevalszeit ohne längerfristige Reservierung kaum zu bekommen. Viele Besucher kommen deshalb von außerhalb und machen zumindest eine Nacht einfach durch.

Der Karneval von Cádiz im Internet: www.carnavaldecadiz.com

Übernachten

→ Karte S.134/135

Außer zu den Festen (speziell zum Karneval, dann auch Höchstpreise) sollte es keine Quartierschwierigkeiten geben. Fast alle aufgeführten Adressen liegen in der Altstadt. In den preisgünstigen Kategorien ist die Auswahl nicht bestechend.

**** **Parador de Cádiz** 25, topmoderner Bau des Architekten Luis Collarte; 2012 am gleichen Platz wieder eröffnet, an dem seit 1929 sein (jetzt abgerissener) Vorgänger stand. Das Meer ist hier immer im Blick, auch vom schicken Außenpool auf der zweiten Etage. Spa. Standard-DZ/F etwa 150–300 €. Av. Duque de Nájera, beim Parque Genovés ganz im Nordwesten der Altstadt, ℡ 956 226905, www.parador.es.

**** **Hotel Playa Victoria** 20, in der Neustadt. Modernes, ausgesprochen komfortables und auch von Lesern gelobtes Oberklassehotel in unmittelbarer Strandlage; v.a. von den oberen Stockwerken toller Meerblick. Pool und Garage vorhanden. Zwei Buslinien in die Altstadt. Standard-DZ/F kosten in der Regel um die 80–180 €, die Superiorzimmer liegen noch darüber. Glorieta Ingeniero La Cierva 4, ℡ 956 205100, www.palafoxhoteles.com.

**** **Hotel Senator Cádiz Spa** 5, in der Altstadt, ein 2006 eröffnetes, recht großes Haus der Kette „Playa Senator". 91 Zimmer, Garage (komplizierte Zufahrt); Dachterrasse mit kleinem Pool und schöner Aussicht. Der zugehörige Wellnessbereich muss meist extra bezahlt werden. Standard-DZ etwa 100–180 €. C. Rubio y Díaz 1, ℡ 956 200202, www.playasenator.com.

*** **Hotel Hospedería Las Cortes de Cádiz** 12, ein charmantes Quartier mit einer Halle bis unters Dach. 36 hübsche Zimmer, aber Achtung, ein Drittel sind „Interiores" mit Fenster nur zur Halle; in dieser Kategorie nicht jedermanns Geschmack. Von Lesern gelobt. Parkmöglichkeit. Standard-DZ etwa 80–140 €. C. San Francisco 9, ℡ 956220489, www.hotellascortes.com.

*** **Hotel Patagonia Sur** 19, ebenfalls in der Altstadt, diesmal in einem Neubau. 2009 eröffnetes Hotel mit modernem Touch und nur 16 Zimmern; nicht allzu geräumig, aber hübsch und solide ausgestattet. DZ nach Ausstattung und Saison etwa 70–150 €. C. Cobos 11, ℡ 856 174647, www.hotelpatagoniasur.es.

»» **Mein Tipp:** ** **Hotel Argantonio** 4, 2006 eröffnetes Quartier, das in einem schönen Altstadthaus des 19. Jh. untergebracht ist. 15 gemütliche, wenn auch nicht besonders große Zimmer, alle im Charakter etwas unterschiedlich; die Mehrzahl geht zur Straße, der Rest auf den Patio. DZ/F etwa 80–140 €, C. Argantonio 3, ℡ 956 211640, www.hotelargantonio.com. «««

* **Hotel Convento Cádiz** 2, in guter Lage am östlichen Altstadtrand, nicht weit vom Bahnhof. 2013 eröffnetes Quartier mit viel Flair, untergebracht in einem schönen ehemaligen Dominikaner-Kloster aus dem 17. Jh.; reizvoller Kreuzgang. Die Zimmer sind vergleichsweise schlicht gehalten, aber durchaus in Ordnung. DZ nach Saison und Ausstattung etwa 80–150 €. Calle Santo Domingo 2 bajo, ℡ 956 200738, www.hotelconventocadiz.com.

** **Hostal Bahía** 11, nur einen Sprung von der Plaza San Juan de Dios. Günstige Lage, hotelähnliche Ausstattung. Ordentliche Zimmer mit TV und Klimaanlage. DZ/Bad etwa 60–80 €. C. Plocia 5, ℡ 956 259061, www.hostalbahiacadiz.com.

* **Hostal Fantoni** 14, in einem Altstadthaus des 18. Jh. Solide möblierte (wenn auch nicht sehr große) Zimmer mit Klimaanlage und TV, teilweise allerdings nur „Interiores" ohne Außenfenster. Dachterrasse mit Aussicht. Steile Treppen! Weite Preisspanne. DZ nach Saison und Ausstattung etwa 45–85 €. C. Flamenco 5, ℡ 956 282704, www.hostalfantoni.es.

»» **Mein Tipp:** Pensión España 15, um die Ecke vom Hostal Fantoni. Schlichte, aber preisgünstige und charmant eingerichtete Unterkunft in einem schönen alten Haus der Altstadt. Sehr sauber, große Dachterrasse. Freundlicher Empfang. Im Winter geschlossen. DZ ohne Bad (die Mehrzahl) etwa 40–50 €, auch einige DZ mit nachträglich eingebautem Bad à 55–60 €. C. Marqués de Cádiz 9, ℡ 956 285500, www.pensionespana.com. «««

»» **Lesertipp:** Casa Caracol 9, „zentral gelegenes Backpacker-Hostel, nicht besonders luxuriös (etwas eng), nicht besonders leise, aber entspannte internationale Atmosphäre. Küche für Selbstversorger, Dachterrasse" (Kathrin Hackl). Übernachtung im Schlaf-„Saal" 15–30 € p. P. Hier auch die Rezeption für die nahe Dependance „Los Piratas" mit schöner Dachterrasse, in der es solide DZ ohne Bad à etwa 50 € (zur NS auch mal günstiger) gibt. C. Suárez de Salazar 4, ✆ 956 261166, www.hostel-casa caracol.com. ««

Camping In Cádiz selbst gibt es keinen Platz, der nächste liegt in El Puerto de Santa María (siehe unten); beste „öffentliche" Anreise per Katamaran.

Essen & Trinken/Nachtleben → Karte S. 134/135

Maritime Köstlichkeiten gibt es in Cádiz so günstig wie selten sonst in Südspanien, vor allem in den Frittierstuben *freidurías*, für die die Stadt berühmt ist.

Restaurants Restaurante El Faro 27, weithin gelobtes Nobellokal von Cádiz, Meeresküche in einfallsreichen Variationen, exzellente Weinauswahl. Unter 40 € fürs Menü geht kaum etwas, mehr kann man dagegen leicht ausgeben. C. San Félix 15, im äußersten Westen der Altstadt, drei Blocks landeinwärts der Verbindung zum Kastell; ✆ 956 211068.

»› Mein Tipp: Restaurante Café Royalty 21, historisches Café aus dem Jahr 1912, in den Dreißigern geschlossen, später als Lager genutzt und jahrzehntelang in Vergessenheit geraten. Nach einer mehrjährigen, möglichst detailgetreuen Renovierung wurde das Lokal 2012 wiedereröffnet. Die kunstvoll bemalten Decken, der mit Blattgold überzogene Stuck und das zeitgenössische Mobiliar sorgen für ein ganz besonderes Ambiente. Zweigeteilt in einen Restaurant- (Menüs etwa 35–55 €) und einen preisgünstigeren Cafetería-Bereich, in dem es auch prima Tapas gibt. Plaza de la Candelaria s/n, ✆ 956 078065. ««

Restaurante San Antonio 22, an der Plaza San Antonio, ein paar Tische auch im Freien. Gute Lokalküche in umfangreicher Auswahl, Reisgerichte (prima Paellas); gleichzeitig auch chinesische Spezialitäten. Menü ab etwa 25–30 €, dafür gibt es aber auch sehr ordentliche Portionen. Pl. San Antonio 9, ✆ 956 212239.

Restaurante Atxuri 7, unweit der Plaza San Juan de Dios. Alteingesessenes Lokal (gegründet 1947!) mit nostalgischem Ambiente und einigen Tischen in der Fußgängerzone. Solide baskische Küche, Menü ab etwa 30 €. Auch gut für Tapas in großen Portionen. Im Umfeld noch viele weitere Lokale. Calle Plocia 7.

Rest. La Dorada 26, Beispiel für die Restaurants in dieser verkehrsberuhigten Straße im Viertel La Viña (unweit der Playa de la Caleta), die allesamt auf Fisch und Meeresfrüchte spezialisiert und besonders am Wochenende bei den Einheimischen sehr beliebt sind. Das Preisniveau dieser Lokale schwankt zwischen relativ günstig und durchaus gehoben, La Dorada liegt im oberen Bereich. C. Virgen de la Palma 18.

Bar-Rest. Balandro 1, meerwärts der Plaza de la Mina. Ein recht schick eingerichtetes Lokal der kleinen Restaurant-Gruppe „De Vélez". Umfangreiche Speiseauswahl, Menü ab etwa 25–30 €. Günstiger und ebenso gut speist man an der Bar, an der es feine, teilweise auch ungewöhnlichere Tapas gibt. Alameda Apodaca 22.

Fressgasse für Fischfans:
Calle Virgen de la Palma

Rest.-Pizzeria Candelaria **17**, mit italienischer Küche und prima Pizzas mal eine Abwechslung zu den spanischen Lokalen. Tische am Platz, innen sehr nüchtern eingerichtet. Freundlicher Service, nicht teuer. Plaza de la Candelaria 3.

Tapas-Bars und Kneipen Cervecería Aurelio **8**, ein Klassiker der Kneipengasse Calle Zorilla. Modernisiert und von neuen Eigentümern betrieben, aber weiterhin bei den Einheimischen beliebt. Gute, günstige Fischtapas und Montaditos; nebenan die teurere und edlere Marisquería. C. Zorilla 1.

》》》 Mein Tipp: Mesón Cumbres Mayores **10**, gleich gegenüber und ein kulinarisches Kontrastprogramm – hier liegt der Schwerpunkt ganz eindeutig auf Schinken sowie exzellenten Fleischgerichten, wahlweise als Tapa oder als Ración. Uriges Interieur, immer gesteckt voll, sowohl an der Bar als auch an den Tischen in den Restaurantbereichen. C. Zorilla 4. **《《《**

Bar La Candela **18**, kleines, jugendlich-bunt dekoriertes Lokal in der Altstadt. Hier gibt es wirklich innovative Tapas-Kreationen, in der offenen Küche frisch zubereitet. Die Preise sind etwas gehoben, das Preis-Leistungs-Verhältnis stimmt jedoch absolut. Früh kommen, oft voll besetzt. Calle Feduchy 3.

El Fogón de Mariana **23**, unweit der Torre Tavira. Teil einer kleinen Kette, die sich auf Schinken und Fleisch vom Grill spezialisiert hat. Mittleres Preisniveau. C. Sacramento 39. An der C. Lazaro Dou 17 nahe Hauptplatz liegt eine **Filiale 6**.

Taberna La Manzanilla **13**, mitten in der Altstadt. Eine wunderbare Kneipe, die über hundert Jahre auf dem Buckel hat. Aus den riesigen Fässern wird ausschließlich Manzanilla aus Sanlúcar gezapft (auch zum Mitnehmen), das Hinterzimmer ist ein wahres Weinmuseum. C. Feduchy 19.

》》》 Mein Tipp: Freiduría Las Flores I **24**, an der Plaza Topete, nicht weit von der Post. Traditionsreiche Freiduría in prominenter Lage, Tische innen und außen; Essen gibt es entweder im Self-Service-Verfahren aus der Papiertüte (Viertelkilo Gambas oder die Tintenfische Chocos jeweils etwa 5 €) oder à la carte beim Kellner, der in jedem Fall auch die Getränke bringt. An der Bar (nur dort) auch sehr günstige und gute Tapas. **《《《**

Beer Bar The Cabin **3**, am Ende der Kneipenstraße Calle Plocia. Die Gaststätte der in Cádiz ansässigen Brauerei Maier, das Bier steht hier deshalb auch eher im Mittelpunkt als das (amerikanisch inspirierte) Essen. Calle Plocia 28.

Librería-Café La Clandestina **16**, eine witzige Mischung aus Buchhandlung und Café. Freundliche und entspannte Atmosphäre; Kaffee, Kuchen, Säfte, aber auch Wein und Bier. Auch nett fürs (eher späte) Frühstück. Calle José del Toro 23, Ecke Calle Zapata.

Nachtleben/Flamenco Wie fast immer in Spanien sind die einzelnen Bereiche festen zeitlichen Regeln unterworfen. Als besonders wichtiges Zentrum des Nachtlebens gilt Cádiz nicht.

Plaza Glorieta und Umgebung, in der Neustadt, zwar ganz überwiegend nur im Sommer aktuell, dann aber etwa ab Mitternacht der wichtigste Treffpunkt für das sehr junge Publikum. In der an den Platz selbst angrenzenden Calle General Muñoz Arenilla, der einzigen auch im Winter beliebten Kneipengasse hier, drängeln sich die Massen geradezu.

Calle Zorilla, am Altstadtplatz Plaza de la Mina: Hier herrscht ab etwa 22 bis 23 Uhr viel Betrieb, insbesondere am Wochenende. Einen Besuch wert sind die herrlich urigen Tapas-Bars und Bierkneipen aber auch schon früher.

Plaza San Francisco/Calle Rosario: Eine vorwiegend winterliche Kneipenzone, nur wenige Schritte östlich der Plaza de la Mina selbst. Ebenfalls im Winter gefragt sind die Bars des nahe der Kathedrale gelegenen **Barrio del Populo**.

Punta San Felipe, die Halbinsel nördlich der Plaza España, ist eine weitere Nachtzone, in der es besonders in den Morgenstunden am Wochenende hoch hergeht.

Peña Flamenca La Perla de Cádiz, am südöstlichen Rand der Altstadt, unweit der Puerta de Tierra, zu Fuß immer an der Küste entlang. Benannt nach einer berühmten Flamencosängerin der Stadt, finden hier fast jeden Freitagabend ab 22 Uhr Flamenco-Aufführungen (aktueller Spielplan in den Infostellen) statt. Günstige Preise, Eintritt um die 5 €, manchmal auch gratis. C. Carlos Ollero s/n, meerwärts der Callle Concepción Arenal, ℡ 956 259101, www. laperladecadiz.es.

El Pelícano MusiCafé, gleich gegenüber, in einem alten Festungssturm, vorgelagert eine Freiterrasse über dem Meer. Nettes Ambiente, auf der kleinen Bühne im Inneren abends oft Live-Musik von Flamenco über Salsa bis Rock, aber auch Puppentheater, Zauberkünstler etc. Avenida Fernández Ladreda 1.

Sehenswertes

Cádiz ist in erster Linie eine Stadt des 18. Jahrhunderts. Aus früheren Zeiten hat kaum eines der baulichen Monumente die vielen Zerstörungen überlebt, weshalb sich die Altstadt auch mehr zum entspannten Bummel als zum gezielten Besuch von Sehenswürdigkeiten anbietet. Zwei Ausnahmen, die man keinesfalls versäumen sollte, sind der Turm *Torre Tavira* und das *Museo de Cádiz*.

Puerta de Tierra: Die wuchtige Wehranlage am Zugang zur Altstadt geht in ihren Grundzügen auf das 15. Jh. zurück, wurde aber später immer wieder umgebaut.

Rundgang um die Altstadt: Sehr schön ist ein Spaziergang entlang der Mauern aus dem 18. Jh., die fast rundum noch Stadt und Meer trennen. Viel Wehrhaftes wird man hier entdecken, darunter den nur zu Ausstellungen geöffneten Baluarte de Candelaria, außerdem die Barockkirche *Iglesia del Carmen* mit ihren beiden churrigueresk dekorierten Türmen. Reizvolle Abschnitte des Rundgangs sind auch die parkähnlich gestaltete *Alameda Apodaca* auf Höhe der Plaza de Mina und weiter südlich der *Parque Genovés*. Beide wirken fast wie botanische Gärten.

Centro Cultural Reína Sofia: Im ehemaligen Gebäude der Militärregierung von Cadiz, einem neoklassizistischen Bau des 18. Jh., ist seit 2006 ein Kulturzentrum untergebracht. Seine wichtigste Attraktion ist eine große Sammlung von Werken

Baumriese an der Alameda Apodaca!

des aus Cádiz stammenden Künstlers Juan Luis Vassallo Parodi (1908–1986), der zu den bedeutendsten spanischen Bildhauern des 20. Jh. gerechnet wird. Gestiftet wurden die rund 165 Arbeiten von seiner Familie.
Mo–Fr 9–21 Uhr, Sa 10–21 Uhr, So 10–14.30 Uhr; Eintritt frei.

Castillo de Santa Catalina: Die fünfeckige Festung im Westen der Altstadt grenzt an den Stadtstrand Playa de la Caleta und wurde ab 1598 auf Anordnung Philipps II. als Konsequenz aus den Angriffen der Engländer errichtet. Im Inneren sind wechselnde Kulturausstellungen zu sehen.
Täglich 11–19 Uhr; Eintritt frei.

Castillo de San Sebastián: Dieses weit ins Meer geschobene Kastell wude ab 1706 auf einer Felsinsel im Süden der Playa de la Caleta errichtet und war bei den Dreharbeiten in Cádiz eine der Kulissen des Bond-Films „Stirb an einem anderen Tag". Lange Jahre als Militärgebiet gesperrt, ist das Castillo seit einigen Jahren für die Öffentlichkeit zugänglich. Schon der Spaziergang über den Kai macht Laune und öffnet einen schönen Blick auf die Stadt.
Täglich 9.30–20; Eintritt frei.

Ausblick im Castillo de San Sebastián

Plaza San Juan de Dios: Der weite, freundliche Hauptplatz der Stadt empfängt Besucher mit Palmen, einer Reihe von beliebten Cáfes und Restaurants und dem im 18. Jh. errichteten, klassizistischen Rathaus.

Barrio del Pópulo: Das „Viertel des Volkes" geht auf das 18. Jh. zurück und ist, ohne besondere Sehenswürdigkeiten aufzuweisen, tatsächlich sehr bescheiden und volkstümlich geblieben. Zu erreichen ist es von der Plaza San Juan de Dios über die gleichnamige Straße in südlicher Richtung.

Catedral Nueva: Einige Straßen westlich des Barrio, in Meeresnähe. 1720 begonnen und erst 1838 fertiggestellt, beeindruckt der Bau mit der großen gelben Kuppel weniger mit seiner Mixtur aus Barock und Klassizismus, eher schon mit seinen Dimensionen: Der Innenraum misst 85 Meter Länge, 60 Meter Breite und stolze 52 Meter Höhe. Im Inneren wird aber leider auch deutlich, dass die Kathedrale in einem verheerenden Zustand ist, da die Meeresluft das Gestein versalzen ließ. In der Krypta, die auch wegen ihrer ungewöhnlichen Akustik berühmt ist, liegt das Grab des Komponisten Manuel de Falla (1876–1946), der zu den größten Söhnen der Stadt zählt. Eine sehr schöne Aussicht auf die Stadt bietet sich vom „Uhrturm" Torre del Reloj, dem östlichen der beiden Türme; der westliche Turm Torre de Poniente ist leider seit 2013 geschlossen.
Mo–Sa 10–18.30 Uhr (im Sommer bis 20.30 Uhr), So erst ab 13 Uhr, ein Besuch schließt die Besichtigung des Turms und des Kathedralenmuseums Casa de la Contaduría (siehe unten) mit ein; Eintrittsgebühr 5 €.

Cádiz, eine Stadt der Türme

Casa del Obispo: Zwischen Kathedrale und Kathedralenmuseum liegt diese Ausgrabungsstätte, die den Besucher fast drei Jahrtausende in die Vergangenheit bringt – der hiesige Bischofspalast (daher der Name) wurde über uralten Bauten errichtet, die bis ins 8. Jh. v. Chr. zurückgehen. Ein eher kurzer, aber gut gemachter Rundgang durch das unterirdische Gelände führt zu den Resten einer phönizischen Grabstätte des 6. Jh. v. Chr., die später von den Römern als Tempel genutzt wurde; Vitrinen präsentieren kleinere Funde, die bei den Ausgrabungen ans Licht kamen.
Leider seit geraumer Zeit geschlossen.

Casa de la Contaduría – Museo de la Catedral: Höhepunkt des Museums sind gleich drei riesige, mit Gold, Silber, Perlen und Edelsteinen opulent geschmückte Monstranzen, von denen eine mit einer Höhe von sechs Metern (!) die größte der Welt sein soll. Weiterhin gibt es einige Gemälde der Sevillaner Schule zu sehen, darunter Arbeiten von Zurbarán und Murillo. Neben dem Museum steht der teilweise zerstörte Vorläuferbau der Kathedrale, die Iglesia de Santa Cruz.
Mo 10–15 Uhr, Di–Sa 10–16 Uhr, Eintrittsgebühr im Ticket für die Kathedrale inbegriffen.

Teatro Romano: Ein Stück weiter östlich liegt das erst 1980 entdeckte römische Theater, das aus dem ersten nachchristlichen Jahrhundert stammt und Platz für mehr als 10.000 Personen geboten haben soll. Nach sechs Jahren der Renovierung ist es seit 2016 wieder geöffnet. Der Zugang erfolgt von der Calle Mesón durch das Interpretationszentrum *Centro de Interpretación Theatrum Balbi*, das mit Schautafeln und Modellen Hintergrundinformationen liefert.
Mo–Sa 11–17 Uhr (Winter 10–16.30 Uhr), So 10–14 Uhr; am ersten Mo im Monat geschlossen. Eintritt frei.

Plaza Topete (Plaza de las Flores): Wegen der vielen Blumenverkäufer wird der tagsüber stets belebte Mittelpunkt der Altstadt auch „Plaza de las Flores" genannt. Ganz in der Nähe lohnt sich ein Blick in die renovierte städtische Markthalle an der

Calle Libertad. Hier lag schon immer der Handelsplatz von Cádiz. Die Stadt rühmt sich deshalb, den „ältesten überdachten Markt" Europas zu besitzen, womit aber kaum das Gebäude selbst gemeint sein dürfte.

Factoría Romana de Salazones: Nicht weit von der Plaza Topete führt ein unscheinbarer Eingang an der Calle Sacramento hinab zu den Resten einer römischen Fischfabrik des 1. Jh. v. Chr., in denen die Meeresbeute zur Konservierung eingesalzen wurde. Entdeckt wurde sie beim Abriss eines alten Theaters, das einem Wohnblock Platz machen sollte.
Mo–Fr 10–14 Uhr; Eintritt frei.

Torre Tavira: Der dreistöckige, im Barockstil des 18. Jh. errichtete Turm war ursprünglich Teil eines Palastes und steht auf dem höchsten Punkt der Altstadt, an der Kreuzung der Calle Sacramento mit der schmalen Calle Marqués del Real Tesoro. Hauptttraktion hier ist die *Camera Obscura* (lat.: „Dunkle Kammer"), ein altes Projektionsverfahren, das ein seitenverkehrtes, aber sehr scharfes Bild liefert. Mit Hilfe eines Spiegels und einer Linse entstehen in dem abgedunkelten Raum auf einem konkaven Schirm „lebende Bilder" der Umgebung: Wäsche flattert auf den Dächern, man sieht Menschen durch die Straßen laufen, Vögel fliegen und Schiffe vorbeifahren. Die Konstruktion ist drehbar und ermöglicht es so, einen 360-Grad-Blick über die Altstadt zu werfen. Im Anschluss lässt sich das Gesehene auf der Dachterrasse nachvollziehen, die eine fantastische Aussicht über die Turmlandschaften der Stadt bietet.
Mai bis September tägl. 10–20 Uhr, sonst 10–18 Uhr; Eintritt 6 €, Studenten etwas ermäßigt. Ein Besuch lohnt sich vor allem bei schönem Wetter. www.torretavira.com.

Museo de las Cortes de Cádiz: Das Museum an der Calle Santa Inés 9 erinnert an die Verfassung „La Pepa", die nebenan (s. u.) von den Cortes verabschiedet wurde, bewahrt dazu eine Reihe von Exponaten jener Zeit. Interessant besonders das große Modell der Stadt des 18. Jh., das damals originalgetreu angefertigt wurde.
Di–Fr 9–18 Uhr, Sa/So 9–14 Uhr; Eintritt frei.

Oratorio de San Felipe Neri: An der gleichnamigen kleinen Plaza ganz in der Nähe des Museo de las Cortes de Cádiz. Ein Platz, der Geschichte schrieb: Hier verabschiedeten 1812 die Cortes die erste Verfassung Spaniens, der Barockbau aus dem 17./18. Jh. wurde deshalb zum Nationalmonument erklärt. Im Inneren ist am Altar eine *Inmaculada* (Unbefleckte Empfängnis) von Murillo zu sehen.
Di–Fr 10.30–14, 16.30–20 Uhr, Sa 10.30–14 Uhr, So 10–13 Uhr; Eintritt 3 €, So gratis.

Centro de Interpretación La Pepa 2012: Direkt benachbart liegt dieses Interpretationszentrum, das auf zwei Stockwerken ebenfalls an die berühmte Verfassung (die 2012 ihr 200jähriges Jubiläum feierte) erinnert, aber auch einen Bezug zur allgemeinen Stadtgeschichte jener Zeit herstellt.
Di–So 11–13.45 Uhr; Eintritt frei.

Plaza de Mina: Rechter Hand am nordöstlichen Ende der Calle San José. Ein schöner, dank des atlantischen Klimas herrlich dicht begrünter Platz, an dem tagsüber Vögel und abends Kinder und Mopeds lärmen.

Museo de Cádiz: Direkt am Platz gelegen, zählt es zu den bedeutendsten Sehenswürdigkeiten der Stadt. Das Archäologische Museum (*Sección de Arqueológia*) im Untergeschoss präsentiert Funde aus der langen Vergangenheit der Stadt und ihrer Umgebung, darunter aus einer großen phönizischen Nekropole. Obwohl auch maurische Exponate zu sehen sind, stammen die hochrangigsten Stücke der Stadtgeschichte entsprechend aus früherer Zeit. Höhepunkt sind zwei Marmorsarko-

Über den Dächern: Aussicht von der Torre Tavira

phage in Menschenform, die wahrscheinlich aus dem 4. Jh. v. Chr. stammen. Die Körper sind nur angedeutet, die idealisierten Gesichter des Mannes und der Frau jedoch fein herausgearbeitet, um ihre Unsterblichkeit zu gewährleisten. Geschaffen wurden sie wohl von griechischen Künstlern nach Vorbildern aus Ägypten; Auftraggeber dürften jedoch Phönizier gewesen sein. Die große und hervorragend bestückte Gemäldesammlung der *Sección de Bellas Artes* ist nach derjenigen von Sevilla die bedeutendste Andalusiens. Ausgestellt sind unter anderem Werke von Rubens, Morales, Cano und Ribera; der zeitliche Rahmen reicht bis zu Sorolla und Miró. Murillo ist mit seinem letzten, 1682 entstandenen Gemälde vertreten – während der Arbeiten an den „Desposorios de Santa Catalina" war der sevillanische Künstler gestürzt und hatte sich dabei tödlich verletzt. Das Glanzstück der Ausstellung jedoch bildet eine umfangreiche Sammlung von Werken des asketischen Zurbarán. Im zweiten Stock zeigt die völkerkundliche Abteilung *Sección de Etnografía* unter anderem alte Marionettentheater aus dem 19. und 20. Jh., die in früheren Zeiten so beliebt waren wie heute das Kino.

Di–Sa 9–20.30 Uhr (Juni bis September nur bis 15.30 Uhr), So 9–15.30 Uhr; Eintritt für EU-Bürger gratis, sonst 1,50 €.

Oratorio de la Santa Cueva: In der Calle Rosario, die von der Plaza de Mina etwa in südöstlicher Richtung abzweigt. Das Oratorium der Barockkirche *Iglesia del Rosario* besteht aus zwei übereinander liegenden Kapellen. Die untere ist der Passion gewidmet und fällt sehr schlicht aus; die obere birgt eine Reihe von Gemälden, darunter drei feine Arbeiten von Meister Goya, der sonst mit religiöser Thematik nicht viel am Hut hatte. Joseph Haydn schrieb eigens für dieses Gotteshaus das Musikstück „Die sieben letzten Worte unseres Erlösers am Kreuze", uraufgeführt am Karfreitag 1783 und seitdem fester Bestandteil der Karwoche von Cádiz.

Di–Fr 10.30–14, 16.30–20 Uhr (Juli/Aug. 17.30–20.30 Uhr), Sa 10.30–14, So 10–13 Uhr, Eintritt 3 €.

El Puerto de Santa María

Die lebendige Stadt an der Mündung des Río Guadalete ist schon fast ein Vorort von Cádiz, gleichzeitig praktisch der Hafen von Jerez und auch der Anfang einer Reihe von vorwiegend von Spaniern besuchten Badeorten.

El Puerto de Santa María, meist schlicht „El Puerto" genannt, ist ähnlich alt wie Cádiz. Die Stadt war Ausgangspunkt der zweiten Amerikaexpedition von Kolumbus und später ein wichtiger Hafen für den Handel mit den Kolonien. Am Rand des Parks der flussnahen Plaza de las Galeras Reales steht noch jener Brunnen, aus dem die königlichen Karavellen ihren Wasservorrat gefüllt haben sollen. Aus jener Glanzzeit stammt auch eine ganze Reihe von Palästen, in denen sich der Reichtum der hiesigen Kaufherren manifestierte.

Heute ist der planmäßig im Schachbrettmuster aufgebaute, fast 90.000 Einwohner zählende Ort vor allem für seine Bodegas bekannt, in denen Sherry reift und von denen aus er auch verschifft wird: El Puerto bildet das südliche Ende des „Sherry-Dreiecks", zu dem noch Sanlúcar de Barrameda und natürlich Jerez selbst zählen. Zur spanischen Urlaubssaison ist einiges los, bilden doch die Strände zwischen El Puerto und Sanlúcar das Hauptferienziel der Einwohner von Sevilla und Madrid. Auch der ausgedehnte Ort selbst, der übrigens als eine der Geburtsstätten des Flamenco gilt, hat einen kräftigen touristischen Aufschwung erlebt, nicht zuletzt wohl wegen des großen Yachthafens „Puerto Sherry". Eine weitere Attraktion der Stadt ist das Spielcasino, eines der wenigen Andalusiens.

Schlemmen am „Ufer der Meeresfrüchte"

Ein wichtiger Anziehungspunkt, vor allem für die Einwohner von Cádiz und Jerez, in zunehmendem Maße aber auch für ausländische Reisende, sind die Fischlokale von Puerto de Santa María. Parallel zum Fluss und einen Block landeinwärts findet sich eine Reihe von Gaststätten, in denen Fisch und Meeresfrüchte serviert werden, in manchen nach Gewicht und aus der Papiertüte, andere auf edel und teuer gemacht. Eine der Straßen im Zentrum des Genusses heißt denn auch sinnigerweise Ribera del Marisco, „Ufer der Meeresfrüchte". Bekanntester Anbieter im Ort ist sicherlich *Romerijo*, ein traditionsreicher Familienbetrieb, der gleich mehrere Lokale betreibt. Die *Freiduría* ist spezialisiert auf frittierte Ware, typischer für El Puerto ist jedoch der *Cocedero*, in dem das Meeresgetier in Salzwasser gekocht wird. Das ist eine Wissenschaft für sich, hat doch jede der zahlreich angebotenen Sorten ihre eigene Kochzeit, die auf den Punkt genau eingehalten werden muss. Um ein Nachgaren zu verhindern, wird die Ware deshalb sofort nach dem Kochen in Eiswasser abgekühlt.

Basis-Infos

Information Oficina Municipal de Turismo, an der Plaza Alfonso X. El Sabio beim Castillo San Marcos. Öffnungszeiten von Mai bis September täglich 10–14 Uhr, 18–20 Uhr, im restlichen Jahr täglich 10–14, 17.30–19.30 Uhr. Über eine durchgehende Öffnungszeit wird nachgedacht. ☎ 956 483 715, www.turismoelpuerto.com.

El Puerto de Santa María 147

Verbindungen Zug: Bahnhof am nordöstlichen Ortsrand. Cercanías-Nahverkehrszüge der Linie C1 nach Cádiz und Jerez etwa stündlich, Züge nach Sevilla alle ein bis zwei Stunden.

Bus: El Puerto besitzt mehrere Abfahrtsstellen. Eine wichtige Haltestelle liegt gegenüber der großen Stierkampfarena Plaza de Toros, etwas südlich des Zentrums; viele Busse fahren jedoch an der Station nahe Bahnhof ab. Nach Cádiz ab der Arena und ab Bahnhof etwa halbstündlich bis stündlich; Rota ab Arena 9-mal, Chipiona und Sanlúcar ab Arena etwa stündlich, Jerez ab Arena 2-mal, ab Bahnhof 8-mal, Arcos/Ronda ab Bahnhof 4-mal, Sevilla ab Bahnhof 2-mal tägl.

Auto: Freie Parkplätze finden sich, mit etwas Glück, im Gebiet um die Arena. Mehrere ebenerdige Parkflächen (Gebühr) erstrecken sich entlang der Flussuferstraße *Avenida Bajamar*. Eine zentrale Tiefgarage liegt an der *Plaza Isaac Peral* (Anfahrt aus Südwesten), weitere, kleinere Parkgaragen an der *Calle Ganado*.

Schiffsverkehr Katamarane („Buques de las Líneas Marítimas") fahren etwa stündlich nach Cádiz, siehe auch dort, p.P. circa 3 €. Station am Fluss auf Höhe des Hotel Santa María, www.cmtbc.es. Früher gab es auch ein Motorschiff, die Adriano III., doch versank dieses bei einem Unfall; Ersatz ist bislang nicht in Sicht. Abfahrt war am Fluss bei der Fuente de las Galeras.

Baden Im Umkreis des Städtchens erstreckt sich eine Abfolge langer Strände mit mehreren Urbanisationen. Die massiven Industrieanlagen der Bucht von Cádiz sind immer im Blick.

Playa de Valdelagrana: Östlich der Flussmündung erstreckt sich dieser rund 6 km lange, streckenweise von einer Promenade gesäumte Strand, dessen Hinterland leider teilweise durch Apartmentblocks entstellt wird.

Playa de la Puntilla: Der Stadtstrand von El Puerto de Santa María, auf Höhe des Campingplatzes und vor dem Sporthafen gelegen, ist rund 1,5 km lang und stellenweise ausgesprochen breit. Begleitet wird er von einer hübschen Promenade; Bars etc. sind vorhanden.

Caleta del Agua: Eine kleine, aber geschützte Sandbucht gleich hinter dem Sporthafen. Im Sommer öffnet hier eine Strandkneipe.

Playas de Santa Catalina y Fuentebravia: Von der Caleta del Agua ist es nicht mehr weit zum Anfang der Playa de Santa Catalina, die zusammen mit der sich anschließenden Playa de Fuentebravia über mehr als 4 km verläuft, streckenweise von Urbanisationen begleitet. Es gibt einige wenige Restaurants und Strandkneipen, vor allem an der auch sonst besser ausgestatteten Playa Fuentebravia, die bis zu den Ausläufern des US-Stützpunktes von Rota reicht.

Feste Carnaval, der Karneval beziehungsweise Fasching, wird begeistert gefeiert.

Feria de la Primavera, das Frühlingsfest an wechselnden Terminen im April/Mai.

Virgen del Carmen, am 16. Juli, das Fest der Schutzheiligen der Fischer und Seeleute, mit großer Schiffsprozession.

Festividal de la Virgen de los Milagros, am 8. September, das Fest der Stadtpatronin und gleichzeitig eine Art Erntedankfest.

Post Plaza del Polvorista s/n, unweit des Hotels Santa María, geöffnet Mo–Fr 8.30–20.30 Uhr, Sa 9.30–13 Uhr.

Übernachten/Essen & Trinken/Nachtleben → Karte S. 148/149

Übernachten Wegen der guten Verkehrsverbindungen (am schönsten per Schiff!) ist El Puerto auch als Alternative zu Cádiz interessant. Zum Gran Premio de España in Jerez Ende April/Anfang Mai gelten Sondertarife; El Puerto ist dann komplett ausgebucht.

*** **Hotel Los Jándalos Santa María** 18, mit 100 Zimmern nicht gerade klein. Gut ausgestattetes, recht ansehnliches Mittelklassehotel an der Flussuferstraße, mit Garage und Pool. Die Abfahrtsstelle der Katamarane nach Cádiz liegt ganz in der Nähe. Weite Preisspanne, Richtwert für ein DZ etwa 80–200 €. Av. Bajamar s/n, ✆ 956 873211, www.hotelsantamaria.es.

*** **Hotel Los Cántaros** 4, kleineres Hotel im Mittelpunkt des nächtlichen Geschehens von El Puerto. Früher einmal ein Frauengefängnis, nicht dezent dekoriert, unter anderem mit den namensgebenden Tonkrügen. Vertragsgarage in der Nähe. DZ etwa 60–120 €. C. Curva 6, nahe Ribera de Marisco, ✆ 956 540240, www.hotelloscantaros.com.

Provinz Cádiz

** **Hotel Casa del Regidor** ❸, an der Zufahrt zur Altstadt. Hübsches Quartier, untergebracht in einem Stadthaus mit Patio und langer Vergangenheit. 17 gut ausgestattete Zimmer, die ihr Geld wert sind. DZ meist im Preisbereich um die 60–100 €. Ribera del Río 30, ✆ 956 877333, www.hotelcasadelregidor.com.

》》》 **Mein Tipp: Hotel Apartamentos Casa de los Leones** ❷, nahe dem städtischen Markt, untergebracht in einem reizvollen Barockpalast des 18. Jh.; die ordentlich ausgestatteten Apartments für zwei bis vier Personen verteilen sich um den Innenhof. Dachterrasse mit Aussicht. Restaurant angeschlossen. Zweier-Apartment etwa 60–120 € (August bis 150 €), mit Internetangeboten zur NS manchmal noch günstiger und dann ein echtes Schnäppchen. La Placilla 2; Parkgarage in der Calle Ganado assoziiert, ✆ 956 875277, www.casadelosleones.com. 《《《

** **Hostal Palacio San Bartolomé** ⓫, in Wahrheit ein schickes Hotel – nicht umsonst nennt man sich selbst „Luxus-Hostal". 2010 in einem schönen, aufwändig restaurierten Stadtpalast des 18. Jh. eröffnet; nur elf Zimmer, die in Größe und Lage (innen/außen) sehr unterschiedlich ausfallen, aber alle komfortabel ausgestattet sind. Parkservice. DZ nach Saison und Zimmertyp 60–140 €. C. San Bartolomé 21, ✆ 956 850946, www.palaciosanbartolome.com.

** **Hostal Costa Luz** ⓯, unweit der Stierkampfarena. Freundliche Unterkunft mit angenehmen, nett eingerichteten und für die Preisklasse sehr komfortablen Zimmern. Parkmöglichkeit. DZ/Bad nach Saison etwa 35–75 €. C. Niño del Matadero 2, ✆ 956 054 701, www.hostalcostaluz.com.

* **Pensión Manolo** ⓬, in der Kneipenzone. Freundliche Pension mit preiswerten Zimmern. Lange Tradition: 1912 gegründet, heute von der vierten Generation geführt. DZ/Bad nach Saison etwa 40–60 €. C. Jesús de los Milagros 18, ✆ 956 857525, www.hostal-manolo.com.

Casa Huéspedes Santa María ❿, 2012 von einem freundlichen jungen Paar übernommen (das seitdem die Beherbergungstradition der Eltern und Großeltern fortführt) und weitgehend renoviert. Englischsprachig. Jugendliche Atmosphäre; zehn schlichte, aber mit gewissem Pfiff dekorierte Zimmer (diejenigen im ersten Stock sind vorzuziehen),

Ü bernachten
2 Hotel Apts. Casa de los Leones
3 Hotel Casa del Regidor
4 Hotel Los Cántaros
10 Casa Huéspedes Santa María
11 Hostal Palacio San Bartolomé
12 Pensión Manolo
15 Hostal Costa Luz
18 Hotel Los Jándalos Santa María

E ssen & Trinken
1 Rest. Aponiente
5 Romerijo
6 Mesón del Asador
7 Rest. El Faro del Puerto
8 La Bodeguilla del Bar Jamón
9 El Rincón Español
13 Tapas Bar Café El Sitio de Vélez
14 El Patio Alemán
16 Bar-Rest. La Dorada
17 Rest. El Arriate

El Puerto de Santa María 149

Ursprünglich eine Moschee: Castillo San Marcos

die alle etwas unterschiedlich ausfallen; kleine Küche zur allgemeinen Benutzung. DZ ohne Bad 45–55 €, DZ/Bad 55–75 €. C. Pedro Muñoz Seca 38, ✆ 956 853631, www.casadehuespedessantamaria.com.

Camping Playa las Dunas, 1. Kat., ein Riesengelände, fast völlig schattig. Naturschutzgebiet! Sogar Chamäleons sollen hier leben. Waschmaschinen, Swimmingpool etc. Am Strand, zum Ortszentrum wegen der weiträumigen Umzäunung leider ein Fußmarsch von etwa 2 km. Ganzjährig, zwei Personen, Auto, Zelt etwa 24 €. Die Bushaltestelle an der Plaza de Toros und der Anleger der Katamarane nach Cádiz liegen jeweils etwa 20 Fußminuten entfernt, der Bahnhof ist weit. Paseo Marítimo de la Puntilla s/n, ✆ 956 872210, www.lasdunascamping.com.

Essen & Trinken Rest. Aponiente **1**, im Gebiet nahe des Bahnhofs, an einem Seitenarm des Río Guadalete, untergebracht in einer Gezeitenmühle des 17. Jh. Ein Lokal mit besonderem Flair, in dem Chef Ángel León auf Basis lokaler Produkte eine innovative, kreative Meeresküche zaubert. Zwei Michelinsterne! Preisniveau dementsprechend, feste Menüs ab ca. 150 €. Calle Francisco Cossi Ochoa s/n (Molino de Mareas), ✆ 956 851870. So und (außer im Sommer) auch Mo geschlossen; von Dezember bis März Betriebsferien.

Restaurante El Faro del Puerto **7**, in einer alten Villa etwas außerhalb des Zentrums Richtung Rota; leider stört die nahe Straße etwas. Das Schwesterrestaurant des exquisiten „El Faro" von Cádiz, unter Leitung des Chefs Fernando Córdoba. Herausragende Fisch- und Fleischgerichte, umfangreiche Weinkarte. Menü à la carte ab etwa 60 €. Avendia de Fuenterrabía, km 0,5; ✆ 956 870952. So-Abend (außer im August) geschlossen.

»» Mein Tipp: Rest. El Arriate **17**, ein wenig versteckt gegenüber vom Hotel Santa María. Sehr hübsch eingerichtetes Restaurant mit Patio, freundlicher Service. Eher kleine, aber ambitionierte Karte, feine Gerichte aus ganz überwiegend lokalen Produkten. Sehr ordentliches Preis-Leistungs-Verhältnis, rund 30 € pro Person sind zu rechnen. Gute Weinauswahl. So-Abend, Mo und Di geschlossen. Calle Los Moros 4, Mobil-✆ 630 746 946. **«««**

Romerijo **5**, eine der beliebtesten Adressen an der Ribera del Marisco. Verteilt auf zwei unterschiedliche Räumlichkeiten beiderseits einer Querstraße. Auf der einen Seite liegt die „Freiduría" mit frittierter Ware (halbes Pfund etwa 6–7 €), auf der anderen Seite die teurere „Cocedero" mit einer immensen Auswahl an unterschiedlichen Sorten von Gambas. In beiden lassen sich die Köstlichkeiten an einer Verkaufstheke

El Puerto de Santa María

nach Gewicht auswählen, in eine Papiertüte packen und in aller Gemütlichkeit auf den Freiterrassen verzehren; wer unbedingt mag, kann auch à la carte essen. Das Bier dazu wird in jedem Fall von Kellnern serviert. Pl. de la Herreria s/n.

Mesón del Asador 6, gemütliches Kontrastprogramm zu Romerijo: Hier gibt es Fleisch in vielerlei Varianten; wer Lust hat, kann sich sogar mittels eines kleinen Grills sein Mahl direkt am Tisch selbst zubereiten, z. B. eine „Parillada mixta", die für zwei Personen etwa 28 € kostet. Bei den Einheimischen sehr beliebt. Mitten in der Kneipenzone unweit der Ribera del Marisco, Calle Misericordia 2.

La Bodeguilla del Bar Jamón 8, schräg gegenüber. Wie der Name schon ahnen lässt, spielt in vielen der hiesigen Tapas der Schinken eine gewisse Rolle. Umfangreiche Karte, leicht gehobenes Preisniveau. Calle Misericordia 5.

El Rincón Español 9, ebenfalls in diesem Gebiet. Kleines, freundlich geführtes Lokal mit guter Auswahl an schmackhaften und erfreulich günstigen Tapas. Prima Preis-Leistungs-Verhältnis. Calle Misericordia 13.

Bar-Rest. La Dorada 16, etwas abseits des kulinarischen Hauptgeschehens. Unprätentiöses Lokal mit guter Auswahl an Fisch und Meeresfrüchten; nicht teuer. Avda. Bajamar 26. Ein paar Straßenzüge Richtung Küste liegt das jüngere und gehobenere Schwesterlokal „Nueva Dorada".

Tapas Bar Café El Sitio de Vélez 13, einer kleinen Kette angeschlossenes, plüschig-modernes Lokal vom Typ „Gastrobar", mit großer Terrasse. Breite Auswahl an teilweise recht originellen Gerichten in kleinen, leckeren Portionen, ideal, um verschiedene Speisen durchzuprobieren; hausgemachte Nachspeisen, gute Weine. Prima Preis-Leistungs-Verhältnis. Plaza de las Galeras Reales s/n.

El Patio Alemán 14, für alle Heimwehkranken. Würste, Wiener Schnitzel, deutsches Bier – die Besucher aber sind vorwiegend Spanier … Mo Ruhetag, Sa/So nur mittags geöffnet. In der Kneipenzone, Calle Jesús de los Milagros 33.

Nachtleben Die **Plaza de la Herrería**, einen Block landeinwärts der Ribera del Marisco, ist der Ausgangspunkt des durchaus regen Nachtlebens von El Puerto. Hier und in den angrenzenden Calles Misericordia und Jesús de los Milagros herrscht vor allem im Sommer und an Wochenenden ausgesprochen viel Betrieb.

Bar Trocadero, eines der vielen beliebten Lokale dieses Gebiets, schick hergerichtet und in einem respektablen alten Gemäuer untergebracht. Vor dem Lokal eine Terras-

Störche nisten auf der Iglesia Mayor Prioral

se, innen mehrere Räume in alten Gewölben, nach hinten ein ruhigerer Patio mit Bar. Plaza de la Herrería 3.

Mucho Teatro, ebenfalls in dieser Zone. Ein „Disco Sala Club" mit Geschichte, die man der schönen Einrichtung noch ansieht: Einst gab es hier ein Theater, später ein Kino. Calle Misericordia 12.

Gold, eine weitere schon aufgrund der besonderen Location interessante Nacht-Adresse, untergebracht in einem ehemaligen Fischmarkt des 18. Jh. Av. Micaela Aramburu 24, Nähe Post und Infostelle.

Peñas Flamencas: El Puerto besitzt eine ganze Reihe davon (z. B. Tomás „El Nitri", Calle Diego Niño 1, ✆ 956 543237). Mit ihren Aufführungen wechseln sie sich ab, so dass im Sommer praktisch an jedem Wochenende Aufführungen stattfinden, aktuelle Details bei der Infostelle.

Casino Bahía de Cádiz, das Spielcasino von El Puerto, etwa zehn Autominuten außerhalb in Richtung Jerez gelegen. Täglich ab 20 Uhr geöffnet, die Spielautomatenzone ab 16 Uhr. Camino del Juncal s/n; ✆ 956 871041. www.casinobahiadecadiz.es.

Sehenswertes

Interessant sind die zahlreichen Paläste des 17. und 18. Jh., die sich die durch den Handel mit den Kolonien reich gewordenen Kaufleute errichten ließen. Originell ist der „Fischeraltar", der im Innenhof der unweit der Post gelegenen *Casa de las Cadenas* (17. Jh.) aufgestellt wurde. Einen Blick lohnt auch so manche ehemalige Bodega, die heute eine Autowerkstatt oder eine Garage beherbergt.

Castillo San Marcos: Die eindrucksvolle Festung, zwei Blocks landeinwärts der Flussuferstraße an der Plaza Alfonso X. El Sabio gelegen, war ursprünglich eine Moschee mit einem maurischen Wachturm. Im 13. Jh. ließ der „weise" Alfonso X. hier eine befestigte Kirche errichten, die in späterer Zeit mehrfach erweitert wurde. 1943 erfolgte eine umfassende Restaurierung des mit Zinnen bewehrten Monuments.
Stündliche Führungen; Di nur nach Voranmeldung unter ✆ 627 569335, dann 11.30–13.30 Uhr, gratis; Juli–September tägl. außer Di 10.30–13.30, 19–21 Uhr, restliche Monate nur Do/Sa 10.30–13.30 Uhr; Eintrittsgebühr inkl. Besuch der Bodegas Caballero 6 €.

Fundación Rafael Alberti: Der Dichter, Dramatiker und Maler Rafael Alberti, Mitglied der so genannten „Generation von 1927", wurde 1902 in El Puerto geboren und starb hier 1999. Sein Geburtshaus in der Calle Santo Domingo 25, ein kleines Stück nordwestlich der Festung, beherbergt zahlreiche Erinnerungsstücke an den hoch verehrten Künstler, der fast vier Jahrzehnte im Exil verbrachte, bevor er nach dem Ende der Franco-Diktatur zurückkehrte.
Di–Fr 10–14 Uhr, Sa/So 11–14, Eintrittsgebühr 4 €.

Museo Municipal: Neben einer archäologischen Sektion, deren aus der Umgebung stammende Funde vom Paläolithikum über die Zeit des sagenumwobenen Tartessos bis ins 19. Jh. reichen, besitzt das Stadtmuseum eine umfangreiche Gemäldeausstellung, zu der auch Werke von Rafael Alberti zählen. Eine ethnologische Abteilung ist angeschlossen. Seit Jahren ist das Museum „provisorisch" in der Calle Pagador 1 untergebracht, um die Ecke vom Hauptplatz; Informationen über den aktuellen Stand beim Fremdenverkehrsamt.
Di–Fr 10–14 Uhr, Sa/So 11–14 Uhr; Eintritt frei.

Iglesia Mayor Prioral: Ebenfalls an der Plaza España erhebt sich die Hauptkirche der Stadt. Im 13. Jh. begonnen, wurde der dreischiffige Bau erst im 17. Jh. fertiggestellt und bildet so einen in seiner Art durchaus beachtlichen Stilmix, der von der Romanik über Gotik und Renaissance bis hin zum Barock reicht. Leider sind die Fassade und insbesondere die dortigen Figuren stark von Abgasen zerfressen – den vielen Störchen, die das Gotteshaus als Nistplatz nutzen, macht dies nichts aus.

El Puerto de Santa María 153

Plaza de Toros: El Puertos Stierkampfarena, meerwärts der Plaza España gelegen, lohnt einen Besuch. 1880 errichtet, ist sie eine der bedeutendsten und mit einem Durchmesser von 60 Metern zugleich größten Arenen des Landes, bietet Platz für 14.000 Zuschauer. Im Eingangsbereich hängen die präparierten Köpfe der tapfersten Stiere, die hier ihr Leben ließen. Etwa in der Zeit zwischen der letzten Juliwoche und der vorletzten Woche im August ist die Arena Schauplatz der *Feria Taurina* und damit einer Reihe von Corridas, zu der die besten Matadore Spaniens antreten.
Mo–Fr 10–14, 18–21 Uhr, Sa/So 10–14 Uhr; Eintrittsgebühr 3 €, Führungen 6 €.

Bodegas: Gleich mehrere der Sherry-Produzenten von El Puerto bieten Führungen durch ihre Bodegas an. Wie in Jerez und Sanlúcar wird auch hier das „Solera"-Verfahren angewandt, das für

Monumental: die Plaza de Toros

gleichbleibende Qualität sorgt. Neben Weinen reifen in den Bodegas meist auch Brandys. Zu den bekanntesten Bodegas von El Puerto gehört *Osborne*, zwischen Stierkampfarena und Fluss.

Führungen Telefonische Reservierung wird oft erwartet, meist spricht man Englisch. Hier nur eine kleine Auswahl an Bodegas, komplette Liste bei der Infostelle.

Osborne, Bodegas de Mora, Calle Los Moros 7, beim Hotel Santa María von der Flussuferstraße einbiegen. 2016 wurde hier zum 60. Jahrestag des ersten Osborne-Stiers eine sehr schön gemachte „Toro Gallery" eingerichtet. Führungen mit Besuch der Bodega und der Ausstellung täglich 10–12 Uhr (11 Uhr auf Deutsch); um 13 Uhr ausschließlich die „Toro Gallery", im Sommer Mo–Sa auch spanische Komplett-Führungen um 19.30 Uhr. Gebühr jeweils 14 €. Anmeldung unter ✆ 956 869100; www.osborne.es.

Gutierrez Colosía, an der Flussuferstraße Av. de la Bajamar 40. Keine Anmeldung nötig, Führungen Mo–Fr 11.15 (Englisch) und 12.30 Uhr, Sa 13 Uhr; Gebühr 8 €. ✆ 956 852 852. www.gutierrezcolosia.com.

Parque Metropolitano Marismas de los Toruños y Pinar de Algaida: Einige Kilometer außerhalb von El Puerto in Richtung Cádiz erstreckt sich am Rand der Siedlung Valdelagrana und östlich der Mündung des Río Guadalete dieser kleine Naturpark, der zum weit größeren Parque Natural Bahía de Cádiz gehört. Das bis zum Strand reichende, von Brackwasserkanälen durchzogene Feuchtgebiet ist teilweise bewaldet, überwiegend aber nur spärlich bewachsen und, trotz der in Sichtweite befindlichen Hochhäuser, Werften und Autostraßen, ein wichtiges Refugium für zahlreiche Vogelarten. Vom Besucherzentrum *Casa de los Toruños* (Avenida del Mar 7, ✆ 856 580524, wechselnde Betriebszeiten, besser vorab in der Infostelle in El Puerto erfragen), an dem man sich gegen Gebühr auch Fahrräder leihen oder einen „Touristenzug" auf Gummirädern besteigen kann, erschließen kleine Sträßchen und Wege das weitgehend schattenlose, windige Areal, das man zumindest im Sommer am besten morgens oder abends besucht; ein Mückenschutzmittel sollte im Gepäck sein.

Mischung verschiedener Stile: Iglesia Nuestra Señora de la O

Rota

Das Städtchen knapp nördlich der Bucht von Cádiz ist vor allem bei Spaniern als Ferienziel beliebt, taucht aber auch in den Katalogen deutscher Veranstalter auf.

Gemessen an der Zahl von rund 30.000 Einwohnern wirkt Rota erstaunlich ausgedehnt, besitzt schon richtig städtischen Charakter. Hat man erst einmal die neueren Viertel hinter sich gelassen, erweist sich der kleine historische Ortskern rund um die Burg Castillo de la Luna als durchaus ansehnlich. Mit seinen weiß gekalkten Häusern, den mittelalterlichen Mauern, Tordurchgängen und den schmucken kleinen Plätzen besitzt das alte Ortszentrum nämlich durchaus andalusischen Charakter. Es liegt auf einer Landzunge, an die sich ein recht großer, moderner Hafen anschließt, in dem neben Yachten auch Fischerboote schaukeln.

Die Hauptattraktion Rotas und Ursache für einen kräftigen sommerlichen Besucherstrom sind die langen, feinsandigen Strände beiderseits des Hafens, immerhin satte 16 Kilometer im Gemeindegebiet. An ihnen freuen sich auch die Amerikaner der nahen US-Basis, die sich nördlich und östlich von Rota erstreckt. Der Stützpunkt von Navy und Airforce ist eine der größten Basen Europas und natürlich Sperrgebiet, weshalb die A 491 nach El Puerto de Santa María einen weiträumigen Bogen ins Inland schlagen muss. Im Stadtbild fallen die Boys jedoch wenig auf.

Basis-Infos

Information Oficina de Turismo, Calle Cuna 2, im Rathausgebäude, das in einem Anbau des Castillo de la Luna untergebracht ist. Geöffnet Mo–Fr 9.30–13.30, 18–21 Uhr (Winter 17–19.30 Uhr), Sa/So 10–13, 18–21 Uhr (Winter 18–20 Uhr), ✆ 956 846345.

Rota

Verbindungen Bus: Busse der Gesellschaft COMES ab Busbahnhof, Calle Zoílo Ruíz-Mateos s/n, eine Viertelstunde nördlich der Altstadt; Stadtbusverbindung. Nach Cádiz 5-mal, El Puerto de Santa María 12-mal, Jerez 6-mal und Sevilla 4-mal, nach Chipiona mit AMARILLOS und COMES 4-mal täglich.

Schiff: Katamarane („Buques de las Líneas Marítimas") des Consorcio de Transportes Bahía de Cádiz fahren 7-mal täglich nach Cádiz, ca. 5,50 €. www.cmtbc.es.

Baden An gepflegten Stränden herrscht wahrlich kein Mangel in und um Rota.

Playa del Rompidillo-Chorillo: Ein Doppelstrand, dessen beide Teile durch einen kleinen Landvorsprung getrennt werden. Er beginnt am Hafen des alten Ortskerns und reicht über 1500 m nach Nordosten. Zuletzt mit der Blauen Flagge prämiert.

Playa de la Costilla: Der eigentliche Hausstrand Rotas erstreckt sich vom Hafen über mehrere Kilometer nach Westen, anfangs noch von Wohnblocks begleitet, dann von Waldgebieten. Der breite, feinsandige Strand ist mit Sonnenschirmen, Duschen etc. bestens ausgestattet und ebenfalls mit der „Blauen Flagge" ausgezeichnet.

Playa de Piedras Gordas: Die direkte westliche Verlängerung der Playa de la Costilla reicht bis zum kleinen Kap Punta Gador; Zufahrt am besten über die Urbanisation La Almadraba. Von „fetten Steinen", so die Übersetzung, ist hier nichts zu sehen, vielmehr handelt es sich um einen hübschen, feinsandigen Dünenstrand, in dessen Hinterland (von der Urbanisation selbst abgesehen) Pinien und Eukalyptusbäume wachsen.

Playa Punta Candor: Der schöne Strand jenseits des Kaps ist gut 5 km lang, stellenweise aber recht schmal. Die gute Ausstattung und die Wasserqualität wurden mit der „Blauen Flagge" prämiert. Bis zur Urbanisation Costa Ballena folgen weitere, kilometerlange Sandstrände.

Feste Feria de la Primavera, Frühlingsfest, in der ersten Woche im Mai. Auf dem Festgelände stehen Zelte, herausgeputzte Reiter und Pferdekutschen paradieren.

Fiestas de la Virgen del Carmen, am 16. Juli, auch hier mit einer Prozession geschmückter Boote begangen.

Fiesta de la Urta, im August, ein großer, einwöchiger Kochwettbewerb in der Zubereitung dieser Zahnbrassenart.

Fiestas Patronales, Anfang Oktober. Das Fest der Stadtheiligen Virgen del Rosario, mit Prozessionen und Umzügen der „Riesen" und „Gigantenköpfe".

Übernachten/Essen & Trinken

Übernachten **** **Hotel Duque de Nájera,** Oberklassehotel in strandnaher Spitzenlage, am meerseitigen Rand der Altstadt und nur einen Sprung vom Hafen. Pool, Sauna, Garage etc; sehr gutes Restaurant. Viele der komfortablen Zimmer mit Meerblick. DZ nach Saison und Lage etwa 100–220 €, auch Superior-Zimmer und Suiten. Calle Gravina 2, ✆ 956 846020, www.hotelduquedenajera.com.

**** **Hotel Playa de la Luz,** quasi eine Filiale, 3 km nordwestlich des Zentrums am Strand. Großes Ferienhotel, trotz der immerhin 235 Zimmer von recht angenehmer Architektur. Hübscher Pool, Tennisplätze, in der Nähe Reitmöglichkeit. DZ je nach Saison und Ausstattung etwa 70–170 €; es gibt auch Superiorzimmer. Av. Diputación s/n, ✆ 956 810500, www.hotelplayadelaluz.com.

* **Hostal Sixto,** hübsches Altstadtquartier mit hotelähnlichem Standard, neun gemütliche Zimmer. In der Nähe liegt eine Dependance mit identischen Preisen. Ein beliebtes Restaurant (nur abends) ist angeschlossen. DZ/Bad nach Saison etwa 65–90 €. Pl. Barroso 6, Nähe Castillo, ✆ 956 846 310, www.hostalsixto.com.

* **Hostal La Giralda,** solide Pension an einer der Hauptstraßen, nicht weit von Altstadt und Strand. Garage. Besser, ein ruhiges Zimmer zu verlangen, die Straße ist viel befahren. DZ/Bad nach Saison etwa 40–75 €. Av. San Fernando 34, ✆ 956 816208, www.hostallagiralda.com.

* **Hostal Macavi,** im Besitz derselben Familie wie das Hostal La Giralda; strandnah gelegen, dafür eine Kleinigkeit weiter vom Ortskern entfernt. Von Lesern gelobt. DZ/Bad nach Saison etwa 45–85 €. Calle Ecija 11, ✆ 956 813336, www.hostalmacavi.es.

» Mein Tipp: Pensión El Torito, in der Altstadt. Einen Hauch von Barcelona in

Rota vermittelt diese „Designer-Pension" mit nur sechs Zimmern bzw. Apartments für bis zu vier Personen, topmodern und mit viel Liebe zum Detail eingerichtet. Alle besitzen Doppelbetten, Klimaanlage und TV, manche auch eine kleine Küche (Tipp: Nr. 5 mit privater Terrasse). Rezeption im Design-Geschäft im Erdgeschoss; falls nicht besetzt, in der zugehörigen nahen Tapas-Bar gleichen Namens in der Calle Italia 1 (Seitengasse der Pl. España) fragen. Zwei Personen zahlen je nach Saison und Zimmer etwa 50–80 €. Calle Constitución 1, ℡ 956 813369, www.eltoritoderota.com. ⋘

Essen & Trinken Wichtigste örtliche Spezialität ist „Urta a la Roteña", eine mit Gemüse geschmorte Zahnbrassenart.

Restaurante Lolita, außerhalb des Zentrums in Richtung Chipiona, nicht weit vom Hotel Playa de la Luz. Kreative Küche, Menü ab ca. 30 €. C. Almadraba 1, Ecke Av. Diputación, ℡ 956 815541.

Restaurante Badulaque, knapp außerhalb der engeren Altstadt. Eines der wenigen Restaurants im Ort mit Meerblick. Moderne, innovative Küche, serviert in kleinen, feinen Portionen. Nicht übertuert. Plaza Jesús Nazareno, nahe Taxistand und oberhalb vom Paseo Marítimo.

Restaurante Shanghai 1968, nicht mit anderen chinesischen Restaurants in dieser Neustadtstraße zu verwechseln – das Shanghai, außen unauffällig, innen schlicht-elegant, besteht unter derselben Familie tatsächlich bereits seit 1968. Original chinesische Küche, recht preisgünstig. Avenida San Fernando 49.

Bodega La Mina, Beispiel für die Lokale in der „Fressgasse" Calle Mina unweit des historischen Ortskerns. Neben Fisch und Meeresfrüchten gibt es auch eine gute Auswahl an Vorspeisen und spanische Hausmannskost wie die Eintöpfe „Guisos". Nicht teuer. Calle Mina 27.

Sehenswertes

Castillo de Luna: Die fünftürmige Festung des 13. Jh. ist das auffälligste Bauwerk des historischen Ortskerns und fast schon ein Wahrzeichen von Rota. Errichtet wurde sie über einer älteren maurischen Burg des 11. Jh. Das gründlich restaurierte Gebäude, in dem einst die „Katholischen Könige" übernachtet haben sollen, ist im Sommer häufig Schauplatz kultureller Veranstaltungen.
  Patio zugänglich Mo–Fr 9–14, 18–21.30 Uhr, Sa/So 10–14, 17–21 Uhr; Führungen Sa/So je 2-mal täglich; Gebühr 1 €. Anmeldung bei der Infostelle.

Iglesia Parroquial de Nuestra Señora de la O: Unweit östlich des Castillo erhebt sich diese Kirche, die im 16. Jh. begonnen wurde. Fast so lang wie der Name war wohl auch die Bauzeit, vereint das Gotteshaus in seinem Inneren doch Formen der Gotik, des Isabellinischen Stils, des Plateresco und der Renaissance. Sehenswert ist insbesondere der schön geschnitzte Chor, ein Werk, an dem der Sevillaner Pedro Roldán ab 1733 drei Jahre lang arbeitete.

Von Rota Richtung Chipiona

Zwischen den beiden Orten erstreckt sich flaches, oft windgepeitschtes Land, ein Flickenteppich von Feldern und einzelnen, oft noch mit Stroh gedeckten kleinen Höfen. Einzelne Zufahrten führen zu schönen, außerhalb der Saison fast leeren Sandstränden. Allerdings geriet auch dieses Gebiet schon ins Visier der Planer.

Costa Ballena

Noch im Gemeindegebiet von Rota und etwa auf halbem Weg nach Chipiona gelegen, wuchs hier innerhalb weniger Jahre die ausgedehnte Urbanización Costa Ballena. Der Name „Wal-Küste" wurde natürlich von Marketingstrategen erfunden. Angeschlossen ist ein 18-Loch-Golfplatz, der von Spaniens Meisterspieler José María Olazábal konzipiert wurde. Costa Ballena besteht zu einem sehr großen Teil aus privaten Bungalow- und Apartmentanlagen, die außerhalb der spanischen Urlaubssaison weitgehend verwaist sind. Für Urlauber ohne Fahrzeug entpuppt sich Costa Ballena schnell als Ferienort der sehr langen Wege. Eine Entschädigung bieten mag der breite und feinsandige Strand.

Information Oficina de Turismo, eine Außenstelle von Rota, nur Mitte Juni bis Mitte September, dann täglich 9.30–13.30, 18.30–21 Uhr. Av. Juan Carlos I s/n, ✆ 956 847010.

Verbindungen Stadtbusse von und nach Rota 7-mal täglich, im Hochsommer deutlich erweitertes Angebot.

Übernachten/Camping **** Hotel Playaballena, strandnah gelegen und insbesondere von Familien mit Kindern besucht. Mehr als 300 Zimmer; schöne Pool-Landschaft, an die ein großer Palmenhain mit Liegestühlen angrenzt; diverse Sportmöglichkeiten, Wellnessbereich etc. Ganz überwiegend (und in aller Regel preisgünstiger) pauschal gebucht. Avda. Juan Carlos I, ✆ 956 849044, www.hotelesplaya.com.

Camping Playa Aguadulce, 2. Kat., im Osten von Costa Ballena gelegen, Zufahrt beim ersten Kreisel aus Richtung Rota. Direkter Strandzugang, viele spanische Dauercamper; Einkaufsmöglichkeit und Bar. Ganzjährig. Zwei Personen, Auto, Zelt etwa 35 €, zur NS wie üblich deutlich günstiger. ✆ 956 847078, www.playaaguadulce.com.

Chipiona

Wie Rota ist auch Chipiona, ebenfalls mit langen Stränden versehen, ein vorwiegend von Spaniern besuchter Badeort, jedoch kleiner und außerhalb der Saison weniger belebt.

Neben einigen Hotels zählt Chipiona Dutzende von Ein- und Zweisternpensionen, was für den familiären Charakter der Siedlung spricht. Während des Hochsommers ist es proppevoll im Ort, dessen Einwohnerzahl von über 18.000 Menschen sich dann mehr als verzehnfacht; den Rest des Jahres wartet man auf die nächste Saison. Der schachbrettartige Altort um die Kirche Iglesia Nuestra Señora de la O und die Fußgängerzone Calle Isaac Peral kann sich mit niedrigen Häusern, Palmen und

Einst ein Hotel: die „kleine Burg" von Chipiona

vielen Blumen durchaus sehen lassen. Eine bemerkenswerte Lage besitzt das Kloster Nuestra Señora de Regla im südlichen Ortsbereich: Die wuchtige neogotische Kirche ist fast ins Meer hinein gebaut.

Basis-Infos

Information Oficina Municipal de Turismo, Calle Castillo 5, im kleinen Kastell von Chipiona; ✆ 956 929065. Öffnungszeiten im Sommer tägl. 9–14, 18–21 Uhr, im Winter Mo–Fr 10–14, 17–19 Uhr, Sa/So 10–14 Uhr. www.turismochipiona.es.

Verbindungen Bus: Busbahnhof an der Avenida Andalucía in der Neustadt. Busse von AMARILLOS und COMES nach Rota 4-mal, mit AMARILLOS nach Sanlúcar etwa stündlich, nach Cádiz via El Puerto de Santa María und nach Sevilla je 12-mal täglich. VALENZUELA fährt 7-mal tgl. nach Jerez.

Baden Die Playa de Regla im Süden ist der gepflegte Hauptstrand von Chipiona. Breit, feinsandig und von einer Promenade begleitet erstreckt er sich über rund 800 m bis zur gleichnamigen Kirche.

Playa Camarón und Playa Tres Piedras heißen die südlichen Verlängerungen der Playa de Regla, von Dünen begleitet und zusammen fast 4 km lang.

Playas de las Canteras y Cruz del Mar: Zwei Strände im Westen der Siedlung, von einer Landzunge getrennt und zusammen rund 1300 Meter lang. Der Doppelstrand beginnt beim Leuchtturm Faro und endet beim Sporthafen.

Einkaufen 》》 Lesertipp: Bodega El Castillito, nahe der Infostelle, mit Bar. „Authentische Bodega, sehr netter Besitzer. Direkte Flaschenabfüllung in dem Raum, in dem auch die Herstellung stattfindet" (Daniel Hoch und Conny Braun). Calle Castillo 11. 《《

Feste Carnaval, Karneval, Fasching, ebenso ausgelassen gefeiert wie in Cádiz.

Romería del Pinar, am zweiten Junisonntag. Traditionelle Prozession, bei der die Marienstatue der Kirche Nuestra Señora de Regla zu ihrer Waldkirche vor den Toren der Stadt gebracht wird.

Fiesta de Nuestra Señora del Carmen, am 16. Juli, mit einer Bootsprozession. Das eigentliche Fest beginnt bereits am 14. Juli.

Fiesta del Moscatel, etwa um den 11.–15. August. Das Fest des örtlichen Süßweins, gleichzeitig Sommerfest; Stiertreiben zum Strand „Cruz del Mar", dort dann Stierkampf, Flamenco etc.

Feria de Nuestra Señora de Regla, fünftägiges Fest um den 8. September, das auch das Ende der Sommersaison ankündigt. Große Feria bei der Klosterkirche und auf einem separaten Festgelände.

Übernachten/Essen & Trinken

Übernachten Viele Unterkünfte, die meist nur im Sommerhalbjahr geöffnet sind, im Gebiet um den Leuchtturm und die Playa de Regla. Im Juli und vor allem August wird es eng.

*** Hotel Al Sur de Chipiona, nicht weit vom Regla-Strand und der dortigen Kirche. Das 60-Zimmer-Haus verteilt sich auf zwei verschiedene Gebäude, von denen eines denkmalgeschützt ist. Kleiner Garten und Pool, Garage. Ganzjährig geöffnet. DZ kosten zur HS etwa 120 €, zur NS gibt es je nach Nachfrage Spezialangebote. Av. de Sevilla 101, ✆ 956 370300, www.hotelalsur.com.

*** Hotel Playa de Regla, direkt an der Uferpromenade des Hauptstrands von Chipiona. Familiär geführtes Quartier, große und schön zum Strand hin gelegene Cafeteria-Terrasse. Von November bis etwa Mitte März geschlossen. DZ/F nach Saison und Lage etwa 65–180 €, zur Hochsaison sechs Tage Mindestaufenthalt. Paseo Costa de la Luz 29, ✆ 956 372769, www.hotelplaya.com.

** Hotel La Española, zentral und gleichzeitig in Strandnähe gelegen. Hübscher Bau mit Anklängen des spanischen Jugendstils; komfortable Zimmer, Garage, gutes Restaurant. Ganzjährig geöffnet. DZ/Bad nach Saison und Lage etwa 55–90 €. Calle Isaac Peral 3, ✆ 956 373771, ✆ 956 373771, www.hotellaespanola.com.

Chipiona 159

** Pensión Hostal Las Galias I, in einer von Apartmentblocks geprägten Gegend nicht weit vom Regla-Strand. Das Haus selbst ist jedoch hübsch, stilvoll eingerichtet und bietet hotelähnlichen Komfort. Um die Ecke liegt die Dependance Galias II. DZ/Bad ab etwa 40 €, von Juli bis etwa Mitte September allerdings bis zu 80 €. Av. de Sevilla 65, ✆ 956 370910, www.hostallasgalias.com.

** Pensión Gran Capitán, hübsches und gepflegtes Häuschen in einer Fußgängerzone im Zentrum, nahe dem Kirchplatz und der Hauptstraße Isaac Peral. Nette Dekoration, freundliche Leitung, 18 reizvoll-rustikal möblierte Zimmer. Von mehreren Lesern gelobt. Geöffnet Ostern bis Oktober. DZ/Bad rund 45–70 €. Calle Fray Baldomero González 7, ✆ 956 370929, www.hostalgrancapitan.com.

Jugendherberge Albergue Juvenil Chipiona Inturjoven, neuere JH unweit des Strands Playa de la Regla. Nur etwa Mitte Juni bis Mitte September geöffnet, dann oft voll: Reservieren! Paseo Costa de la Luz s/n, Buchung über die Zentrale von Inturjoven, ✆ 902 510000.

Essen & Trinken Eine Reihe von Tapasbars findet sich in der Calle Isaac Peral, auch eine Gelegenheit, einmal den bekannten örtlichen Süßwein „Moscatel" zu probieren.

Rest. Paco, am Sporthafen. Eine der ersten Adressen des Städtchens, spezialisiert auf frischen Fisch und Meeresfrüchte. Gehoben auch in Ambiente und Service, deshalb nicht ganz billig, Menü à la carte ab etwa 30 €. Puerto Deportivo s/n, im November Betriebsferien, im Winter Di Ruhetag. ✆ 956 374664.

》》 Lesertipp: Rest. **Las Canteras**, gleich nördlich vom Leuchtturm am Meer. „Direkt am Atlantik, wird von der Promenade aus leicht übersehen. Schlicht eingerichtet, aber ausgezeichneter Fisch und ausgezeichnete Meerestiere. Preis und Leistung stimmen. Playa de las Canteras" (Friedhelm und Ingrid Saffé). **《《**

》》 Mein Tipp: **Cooperativa Católico Agrícola**, eine 1922 gegründete Bodega mit mehreren angeschlossenen Lokalen, darunter der große „Patio Andaluz La Gregoria" im Hinterhof. In allen gibt es guten Fisch und Meeresfrüchte. Auch ein Self-Service-Bereich ist vorhanden. Besonders urig ist die Bar ganz rechts, in der der Wein zum Spottpreis glasweise ausgeschenkt wird; hier auch Direktverkauf von Moscatel und Fino. Prima Adresse, leider nur im Sommer geöffnet. Am Anfang der Avenida de Regla auf Nummer 8–10, nicht weit vom Markt. Seit 2012 gibt es hier auch ein hübsch gemachtes, aber nur am Wochenende geöffnetes **Museo de Moscatel**. **《《**

Bar La Ola, bodenständiges Lokal nahe der Infostelle, in der erwähnten Calle Isaac Peral. Spezialisiert auf Fisch und Meeresfrüchte als Tapa und Ración, günstiges Preisniveau. Calle Isaac Peral 5. Nicht weit entfernt auf Nummer 10 und ebenfalls gut: **Bar Volapié**.

Bodega und mehr: Cooperativa Católico Agrícola

Sehenswertes

Parroquia de Nuestra Señora de la O: Die Pfarrkirche des Ortes stammt ursprünglich aus dem 16. Jh., wurde aber im 18. Jh. komplett umgebaut. Besonders hübsch zeigt sich der Kirchplatz mit den kräftigen Palmen und dem üppigen Blumenschmuck.

El Castillo: Die kleine Burg (von den Einwohnern „Castillito" genannt) steht auf einem felsigen Küstenvorsprung im Norden der Siedlung. Der quadratische, zinnenbewehrte Bau wurde seit 1890 fast ein Jahrhundert lang als Hotel genutzt und dafür erheblich umgebaut. Heute beherbergt er ein Interpretationszentrum (Di–So 10–14 Uhr; 2 €), das sich der Beziehung der Provinz Cádiz zur Neuen Welt widmet.

Corrales de Pesca: Eine Besonderheit von Chipiona sind diese „Fischfallen", die bei Ebbe (zum Beispiel an der Küste nahe El Castillo) gut zu erkennen sind. Es handelt sich um ausgedehnte, auf Felsen ins Meer gebaute Pferche aus Steinmauern, mit deren Hilfe schon zu Römerzeiten Fischfang betrieben wurde und auch heute noch wird. Das Prinzip ist einfach: Bei Flut gelangten die Fische problemlos in den Corral, bei Ebbe sitzen sie darin fest und können mit Netzen, Keschern oder Harpunen aus dem flachen Wasser geholt werden. Saison für den Fischfang auf diese Art ist von Mai bis Oktober, von Januar bis Mai werden vorwiegend Tintenfische (Chocos) gefangen. Im Sommer können die Corrales auf Führungen besichtigt werden, Anmeldung bei der Touristeninformation.

El Faro: Der Leuchtturm von Chipiona, 1867 in einem Gebiet errichtet, in dem bereits die Römer ein Leuchtfeuer unterhielten, ist mit seinen 69 Metern der höchste ganz Spaniens und angeblich sogar der dritthöchste Europas und der fünfthöchste der Welt. Sein Licht reicht rund 80 Seemeilen weit und ist in klaren Nächten von der portugiesischen Küste aus zu erkennen. Er fungiert als so genannter See- und Luftleuchtturm, da er zur Orientierung von Flugzeugen auch vertikal strahlt, gleichzeitig auch als Blitzableiter der Stadt. Bei den Führungen sind bis zur Lichtkanzel immerhin 344 Stufen zurückzulegen.
Führungen: Anmeldung in der Infostelle obligatorisch, Preis pro Person 5 €.

Etwas abseits vom Trubel: der Kirchplatz von Chipiona

Santuario Nuestra Señora de Regla: Direkt beim Regla-Strand erhebt sich die große Klosterkirche an einer Stelle, an der einst eine Festung stand. Bereits seit dem Ende des 14. Jh. existiert hier ein Kloster, das zunächst von Augustinern betrieben wurde. Ihre Nachfolger, die Franziskaner, die heute noch hier leben, errichteten zu Anfang des 20. Jh. den gegenwärtigen neogotischen Bau; Teile der Mauern gehen jedoch bis ins 15. Jh. zurück, der Kreuzgang ist im Stil des Mudéjar gehalten. Das Innere der Kirche birgt die hoch verehrte Statue der Virgen de Regla.

Sanlúcar de Barrameda

Das fast 70.000-Einwohner zählende Städtchen am Ostufer der Mündung des Guadalquivir hat Vergangenheit: In der Umgebung soll das legendäre Tartessos gelegen haben, Kolumbus startete hier zur dritten Amerikafahrt ebenso wie Magellan zu seiner Weltumsegelung.

Von der langen Geschichte zeugen noch einige Kirchen und Paläste im alten Zentrum, der überwiegende Teil der Ortsfläche jedoch ist modern geprägt. Es sind auch weniger die Monumente, die einen Besuch von Sanlúcar lohnen. Anziehend sind vielmehr der etwas angestaubte Kleinstadtcharme, die wechselnden Stimmungen am Flussufer, die berühmten Hummerkrabben *langostinos* in der Restaurantzone am Flussstrand und der nicht minder berühmte *manzanilla*, eine vor Ort gereifte, trockene Sherrysorte, die sich ideal als Aperitif eignet. Von Sanlúcar starten zudem Ausflugsboote ins Gebiet des Nationalparks *Coto de Doñana*, der sonst nur auf einem weiten Umweg via Sevilla zu besuchen ist; zusätzlich dokumentieren zwei Besucherzentren die Kultur und Natur des Gebiets.

Orientierung: Das etwas erhöht gelegene Viertel *Barrio Alto* bildet den historischen Ortskern und erstreckt sich südlich der verkehrsberuhigten Calle San Juan, die mit ihrer Verlängerung Calle Ancha einige hundert Meter landeinwärts parallel zum Río Guadalquivir verläuft. Gleich flusswärts der Hauptstraße liegt die hübsche, palmenbestandene *Plaza del Cabildo*, die das heutige Stadtzentrum markiert. Von hier führt die breite *Calzada Duquesa Isabel* schnurgerade hinab zum Río Guadalquivir. An ihrem Ende rechter Hand noch etwas flussaufwärts liegt das Fischer- und Restaurantviertel *Bajo de Guía*.

Basis-Infos

Information Oficina Municipal de Turismo, Calzada Duquesa Isabel s/n, ✆ 956 366-110. An der breiten Avenida, die vom Zentrum flusswärts verläuft; geöffnet täglich 10–14 Uhr, am Nachmittag je nach Jahreszeit 16/17/18–18/19/20 Uhr. www.sanlucarturismo.com.

Verbindungen Busbahnhof an der Av. de la Estación, einer Seitenstraße der Calzada Duquesa Isabel unweit der Infostelle. VALENZUELA fährt stündlich nach Jerez, AMARILLOS bedient Chipiona und Cádiz via El Puerto de Sta. María ebenfalls etwa stündlich sowie Sevilla 10-mal täglich.

Auto: Eine zentrale Tiefgarage liegt an der Calzada Duquesa Isabel, nahe Infostelle.

Feste Feria del Manzanilla, das Fest des Manzanilla-Weins, mehrere Tage etwa Mitte bis Ende Mai. Festzelte, Sevilla-Tänze, Reiter in Tracht, großer Umtrunk, Bratfische … Eines der schönsten unter den großen Frühlingsfesten der Provinz. Am Tag danach liegt die Stadt im Tiefschlaf.

Romería del Rocío, Pfingsten: Die geschmückten Karren, die von der Provinz Cádiz zur Wallfahrt unterwegs sind, setzen von Bajo de Guía auf die andere Seite des Guadalquivir über, ein Fest für Fotografen.

Noches de Bajo Guía, ein dreitägiges Flamencofestival etwa Mitte/Ende Juli.

Carreras de Caballo, Pferderennen am Strand, ein großes, wild gefeiertes Spektakel, dessen Tradition bis 1845 zurückreicht. Jeweils mehrere Tage in der zweiten und vierten Augustwoche, das genaue Datum wird anhand des niedrigsten Wasserstandes der Ebbe ausgewählt. Beginn der Rennen meist zwischen 17.30 und 18.30 Uhr, Ende bei Sonnenuntergang.

Fiesta de San Lucas, am 18. Oktober, das Fest des Stadtpatrons von Sanlúcar.

Flamenco Bodegón de Arte A Contratiempo, ganz in der Nähe des Bodegón de Lola (→ „Essen & Trinken"). Eine „Kunst-Bodega", in der vor allem an Wochenenden (im Sommer noch erweitert; Programm in der Infostelle) recht häufige Flamencoshows stattfinden; Eintritt inkl. Getränk etwa 15 €. Auch andere Musik-Veranstaltungen. C. San Miguel 5, ✆ 653 071099, www.bodegonacontratiempo.com.

Sport Der **Club Ecuestre La Arboleda** veranstaltet Ausritte am Strand etc. Camino La Jara s/n, im Süden der Stadt, Mobil-✆ 630 867672.

Touren Zu den Schiffs- und Allradausflügen der Gesellschaft Real Fernando in den Nationalpark Doñana → „Sehenswertes".

Viajes Doñana offeriert ebenfalls Allradbus-Touren im Park; Fahrtstrecke etwa 70 km, Dauer 3,5 Stunden, Preis p. P. etwa 40 €. Reservierung geraten. Auch die Schiffstickets für die Real Fernando kann man hier buchen. Reisebüro Viajes Doñana, im Zentrum an der Calle San Juan 20, ✆ 956 362540, www.viajesdonana.es.

Übernachten/Essen & Trinken

Übernachten *** Hotel Los Helechos **10**, am Rand des historischen Viertels. Recht reizvoller Bau im andalusischen Stil, mit Patio und Dachterrasse mit kleinem Pool, die Zimmer sind gut in Schuss. Parkgarage mit wenigen Plätzen und enger Zufahrt. DZ etwa 65–85 €. Pl. Madre de Dios 9, ✆ 956 361349, www.hotelloshelechos.com.

** **Hotel Posada del Palacio 13**, im herrschaftlichen Herzen der Altstadt. Untergebracht in einem Palast des 18. Jh. samt Nebengebäuden, kein Zimmer wie das andere. Bar, gutes Restaurant, Dachterrasse. Geöffnet April–Oktober, DZ etwa 90–110 €. Calle Caballeros 11, ✆ 956 364840, www.posadadepalacio.com.

»» Mein Tipp: ** Hotel Barrameda **6**, an der Fußgängerzone direkt beim Hauptplatz, auf den manche der Zimmer gehen. Blitzblankes Quartier mit modernen Zimmern; prima Ausstattung, Dachterrasse, eigene Parkmöglichkeit (moderate Gebühr) in Fußentfernung. Weite Preisspanne je nach Nachfrage, DZ etwa 55–135 €, gegen Aufpreis auch Superior-Zimmer. C. Ancha 10, die Lage besser zuerst zu Fuß erkunden; ✆ 956 385878, www.hotelbarrameda.com. ««

Hospedería Duques de Medina Sidonia 11, untergebracht in einem Teil des Palasts der Herzöge von Medina Sidonia; die Einnahmen fließen einer von der (2008 leider verstorbenen) Herzogin gegründeten Stiftung zu, die auch das Hotel betreut. Schöne Gartenanlagen, geräumige Zimmer unterschiedlicher Ausstattung, vielfach mit antikem Mobiliar. Von Lesern gelobt. Gute öffentliche Cafeteria mit Salon und Gartenterrasse. DZ/F nach Ausstattung und Lage 75–120 €. Pl. Condes de Niebla 1, ✆ 956 360 161, www.ruralduquesmedinasidonia.com.

** **Pensión Bohemia 3**, in einer Seitengasse der Calle Santo Domingo, der nordöstl. Verlängerung der Hauptstraße Calle Ancha. In seiner Klasse ein sehr ordentliches Quartier. DZ/Bad um die 40–50 €. Calle Don Claudio 5, ✆ 956 369599. www.pensionlabohemia.com.

* **Pensión Blanca Paloma 9**, an einem freundlichen kleinen Platz nahe der zentralen Plaza del Cabildo, einige der Zimmer mit Balkon. Eher einfach, aber recht preisgünstig, DZ ohne Bad um die 35 €. Pl. San Roque 9, ✆ 956 380981, www.hostalblancapaloma.com .

Essen & Trinken Bajo de Guía, das Fischer- und Restaurantviertel am Fluss, ist für jeden Liebhaber maritimer Genüsse natürlich ein Fest. Das bessere Revier für Tapasgänge ist allerdings der Hauptplatz. Ein Gläschen Manzanilla sollte in keinem Fall fehlen …

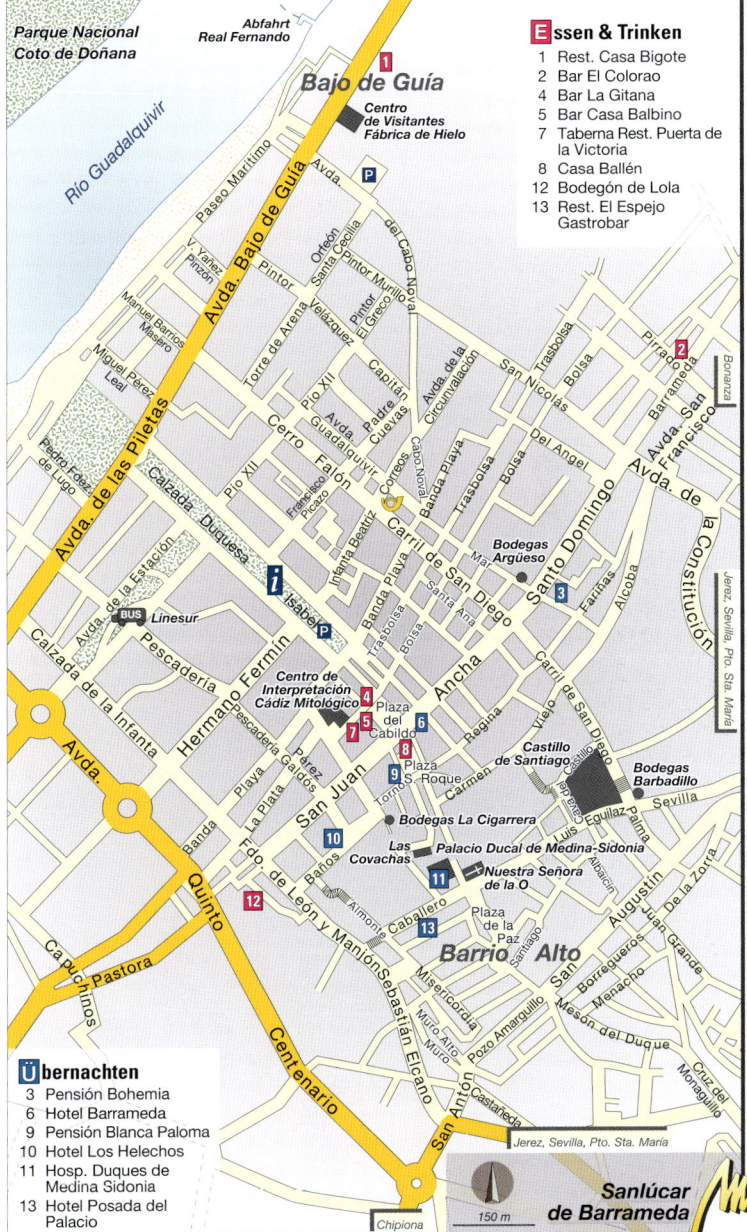

Rest. Casa Bigote 1, schon traditionell die erste Adresse in Bajo de Guía. Vom ersten Stock genießt man einen schönen Blick über den Fluss. Auf der Karte steht eine erlesene Auswahl an Fisch und Meeresfrüchten – und zwar ausschließlich: Was nicht im Wasser schwimmt, kommt hier auch nicht auf den Tisch. Köstliche Eintöpfe (guisos). Menü à la carte ab etwa 30–35 € aufwärts, für das Gebotene nicht zu viel. So und im November geschlossen. Bajo de Guía s/n, ✆ 956 362696.

Rest. El Espejo Gastrobar 13, in der Oberstadt im Gebäude des Hotels Posada del Palacio, jedoch unabhängig geführt. Geschmackvoll eingerichtetes Lokal mit Patio, saisonabhängig wechselnde Karte mit originellen Tapas-Kreationen. Leicht gehobenes, aber vertretbares Preisniveau. Zur Saison abends täglich geöffnet, Mi–Sa auch mittags. Reservierung sehr ratsam. Calle Caballeros 11, ✆ 651 141650.

Taberna Restaurante Puerto de la Victoria 7, nahe der Plaza Cabildo. Umfangreiche Karte mit Tapas, halben und ganzen Raciones; gute Qualität, günstige Preise. Sehr beliebt, trotz vieler Tische oft voll besetzt. Calle Victoria 7.

Bodegón de Lola 12, uriges Lokal in einer alten Bodega, etwas versteckt, aber dennoch oft sehr gut besucht, da beliebt bei den Einheimischen. Sehr gute Auswahl an feinen Tapas (Meeresfrüchte, Schinken etc.), dazu gibt es abends schon mal Livemusik. C. San Miguel 4, am südlichen Altstadtrand.

Bar El Colorao 2, unauffällige Eckbar in einem ruhigen Wohn- und Kleingewerbeviertel nordöstlich des Zentrums. Das schlichte Lokal genießt für seinen frittierten Fisch besten Ruf und ist gar nicht teuer. Calle Sargenta, Ecke Calle Pirado.

»› Mein Tipp: Bar Casa Balbino 5, in der südwestlichen Ecke des „Tapas-Platzes" Plaza Cabildo. Mit Terrasse, im Inneren Stierkampfambiente und alte Fotos. Der Klassiker hier am Platz, sehr gute und günstige Tapas in unglaublich breiter Auswahl (über 50 Sorten!), die man sich innen an der Theke im Self-Service-Verfahren besorgt. Pl. Cabildo 13. «

Bar La Gitana 4, wenige Schritte weiter. Die Bar der berühmten Manzanilla-Bodega hat wie alle Lokale am Platz auch Tische im Freien, Tapas-Spezialitäten sind „Guisos" (Eintöpfe) und „Montaditos", in diesem Fall Mini-Baguettes. Self Service.

Casa Ballén 8, ebenfalls nicht weit entfernt, jedoch jenseits der Calle San Juan. Urige Bar mit netter Atmosphäre, gute Tapas, viele einheimische Gäste. Leser lobten besonders die „Tortilla de Camarones". Plaza de San Roque 7.

Tipp für Tapas-Touren: Plaza del Cabildo

Sehenswertes

Lohnend ist ein Spaziergang durch das Altstadtviertel, dessen Paläste einen Hauch morbider Grandezza verströmen. Leider sind einige Monumente, darunter die ungewöhnlichen gotischen Reliefs *Las Covachas* (15. Jh.) am Zugang zur Oberstadt, in sehr schlechtem Zustand.

Nuestra Señora de la O: Die mächtige Kirche liegt im Kern der Oberstadt und bildet das wichtigste Bauwerk von Sanlúcar. Gleichnamige Gotteshäuser gibt es auch in Rota und Chipiona, die Herkunft und Bedeutung der Bezeichnung (evtl. abgeleitet aus dem langgezogenen „O" in „Oh María") ist bis heute umstritten. Errichtet wurde die Kirche ab 1360, im 17. Jh. dann umgebaut; an der Fassade ist ein schönes Steinportal mit Mudéjaranklängen zu sehen.
Führungen Mo–Do 11–13.30 Uhr; Eintrittsgebühr 2 €.

Palacio Ducal de Medina-Sidonia: Der Palast der Herzöge von Medina Sidonia, unweit der Kirche gelegen, wurde im 15. Jh. errichtet. Vor einigen Jahren restauriert und zum Teil in eine Hospedería verwandelt, kann er auf Führungen (Mi–Fr 12 Uhr, So 11.30 und 12 Uhr; 5 €) besucht werden. Die Hospedería besitzt eine sehr schöne, sehenswerte Cafeteria.

Castillo de Santiago: Seit einer aufwändigen, viele Jahre andauernden Restaurierung ist diese spätgotische, im 15. Jh. errichtete Festung östlich der Kirche wieder der Öffentlichkeit zugänglich. Vom Turm Torre del Homenaje bietet sich ein schöner Blick auf die Stadt. Hungrige finden auch ein Bar-Restaurant.
Di–Sa 10.15–14, 16.15–20 Uhr, So 10.15–15 Uhr; Kassenschluss jeweils 45 min. vorher. Eintrittsgebühr 7 €.

Palacio de Orleáns y Borbón: Ein Palast im Stil des Neo-Mudéjar, im Gebiet westlich der Kirche glegen und umgeben von einer schönen Grünanlage. Im 19. Jh. als Sommerresidenz des Herzogs von Montpensier errichtet, beherbergt er heute das Rathaus.
Mo–Fr 10.45–13.30 Uhr, Sa 10.30–11.15 Uhr. Eintritt frei.

Centro de Interpretación Cádiz Mitológico: An der Plaza de la Victoria in der Unterstadt, quasi um die Ecke vom Hauptplatz, beherbergt ein im 17. Jh. errichteter und 1992 wieder aufgebauter Konvent dieses Interpretationszentrum, das sich mit der griechischen und phönizischen Vergangenheit der Provinz Cádiz befasst.
Mo–Fr 10.15–13.30 Uhr, Voranmeldung ratsam: ✆ 956 383810. Eintritt frei.

Bodegas: Sanlúcar bildet den westlichen Punkt des „Sherry-Dreiecks", zu dem noch Jerez und El Puerto de Santa María gehören. Der Manzanilla von Sanlúcar, als D.O. herkunftsgeschützt, verdankt seinen charakteristischen Geschmack der feuchten und salzhaltigen Seeluft, der sich die Bodegas mit ihrer Ausrichtung von Nordwest nach Südost öffnen, ohne dabei schädliche Sonnenstrahlen einzulassen.

Bodega-Besuche Hier nur eine Auswahl, komplette Liste bei der Infostelle. Die Führer sprechen meist etwas Englisch.

Bodegas La Cigarrera, Pl. Madre de Dios s/n, in zentraler Lage am Rand des historischen Viertels. 1758 gegründet, jetzt bereits seit neun Generationen in Familienbesitz. Führungen Mo–Fr 11 Uhr (Englisch) sowie Mo–Sa 10–13 Uhr; 4 €. ✆ 956 381285, www.bodegaslacigarrera.com.

Bodegas Barbadillo, Calle Luis Equilaz 11, beim Castillo de Santiago, mit einer Tradition, die ebenfalls immerhin schon fast zwei Jahrhunderte zurückreicht. Führungen Mo–Sa um 11 (Englisch), 12 und 13 Uhr sowie So 12 Uhr, p. P. 6 €; angeschlossen ein „Manzanilla-Museum" (Mo–Sa 10–15 Uhr, von Sept.–Mai am Mi bis 18 Uhr). ✆ 956 360894, www.barbadillo.com.

>>> **Lesertipp:** Sanlúcar – Descubrela!, in den Bodegas Argüeso. „Kleines Büro im Hof der Bodega. Frau Eva Maía Buzón Jimenez spricht sehr gut Deutsch und bietet sowohl Führungen durch die geschichtsträchtigen Bodegas Argüeso und Delgado Zuleta als auch weitere touristische Entdeckungsreisen in der Gegend an. Wir waren begeistert von der Fülle an Informationen" (Dagmar Schmidt u. Dirk Richter). Bodegas Argüeso, Calle Mar 8, Mobil-✆ 630 765483, www.sanlucardescubrela.com. «««

Centro de Visitantes Fábrica de Hielo: Eine schöne ehemalige Eisfabrik im Viertel Bajo de Guía beherbergt dieses Besucherzentrum (tägl. 9–19.50 Uhr; ✆ 956 386 577), dessen Thema der Nationalpark Coto de Doñana ist; hier sind auch die Tickets für die Schiffsausflüge in den vorgelagerten Naturpark Entorno de Doñana erhältlich. Mit Filmvorführungen, Info-Screens und Installationen erschließt die Ausstellung im Erdgeschoss die Flora, Fauna und Geologie des Gebiets, während der erste Stock die Geschichte und Kultur des Parks dokumentiert. Ganz oben liegt ein Aussichtspunkt über den Fluss.

Schiffsausflüge von Sanlúcar in den Naturpark Coto de Doñana

Die *Real Fernando*, benannt nach dem ersten spanischen Dampfschiff, das 1817 den Guadalquivir befuhr, startet rund ums Jahr zu Ausflügen auf dem Fluss. Am Westufer streifen diese den Rand des Nationalparks Parque Nacional Coto de Doñana, der im Kapitel zur Provinz Huelva näher beschrieben ist. Mehr als eine Schnuppertour können die etwa vierstündigen Fahrten zwar nicht sein, doch vermitteln sie immerhin einen ersten Eindruck von der Landschaft, mit etwas Glück auch von der Tierwelt des Parks. Unterwegs werden an zwei Stellen kurze Landspaziergänge im Gebiet des Vorparks Parque Natural Entorno de Doñana am Ostufer des Guadalquivir eingelegt, der landschaftlich dem eigentlichen Nationalpark sehr ähnlich ist. Man besucht dabei die „Salinas de los Portugueses", ein Salinengebiet, in dem oft auch Flamingos zu sehen sind, und den „Poblado de la Plancha", die Rekonstruktion eines typischen Dorfs der Marisma. Zum Programm zählt auch eine audiovisuelle Vorführung über den Park; wer Vögel beobachten will, kann sich an Bord Ferngläser mieten.

Abfahrten im Flussviertel Bajo de Guía von März bis Oktober 2-mal täglich (am Morgen und am Nachmittag), sonst deutlich eingeschränkt. Fahrpreis etwa 18 €, Reservierung ratsam. Zusätzlich werden auch kombinierte Touren mit Allrad-Bussen angeboten, Dauer ca. 2,5 Std., p. P. 35 €, Voranmeldung unabdinglich. Wegen der Wallfahrt nach El Rocío finden in der Zeit von fünf Tagen vor bis fünf Tagen nach Pfingsten keine Touren statt. Ein Mückenschutzmittel kann nützlich sein. Tickets im Dokumentationszentrum „Fábrica de Hielo", Reservierungen unter ✆ 956 363813. www.visitasdonana.com.

Bonanza: Der kleine Hafen Bonanza liegt einige Kilometer nördlich von Sanlúcar am Ufer des Guadalquivir, hart am Rand des Vorparks Parque Natural Coto de Doñana. Von diesem heutigen Fischerhafen aus sollen Kolumbus und Magellan einige ihrer abenteuerlichen Fahrten begonnen haben.

Weiterreise: Ab Sanlúcar gibt es entlang der Costa de la Luz in westlicher Richtung kein Durchkommen, da der Nationalpark *Coto de Doñana* auf der anderen Seite des Guadalquivir eine Sperre bildet. Die Küste der Provinz Huelva ist somit, wie auch der Nationalpark selbst, nur über einen weiten Umweg via Sevilla zu erreichen.

Zentrum der gleichnamigen Sierra: das „Weiße Dorf" Grazalema

Das Binnenland der Provinz Cádiz

Die wichtigsten Kennzeichen des Inlands der Provinz sind die ausgedehnten Weiden der Kampfstiere und die „Pueblos Blancos".

Nicht zu vergessen natürlich die weitläufigen Weingärten, in denen der zukünftige Sherry wächst ... Zu den Hauptzielen im Binnenland zählen folgerichtig die Sherrystadt Jerez und die „Weißen Dörfer", allen voran Arcos de la Frontera. Kleiner, aber ebenfalls bildschön sind die Dörfer ganz im Nordwesten der Provinz, Richtung Ronda. In einem bergigen und wildromantischen Gebiet erstreckt sich hier die zerklüftete, grüne Karstlandschaft des Naturparks Sierra de Grazalema.

Jerez de la Frontera

Die meisten Besucher kommen vor allem wegen der Bodegas, in denen der berühmte Wein reift. Jerez hat aber noch mehr zu bieten.

Pferdefreunde werden die ebenfalls weithin bekannte Königliche Reitschule besuchen und Motorsportfans zu einer der Rennveranstaltungen auf dem hiesigen Kurs anreisen wollen. Doch auch wer nur in einer sympathischen Stadt ein wenig bummeln möchte, ist in Jerez richtig.

Mit einer Einwohnerzahl von über 200.000 Menschen, deutlich mehr als die Bevölkerung der Provinzhauptstadt Cádiz, ist Jerez de la Frontera nicht die Kleinstadt, die mancher vielleicht erwartet. Ein Ring von Umgehungsstraßen und Industrieanlagen umklammert das Zentrum. Ist man aber erst einmal in den teilweise denkmalgeschützten Ortskern vorgestoßen, präsentiert sich Jerez als eine freundliche und offene Stadt, die viel Lokalkolorit besitzt, ohne für den Tourismus herausgeputzt zu sein. Abends und nachts allerdings wirkt das Zentrum häufig wie ausgestorben, da der Großteil der Bevölkerung in den neueren Vierteln außerhalb wohnt. Prekär ist die wirtschaftliche Lage der Kommune, auch wenn dies dem Besucher nicht unbedingt ins Auge fällt: Jerez ist so hoch verschuldet wie kaum eine andere Gemeinde in Spanien.

Orientierung: Mittelpunkt der Stadt ist die *Alameda Cristina*, eine Mischung aus Platz und kleiner Parkanlage. Einen weiteren Fixpunkt stellt die südlich gelegene *Plaza Arenal* dar. Die Verbindung zwischen den beiden bilden die *Calle Puerto de Sevilla* und ihre südliche Verlängerung, die als Fußgängerzone ausgewiesene *Calle Larga*. Westlich dieser Linie erstreckt sich die Altstadt, östlich davon liegen die Geschäftsviertel samt der Mehrzahl der Unterkünfte und Lokale.

Basis-Infos

Information Oficina Municipal de Turismo, Plaza Arenal, Edificio Los Arcos. Geöffnet Mo–Fr 9–15, 17–19 Uhr bzw. im Winter 16.30–18.30 Uhr, Sa/So 9.30–14.30 Uhr. ✆ 956 338 874 und 956 341711, www.turismojerez.com.

Verbindungen Flug: Flughafen „La Parra" (Info: ✆ 956 150000) etwa 7 km nordöstlich der Stadt. Busse zum Busbahnhof 3-mal täglich, weiter Richtung Cádiz 2-mal täglich. Züge zum Bahnhof und weiter Richtung Cádiz verkehren 11-mal, Züge Richtung Sevilla 8-mal täglich; zur Station vom Ausgang über den Parkplatz. Ein Taxi ins Zentrum sollte etwa 16 € kosten.

Zug: Architektonisch reizvoller Bahnhof (Renfe-Info: ✆ 902 240202) am südöstlichen Zentrumsrand. Nach Cádiz mit den Cercanías-Nahverkehrszügen der Linie C1 etwa stündlich, Züge nach Sevilla alle ein bis zwei Stunden, Madrid 14-mal täglich.

Bus: Busbahnhof beim Bahnhof. COMES nach Cádiz 9-mal, El Puerto de Santa María 10-mal, Sevilla 7-mal, Rota 6-mal, Arcos 4-mal, Ronda 2-mal, Granada 1-mal täglich. VALENZUELA nach Sanlúcar etwa stündlich, Chipiona 5-mal, Sevilla und Algeciras je 7-mal täglich. AMARILLOS nach Arcos de la Frontera etwa stündlich.

Auto: Das gesamte Zentrum ist gebührenpflichtige „Blaue Zone" mit limitierter Parkzeit. Tiefgaragen finden sich z. B. an der *Plaza Mamelón* nördlich der Alameda Cristina, direkt unter der zentralen *Plaza del Arenal* sowie nahe dem *Alcázar*.

Mietwagen: AVIS, am Flughafen, ✆ 956 150 005, und Alameda Cristina 13 (Hotel Tryp Jerez), ✆ 956 314120. EUROPCAR, am Flughafen und Av. Alcalde Álvaro Domecq s/n (Hotel Sherry Park), jeweils ✆ 902 105055. HERTZ, am Flughafen, ✆ 856 902726.

Taxi: Funktaxis unter ✆ 956 344860.

Adressen Deutsches Konsulat, Avenida de Méjico 10, Portal 1, 2°D; Terminvereinbarung (obligatorisch) unter ✆ 956 187463.

Post: Calle Cerrón s/n, am südlichen Ende der Calle Honda; Öffnungszeiten: Mo–Fr 8.30–20.30 Uhr, Sa 9–13 Uhr.

Internet-Zugang: Locutorio Ciber, C. Porvera 18, nicht weit von der Infostelle.

Arabisches Bad: Hammam Andalusí, Badeanlage in arabischem Stil, untergebracht in einem Stadthaus des 18. Jh. Ein Bad (1,5 Std.) kostet 25 €, Badekleidung erforderlich; Einlass alle zwei Stunden von 10–22 Uhr. Massagen etc. werden ebenfalls angeboten. C. Salvador 6, hinter dem Hotel Bellas Artes, ✆ 956 349066, www.hammam andalusi.com.

Einkaufen Sehr typisch sind natürlich Reitutensilien, aber auch Geflochtenes aus Weide. Haupteinkaufszone ist die Calle Larga.

Guarnicionería, Reiterzubehör: „Hipisur – La Botique del Caballo", C. Circo 1, nahe Plaza de Toros. www.hipisur.com.

Mimbre, Weidengeflecht: „Persianas Becerra", C. Porvera 47; hier u.a. geflochtene Hüte und andere Korb- und Flechtwaren.

Zigarren: „Cava Paul", C. Paul 1, nördlich des engeren Zentrums. Breites Angebot.

Mercado de Abastos, die Markthallen an der Plaza Esteve südwestlich der Post.

Rastrillo, Flohmarkt an jedem Sonntag von Oktober bis Juni, an der Alameda Vieja.

Jerez de la Frontera

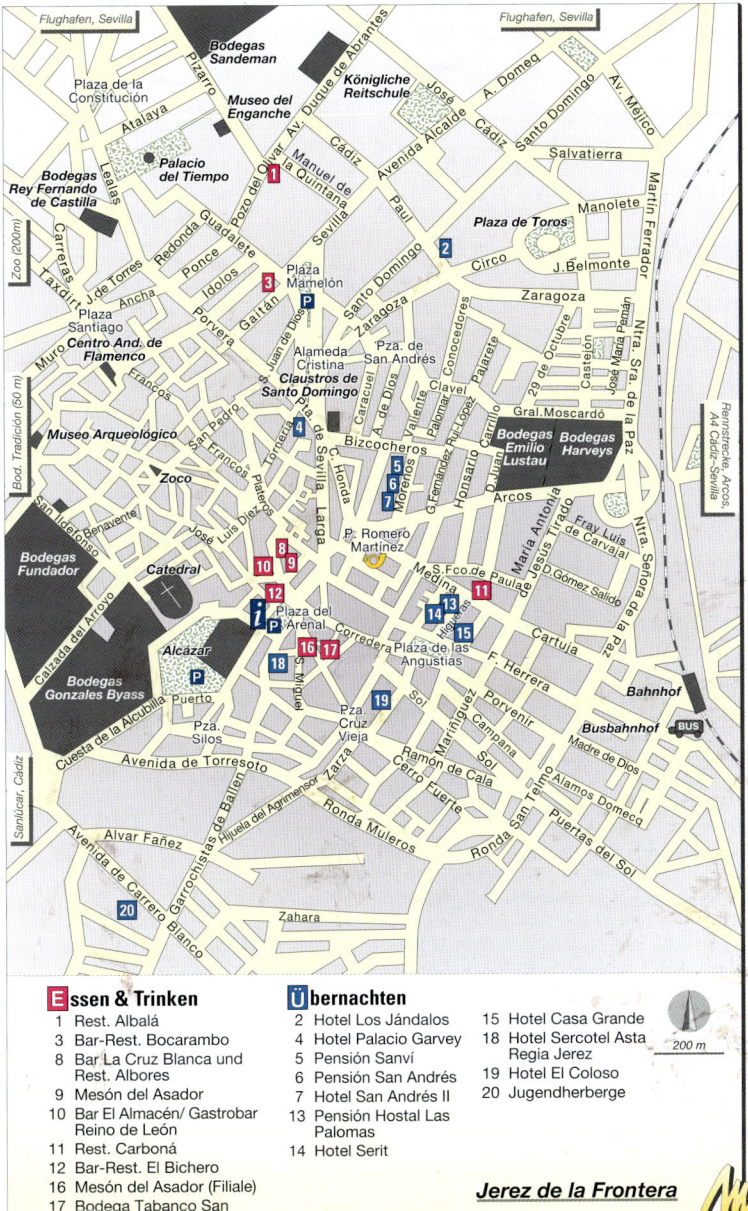

Essen & Trinken
1 Rest. Albalá
3 Bar-Rest. Bocarambo
8 Bar La Cruz Blanca und Rest. Albores
9 Mesón del Asador
10 Bar El Almacén/ Gastrobar Reino de León
11 Rest. Carboná
12 Bar-Rest. El Bichero
16 Mesón del Asador (Filiale)
17 Bodega Tabanco San Pablo

Übernachten
2 Hotel Los Jándalos
4 Hotel Palacio Garvey
5 Pensión Sanví
6 Pensión San Andrés
7 Hotel San Andrés II
13 Pensión Hostal Las Palomas
14 Hotel Serit
15 Hotel Casa Grande
18 Hotel Sercotel Asta Regia Jerez
19 Hotel El Coloso
20 Jugendherberge

Jerez de la Frontera

Provinz Cádiz

Feste/Veranstaltungen Festival de Flamenco, Ende Februar, Anfang März, organisiert vom Teatro Villamarta. Neben diversen Aufführungen werden während des etwa zehntägigen Festivals auch Tanzkurse und Workshops angeboten. www.festivaldejerez.es.

Semana Santa, die Karwoche; „Saeta"-Gesang und über 30 Prozessionen; Höhepunkt ist die Nacht zwischen Gründonnerstag und dem Sonnenaufgang des Karfreitags.

Feria del Caballo, an wechselnden Terminen etwa Anfang, Mitte Mai. Jerez ist eine Pferdestadt par excellence, der hiesige Pferdemarkt eine der ältesten Ferias Spaniens: Tradition seit dem 13. Jh.! Mit zahlreichen Wettbewerben für jeden Reiter natürlich ein Muss; Riesenstimmung, Stierkampf, Festzelte, Musik und Tanz sind jedoch auch für Nicht-Pferdeliebhaber eine absolute Attraktion.

Gran Premio de España, Ende April/Anfang Mai. Lauf der Motorradweltmeisterschaft auf dem Richtung Arcos gelegenen Rundkurs „Circuito de Jerez" (Ctra. Arcos, Km 10; ✆ 956 151100, www.circuitodejerez.com), auf dem noch zahlreiche andere Rennen ausgetragen werden.

Fiesta de la Bulería, zuletzt an einem Samstag Anfang September. Großes Flamencofestival, das früher zum Beiprogramm des Weinerntefestes gehörte, nun aber separat abgehalten wird.

Fiestas de la Vendimia, etwa Mitte September. Das Fest der Weinlese glänzt mit einem üppigen Beiprogramm, zu dem u.a. Stierkämpfe, Tage der offenen Tür in den Bodegas und Tapas-Messen zählen.

Flamenco Centro Andaluz de Flamenco, das Mekka für wissenschaftlich interessierte Spezialisten. Riesiges Archiv, Ausstellungen, Schule etc. Im schönen Palacio Pemartín, Plaza de San Juan 1, 300 Meter westlich der Alameda Cristina, geöffnet Mo-Fr 9-14 Uhr; gratis. ✆ 956 902134, www.centroandaluzdeflamenco.es.

Flamenco-Bars gibt es in Jerez gleich im halben Dutzend, doch finden auch hier die Vorführungen nicht überall regelmäßig statt; Anfrage beim Fremdenverkehrsamt empfiehlt sich. Eine gute Adresse mit täglichem Flamenco ist „Puro Arte", Calle Conocedores 28 (Richtung Plaza de Toros); Preis inklusive Getränk ca. 25 €; ✆ 647 743832, www.puroarteflamencojerez.com. Sehr urig ist die Sherrybar „Tabanco El Pasaje", Calle Santa Maria 8 (nahe Post), in der aber nur gelegentlich Shows stattfinden.

Übernachten → Karte S. 169

Große Auswahl, darunter recht erfreuliche Quartiere. Unterkunftsprobleme sollten nur während Großveranstaltungen und Festen auftreten. Dann, nämlich insbesondere zur Feria del Caballo und zum Motorradrennen Gran Premio de España, wird es mehr als eng; gleichzeitig verdoppeln sich die Tarife häufig – die unten genannten Preise beziehen sich auf den Normalfall.

Übernachten **** Hotel Palacio Garvey **4**, zentral unweit der Infostelle gelegenes Luxushotel, untergebracht in einem Palast des 19. Jh., der einst der Sherry-Familie Garvey gehörte. Nur 16 Zimmer, modern-elegant eingerichtet und komfortabel ausgestattet. Sehr nachfrageorientierte Preisgestaltung, Richtwert für das DZ etwa 125-150 €, zu Festen etc. auch deutlich mehr. C. Tornería 24, ✆ 956 326700, www.hotelpalaciogarvey.com.

**** Hotel Los Jándalos **2**, knapp nördlich des engeren Zentrums. Gut ausgestattetes, hübsch eingerichtetes Hotel; ein Teil der Zimmer geht leider auf eine laute Straße (Lärmschutzfenster). Parkplatz. Angeschlossen ein Spa, das in einer alten Bodega untergebracht ist. DZ nach Ausstattung und Saison etwa 70-110 €. C. Nuño de Cañas 1, ✆ 956 327230, www.jandalos.com.

**** Hotel Sercotel Asta Regia Jérez **18**, sehr zentral gelegenes Kettenhotel nahe der Plaza Arenal, Anfahrt am besten von Süden; Parken in der nahen Tiefgarage für Gäste ermäßigt. Hübsche, geräumige und komfortabel ausgestattete Zimmer, DZ in der Regel um die 70-100 €, zu den Festen deutlich mehr. Calle San Agustín 9, ✆ 956 327911, www.hotelastaregiajerez.com.

》》》 Mein Tipp: *** Hotel Casa Grande **15**, charmantes Hotel in recht zentraler Lage, untergebracht in einem restaurierten, denkmalgeschützten Bau der Zwanzigerjahre.

Jerez de la Frontera 171

Freundliche, hilfsbereite und serviceorientierte deutsche Leitung durch Monika Schröder (mit dem Autor dieses Führers weder verwandt noch verschwägert). 15 komfortable, stilvoll eingerichtete Zimmer mit Klimaanlage, gruppiert um einen zentralen Patio; große Dachterrasse. Ermäßigte Parkscheine für die blaue Zone vor dem Hotel. Gutes Preis-Leistungs-Verhältnis: DZ 85–125 €, zu Sonderterminen bis über 200 €, es gibt auch Superiorzimmer. Pl. de las Angustias 3, ✆ 956 345070, www.hotelcasagrande.eu. «

*** **Hotel Res. Serit** 14, ein freundlicher und gepflegter, zudem recht zentral gelegener Familienbetrieb. Schlichte, aber recht saubere Zimmer mit TV; Garage (relativ geringe Gebühr). DZ nach Saison etwa 50–80 €, C. Higueras 7, ✆ 956 340700, www.hotelserit.com.

* **Hotel El Coloso** 19, ein recht ordentlicher und vor allem preisgünstiger Vertreter der Einsterneklasse, nahe der belebten Plaza de las Angustias gelegen. Garage; auch vier Apartments. DZ etwa 40–60 €. C. Pedro Alonso 13, ✆ 956 349008, www.elcolosohotel.com.

* **Hotel San Andrés II** 7, ein sehr empfehlenswerter Ableger der benachbarten, gemütlichen Pensión gleichen Namens, für die gebotene Ausstattung wirklich nicht zu teuer. DZ mit Klimaanlage und TV etwa 40–50 €. C. Morenos 14, eine nördliche Seitengasse der Straße nach Arcos, ✆ 956 340983, www.hotelypensionsanandres.com.

** **Pensión Sanvi** 5, ganz in der Nähe, ein gutes und sehr freundlich geführtes Quartier, wenn auch manche Zimmer relativ eng ausfallen – blitzsauber sind sie und auch recht ruhig gelegen. Ausreichend Parkmöglichkeiten im Haus (in einer alten Bodega!) vorhanden. DZ/Bad etwa 35–40 €. C. Morenos 10, ✆ 956 345624. www.hostalsanvi.com.

* **Pensión San Andrés** 6, wiederum nur zwei Schritte entfernt und ebenfalls preiswert und gut. Schöner Patio, nette Dachter-

Durchblick: die Kathedrale vom Alcázar aus gesehen

rasse, sehr freundliche Leitung. Die Preise liegen ähnlich wie im zugehörigen Hotel San Andrés II, für die DZ ohne Bad noch darunter. C. Morenos 12, ✆ 956 340983. www.hotelypensionsanandres.com.

»» **Lesertipp:** * **Pensión Hostal Las Palomas** 13, „einfach, aber sauber; freundliches Personal. Wir waren sehr zufrieden" (Harald Schütz). Hübscher Patio. DZ/Bad kosten im Normalfall etwa 30–40 €, ohne Bad 25–30 €. C. Higueras 17, ✆ 956 343773. www.pension-las-palomas.es. «

Jugendherberge Jerez de la Frontera 20, Albergue Juvenil (IYHF), ganzjährig geöffnet. Hässliche Umgebung, komfortables Quartier. Av. Blas Infante 30, etwa 20 Minuten südwestlich der Plaza Arenal (Busverbindung), geöffnet April bis Mitte September. Reservierung über die Zentrale von Inturjoven, ✆ 902 510000.

Essen & Trinken/Nachtleben → Karte S. 169

Leider merkt man es manchen Restaurants in Jerez an, dass die Stadt häufig von Tagesausflüglern besucht wird: Nicht immer entspricht die Qualität den Preisen. Zu den Spezialitäten der Sherry- und Stierstadt Jerez zählen Nieren in Sherrysauce (*riñones a la jerez*) und Stierschwanzsuppe (*sopa de rabo de toro*).

Essen & Trinken Rest. Carboná 11, östlich des engeren Zentrums. Spezialität des traditionellen, in einer schönen ehemaligen Bodega untergebrachten Restaurants sind Fleischgerichte vom Grill, daneben gibt es auch einige ausgefallenere Sachen. Üppige

„Bueno, bonito, barato" (gut, hübsch, günstig): Mesón del Asador

Portionen. Menü ab etwa 30–35 €. C. San Francisco de Paula 2, Di und im Juli geschlossen. ✆ 956 347475.

》》 Mein Tipp: Rest. Albalá **1**, nicht weit von der Königlichen Reitschule. Modernes, vom jungen Chef Israel Ramos geleites Lokal mit sehr guter „Autorenküche", teilweise als Variation traditioneller Rezepte, teilweise geradezu extravagant; wahlweise als Tapa oder als (eher kleine) Portion. Prima Preis-Leistungs-Verhältnis. Av. Duque de Abrantes 1, ✆ 956 346488. 《《

Bar-Rest. El Bichero **12**, in einer verkehrsfreien kleinen Gasse, die von der Plaza Arenal abzweigt. Stadtbekanntes Lokal, viele örtliche Honoratioren als Gäste; Spezialitäten sind Fisch und Meeresfrüchte, die teilweise ihren Preis haben; mit den Tapas kommt man günstiger davon. So Ruhetag. Calle Pescadería Vieja 2, ✆ 956 342986.

Bar El Almacén **10**, um die Ecke. Schöne Tapas-Bar mit Tischen im Freien; meist auch dann belebt, wenn halb Jerez zu schlafen scheint. Elaborierte Tapas, bei denen auch Vegetarier fündig werden, guter Rioja. C. La Torre 8.

Gastrobar Reino de León **10**, gleich nebenan. Schickes, hübsch renoviertes Gewölbelokal; feine, teilweise recht ungewöhnliche Tapas, aber auch Hauptgerichte sowie sogar gutes Frühstück; prima Weinauswahl. Die Preise liegen im Rahmen. C. La Torre 8.

Bar La Cruz Blanca **8**, ein Stück weiter. Angenehme Bar mit gutem, kreativem Essen (halbe und ganze Raciones, sowie komplette Gerichte nach Tageskarte). Nicht teuer. Calle Consistorio 16.

Rest. Albores **8**, gleich nebenan. Umfangreiche Speisenauswahl, sehr gute Gemüseplatte „Parillada de Verduras". Durchgehende Küche, freundliche Preise. Von Lesern gelobt. Calle Consistorio 12.

Mesón del Asador **9**, um die Ecke, Teil einer kleinen Kette und (nicht nur) ein Spezialist für Fleischgerichte. Vielfältige Tapas, sehr preiswert, beliebt auch bei den Einheimischen. Calle Remedios 2–4. Jenseits der Plaza Arenal, in der Calle San Miguel 1, liegt eine im Angebot ganz ähnliche Filiale **16**.

Bar-Rest. Bocarambo **3**, knapp nördlich des engeren Zentrums. Von außen völlig unscheinbar, jedoch mit nettem Patio nach innen. Freundlicher Familienbetrieb, die Frau des Chefs kocht selbst. Tapas und Raciones, Fleisch vom Grill; viele Einheimische, vernünftige Preise. So-Abend geschlossen. Calle San Juan Grande 9, direkt an der Plaza Mamelón.

Jerez de la Frontera 173

Bodega Tabanco San Pablo 17, zwar kein Essenstipp, für Sherryfans aber ein Muss – eine uralte Bodega-Bar (gegründet 1934) mit historischen Fotos und natürlich feinstem Fino vom Riesenfass, dem Kennzeichen eines „Tabanco". Im Umfeld noch weitere beliebte Bars. Calle San Pablo 12.

Nachtleben Eine gewisse Konzentration von Music-Bars liegt im Gebiet um die Stierkampfarena. An Werktagen geht es nachts in Jerez aber oft ausgesprochen ruhig bis verschlafen zu.

Plaza de Canterbury: Kleiner Innenhof mit einer Reihe von Bars, die besonders am Wochenende beliebt sind. Calle Niño de Cañas, Ecke Calle Zaragoza, nicht weit von der Stierkampfarena.

Avenida de Méjico: Nördlich der Arena und zusammen mit der Querstraße Comandante Paz Varela ein weiterer Fixpunkt der Barszene.

Bereber, unweit des Archäologischen Museums, in einem lange Zeit heruntergekommenen Ex-Rotlichtbezirk. Der „Berber" ist eine hübsch gestylte Disco mit Patio, geöffnet Do–So und beliebt bei der Jugend von Jerez. Calle Cabezas 20.

Sehenswertes

Hauptanziehungspunkte sind sicherlich die Bodegas und die Königliche Reitschule, doch auch der Alcázar und das Archäologische Museum sind einen Besuch wert.

Catedral La Colegiata: Westlich der Plaza del Arenal. Die mächtige Kirche wurde auf den Grundmauern einer Moschee errichtet, im 17./18. Jh. jedoch fast völlig umgestaltet. Vor dem Westportal erhebt sich eine imposante Freitreppe. Im Inneren lohnt sich ein Blick auf das Gemälde „Maria als Kind" von Zurbarán, mittlerweile (wohl um den Eintrittspreis zu rechtfertigen) sind auch die Schatzkammer und die Krypta zu besichtigen. Der frei stehende Glockenturm trägt Stilelemente der Gotik und des Mudéjar.
Mo–Sa 10–18.30 Uhr; Eintrittsgebühr 5 €.

Alcázar: Direkt südlich der Kathedrale gelegen, Eingang gegenüber. Die Festung geht noch auf die Maurenzeit des 12. Jh. zurück, wurde später jedoch deutlich verändert. Der Zugang erfolgt durch die *Puerta de la Ciudad*, mit dem typischen Knick im Inneren erbaut, um Angreifern das Vorankommen zu erschweren. Von hier gelangt man zunächst zu einer restaurierten *Ölmühle* (Molino del Aceite) aus dem 18. Jh. Im Mühlstein wurden die Oliven zermahlen, die so entstandene Paste dann auf runde Matten (capachos) verteilt, schließlich die zu einer Art Turm aufeinander gestapelten Capachos in der großen Presse (prensa) unter so hohen Druck gesetzt, dass das Öl austrat. Weiter geht es zur Moschee *Mezquita*, der einzig verbliebenen von insgesamt 18 Moscheen, die die islamische Stadt besaß. Später wurde sie zur Kapelle umgebaut, mittlerweile jedoch wieder in ihren Originalzustand restauriert. Die kleine Quelle diente rituellen Waschungen, die Mihrab genannte Gebetsnische ist heute schmucklos; das Minarett kann leider nicht bestiegen werden. An die Mezquita schließt sich der Waffenhof *Patio de Armas* an. Hier erhebt sich der im 17. Jh. an Stelle eines maurischen Vorgängers errichtete Palacio de Villavicencio. Er birgt eine Apotheke des 19. Jh. und im Turm eine *Camera Obscura* ganz ähnlich der in der Torre Tavira von Cádiz (siehe dort); auch hier genießt man ein sehr reizvolles Panorama der Stadt. Durch die Gärten des Alcázar, die freilich keinen Vergleich mit denen von Granada oder Sevilla aushalten, erreicht man die *Maurischen Bäder*. Sie wurden im 13. Jh. für die Bewohner des Palastes errichtet und sind nach dem üblichen Schema unterteilt. Auf den Eingangsbereich und den Umkleideraum folgen der als Ruhezone dienende Kaltraum (bait albarid), der Warmraum (bait al wastani) für die Waschungen, größter der drei Räume, und der

Im Alcázar: Palacio de Villavicencio

Heißraum (bait assajum), in dem mittels eines Systems im Fußboden Dampfbäder genommen werden konnten. Die sich anschließende Zone wurde erst vor wenigen Jahren freigelegt. Vor dem 1471 errichteten Turm *Torre del Homenaje* fanden sich dabei eine Zisterne (Aljibe), ein Backofen sowie ein Brunnen aus dem 10.–12. Jh. Weiter rechts steht etwas erhöht der so genannte *Pabellón del Patio de Doña Blanca* (auch Pabellón Real genannt), ein entgegen seines Namens maurischer kleiner Palast mit Kuppel, der noch aus der Almohaden-Zeit des 12. Jh. stammt; das nahe Bewässerungsbecken (Alberca) ist weit jünger. Dahinter erhebt sich der achteckige Turm *Torre Octogonal*, ebenfalls noch aus islamischer Zeit. Er ist der höchste maurische Turm der Stadt und bietet einen weiten Blick über Jerez, der bei klarer Sicht bis nach Medina Sidonia reicht.

Juli bis 15. September Mo–Fr 9.30–20 Uhr, Sa/So 9.30–15 Uhr, November–Februar tgl. 9.30–15 Uhr, im restl. Jahr Mo–Fr 9.30–18 Uhr, Sa/So 9.30–15 Uhr. Eintritt Alcázar 5 €, mit Camera Obscura (spanisch: Cámara Oscura) 7 €.

Claustros de Santo Domingo: Der doppelstöckige Kreuzgang am südlichen Ende der Alameda Cristina war Teil eines Dominikanerklosters, dessen Ursprünge bis auf eine Almohadenfestung des 13. Jh. zurückreichen; Alfonso X. hatte die Festung nach der Rückeroberung der Stadt den Dominikanern gestiftet. Der untere Teil des Kreuzgangs entstand im 15. Jh. in rein gotischem Stil, der obere stammt aus dem 18. Jh. Im 19. Jh. wurde das Kloster aufgelöst und der Kreuzgang samt Refektorium und zwei Schlafsälen an Privatleute verkauft; in späteren Zeiten verfiel er allmählich. 1999, mittlerweile im Besitz der Stadt, begannen die Restaurierungsarbeiten, die 2012 abgeschlossen wurden – das Ergebnis kann sich sehen lassen und wird für Konzerte, temporäre Ausstellungen etc. genutzt.

Di–Fr 11–14, 17–20 Uhr, Sa/So 10–14 Uhr; Eintrittsgebühr 5 €.

Jerez de la Frontera 175

El Palacio del Tiempo/Museo de Relojes: Der „Palast der Zeit" ist ein Uhrenmuseum in einem alten Palacio, in dem auch Silberwaren und eine Sammlung von Spazierstöcken zu sehen sind. Alle Uhren sind voll funktionsfähig und beginnen jeweils mindestens zur halben Stunde zu schlagen, am eindrucksvollsten um zwölf Uhr mittags.
Führungen: Di–Fr 9.30–13.15 Uhr, p. P. 6 €.

Real Escuela Andaluza de Arte Ecuestre: Neben den Bodegas ist die „Königliche Andalusische Schule der Reitkunst" die Hauptattraktion von Jerez. Die noble Anlage befindet sich in einem Park an der Avenida Duque de Abrantes s/n, in Fußentfernung nördlich des Zentrums. Gegründet wurde sie 1973 von Don Alvaro Domecq Romero, später vom Spanischen Tourismusministerium übernommen und ist heute im Besitz der Junta de Andalucía. Zentrum des „Recreo de las Cadenas" genannten Geländes ist ein Palast im Barockstil, errichtet von Charles Garnier, der auch die Pariser Oper schuf, und natürlich die 1600 Plätze fassende Arena aus dem Jahr 1980, zu der neben fünf Ställen und einer edel ausgestatteten Sattelkammer nebst Werkstatt sogar eine Pferdeklinik gehört, die zu den modernsten Spaniens zählt. Sehr sehenswert ist die interaktive, lebendig (und teilweise auch auf Deutsch) präsentierte Ausstellung *Museo del Arte Ecuestre*; etwas abseits liegt das separate, aber zugehörige Kutschenmuseum *Museo del Enganche*.

Die Königliche Reitschule besitzt mehr als hundert Cartujanos, die auch europaweit auf Tournee zu sehen sind. In der Hohen Schule der Reitkunst zählt das Gestüt zu den besten der Welt. Die Figuren, Sprünge und schnellen Drehungen der Tiere leiten sich hauptsächlich aus der Dressur für den Stierkampf zu Pferd her, für den die Rasse ursprünglich gezüchtet worden war. Wer donnerstags oder (von Frühjahr bis Herbst) dienstags kommt, kann die Dressurvorführung *Como Bailan los Caballos Andaluces* sehen, den „Tanz der Andalusischen Pferde". An den übrigen Wochentagen muss man sich mit dem kaum weniger interessanten Training begnügen. Die Dressurreiter sind dabei zwar nicht in den traditionellen Kostümen des 18. Jh. gewandet, dafür erkennt man jedoch genau, wer bereits ein geprüfter Pferdetrainer mit langer Ausbildung ist und wer noch ein Eleve: Erstere tragen ein blaues Poloshirt, letztere ein grünes.

Zeiten/Preise Dressur-Vorführungen (Exhibición „Cómo bailan los caballos andaluces") donnerstags, von März bis Dezember auch dienstags (besser, weil nicht so voll) sowie im August/September auch freitags, jeweils um 12 Uhr, Eintrittsgebühr 21–27 €; an diesen Terminen (und nur dann) wird auch die „Visita reducida" angeboten, die die Besichtigung des Museo del Arte Ecuestre und des Museo del Enganche sowie des Palasts enthält; Eintrittsgebühr 6,50 €. An den übrigen Tagen findet von Mo–Fr 10–13.15 Uhr das Training statt, zu besuchen im Rahmen des „Visita temática" genannten Pakets, Eintrittsgebühr (inklusive Besichtigung der Museen und des Palasts) hierfür 11 €. Studenten, Rentner und Kinder jeweils ermäßigt. Reservierung (Aufpreis zum normalen Ticket) geraten, möglich unter ☎ 956 318008 oder in jedem Reisebüro. Das Kutschenmuseum öffnet Mo–Fr 10–14 Uhr; 4,50 €. www.realescuela.org.

Besichtigung eines Gestüts La Yeguada de la Cartuja auf der Finca Fuente del Suero gehört nicht zur Königlichen Reitschule, ist mit ihren mehr als 200 edlen Cartujanos (Hierro del Bocado) aber für jeden Pferdefreund sicher einen Besuch wert. Geöffnet wird jeden Samstag um 11 Uhr, Besichtigung mit Show p. P. etwa 16–22 €. Die Finca liegt gut 10 km außerhalb, Anfahrt zunächst Richtung Medina Sidonia, später rechts Richtung El Portal und El Puerto de Sta. María, dann bald wieder rechts. Ctra. Medina–El Portal; Reservierungen unter ☎ 956 162809, www.yeguadacartuja.com.

A Campo Abierto ist eine Pferde- und Stiershow bei Medina Sidonia, siehe dort.

Spanische Pferde: Pura Raza, Cartujanos und Andalusier

Die Ursprünge der *Pura Raza Española* (P.R.E.), der reinen spanischen Pferderasse, sind nicht unumstritten. Mancher Pferdeexperte führt sie aber bis weit in die Vorgeschichte oder zumindest bis in die Antike zurück. Schon damals war ihre Beweglichkeit berühmt – bereits der griechische Schriftsteller, Philosoph und Kavallerieführer Xenophon, im 4. Jh. v. Chr. Verfasser einer Schrift über die Reitkunst, fand lobende Worte über das iberische Ross. Unter den Römern wurde die Pferdezucht in Spanien systematisiert. Dass während der Maurenzeit in größerem Umfang Einkreuzungen mit Arabern stattfanden, gilt heute als eher unwahrscheinlich. Gegen Ende des Mittelalters begann das spanische Pferd seinen Siegeszug durch Europa. Fürstenhöfe und Königshäuser schmückten sich mit den edlen Rössern. Iberische Zuchtpferde veredelten viele Rassen; die berühmten, ab 1580 gezüchteten Lipizzaner stammten ursprünglich sogar direkt aus einem Import von neun spanischen Hengsten und 24 Stuten ab.

Als älteste und reinste Linie innerhalb der Pura Raza Española gelten heute die Kartäuserpferde Cartujanos, die aus der bereits im 15. Jh. gegründeten Zucht des Kartäuserklosters Nuestra Señora de la Defensión abstammen. Die Kartäusermönche waren sogar die Retter der Rasse: Als während der französischen Besetzung auf Befehl Napoleons größere und schwerere Pferde eingekreuzt werden sollten, verweigerten die Brüder des nahe Jerez gelegenen, meist schlicht „La Cartuja" genannten Klosters den Gehorsam, versteckten ihre Herden und führten die Auslesezucht heimlich weiter. Wenig später mussten sie wegen der Enteignung der spanischen Klöster ihre Zucht dennoch aufgeben. Die Arbeit der Kartäuser wurde jedoch fortgesetzt, unter anderen vom Gestüt des Kaufmanns Pedro José Zapata, das heute im Besitz der staatlichen Gesellschaft Expasa ist. „Andalusier" dürfen sich übrigens viele Pferde nennen, der Begriff der „Pura Raza Española" (die immer einen gewissen Cartujano-Anteil enthält) hingegen ist streng geschützt.

Museo Arqueológico: In einem Palast an der Plaza del Mercado im Westen des Zentrums. Der Palacio des 18. Jh. steht mitten im historischen Viertel San Mateo, das den Kern der ehemaligen maurischen Medina markiert. Die Exponate reichen vom Paläolithikum über Vorgeschichte und Römerzeit bis zur islamischen Herrschaft und dem späten Mittelalter. Einige der vielen Glanzstücke sind ein bestens erhaltener Soldatenhelm des 7. Jh. v. Chr., Relikte aus dem römischen Hasta Regia, der Vorläufersiedlung von Jerez, eine Münzkollektion sowie die Sammlung maurischer Funde. Im November 2012 wurde das Museum nach jahrelangen Renovierungsarbeiten wieder geöffnet.

Di–Fr 10–14, 16–19 Uhr (im Hochsommer nur vormittags), Sa/So 10–14 Uhr; Eintritt 5 €.

Zoo Jerez: Der Zoo der Stadt, etwas außerhalb des Zentrums an der Calle Taxdirt unweit der Plaza Santiago gelegen, zählt zu den erfreulicheren Tierparks Spaniens, wurde vom WWF zusammen mit den Zoos von Madrid und Barcelona zu den besten drei des Landes erklärt. Untergebracht ist er in einem ehemaligen botanischen Garten. Über 400 Arten sind hier zu sehen, darunter allein 40 unterschiedliche Spezies von Schlangen; Hauptattraktion ist ein weißer Tiger.

Mai bis September Di–So 10–19 Uhr, sonst Di–So 10–18 Uhr; von Mitte Juni bis Mitte September ist auch montags geöffnet. Eintrittsgebühr etwa 10 €.

Sherry in Jerez

Zu Herstellung und Sorten siehe vorne im Kapitel „Küche und Keller".

Die Wasser speichernden Kalkböden und das ideale Klima um Jerez nutzten schon die Phönizier und nach ihnen die Römer zum Weinbau. Auch unter maurischer Herrschaft wurde die Tradition fortgesetzt, trotz des Verbots von Alkohol durch den Koran. Schließlich soll man aus Trauben auch Saft oder Rosinen gewinnen können …

Zu seinem internationalen Namen kam der Sherry durch den Überfall des britischen „Hofpiraten" *Sir Francis Drake* auf Cádiz 1587. Der Engländer griff sich 3000 Fässer Wein und ließ sie in seine Heimat bringen – Großbritannien war begeistert, doch konnte man dort den Namen Jerez nicht aussprechen, also: Sherry (in Spanien aber immer noch „Jerez"). Später gründeten ausgewanderte Engländer auch eigene Kellereien, die sich, man merkt es an den Namen, z. T. bis heute in britischem Besitz befinden. Übrigens ist Jerez nicht nur die Stadt des Sherrys, sondern auch die Stadt der Brandys: Die besten Sorten reifen nach der Solera-Methode in alten Sherryfässern. Ebenso guten Ruf genießt der aus Sherry im Solera-Verfahren hergestellte, mit einer „D.O." herkunftsgeschützte Essig, der bis zu hundert Jahre lang in Eichenfässern gelagert wird – je dunkler die Farbe, desto älter der Essig.

Bodega-Führungen: Alle genannten Bodegas liegen in Fußentfernung vom Zentrum. Führungen finden meist nur von Montag bis Freitag statt. Im August kann es schwierig werden, eine offene Bodega zu finden, viele haben dann Betriebsferien. Die angegebenen Zeiten können sich ändern, nach Möglichkeit deshalb vorher das Fremdenverkehrsamt kontaktieren. Die Führungen durch die „Kathedralen des Weins" dauern etwa eine Stunde und werden natürlich mit einigen Probiergläschen abgeschlossen. Bleibt zu erwähnen, dass die den Bodegas angeschlossenen Verkaufsstätten meist teurer sind als beispielsweise Supermärkte, sich für Liebhaber von Raritäten aber oft als Fundgrube entpuppen.

Wenn die Führer sich einen Spaß erlauben wollen, stellen sie, z. B. bei González-Byass, ein Glas Sherry mit einer kleinen Leiter auf. Manchmal taucht dann ein Mäuschen auf, das die Leiter hochklettert, um einen Schluck zu nehmen. Der Scherz hat einen Hintergrund: Mäuse sind versessen auf Sherry und sollen deshalb früher als eine Art Warnsystem gedient haben – sah man eine Maus betrunken durch die Gänge taumeln, musste irgendwo ein Fass undicht sein.

Tío Pepe (González-Byass): González-Byass ist Hersteller der bekannten Marke Tío Pepe, benannt nach dem Onkel (Tío) des Firmengründers, der seinen Neffen anfangs finanziell unterstützt hatte. Auf den Führungen zu sehen sind u. a. Fässer, die von Berühmtheiten wie Winston Churchill, El Cordobés, Paco de Lucía, Steven Spielberg und Ayrton Senna signiert wurden. Führungen per Minizug nach Sprachen getrennt, Zeiten auf Deutsch zuletzt Mo–Sa 12.15 Uhr, 14 Uhr und 16 Uhr, So 12.15 und 14 Uhr; auf Englisch stündlich 12–14 sowie um 17 Uhr, am So nur die Vormittagstermine; Änderungen der Uhrzeiten sind leider nicht selten. Im August erweiterter Zeitplan. C. Manuel María Gonzalez s/n, nahe Kathedrale. Gebühr etwa 13 €, mit Tapas 16 €. ℡ 956 357016, www.bodegastiopepe.com.

Fundador: Führungen (Engl./Span.) Mo–Fr um 12, 14 und 16 Uhr, Sa um 12 Uhr; 12 €. Reservierung erwünscht. C. Puerta de Rota s/n, ebenfalls nicht weit von der Kathedrale. ℡ 956 151500. www.bodegasfundador.com.

Emilio Lustau, gleichfalls recht zentral gelegen. Führungen (Engl./Span.) mit ausgiebiger Weinprobe, Di–Fr 10.30–15 Uhr, Mo/Sa 11 und 13 Uhr; Gebühr je nach Umfang der Verkostung 15–25 €. Calle Arcos 53, ℡ 956 341597, www.lustau.es.

Sandeman: Etwa stündliche Führungen Mo–Fr 10.30/11–14/14.30 Uhr, teilweise auch auf Deutsch; Gebühr 7–14 €, Sa und nachmittags nur auf Voranmeldung. C. Pizarro 10, nahe der Königlichen Reitschule, Mobil- ℡ 675 647177, www.sandeman.es.

>>> Lesertipp: Rey Fernando de Castilla, „eine eher kleine Bodega, die etwas versteckter liegt. Die Mühe lohnt sich aber, da man sehr freundlich aufgenommen wird" (Karin Clemens). Mo–Fr 10–14 Uhr, C. Jardinillo 7. Um Voranmeldung wird gebeten, ℡ 956 182454. www.fernandodecastilla.com. <<<

Bodegas Tradición: Eine sehr exklusive Bodega – hier werden ausschließlich besonders alte, hochwertige Sherrys erzeugt, die die Gütesiegel V.O.S. (very old sherry bzw. vinum optimum signatum, über 20 Jahre alt) und V.O.R.S. (very old rare sherry bzw. vinum optimum rare signatum, über 30 Jahre alt) tragen dürfen. Angeschlossen ist eine Kunstgalerie mit Arbeiten u. a. von Goya und Velázquez. Preis p.P. 20 €, Führungen Mo–Fr 9–15 Uhr, Reservierungen sind unabdinglich; man spricht Deutsch. Plaza Cordobeses 3, unweit des Archäologischen Museums, ℡ 956 168628, www.bodegastradicion.com.

Typisch Jerez: vor der Kathedrale ein Denkmal für den Sherrybaron

Arcos de la Frontera

Eines der bekanntesten „Weißen Dörfer". Insbesondere seine Lage ist schlichtweg grandios – Arcos besetzt einen steilen, schroffen Felsrücken, der in eine Schleife des Río Guadalete ragt.

Ein spanischer Autor hat Arcos de la Frontera einmal mit einer großen Echse verglichen, die träge in der Sonne liegt. Man versteht dieses Bild am besten, wenn man den Aufbau des langgestreckten, schmalen und dabei leicht gekrümmten Ortskerns auf einem Stadtplan betrachtet. Kein Wunder, dass die natürliche Festung schon in der Vorgeschichte besiedelt und während der Reconquista Jahrtausende später heftig umkämpft war. Erst im zweiten Anlauf gelang 1264 die endgültige Rückeroberung.

Das Dorf, mit gut 30.000 Einwohnern eher schon eine (ruhige) Kleinstadt, liegt an der *Ruta de los Pueblos Blancos*, der vom andalusischen Fremdenverkehrsamt ausgewiesenen „Route der Weißen Dörfer". Dennoch wurde Arcos vom Tourismus nicht völlig vereinnahmt. Dabei präsentiert sich der Ortskern geradezu als Quintessenz eines Weißen Dorfs: steile Gassen, eben mal so breit, dass ein bepackter Maulesel hindurchpasst, schmucke Kirchen, frisch gekalkte Fassaden und immer wieder weite Ausblicke auf die Hügellandschaften der Umgebung. So lebendig wie beispielsweise Vejer de la Frontera (das insgesamt auch der wohl attraktivere Ort sein dürfte) ist Arcos freilich nicht, abends geht es hier meist ziemlich ruhig zu.

Orientierung: Der Hauptzugang zur Altstadt erfolgt über die von Westen kommende *Calle Corredera*. Autos sollte man besser vor dem Gewirr der engen Gassen parken; am Paseo Andalucía, noch vor der Calle Corredera gibt es eine Tiefgarage. Hauptplatz des Ortskerns ist die mit weitem Blick ausgestattete *Plaza del Cabildo*, der dortige Parador ist ausgeschildert.

> ### Der Priester, sein Bischof und der Bandit
>
> Es begab sich Ende des 19. Jh., dass ein Priester aus Arcos von einem Banditen aus Zahara de la Sierra überfallen wurde, der den schönen Beinamen „El Cristo" trug. Nun hatte der Geistliche aber kein Geld bei sich. El Cristo ließ ihn unwillig laufen, versprach ihm jedoch, er würde binnen eines Monats seinen Überfall wiederholen und sich dann nehmen, was ihm zustände. Der Priester wurde unter Polizeischutz gestellt, sein Haus rund um die Uhr von der Guardia Civil bewacht. Gegen Ende der Frist kündigte der Bischof von Orihuela seinen Besuch in Arcos an. Der hohe Herr kam in einer Kutsche und begab sich sogleich zum Gebet in die Kirche Santa María. Als der Bischof sein Gebet beendet hatte, lud ihn der Priester noch auf einen schnellen Schluck zu sich nach Hause ein und begleitete Hochwürden dann bis vor die Tore der Stadt. Einige Stunden später kam der gute Mann völlig verstört zurück. Die Polizeiüberwachung konnte eingestellt werden: Der Priester hatte seine Schuld bezahlt, denn der Bischof war niemand anderes gewesen als der höchst würdig verkleidete Bandit ...
>
> Frei wiedergegeben nach einer Erzählung von Manuel Pérez Regordán. Die Geschichte soll sich wirklich so zugetragen haben.

Provinz Cádiz

Basis-Infos

Information Oficina Municipal de Turismo, Cuesta de Belén 5, am Hauptzugang zur Altstadt, ✆ 956 702264. Öffnungszeiten Mo–Sa 9.30–14, 15–19.30 Uhr, So 10–14 Uhr. Angeschlossen ist ein **Interpretationszentrum** zu Arcos, u.a. mit einem großen Modell der Stadt, Tafeln zur Geschichte etc.; Eintritt frei. www.turismoarcos.es.

Verbindungen Bus: Busbahnhof an der Calle Corregidores, etwa eine Viertelstunde südwestlich unterhalb der Altstadt; etwa halbstündlich verkehrt ein Kleinbus. AMARILLOS nach Jerez 9-mal, Sevilla 2-mal, Cádiz 4-mal, El Bosque 6-mal, Málaga 2-mal täglich. COMES nach Jerez und Cádiz 4-mal, Olvera und Setenil 1-mal sowie Ronda 2-mal täglich.

Einkaufen Convento de las Mercedarias Descalzadas, köstliche Süßigkeiten nach alten maurischen Rezepten, von den Klosternonnen selbst hergestellt und durch ein kleines Fenster (läuten) verkauft. Pl. Boticas 2, der Konvent liegt im ehemaligen Stadtgefängnis.

🌿 La Alacena de Nela, an der Hauptstraße vor der Altstadt. Wein, Käse, Gewürze, Öle, Süßigkeiten und vieles mehr, alles aus der Provinz Cádiz. Frisch eröffnet, hoffentlich hält es sich. Calle Corredera 31. ■

Feste Encierro de Aleluya („Halleluja"), Ostersonntag. Stierlauf durch die Gassen à la Pamplona, an dem (anders als dort) auch Frauen und Kinder teilnehmen dürfen. Unter den Besuchern sind auch viele Amerikaner aus Rota, die sich auf Papa Hemingways Spuren wähnen.

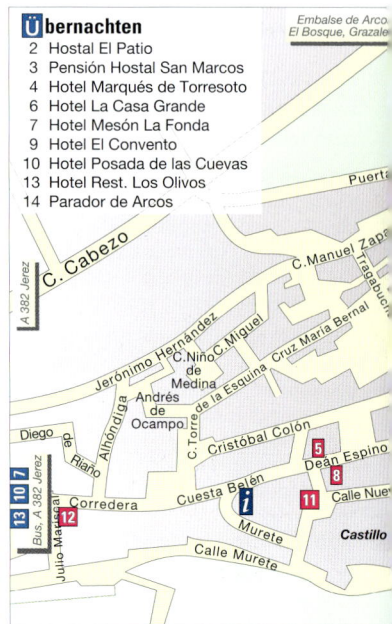

Übernachten
2 Hostal El Patio
3 Pensión Hostal San Marcos
4 Hotel Marqués de Torresoto
6 Hotel La Casa Grande
7 Hotel Mesón La Fonda
9 Hotel El Convento
10 Hotel Posada de las Cuevas
13 Hotel Rest. Los Olivos
14 Parador de Arcos

Velada de la Virgen de las Nieves, am 5. August, mit abendlichen Flamencogesängen.

Feria de San Miguel, Ende September zu Ehren des Stadtpatrons; das Hauptfest von Arcos; dann noch zu vernünftigem Preis eine Unterkunft zu finden. Das Festgelände mit zahlreichen „Casetas"-Zelten liegt unterhalb der Plaza España.

Übernachten/Essen & Trinken

Mehrere wunderschöne Quartiere in alten Gebäuden, die für das Gebotene gar nicht einmal besonders teuer sind. Preiswerte kleine Pensionen sind selten.

Im Ort *** Parador de Arcos 🔢, in der ehemaligen „Casa del Corregidor" (Haus des Richters), mitten in der Altstadt. Traumhafte Lage, von vielen Zimmern und auch der Terrasse öffnet sich ein überwältigendes Panorama. Parkmöglichkeit am Platz. Standard-DZ mit den üblichen 100–150 €. Plaza del Cabildo s/n, ✆ 956 700500, www.parador.es.

*** **Hotel Rest. Los Olivos** 🔢, in einem alten Haus nahe der Altstadt. Von außen nett, aber unscheinbar, innen ein schöner Patio und freundlich eingerichtete Zimmer. Parkmöglichkeit. Von Lesern gelobt. DZ meist um die 75–95 €. C. San Miguel 2, in einer Seitengasse der Corredera, ✆ 956 700 811, www.hotel-losolivos.es.

** **Hotel El Convento** 🔢, unter derselben Leitung. Ganz in der Nähe des Paradors in Traumlage über dem Hang, untergebracht in einem Kloster des 17. Jh., sehr schön dekoriert. Terrassen und Zimmer mit schöner Aussicht, leider nur wenige Betten, Re-

servierung ratsam. Die Preise liegen ähnlich wie im Schwesterhotel, Terrassenzimmer gegen Aufpreis. C. Maldonado 2, ✆ 956 702333, www.hotelelconvento.es.

≫ Mein Tipp: * Hotel La Casa Grande ◼6, in der Klassifizierung sehr tief gestapelt: Ein wunderschönes Altstadtquartier, untergebracht in einem Palast des 18. Jh. mit nur wenigen, sehr geschmackvoll und ganz individuell eingerichteten Zimmern und Studios. Die Gemeinschaftsterrasse bietet eine wahrhaft fabulöse Aussicht. Im Januar/Februar für einen Monat geschlossen. Standard-DZ für zwei Personen nach Saison etwa 70–100 €. Auch Terrassenzimmer und Suiten mit Platz für bis zu vier Personen. C. Maldonado 10, ✆ 956 703930, www.lacasagrande.net. ≪

* Hotel Marqués de Torresoto ◼4, in einem Palast aus dem 17. Jh. mit herrlichem Renaissancepatio, in dem heute ein (eher durchschnittliches) Restaurant untergebracht ist. DZ nach Saison etwa 40–50 €. C. Marqués de Torresoto 4, unweit der zentralen Plaza del Cabildo, ✆ 956 703848.

* Hotel Mesón La Fonda ◼7, westlich nahe der Altstadt. In einem ehrwürdigen Gebäude aus der Mitte des 19. Jh., dicke Mauern, Deckenbalken. Ordentliche und geräumige Zimmer mit marokkanischen Anklängen, am schönsten die beiden Terrassenzimmer. DZ nach Saison und Ausstattung etwa 50–100 €. Debajo del Corral s/n, am Anfang der Corredera, ✆ 956 700057, www.hotelfondacalifa.com.

≫ Mein Tipp: * Hotel Posada de las Cuevas ◼10, praktisch um die Ecke. Eine alte Posada des 18. Jh., zum Hotel umgebaut und Ende 2015 vom netten Besitzer Cristian von seinen Großeltern übernommen. Mit hübschen Details teilrenoviert, sehr schöne Dachterrasse mit Cafeteria. Insgesamt nicht perfekt, aber sehr sympathisch, zumal auch der Preis stimmt: DZ 50 €, mit Terrasse 70 €. Calle Alta 1, ✆ 956 700612, www.posadadelascuevas.com. ≪

≫ Mein Tipp: * Hostal El Patio ◼2, in der Nähe der Plaza del Cabildo, direkt neben der Kirche Santa María und jenseits einer engen Durchfahrt. Nur wenige Zimmer, pri-

Abendliche Aussicht vom Balcón de Arcos

ma in Schuss und mit Klimaanlage, teilweise auch mit Terrasse. Restaurant-Bar angeschlossen. Sehr gutes Preis-Leistungs-Verhältnis, DZ/Bad etwa 35–45 €, Apartment 60–70 €. Callejón de las Monjas 4, Mobil- ℅ 956 702302, www.elpatio-arcos.com. ≪

* **Pensión Hostal San Marcos** ❸, ebenfalls mitten in der Altstadt, einem durchaus passablen Bar-Restaurant angeschlossen. Nur vier Zimmer, sauber, ordentlich eingerichtet und mit Klimaanlage versehen; gemeinsame Terrasse. DZ/Bad etwa 30 €. C. Marqués de Torresoto 6, nahe dem gleichnamigen Hotel, Mobil-℅ 675 459106. www.pensionsanmarcosdearcos.com.

Außerhalb * Hotel Hacienda El Santiscal, nahe Stausee. Eine über 500 Jahre alte Hacienda bildet den Rahmen für dieses schöne kleine Hotel. Der Inneneinrichtung merkt man an, dass das Haus im Besitz einer spanisch-ägyptischen Familie ist. Zwölf Zimmer. Adults only – „für Kinder nicht empfohlen". DZ nach Saison und Ausstattung um die 70–130 €. Av. El Santiscal 129, ℅ 956 708313, www.santiscal.com.

Camping Arcos de la Frontera, 1. Kat., unweit des Stausees Embalse de Arcos im Nordosten der Stadt, Urbanisation Santiscal. Seit einer Reihe von Jahren geschlossen, Wiedereröffnung eher unsicher, aber nicht völlig ausgeschlossen.

Essen & Trinken Wegen der vielen Tagesbesucher ist die Qualität nicht überall begeisternd.

≫ Mein Tipp: Bar La Cárcel ❺, an der Hauptgasse nahe der Infostelle. Eine der besten Adressen in der Altstadt; sehr gute, saisonal inspirierte und teilweise auch etwas ungewöhnlichere Tapas und Raciones, prima Preis-Leistungs-Verhältnis. Calle Dean Espinosa 18, die zugehörige „Terrasse" liegt zehn Meter weiter. Gleich gegenüber auf Hausnummer 11 und ebenfalls eine Empfehlung: **Taberna Jóvenes Flamencos** ❽. ≪

Bar típico Alcaraván ⓫, um die Ecke und dem La Cárcel verwandtschaftlich verbunden. Höhlenartige Bar unterhalb der Stadtbefestigung, deren Grundmauern quasi die Wände bilden; sehr hübsches Ambiente. Ein Paar Tische auch im Freien. Gute Tapas sowie halbe und ganze Raciones. Calle Nueva 1.

Rest. Mesón Los Murales ❶, weiter oben an der Hauptroute durch die Altstadt. Freundlich geführt, beliebt und oft gut besucht vor allem wegen der schönen Lage auf dem kleinen Platz. Das Tagesmenü für etwa 9 € bietet jedoch keine originelle Auswahl, à la carte oder auf Basis von Tapas speist man besser. Plaza Boticas.

Café-Rest. Babel ⓬, am Hauptzugang zur Altstadt. Kleines, zweigeschossiges Lokal mit guter marokkanischer Küche (u. a. verschiedene Tajine-Schmortöpfe), angesichts der andalusischen Geschichte ja durchaus passend. Preisgünstig. Corredera 11.

Essen außerhalb Rest. Mesón La Molinera, unterhalb des Ortes in der Urbanisation El Santiscal am Stausee Embalse de Arcos, der ein beliebtes Ausflugsziel der Einwohner bildet. Hübsche Terrasse zum See, solide Küche, mittleres Preisniveau; Leser lobten das recht günstige werktägliche Mittagsmenü. Wer mag, kann hier auch gleich übernachten, ein Hotel (DZ 70–100 €) ist angeschlossen. El Santiscal s/n, ✆ 956 700511, www.mesondelamolinera.com.

Sehenswertes

In erster Linie ist Arcos als Gesamtkomplex interessant, ein Städtchen für Streifzüge durch enge Pflastergassen und schmale Torbögen, vorbei an weiß gekalkten Fassaden und schön geschmückten Patios; immer wieder öffnen sich herrliche Ausblicke auf das tief unterhalb gelegene Umland.

Iglesia de Santa María de la Asunción, an der Plaza del Cabildo: Nach einem großen Streit des 18. Jh., der die Einwohnerschaft von Arcos spaltete, wurde sie vom Appellationsgericht in Rom als Hauptkirche des Ortes bestätigt. Im 16. Jh. errichtet, erhebt sich das Gotteshaus auf den Fundamenten eines westgotischen Vorgängers. Das Hauptportal zeigt gotische und platereske Züge, im Inneren lohnt sich ein Blick auf den gewaltigen, dreiteiligen Hochaltar der Renaissance, an dem mehrere Künstler rund 20 Jahre lang arbeiteten. Sehenswert sind auch der fein geschnitzte Chor und die unter Denkmalschutz gestellte Orgel, die aus dem 18. Jh. stammt.
Mo–Fr 10–13, 16–19 Uhr (Winter 15.30–18.30 Uhr), Sa 10–13.30 Uhr; Eintrittsgebühr 3 €, das Ticket gilt auch für die Iglesia San Pedro.

Balcón de Arcos: Vom Aussichtspunkt *Mirador de la Peña Nueva* an der Plaza del Cabildo genießt man einen weiten Blick auf den gemächlichen Fluss und die sich anschließende, sanft gewellte Hügellandschaft. Er ist jedoch nicht der einzige Ausguck der Stadt, insgesamt gibt es ein gutes halbes Dutzend davon: Weiter südöstlich öffnen sich noch weitere Panorama-Plätze wie der *Mirador de la Peña Vieja* an der gleichnamigen Straße und der *Mirador de Abades* hinter der Kirche San Pedro.

Castillo: Ein kleines Stück westlich der Plaza España steht diese Festung, die teilweise noch auf maurische Ursprünge zurückgeht. Da seit langem in Privatbesitz, ist sie leider nur von außen zu besichtigen.

Palacio del Mayorazgo: Ein Stück weiter östlich gelegen. Der Stadtpalast (Zugang durch eine Bar) entstand im 17. Jh. im strengen Stil von Juan Herrera, dem Erbauer des gigantischen El Escorial bei Madrid. Innen beeindrucken besonders die mit Säulen geschmückten Patios, in mehreren Räumen sind auch Ausstellungen untergebracht. Einer dieser Säle befasst sich mit dem aus dem späten 18. oder frühen 19. Jh. stammenden Schwank *La Molinera y el Corregidor* („Der Richter und die Müllerin", Kurzform: Landrichter will schöne Müllerin zum Ehebruch verführen und lässt dazu ihren Mann einbuchten, fällt damit aber letztlich auf die Nase bzw. ins Wasser) und dem Einfluss, den dieser auf die verschiedensten Künstler und Kunstformen hatte. Unterhalb des Palacio liegt der (eher kleine) „Andalusische Garten" *Jardín Andalusí*.
Mo–Fr 10–13.30 Uhr, Di–Fr auch 17.30–20.30 Uhr (Winter 16.30–19.30 Uhr), Sa/So 11–14 Uhr; Eintritt frei.

Iglesia San Pedro: Auch dieses Gotteshaus unweit des Palacio del Mayorazgo erhob einst Anspruch auf die Stellung als Hauptkirche von Arcos. Die Rivalität zu Santa María soll so weit gegangen sein, dass die Anhänger dieser Kirche, die „Pedristas", während des Streits in ihren Gebeten den Namen der Maria ausließen und beispielsweise beteten: „San Pedro, Mutter Gottes, bitte für uns ..." Das wehrhaft

erscheinende Bauwerk, errichtet auf den Grundmauern einer maurischen Festung, steht fast am Abgrund und vereint Stilelemente der Gotik, Renaissance und des Barock. Ungewöhnlich geformt ist der (nicht mehr zugängliche) Glockenturm.
Mo–Fr 10–13, 16–18.30 Uhr, Sa 10–13.30 Uhr; Eintritt 3 €, Ticket auch gültig für Santa María.

Umgebung von Arcos

Bornos: Unterhalb der Fernstraße Richtung Ronda und fast direkt am Stausee Embalse de Bornos liegt diese 8000-Einwohner-Siedlung. Eine Stippvisite lohnt sich, besitzt das alte Städtchen doch eine Reihe hübscher Paläste, Klöster und Kirchen, die freilich nicht immer in allerbestem Zustand sind.

Von Arcos Richtung Küste

Ein weites und sehr dünn besiedeltes Land, geprägt durch riesige Stierweiden und ausgedehnten Großgrundbesitz. Es war kein Zufall, dass es gerade in dieser Gegend, in Arcos de la Frontera, Alcalá de los Gazules, Medina Sidonia und in einigen kleineren Dörfern, 1933 zu einer Reihe von Aufständen unterdrückter Landarbeiter kam. Die Unruhen wurden von der Guardia Civil blutig niedergeschlagen, die Forderungen nach einer Landreform blieben erfolglos.

Medina Sidonia

Medina liegt ähnlich beherrschend auf einem Hügel wie Arcos oder Vejer de la Frontera, besitzt auch eine ebenso lange Vergangenheit. Obwohl die Besucherzahlen steigen, wird Medina bislang jedoch weniger häufig von Fremden besucht.

Das knapp 12.000 Einwohner zählende „Weiße Dorf", ursprünglich eine phönizische Gründung und später auch eine bedeutende Römersiedlung, hat bessere Zeiten gesehen als die vergangenen Jahrzehnte, die bis vor kurzem von Armut und Emigration geprägt waren. Medina Sidonia bildete jahrhundertelang den Sitz des gleichnamigen mächtigen Herzogtums, das Mitte des 15. Jh. an Nachkommen des „guten" Guzmán El Bueno, des Stadtkommandanten von Tarifa, verliehen wurde. Berühmt und berüchtigt aufgrund ihrer Härte und Habgier, nahmen die Herzöge von Medina-Sidonia auch an der Kolonialisierung Amerikas teil, dessen Reichtümer einen steilen Aufstieg des Städtchens ermöglichten. An die Blütezeit des Herzogtums erinnern noch der große Hauptplatz *Plaza España* und die Tore der Stadtmauern, einst Teil wuchtiger Festungsanlagen. Bei einem Streifzug durch Medina Sidonia wird man da und dort jedoch auch noch ältere Reminiszenzen der Maurenzeit entdecken, wie den typisch geformten Torbogen am Ortsrand Richtung Arcos, eines von insgesamt drei Toren aus islamischer Zeit, und sogar römische Relikte sind zu bewundern.

Information Oficina Municipal de Turismo, Calle San Juan, in der Markthalle Plaza de Abastos und unweit nördlich der Plaza España; ✆ 956 412404. Öffnungszeiten täglich 10.30–14 Uhr, 17.30–19.30 Uhr bzw. im Winter 16.30–18.30 Uhr.

Verbindungen Busse der Gesellschaft COMES u. a. von/nach Jerez 3-mal, Chiclana 5-mal und Cádiz 3-mal täglich.

Einkaufen Medina ist bekannt für seine guten Backwaren. Die süßen „Alfajores" (eine Art Mandelgebäck) von Medina sind so berühmt, dass der Name unter besonderen Schutz gestellt wurde; erhältlich sind sie in jeder Konditorei.

Medina Sidonia 185

Pastelería Monasterio San Cristóbal: Besonders leckeres Gebäck (nicht ganz so süß wie die sonstige Ware in Medina) offeriert das Frauenkloster San Cristóbal an der Calle Hércules unweit nordwestlich der Plaza España, auf die Tafel „Pastelería" achten. Im Patio geht es rechts in einen Raum, dann rechts klingeln. Die Süßwarentheke ist hinter dem Gitter linker Hand, der Einkauf wird von der Nonne in eine Durchreiche gestellt. Geöffnet ist meist morgens.

Feste Feria y Fiestas, Anfang Juni, das Hauptfest des Städtchens, mit einem Viehmarkt, der zu den ältesten ganz Andalusiens gehört.

Stier- und Pferdeshow A Campo Abierto, „auf offenem Feld" (so der Name), einige Kilometer außerhalb auf einer Finca der Sherry-Familie Domecq, die auch für ihr Gestüt und ihre Zuchtstation bekannt ist. Eine gut einstündige Aufführung mit Dressurpferden und Kampfstieren, unterhaltsam und sogar lehrreich, da die Erklärungen auch auf Deutsch erfolgen. Shows von Mitte März bis Oktober, dann Mi/Sa um 11.30 Uhr (Einlass ab 10.30 Uhr); Eintritt 20 €, Kinder unter 12 J. die Hälfte. Finca Los Alburejos, A 396 km 1, Anfahrt am besten von der Autovía A 381, Ausfahrt 31, etwa einen Kilometer Ri. Medina, dann links (beschildert); die letzten 700 Meter zur Tribüne geht es nur zu Fuß. ℡ 956 304312, www.acampoabierto.com.

Übernachten *** Hotel Medina Sidonia, ordentliches Hotel der kleinen „Tugasa"-Kette, untergebracht in einem Stadtpalast. Hübscher Patio, 15 geräumige Zimmer in dunklem Holz mit Klimaanlage und TV; Restaurant. DZ etwa 75 €. Plaza Llanete de Herederos, im alten Ortskern, ℡ 956 412317, www.tugasa.com.

Casa Rural Los Balcones, in der Altstadt. Sieben unterschiedlich eingerichtete, allesamt jedoch schöne und gut ausgestattete Apartments, die sich um einen lichten Patio gruppieren. Dachterrasse mit Aussicht. Kein Mindestaufenthalt, prima Preis-Leistungs-Verhältnis, zwei Personen zahlen etwa 50–60 €. C. La Loba (Padre Felix) 14, Mobil-℡ 652 048516, www.losbalcones.net.

Übernachten außerhalb **** Hotel Utopía, im Ortskern des etwa 20 km südöstlich gelegenen Städtchens Benalup de Sidonia. Ein ungewöhnliches und reizvolles Themenhotel, untergebracht in einem alten Stadthaus samt ehemaliger Bäckerei. Das ganze Quartier ist eine Hommage an die 30er-Jahre und feiert diese Periode mit einem (öffentlichen) Museum, Büchern, Dokumenten, Kunstobjekten, Fotografien. Im nostalgischen Veranstaltungssaal „La Fonda de Utopía" finden am Wochenende häufig Flamenco, Blues etc. statt. Jedes der gut ausgestatteten Zimmer fällt unterschiedlich aus, sie tragen deshalb Namen statt Nummern. DZ/F von So–Mi 90 €, Superior- DZ 120 €; Do–Sa und zur HS (Ostern, August, Feste) nur mit Pauschalen inklusive HP und Show. C. Dr. Rafael Bernal 32, ℡ 956 419532, www.hotelutopia.es.

Camping Camping Medina Sidonia, 2. Kat., etwa 1,5 km nordöstlich des Ortskerns. Hübsch begrüntes Gelände mit Pool, zur spanischen Urlaubssaison gut besucht. Geöffnet in der Karwoche, im Juli und August sowie an Wochenenden (außer über Weihnachten/Neujahr). Zwei Personen, Auto, Zelt etwa 28 €. Hoyo Santa Ana, Zufahrt vom Zentrum über die Straße Richtung Jerez, dann rechts ab (beschildert), das letzte Wegstück ist schmal und führt steil bergab; zu Fuß am kürzesten über den Kirchplatz, ℡ 670 589907 (mobil), www.campingmedinasidonia.com.

Essen & Trinken Die Landgasthäuser am Fuß von Medina (Ventas **La Duquesa** und **Cuatro Caminos** Richtung Vejer, Venta **Candela** Richtung Chiclana) bieten gute Küche, in der sich maritime und bäuerliche Einflüsse vereinen, und sind sonntags gut besucht.

Bar-Rest. Cádiz, am Hauptplatz von Medina Sidonia, bereits 1958 gegründet. Feine, elaborierte Tapas, auch große Auswahl an kompletten Mahlzeiten mit Schwerpunkt auf Fleischgerichten und regional geprägter Küche nach Saisonangebot. Menü ab etwa 20–25 €. Pl. España 13.

Bar-Rest. Paco Ortega, ein uriges Lokal schräg gegenüber. Hier gibt es „Comida casera", Hausmannskost, darunter ein preiswertes Tagesmenü, außerdem sehr sättigende Tapas. Plaza España 10, Ecke Calle San Juan.

Maurisches Erbe: Stadttor in Medina Sidonia

Sehenswertes

Iglesia Santa María de la Corona: Hoch über dem Ortskern thront diese auch „Iglesia Mayor" genannte Kirche, die im 15./16. Jh. auf den Fundamenten eines noch älteren Gotteshauses errichtet wurde, das wiederum an Stelle einer Moschee entstand. Ihr Äußeres prägt gotisch-plateresker Stil, im Inneren steht ein prachtvoller Hauptaltar der Sevillaner Schule des 16. Jh. Der Glockenturm bietet eine wunderbare Aussicht.
Täglich 11–14, 16–19 Uhr; Eintrittsgebühr 2,50 €.

Ruinas del Castillo: Ein wunderbarer Fernblick öffnet sich auch von den sonst eher spärlichen Resten der ehemaligen Burg von Medina, die unweit der Kirche liegen. Bei sehr klarem Wetter sieht man sogar bis Afrika.
Täglich 10.30–14 und 17.30–19.30 Uhr (Sommer) bzw. 16.30–18.30 Uhr (Winter); 2 €.

Museo Archeológico/Conjunto Arqueológico Romano: Medinas Archäologisches Museum (Calle Cortega 10, im unteren Altstadtbereich) fokussiert sich auf die römische Vergangenheit der Siedlung. Die Reste der Römerstadt Assido-Caesarina wurden erst 1965 entdeckt. Auch als „Cloacas Romanas" bekannt, handelt es sich um ein Abwassersystem des 1. Jh. n. Chr., dessen gemauerte unterirdische Kanäle noch auf einer Länge von rund dreißig Metern erhalten sind.
Täglich 10.30–14 und 17.30–19.30 Uhr (Sommer) bzw. 16.30–18.30 Uhr (Winter); 3,50 €.

Alcalá de los Gazules

Der Ort, gut zwanzig Kilometer östlich von Medina Sidonia unweit der neuen Autobahn nach Algeciras gelegen und nur etwa halb so groß wie Medina, bildet ziemlich genau den geografischen Mittelpunkt der Provinz Cádiz. Die Besiedlung des „Weißen Dorfs" geht bis auf die Römerzeiten zurück, an die Mauren erinnern noch die Reste eines Kastells und die Anlage der schmalen, winkligen Gassen. Alcalá ist ein ruhiger, ländlich-friedlicher Ort ohne große Attraktionen, sieht man einmal von der spätgotischen Kirche San Jorge ab, in der ein schöner Chor und eine Marienfigur von Martínez Montañes stehen.

Information Centro de Visitantes El Aljibe, außerhalb des Orts an der Straße nach Benalup-Casas Viejas, knapp südlich der Autobahn. Besucherzentrum des Naturparks Alcornocales, mit Ausstellung, Cafeteria und Botanischem Garten. Hier auch Infos über die evtl. nötigen Genehmigungen („permiso") für Wanderungen im Naturpark, z. B. den von Leser Jörn Wilhelm empfohlenen Aufstieg zum 884 m hohen El Picacho, der etwa 9 km außerhalb von Alcalá in Richtung Ubrique beginnt. Geöffnet Di-So 9.30–14.30, 15–17 Uhr. Carretera A-2228 Alcalá de los Gazules–Benalup Casas Viejas Km 1, ✆ 856 587508.

Übernachten ** Hotel San Jorge, schlichtes Quartier in zentraler Lage; Parkmöglichkeit. DZ etwa 60 €. Pico del Campo s/n, wenige Schritte abseits des zentralen (und für ein Bergdorf etwas seltsam benannten) Paseo de la Playa, in einer Gasse südlich vom Taxistand, ✆ 956 413255.

Camping Los Gazules, 2. Kat., etwa 5 km östlich des Dorfs, zu erreichen über eine Abzweigung der Straße nach Ubrique. Ausgedehntes Wiesengelände mit wenig Schatten, aber großem Pool; Einkaufsmöglichkeit, Restaurant, Bungalows und Zeltverleih. Ganzjährig. Zwei Personen, Auto, Zelt etwa 20 €. Carretera de Patrite, km 4, ✆ 956 420486, www.campinglosgazules.com.

Mittelpunkt der Provinz Cádiz: Alcalá de los Gazules

Parque Natural de la Sierra de Grazalema

Im äußersten Nordosten der Provinz Cádiz gelegen, zu einem kleineren Teil auch zur Provinz Málaga gehörig, erstreckt sich der Naturpark der Sierra de Grazalema über eine Fläche von gut 50.000 Hektar.

Der Park, ein westlicher Ausläufer der Gebirgskette *Serranía de Ronda*, schließt sich nördlich fast direkt an den Naturpark Alcornocales an und reicht mit seiner östlichen Grenze bis nahe an das Bergstädtchen Ronda. Die Region bildet eines der regenreichsten Gebiete Spaniens, mit einer durchschnittlichen jährlichen Niederschlagshöhe von über zwei Metern! Die Regenfälle konzentrieren sich jedoch erfreulicherweise auf die Wintermonate. Entsprechend grün bewachsen ist die felsige Karstlandschaft, ein zerklüftetes Gebiet der Grotten, Steilhänge und tiefen Schluchten. Gleich drei Eichenarten gedeihen hier, außerdem Johannisbrotbäume, wilde Olivenbäume und zahlreiche Orchideenarten. Die botanische Besonderheit ist jedoch die *Pinsapo-Tanne*, eine uralte, bis ins Tertiär zurückgehende und sehr seltene Koniferenart, die auch Igeltanne genannt wird. Die Tierwelt des Parks zeigt sich ähnlich vielfältig wie die Flora. Berühmt ist die Sierra de Grazalema durch ihre vielen Gänsegeier, im Flug leicht zu erkennen an ihrer riesigen Spannweite von bis zu zweieinhalb Metern.

Zugangsbeschränkungen im Park Der Zugang zu einem Teilbereich des Parks, der so genannten „Área de Reserva", ist strikten Beschränkungen unterworfen. Betroffen ist in etwa das Dreieck Benamahoma-Grazalema-Zahara de la Sierra, also ungefähr das Gebiet nördlich der A 372 von El Bosque nach Grazalema und westlich der CA 531 von Grazalema nach Zahara de la Sierra. Hier sind mehrere Wanderwege, darunter der „Igeltannenweg" El Pinsapar, die „Grüne Schlucht" Garganta Verde und der Sendero del Torreón, in der täglichen Besucherzahl limitiert und dürfen nur mit einer Erlaubnis der Behörden begangen werden, die meisten im Sommer wegen der Waldbrandgefahr sogar nur mit Führer; manche Wege sind dann auch nur streckenweise geöffnet (Garganta Verde) oder komplett gesperrt (El Torreón).

Genehmigungen Den „Permiso" (Genehmigung) erhält man kostenlos im Naturpark-Büro von El Bosque; auch manche Hotels der Gegend kümmern sich auf Wunsch um die Erlaubnis. Für Wochenenden ist Reservierung ratsam.

Führer Autorisiert ist z.B. das Büro „Horizon" in Grazalema, ✆ 956 132363; www.horizonaventura.com. Preisbeispiel für den Pinsapar-Weg bei ausreichender Gruppenstärke etwa 16 € pro Person.

El Bosque

Ein gepflegtes „Weißes Dorf" von kaum zweitausend Einwohnern, westlich knapp außerhalb des Parks gelegen und Sitz einer Informationsstelle der Naturparkverwaltung. Die Mehrzahl der wichtigen Einrichtungen liegt an der Durchgangsstraße unterhalb des eigentlichen, steilen Ortskerns, der deshalb nur eher wenig besucht wird. Neben Grazalema und Zahara gibt auch El Bosque eine gute Ausgangsbasis für Touren im Park ab.

Information Centro de Visitantes, im unteren Ortsteil nahe Hotel Las Truchas, hinter der Arena, von Arcos kommend gleich beim Kreisel, ✆ 956 709733. Genehmigungen für die gesperrten Wege, ständige Ausstellung zum Park, Dia-Shows usw., außerdem Wandertipps, Verkauf von Karten etc. Auf Fremdsprachenkenntnisse des Personals sollte man aber besser nicht hoffen. Geöffnet täglich 9–14 Uhr, von Juni bis September Mo geschlossen.

Verbindungen Busse der Gesellschaft AMARILLOS fahren 9-mal tgl. nach Arcos und Jerez, nach Grazalema 1- bis 2-mal, Sevilla und Cádiz je 3-mal täglich.

Übernachten ** Hotel Las Truchas, moderner, innen hübsch dekorierter Bau, guter Mittelklassestandard. Zu den Spezialitäten des angeschlossenen Restaurants zählen die namensgebenden Forellen. DZ etwa 70 €, mit „Salón" 95 €. Avenida de la Diputación 1, oberhalb der Durchgangsstraße, ✆ 956 716061, www.tugasa.com.

* Hotel El Tabanco, oben im Ortskern. Sehr hübsches kleines Hotel, rustikal-schöne Zimmer unterschiedlicher Größe. Ein gutes Restaurant ist angeschlossen, HP zu günstigem Tarif möglich. Der Besitzer spricht Deutsch. DZ nach Größe und Ausstattung etwa 50–65 €, es gibt auch eine Suite. Calle La Fuente 3, ✆ 956 716081, www.hotelmesoneltabanco.es.

Jugendherberge Albergue Juvenil El Bosque, ein Stück hinter dem Hotel Las Truchas. Mit angeschlossenem Zeltplatz, der auch Zelte vermietet. Sehr viele Gruppen, unbedingt anrufen, ob Platz ist. Geöffnet etwa April bis Mitte September. Molino de Enmedio s/n, Buchung über die Zentrale von Inturjoven ✆ 902 510000.

Camping La Torrecilla, 2. Kat., etwa 1,5 Kilometer außerhalb an der Straße nach Ubrique. Ruhiger und gepflegter Platz mit Miethütten und Bar, zur Saison auch mit Restaurant. Nur in der Karwoche und im Sommer geöffnet (sonst evtl. am Wochenende), der Platz öffnet und schließt jedoch auch dann je nach Laune des Besitzers, deshalb auch zur HS unbedingt anrufen oder in der Touristinfo anfragen. Zwei Personen, Auto, Zelt etwa 22 €. ✆ 956 716095, mobil 629 483913, www.campinglatorrecilla.com.

Wanderung am Río Bosque nach Benamahoma Keine Genehmigung erforderlich, jedoch gutes Schuhwerk – an einigen Abschnitten kann der Weg unangenehm schlüpfrig sein. Man geht vorbei am Hotel Las Truchas und folgt noch einige Minuten der Asphaltstraße. Vor der Brücke, auf deren anderer Seite die Jugendherberge liegt, geht es links auf den markierten Wanderpfad. Der Weg verläuft ohne große Steigungen am Fluss Río Bosque (auch Río Majaceite genannt) entlang, wechselt dabei mehrfach über Brücken die Uferseiten. Er führt durch hohe Galeriewälder, vorbei an einer Vielzahl verschiedener Blumen und Büsche. Bis Benamahoma und zurück beträgt die reine Wanderzeit etwa 3,5 Stunden. In Benamahoma kann man auch einen der raren Busse von Grazalema nach El Bosque besteigen, sollte sich aber vorher über die Fahrtzeiten informiert haben.

Schönes Wanderrevier: am Río Bosque

Grazalema

Die bildhübsche Siedlung bildet das Zentrum der gleichnamigen Sierra. Kein Wunder deshalb, dass Grazalema zu einem beliebten Ferienziel avancierte, zumal der Ort auch eine ganz gute Infrastruktur besitzt.

Das „Weiße Dorf" wird von zwei Parallelstraßen durchzogen, an denen die klassischen Häuser der Region stehen, geschmückt mit Schmiedeeisen, Schirmdächern und reichlich Blumen. Grazalema ist als Herstellungsort der typischen handgewebten Decken *Mantas* bekannt, aus Schafswolle gefertigt und im Ort zu erstehen. Die Weberei „Fábrica de Mantas" kann auch besichtigt werden, Details dazu in der Touristeninformation.

Information/"Turismo Activo" Oficina Municipal de Turismo, Plaza de Asomaderos 3, beim Hauptparkplatz, ℅ 956 132052. Engagiertes, kenntnisreiches Büro, das auch Informationen über die Beschaffung der „Permisos" für die sonst gesperrten Wanderwege liefert. Geöffnet Di–So 10–14, 16–19 Uhr, künftig vielleicht auch montags. turismo@grazalema.es.

Horizon, neben Führern für Wanderungen durch die im Sommer gesperrten Gebiete der Área de Reserva auch Organisation diverser Abenteuersportarten, Höhlenexkursionen etc. Calle Las Piedras 1, ℅ 956 132363, www.horizonaventura.com.

Verbindungen Busse stoppen nahe Hauptplatz Plaza de España. AMARILLOS fährt 2-mal tgl. von und nach Ronda sowie Ubrique und 1- bis 2-mal täglich von und nach El Bosque.

Feste Fiesta del Carmen, das Hauptfest des Städtchens. Mehrere Tage um den 16. Juli, am folgenden Montag Stiertreiben.

Sangre y Amor en La Sierra, an einem langen Wochenende im Oktober; ein Historienspiel zu Ehren des hiesigen Bandolero José María Hinojosa, genannt „El Tempranillo". Ein guter Teil der Bevölkerung trägt dabei Trachten im Stil des Jahres 1832.

Übernachten **** Hotel Puerta de la Villa, im Herzen von Grazalema. Bau im traditionellen Stil mit komfortablen und hübsch möblierten Zimmern und sogar einem allerdings kleinen Pool. Nobles Restaurant angeschlossen. Ganzjährig geöffnet. DZ meist im Bereich um etwa 50–80 €, auch Apartments. Plaza Pequeña 8, ℅ 956 132388, www.hotelpuertadelavilla.com.

*** Villa Turística Grazalema, etwas außerhalb des Zentrums. Die architektonisch angepasste Anlage wurde um das ehemalige Hostal Grazalema errichtet und war lange geschlossen, eröffnete 2013 jedoch wieder. Viele Zimmer mit Balkon; Swimmingpool und Restaurant. DZ/Bad etwa 50–75 €. Ctra. Comarcal 344, ℅ 956 132032, www.villasdeandalucia.com.

** Hotel Peñón Grande, zentral gegenüber dem Hotel Puerta de la Villa gelegen. Sehr solides Hotel mit guter Ausstattung und zwölf hübschen, modernen und komfortablen Zimmern, die auch Klimaanlage besitzen. Freundliche, deutschsprachige Leitung. Gutes Preis-Leistungsverhältnis, DZ etwa 60 €. Plaza Pequeña 7, ℅ 956 132434, www.hotelgrazalema.com.

Pensión Hospedería Casa de las Piedras, ebenfalls mitten im Ort, von der Plaza de España aus hinter der Kirche San Juan. Ein schönes, altes und verwinkelt gebautes Haus mit einer erstaunlich großen Zahl an Zimmern. Gemütlicher Aufenthaltsraum, Patio. DZ/Bad etwa 50 €; extern werden auch Apartments angeboten, Preis kaum über den DZ. Calle Las Piedras 32, ℅ 956 132014, www.casadelaspiedras.es.

Camping Tajo Rodillo, 2. Kat., etwas außerhalb an der Straße nach El Bosque, der Ort noch in Fußentfernung. Kleiner Platz auf hübsch terrassiertem Gelände, Pool. Gut für Zelte, schlecht für Wohnmobile: separater Parkplatz. Wie auch bei dem Platz in Benamahoma (selber Eigentümer) wechseln die Öffnungszeiten unvorhersehbar, weshalb sich generell ein Anruf vorab lohnt. Zwei Personen, Auto, Zelt etwa 20 €. Carretera Comarcal 344, ℅ 956 132418, mobil 637 196055, www.campingtajorodillo.com.

Essen & Trinken Restaurante Torreón, praktisch um die Ecke von der Plaza de Andalucía, kaum zehn Meter vom Hauptparkplatz. Solides Restaurant mit ortstypischer Küche, freundlicher Service, gute und reichhaltige Menüs für wenig Geld, von Lesern sehr gelobt. Calle Agua 44.

Bar Zulema II, an der Plaza Andalucía, mit Tischen auch im Freien auf dem hübschen Platz. Leckere Tapas à la carte, prima Preis-Leistungs-Verhältnis.

Gastrobar La Maroma, etwas versteckter im oberen Ortsbereich und deshalb vorwiegend von Einheimischen besucht. Rustikales kleines Lokal mit junger Mannschaft und großer Auswahl an guten Tapas, Montaditos und Fleischgerichten; recht günstige Preise. Calle Santa Clara s/n, vom Hotel Puerta de la Villa immer der Calle Dr. Mateos Gago folgen.

Zahara de la Sierra

Schon von weitem sichtbar, schmiegt sich das hübsche Dorf an einen Felsklotz, der ein mittelalterliches maurisches Kastell trägt. Zahara besitzt einen sehr reizvollen, als Nationalmonument unter Denkmalschutz gestellten Ortskern mit alten Adelshäusern und der Kirche Santa María de la Meza, vom Kastell aus bietet sich ein weiter Blick. Unterhalb des Ortes liegt der Stausee *Pantano de Zahara*.

Information Punto de Información, ein halbprivates Besucherzentrum des Naturparks, das u. a. über die Fauna und die Pinsapos informiert. Geöffnet ist offiziell, aber nicht immer verlässlich Di–Sa 10–14 Uhr. Plaza del Rey 3, ✆ 956 108837.

Verbindungen Busse der Gesellschaft COMES 2-mal täglich von und nach Ronda.

Feste Corpus Cristi, Fronleichnam, mit farbenprächtiger Prozession, deklariert als Fest von nationalem Interesse.

Übernachten/Essen »» Mein Tipp: ** Hotel Rural Al Lago, leicht anzufahren nahe der Hauptstraße im nördlichen unteren Ortsbereich. Kleines Hotel mit nur sechs hübschen Zimmern, DZ nach Saison und Standard etwa 80–120 €. Das angeschlossene Restaurant mit Panoramaterrasse serviert feine Küche (der Besitzer kocht selbst); hausgemachte Desserts, gute Weinauswahl. Menü ab ca. 25 €. Von mehreren Lesern gelobt. Calle de Félix Rodríguez de la Fuente 11, ✆ 956 123032, www.al-lago.es. ««

„Katzenklappe" in Grazalema

** Hotel Rural Los Tadeos, westlich unterhalb des Orts, Richtung Gemeindeschwimmbad. In schöner Lage und mit weitem Blick; auch vom Pool genießt man eine schöne Aussicht. Freundliche Wirtsleute, Parken problemlos, gutes Restaurant (leider oft nur schwach besucht). Ordentliche und sehr saubere Zimmer, DZ 65 €, „Luxus"-DZ mit Jacuzzi 120 €. Paseo de la Fuente s/n, ✆ 956 123086, www.alojamientoruralcadiz.com.

Was haben Sie entdeckt? Haben Sie ein charmantes Hotel gefunden, eine prima Bar, einen schönen Wanderweg? Und welcher Tipp war nicht mehr so toll? Wenn Sie neue Informationen, Verbesserungsvorschläge oder Ergänzungen zu diesem Reisehandbuch haben, dann lassen Sie es mich bitte wissen!

Ich freue mich über jede Zuschrift!

Schreiben Sie an: Thomas Schröder, Stichwort „Costa de la Luz" | c/o Michael Müller Verlag GmbH | Gerberei 19, D – 91054 Erlangen | thomas.schroeder@michael-mueller-verlag.de

Schmuckstück: Rondas Arena, die älteste Spaniens

Abstecher nach Ronda

Eine der berühmtesten, schönsten und auch meistbesuchten Städte Andalusiens, vor allem wegen der dramatischen Lage schon von Rainer Maria Rilke und Ernest Hemingway gefeiert.

Ronda liegt bereits in der Provinz Málaga und im Hinterland der Costa del Sol, von Grazalema sind es jedoch nur mehr etwa 30 Straßenkilometer. Der Abstecher lohnt sich, weshalb das Städtchen hier in der gebotenen Kürze vorgestellt wird. Den Reiz der uralten Siedlung, bis zur Rückeroberung 1485 eine Hochburg der Mauren, macht in erster Linie ihre einmalige Position aus. Ronda besetzt ein Felsplateau, das von den nahezu senkrecht abfallenden Wänden der über 100 Meter tiefen Tajo-Schlucht in zwei Teile gespalten wird. Kühne Brücken verbinden die beiden Seiten der Stadt. Häuser und Gärten drängen sich bis an den Rand des Abgrunds, Spazierwege erschließen beeindruckende Perspektiven der Schlucht.

Orientierung: Die berühmte Brücke *Puente Nuevo* bildet die Hauptverbindung zwischen den Ortsteilen. Auf der südlichen Seite liegt die Altstadt *La Ciudad* mit der Mehrzahl der Monumente, auf der nördlichen Seite um die lebendige Carrera Espinel erstrecken sich die schachbrettartigen neueren Viertel von *El Mercadillo*.

Information Oficina Municipal de Turismo, Paseo Blas Infante s/n, ganz in der Nähe der Arena. Geöffnet Mo–Fr 10–19 Uhr, Sa 10–14, 15–17 Uhr, So 10–14.30 Uhr. ✆ 952 187119. www.turismoderonda.es.

Verbindungen Zug: Bahnhof im Norden der Neustadt, an der Avenida Andalucía. Die landschaftlich großartige Route nach Algeciras wird 5-mal täglich bedient; zum Knotenpunkt Bobadilla (Anschlüsse u. a. nach Sevilla) 4-mal täglich.

Abstecher nach Ronda und Gibraltar

Bus: Station in der Neustadt an der Plaza Concepción, am Anfang der Avenida Andalucía. COMES fährt 2-mal täglich nach Arcos, Jerez de la Frontera und Cádiz, AMARILLOS nach Grazalema 2-mal, nach Sevilla 7-mal täglich (Achtung, nicht immer Platz, der Bus kommt von der Küste und ist schon mal voll belegt).

Auto: Achtung, im Umfeld des Hotels Reina Victoria kommt es laut Leserzuschriften häufig zu Autoeinbrüchen! Eine teure, aber dennoch oft belegte Tiefgarage liegt unterhalb der *Plaza del Socorro*, eine weitere bei der *Plaza de la Merced*. Leider herrscht zur Saison Parkchaos in Ronda.

Feste & Veranstaltungen Feria de Mayo, 20.–23. Mai. Stadtfest zur Erinnerung an die Reconquista. Belebter Viehmarkt, viel Trubel.

Romería Nuestra Señora de la Cabeza, zweiter Junisonntag. Wallfahrt mit Reitern und geschmückten Kutschen.

Feria y Fiestas de Pedro Romero, Anfang September. Ein Fest zur Erinnerung an den größten Matador der Stadt, mit „corridas goyescas" (Stierkampf in historischen Kostümen) und dem Flamencofestival „Festival del Cante Grande" – Ronda platzt dann fast aus den Nähten.

Übernachten Zur Fiesta Anfang September ist ohne langfristige Reservierung kaum ein Bett zu bekommen!

**** Parador de Ronda 11, direkt an der Plaza España, hinter der Fassade des alten Rathauses. Absolute Toplage mit schöner Aussicht in die Tajoschlucht; Garten, Garage und Schwimmbad. Standard-DZ kosten in der Regel um etwa 130–210 €. Plaza España s/n, ☎ 952 877500, www.parador.es.

**** Hotel Catalonia Reina Victoria 3, ein Klassiker der Stadt: Schon Rilke wohnte bei seinem Aufenthalt im Winter 1912/1913 in diesem Haus. Wunderbarer Blick, Terrassen, Garten, Wellnessbereich und Swimmingpool, allerdings etwas abgelegen. 2012 komplett renoviert und jetzt wieder top in Schuss. DZ nach Saison, Lage und Ausstattung etwa 100–180 €; zu den Festen wie üblich deutlich mehr. Es gibt auch Suiten. Calle Jerez 25, im nordwestlichen Bereich der Neustadt, ☎ 952 871240, www.hotelescatalonia.com.

*** Hotel San Gabriel 13, ein familiäres kleines Hotel mit nur 16 Zimmern in einem schönen Haus der Altstadtseite. Der geschmackvollen Einrichtung ist anzumerken, dass der Vater des Besitzers Antiquitätensammler war. Ein liebevoll gestalteter kleiner Kinosaal (DVD) steht den Gästen ebenso zur Verfügung wie die Bodega im Keller. Sehr geräumige Zimmer, Parkservice. Prima Preis-Leistungsverhältnis. DZ meist um die 100–120 €, es gibt auch Superiorzimmer und Suiten. Calle José M. Holgado 19, ✆ 952 190392, www.hotelsangabriel.com.

*** **Hotel Jardín de la Muralla** 14, ganz im Süden der Altstadtseite. Der „Garten der Mauer" trägt seinen Namen zu Recht, erstrecken sich die Gartenanlagen des auf der alten Stadtmauer gelegenen Hotels doch gleich über mehrere Etagen. Einst soll das Haus im Besitz des berühmt-berüchtigten Bandolero Flores Arocha gewesen sein. Schöner Fernblick, Pool. Viel Platz, da nur sechs Zimmer, alle mit Antiquitäten eingerichtet. DZ/F etwa 100 €; die einzige Suite kostet etwas mehr. C. Espíritu Santo 13, ✆ 952 872764, www.jardindelamuralla.com.

** **Hotel Royal** 7, ein solides Mittelklassehotel, das baulich keine Schönheit ist, aber relativ zentral gelegen, ordentlich eingerichtet und komfortabel, zudem recht günstig. DZ kosten etwa 45–60 €, zur Fiesta deutlich mehr. Calle Virgen de la Paz 42, an der Zufahrt zur Plaza España, ✆ 952 871141, www.ronda.net/usuar/hotelroyal.

»› **Lesertipp:** * **Hotel Ronda** 12, auf der Altstadtseite unweit der Brücke, 2006 eröffnet. „Renoviert, innen modernisiert und sehr geschmackvoll minimalistisch eingerichtet. Es ist das Elternhaus der Besitzerin, die das kleine Hotel mit nur fünf Doppelzimmern sehr freundlich und hilfsbereit führt" (Barbara und Arno Walter). Kein Frühstück. Auch von anderen Lesern sehr gelobt, zu Recht. DZ etwa 70–80 €, zu Spitzenzeiten (Feste etc.) an die 100 €. Ruedo Doña Elvira 12, ✆ 952 872232, www.hotelronda.net. ‹‹‹

** **Hotel Virgen de los Reyes** 5, preiswertes und familiäres Quartier mit recht ordentlichem Standard. Geräumige, leider etwas hellhörige Zimmer mit Klimaanlage, TV und auch Heizung, bei entsprechenden Klimaverhältnissen darauf achten, ob sie auch funktioniert. Achtung, manche Räume gehen nur auf einen Lichtschacht; diejenigen zur Straße wiederum sind wegen der dortigen Bars vor allem am Wochenende nicht ganz ruhig. DZ in der Regel etwa 30–60 €. Calle Sevilla 17, ✆ 952 871140. www.virgendelosreyeshotelronda.com.

* **Pensión Hostal Rondasol** 4, für seinen Preis eine ordentliche Adresse – allzuviel Komfort sollte man jedoch nicht erwarten. Zimmer in hellem Holz und mit Steinboden; darauf achten, dass sie Fenster haben, es gibt auch einige ohne. In der Umgebung noch mehrere Pensionen, alle jedoch einen Tick teurer oder nicht so gut. DZ, leider nur ohne Bad, um die 30 €. Calle Almendra 11, ✆ 952 874497. www.hostalrondasol.com.

Jugendherberge Albergue Municipal de Ronda 1, städtische Jugendherberge, ein paar hundert Meter stadtauswärts vom Bahnhof/Busbahnhof. Zuletzt geschlossen, soll aber wieder öffnen. Calle Fernando de los Ríos 2, ✆ 952 873496 (kann sich ändern).

Camping El Sur, 1. Kat., ortsnächster Platz, an der Straße nach Algeciras etwa 2,5 Kilometer südlich des Zentrums, also noch in gestreckter Fußentfernung zur Stadt. Gut ausgestattetes Hanggelände mit Pool, sehr gepflegten Sanitärs, hübschem Restaurant. Einkaufsmöglichkeit; auch Bungalows gibt es zu mieten. Wenig Schatten, jedoch schöner Blick auf die Stadt. Die Besitzerfamilie spricht Deutsch. Ganzjährig geöffnet. Zwei Personen, Auto, Zelt etwa 28 €. Carretera de Algeciras, km 1,5, ✆ 952 875939, www.campingelsur.com.

Essen & Trinken Restaurante Pedro Romero 8, unweit der Arena. Nach dem größten Stierkämpfer der Stadt benannt und dementsprechend dekoriert; zwar gern von Touristen besucht, insgesamt aber nicht allzu touristisch. Von Lesern gelobt. Örtlich geprägte Küche, Tagesmenü etwa 16 €, à la carte ab 30–35 €. Calle Virgen de la Paz 18, ✆ 952 871110.

Bodega San Francisco 15, im Barrio San Francisco ganz im Süden der Altstadtseite. Großes und solides, auch bei Einheimischen sehr beliebtes und relativ preisgünstiges Lokal. Regionale Küche, breite Auswahl an Tapas & Co. Rueda Alameda 32.

Tragatá 10, in einer zentralen Neustadtgasse, deren übrige Bars meist eher touristisch orientiert sind. Schick-minimalistisches Design, feine Designertapas in ungewöhnlichem Gewand, nicht gerade billig, aber preislich angemessen. Solide Weinauswahl per Glas. Calle Nueva 4.

»› **Lesertipp:** Bar Casa Moreno El Lechuguita 9, nicht weit entfernt. „Ein uriges, von den Bewohnern Rondas gut besuchtes Lokal, wo man auf einer Liste von über 40 Tapas zum unglaublichen Preis von je 0,80 € die Qual der Wahl hat. Tortilla, Albóndigas

Ü bernachten
1. JH Albergue Municipal
3. Hotel Catalonia Reina Victoria
4. Pensión Hostal Rondasol
5. Hotel Virgen de los Reyes
7. Hotel Royal
11. Parador de Ronda
12. Hotel Ronda
13. Hotel San Gabriel
14. Hotel Jardín de la Muralla

E ssen & Trinken
2. Cervecería La Pepa 2014
6. Cerv.-Bodega Patatin-Patatan
8. Rest. Pedro Romero
9. Bar Casa Moreno El Lechuguita
10. Tragatá
15. Bodega San Francisco

und geschmorte Pilze gehören zu den Standards. Wenige Sitzplätze, man isst im Stehen, was es umso typischer macht" (Johannes Reiss). C. Virgen de los Remedios 35. «

Cervecería-Bodega Patatin-Patatan 6, ebenfalls eine gute Adresse mit ordentlichen Tapas und Raciones. Angenehm lockere Atmosphäre. Calle Lorenzo Borrego 7, nahe dem Hotel Virgen de los Reyes. Im Umfeld noch weitere Bars.

》》**Mein Tipp:** Cervecería La Pepa 2014 2, in einem Wohngebiet nur ganz knapp außerhalb des engeren Zentrums, nahe Busbahnhof. Beispiel für die ganze Reihe von Tapas-Bars in dieser Zeile, die bei den Einheimischen ausgesprochen beliebt sind; am Wochenende geht es abends rund hier. Moderne, auch etwas ungewöhnlichere Tapas, Raciones und Salate; Wein per Glas, gute Bierauswahl. Gute Preise. Calle Commandante Salvador Carrasco, Ecke Pasaje el Cante. «

Sehenswertes

Puente Nuevo: Die „Neue Brücke", 1793 nach über vierzigjähriger Bauzeit fertig gestellt, erhebt sich 98 Meter über dem Grund der Tajoschlucht. Sie ist das Wahrzeichen der Stadt und eine technische Meisterleistung, die in einem „Centro de Interpretación" (Mo–Fr 10–19 Uhr, Sa/So 10–15 Uhr; 2,50 €) dokumentiert wird. Vom Puente Nuevo aus erkennt man im Osten zwei weitere Brücken: den *Puente Viejo,* auch Puente San Miguel genannt und vielleicht noch römischen Ursprungs, und dahinter den so genannten *Puente Arabe* aus dem 17. Jh. – seine Fundamente stammen zum Teil zwar tatsächlich noch aus islamischer Zeit, die eigentliche Brücke hat in ihrer heutigen Form nach diversen Zerstörungen und Wiederaufbauten

Spektakuläre Lage über der Schlucht: die Häuser von Ronda

Ronda 197

aber nur noch wenige maurische Strukturen aufzuweisen. Einen schönen Blick auf alle drei Brücken genießt man von den Gärten *Jardines de Cuenca*, die auf der Neustadtseite gegenüber der Casa del Rey Moro liegen.

Casa del Rey Moro: In der Calle Santo Domingo, die von der Neustadtseite kommend gleich hinter dem Puente Nuevo links abzweigt, nach wenigen Metern linker Hand. Das „Haus des Maurenkönigs" weist zwar arabische Stilelemente auf, entstand jedoch erst im 18. Jh.; Vorläufer war aber vielleicht wirklich der Palast eines maurischen Herrschers. Zugänglich sind nur die Gärten und vor allem die *Mina de Agua*, ein im Zickzack 60 Meter tief in den Fels geschlagener Tunnel des 14. Jh., der im Belagerungsfall die Wasserversorgung sichern sollte. Als Wasserträger herhalten mussten christliche Sklaven, die erst nach der Rückeroberung befreit wurden. – Der Weg hinunter ist nicht einfach, mäßig beleuchtet und für Leute, die z. B. an Klaustrophobie oder Atemnot leiden, nicht zu empfehlen.
Täglich 10–19.30 Uhr, Eintritt satte 5 €.

Baños Arabes: Die restaurierten Reste maurischer Bäder sind über Stufen unweit des Puente Viejo zu erreichen. Sie stammen aus dem 13./14. Jh. und zählen zu den besterhaltenen des Landes. Insgesamt eher schmucklos, lohnt ihre typische Architektur dennoch einen Besuch.
Mo–Fr 10–19 Uhr, Sa/So 10–15 Uhr; Eintrittsgebühr 3,50 €, Di ab 15 Uhr gratis.

Museo Lara: Wieder an der Hauptstraße der Altstadt, der *Calle Armiñán*, beherbergt der im 18. Jh. errichtete Palast Palacio de los Condes de La Conquista ein privates Museum. Zu sehen sind unter anderem alte Uhren, Musikinstrumente, Näh- und Schreibmaschinen, Münzen, archäologische Funde und vieles mehr.
Täglich 11–20 Uhr, Eintrittsgebühr 4 €.

Minarete de San Sebastian: Ebenfalls an der Hauptstraße steht, ein Stück weiter südlich und etwas zurückversetzt, ein einsames Miniatur-Minarett. Es ist der letzte Rest einer im 14. Jh. errichteten Moschee der Nasriden.

Museo Histórico Popular de Bandolero: In der Calle Armiñán 65, nur ein paar Schritte östlich der Kathedrale, liegt dieses Museum, das sich dem „Bandolerismo" widmet, dem Phänomen rebellischer Räuberbanden, die in den Sierras um Ronda bis ins 20. Jh. hinein ideale Verstecke fanden. Neben lebensgroßen Puppen berühmter Bandoleros präsentiert die Ausstellung auch Fotos, Waffen etc.
Täglich 11–19.30 Uhr; Eintrittsgebühr ca. 4 €.

Kathedrale Santa María la Mayor: An der *Plaza de la Duquesa de Parcent*, dem weit im Süden und rechts der Hauptstraße gelegenen Hauptplatz der Altstadt. Die im 15. Jh. begonnene Kirche war ursprünglich eine Moschee. Der untere Teil des Glockenturms besteht aus dem ehemaligen Minarett; im Vorraum ist noch der *Mihrab*, die arabische Gebetsnische, zu sehen.
Täglich 10–19 Uhr (So 12.30–14 Uhr geschlossen), Eintrittsgebühr 4,50 €.

Barrio San Francisco: Südlich der Kathedrale liegt ein weiteres malerisches Viertel, in dem noch Reste der Stadtmauern und -tore sowie der Alcazaba, des sonst völlig zerstörten Palastes der Maurenherrscher, erhalten sind.

Palacio de Mondragón/Museo Municipal: Zu erreichen über eine Gasse links neben der Kathedralenfront. Bereits zur Maurenzeit soll hier die Residenz eines Herrschers gestanden haben, seine heutige Form erhielt der um drei Patios angelegte Palast jedoch bei mehreren Umbauten ab dem 16. Jh. Sein reizvolles Inneres beherbergt das *Stadtmuseum* von Ronda.
Mo–Fr 10–19 Uhr, Sa/So 10–15 Uhr; Eintrittsgebühr 3,50 €.

Camino de los Molinos: Von einem Treppenweg an der Plaza María Auxiliadora führt ein gepflasterter Pfad hinunter zum Fluss. Tief unten, bei den Resten alter Mühlen und eines kleinen maurischen Tors, öffnet sich eine ungewohnte und sehr beeindruckende Perspektive der Tajo-Schlucht und des Puente Nuevo; es gibt auch einen Fußpfad in die Schlucht hinein. Angenehmer ist es jedoch, dem hübschen Camino de los Molinos selbst zu folgen, der unterhalb des steilen Felskliffs bis zum Barrio San Francisco reicht.

Plaza de Toros: Die Stierkampfarena ist die einzige echte Sehenswürdigkeit der Neustadt, gleichzeitig ein Pflichtbesuch in Ronda, handelt es sich bei der 1785 errichteten Arena doch um die älteste des Landes. Da hier mit Pedro Romero auch noch einer der bedeutendsten spanischen Matadore aller Zeiten wirkte, gilt die schöne Plaza de Toros von Ronda geradezu als Wallfahrtsstätte der Aficionados. Gestaltet wurde sie wahrscheinlich von José Martín de Aldehuela, dem Architekten, der auch den Puente Nuevo schuf. Das Rund der Arena misst 66 Meter Durchmesser, die zweigeschossigen Zuschauertribünen, die von eleganten Säulen gestützt werden, bieten auf ihren jeweils fünf Rängen bis zu 5000 Zuschauern Platz. Das interessante Museum im Arenagebäude präsentiert unter anderem Waffen, nostalgische und jüngere Plakate, Stiche und Drucke, Kostüme etc.
Täglich 10–19 Uhr; Eintrittsgebühr (Arena & Museum) 7 €.

Alameda de Tajo: Der Stadtpark Rondas, ein paar Schritte nördlich der Stierkampfarena, ist an heißen Sommertagen eine wahre Erholung. Eine Panorama-Promenade zieht sich entlang des Abhangs sowohl nach Norden als auch nach Süden, um den Parador herum und bis zur Puente Nuevo. Von diesem Spazierweg bietet sich eine herrliche Aussicht, ein besonders in der Dämmerung wunderschöner Blick wie zu Rilkes Zeiten: Im Vordergrund erstreckt sich das Hochtal voller Felder und Olivenbäume, „und drüben entsteigt ihm wieder, wie ausgeruht, das reine Gebirg, Berg hinter Berg, und bildet die vornehmste Ferne".

Von Ronda Richtung Küste

Die gut ausgebaute A 369/A405 von Ronda nach Algeciras verläuft durch fantastische Gebirgslandschaften und zählt zu den schönsten Panoramastraßen Andalusiens. Sie führt am sehr ausgedehnten *Parque Natural de los Alcornocales* entlang, einem Naturpark, dessen Name auf die große Zahl von Korkeichen verweist. An und neben der Strecke liegen viele hübsche „Weiße Dörfer".

Cueva de la Pileta: Westlich etwas abseits der A 369 und knapp 30 Kilometer südwestlich von Ronda lockt in der Umgebung des Dörfchens Benaoján eine Tropfsteinhöhle zu einem nicht alltäglichen Ausflug. Die etwa einstündige „Expedition" im Schein von Petroleumlampen, vorbei an bizarren Tropfsteinen und kleinen Seen, ist ein kleines Abenteuer für sich. Höhepunkt sind die verschiedenfarbigen, etwa 20.000 bis 25.000 Jahre alten Felszeichnungen, die Tiere und auch menschliche Gestalten zeigen.

Einlass täglich 10–13, 16–18 Uhr (Winter nur bis 17 Uhr); die Zeiten wechseln jedoch oft, man erkundigt sich besser im Fremdenverkehrsamt von Ronda. Vor dem Eingang warten. Dauer etwa eine Stunde, Preis pro Person 8 €, mindestens 4 Personen bzw. entsprechende Bezahlung. Die Besucherzahl ist auf 25 limitiert, zur Saison heißt es deshalb manchmal, bis zur nächsten Führung zu warten. Gruppen werden gelegentlich vorgezogen, was natürlich für Ärger sorgt. Reservierung gern gesehen: ☎ 687 133338. Die Innentemperatur der Höhle beträgt ganzjährig 15 °C.

Von Ronda Richtung Küste

Jimena de la Frontera: Eine hübsche Übernachtungsstation auf dem Weg zur Küste ist dieses große, unter Denkmalschutz gestellte „Weiße Dorf" etwa 60 Kilometer südwestlich von Ronda. Überragt werden seine schmalen, zum Teil unglaublich steilen Gassen von der heute teilweise verfallenen Burg *Castillo Algibe*, die eine weite Aussicht über die Umgebung bietet.

Übernachten ** Pensión Hostal El Anón, im Ort auf dem Weg zur Burg. Innen viel größer, als es von außen den Anschein hat, hübscher Innenhof mit riesiger Bananenstaude; Terrasse. Die Gemeinschaftsräume sind allerliebst dekoriert; die Wirtin spricht Englisch und Deutsch. Eine Bar und ein von Lesern gelobtes Restaurant sind angeschlossen. DZ (das eigene Bad liegt z.T. auf dem Gang) mit F rund 60 €, es gibt auch ein Apartment. Calle Consuelo 34–40, ✆ 956 640113, www.hostalanon.com.

››› Mein Tipp: Casas Christa & Christober, im Gebiet unterhalb des Kastells, nach „Christober el Alemán" fragen. Die beiden netten, alternativ angehauchten deutschen Besitzer Christa und Christober vermieten fantasievoll gestaltete Ferienwohnungen bzw. -häuser für zwei bis sechs Personen. Alle besitzen fantastische Aussicht und sind mit viel Geschmack eingerichtet, gute Tipps zur Umgebung gibt's natürlich dazu. Die „Rezeption" ist in einem auffälligen Haus mit Türmchen im oberen Ortsbereich, aber dennoch nicht ganz leicht zu finden (zunächst Richtung Castillo halten); Neuankömmlinge, auch mit eigenem Auto, können vorher anrufen und sich abholen lassen. Zwei Personen zahlen etwa 50 € (ab drei Tagen gibt es Rabatt), pro Woche 280 €; auch Einzelübernachtungen sind möglich. Calle Granadillos 4, ✆ 956 640934, mobil 658 627703, www.christa-und-christober.es. ‹‹‹

Camping Los Alcornocales, 2. Kat., etwa 500 m vom nördlichen Ortsrand gelegen. Schatten eher mäßig, sonst gut ausgestattet. Freundliche Leitung, großzügige Sanitärs, kleiner Pool, Restaurant. Vom Zentrum zu erreichen über die langgezogene Hauptstraße Calle Sevilla, mit dem Auto unkompliziertere Zufahrt über die CA 3331 Richtung Ubrique und Arcos, dann wieder links Richtung Ort. Ganzjährig geöffnet, außerhalb der Saison besser anrufen. Zwei Personen, Auto, Zelt etwa 20 €. ✆ 956 64006, www.campinglosalcornocales.com.

Essen & Trinken Bar-Rest. El Ventorrillero, mitten im Ort. Sehr solide Küche mit deutlichem Schwerpunkt auf Fleischgerichten, aber auch veganen Möglichkeiten. Beliebt, freundlich geführt und recht preisgünstig; es gibt auch Tapas. Plaza de la Constitución 2. Ebenfalls am Platz und auch empfehlenswert: Bar La Tasca.

Castellar de la Frontera: Ein Festungsdorf wie aus dem Bilderbuch, zu erreichen über ein acht Kilometer langes, kurviges und sehr schmales Sträßchen, das von der A 369 nach Westen abzweigt, beschildert „Castillo de Castellar" und nicht zu verwechseln mit der neuen Siedlung namens „Nuevo Castellar", in die die früheren Einwohner umgesiedelt wurden. Mit fantastischer Aussicht hoch auf einer Bergkuppe gelegen, ist es umgeben von einer grandiosen, wildromantischen Felslandschaft. Sein Inneres, ein Labyrinth von Gassen, Treppenwegen und Steinhäusern, wird beschützt von einer Mauer mit mächtigen Türmen, die noch auf die maurischen Zeiten des 13. Jh. zurückgeht. Der bildhübsche Fleck ist schon seit einer ganzen Reihe von Jahren zu einem Refugium für Aussteiger geworden, die nach der Umsiedlung der Bevölkerung die halb verfallenen Häuser wieder bewohnbar machten. Allmählich wird das Dorf aber auch von (bislang hauptsächlich spanischen) Liebhabern des Urlaubs auf dem Lande entdeckt.

Übernachten *** Hotel Castillo de Castellar, 2009 direkt im Castillo eröffnet. Hübsche, geräumige Zimmer, alle mit weiter Aussicht, die man ebenso von der Cafeteria genießt. Das zugehörige Restaurant liegt nicht weit entfernt. DZ/F etwa 90–110 €. Hier auch die Rezeption für die nahen, preisgünstigeren (zwei Personen etwa 60–75 €) Landhäuschen Casas Rurales. C. Rosario 3, ✆ 956 693150, www.tugasa.com.

„The Rock": Gibraltar

Ausflug nach Gibraltar

Der steil aus dem Meer aufragende Felsklotz war im Altertum bekannt als eine der beiden mythischen „Säulen des Herkules". Als sein Gegenstück galt der Djebel Musa in Marokko. Jenseits dieser beiden Landmarken vermutete man damals das Ende der Welt.

Die 6,5 Quadratkilometer große und bis 426 Meter Höhe aufragende Halbinsel von Gibraltar ist seit Beginn des 18. Jh. britische Kronkolonie. Nach langen Querelen mit Spanien kann man heute problemlos mit dem Personalausweis einreisen. Vom spanischen Städtchen *La Línea de la Concepción* kommend, ist man nach der Grenzkontrolle und dem Überqueren der Landebahn des Flughafens mitten in England, schlagartig und unübersehbar: Bobbys, Fish and Chips, Doppeldeckerbusse, rote Briefkästen und uniformierte Schulkinder. Die rund 30.000 Einwohner von „Gib", so die geläufige Kurzform, scheinen den britischen Lebensstil geradezu verzweifelt gegen südländische Einflüsse verteidigen zu wollen.

Gibraltar lebt (trotz gewisser rechtlicher Änderungen in jüngster Zeit) immer noch recht gut von seinem Status als Steueroase, ebenso vom Fremdenverkehr, dem die Grenzöffnung ein rasantes Wachstum ermöglichte. Auf den ersten Blick scheint die Stadt ein einziger riesiger Duty-Free-Shop zu sein: zollfreie Fotogeschäfte, Zigaretten- und Schnapsläden Tür an Tür. Außer dem amüsanten Kontrast zu Spanien, der wirklich faszinierenden Lage und den berühmten Affen hat „The Rock" sonst auch nicht viel zu bieten.

Orientierung: Über das Rollfeld des Flughafens auf der Landenge gelangt man in die Stadt. Sie zwängt sich schmal an die Westseite des gewaltigen Felsens und wird auf ganzer Länge von der Hauptstraße *Main Street* durchzogen. Weiter südlich schließen sich Wohn- und Armeebezirke an. Um den Fels herum führt, teils durch einen Tunnel, eine Ringstraße.

> ### Gibraltar: Eintritt frei
> Nicht ohne eine amüsante Note sind die kleinen Gaunereien, die spanische Betrüger vor der Grenze versuchen. Dort verkaufen sie alte Lotterielose, bevorzugt von der teureren Freitagsausspielung, als „Parkscheine", „Visa" oder „Eintrittskarten" für Gibraltar. Als Beweis der Echtheit zeigen sie auf den Schriftzug der spanischen Blindenlotterie Once: Parken beziehungsweise Eintritt „once", auf Englisch „einmal". Dabei ist der Eintritt zur Kronkolonie so ziemlich das Einzige, was in Gibraltar gratis ist ...

Geschichte: Der Felsen von Gibraltar war bereits in der Vorgeschichte besiedelt. An seiner Ostseite liegt eine Reihe von Höhlen, in denen archäologische Funde und Felsgravuren die Anwesenheit des Neandertalers belegen, und dies bis in eine Zeit, in der anderswo in Europa längst der Homo sapiens das Sagen hatte. 2016 wurden die Neandertal-Höhlen von Gibraltar in die Liste des UNESCO-Welterbes aufgenommen; der Bau einer Plattform („Gorham's Cave Viewing Platform" nahe der Europa Advance Road) mit Blick auf die Höhlen ist geplant.

711 wurde Gibraltar von den Mauren besetzt und blieb danach mehr als 700 Jahre lang in islamischer Hand. Maurischen Ursprungs ist auch der Name: *Djebel Tarik*, „Berg des Tarik" hieß der Fels nach dem maurischen Feldherrn, der hier seinen Siegeszug durch Spanien begann. Erst 1462 gelang den Spaniern die Rückeroberung. Im Spanischen Erbfolgekrieg schafften es die Engländer 1704, den nur schwach mit Verteidigern besetzten Felsen einzunehmen, und im Vertrag von Utrecht 1713 ließen sie sich ihr Recht auf Gibraltar festschreiben. Versuche der Spanier, den Felsen dennoch zurückzuerobern, schlugen fehl: England hatte Gibraltar zur waffenstarrenden Festung ausgebaut, die auch lange Belagerungen aushalten konnte.

1967 ergab eine Volksabstimmung, dass gerade mal 0,4 % der Gibraltarians zu Spanien wechseln wollten. Franco konterte die Abfuhr auf seine Weise, ließ die Grenze schließen, Fährverbindungen unterbrechen, die Telefonleitungen kappen. Bis 1977 war Gibraltar vom Festland völlig abgeschnitten. Nach Francos Tod begann eine allmähliche Annäherung, doch erst 1985 wurde die Grenze völlig geöffnet, sehr zur Freude nicht nur der Einwohner, sondern auch vieler Schmuggler. Seitdem wird von der spanischen Regierung immer wieder mal die Entkolonialisierung des Felsens gefordert. Das Argument, Kolonien wären nicht mehr zeitgemäß, können die Spanier freilich nicht ins Feld führen, besitzen sie mit Melilla und Ceuta doch selbst zwei Exklaven in Afrika.

Dabei wären die Briten selbst, so heißt es, nicht einmal abgeneigt, Gibraltar wieder an Spanien zu übergeben. Die Einwohner Gibraltars sehen das mit weit überwiegender Mehrheit jedoch ganz anders – und haben vorgesorgt: In der Verfassung von 1969 ließen sie sich von Großbritannien zusichern, niemals ohne Volksabstimmung einem anderen Land (gemeint natürlich: Spanien) angeschlossen zu werden. Abzuwarten bleibt, wie sich Gibraltars Situation durch den Austritt Großbritanniens aus der Europäischen Union entwickeln wird. Wenig überraschend hatte die hiesige Bevölkerung mit überwältigenden 96% gegen den Brexit gestimmt. Noch hofft man, den Entzug der EU-Flagge irgendwie abwenden zu können. Sollte dies nicht gelingen, verlöre Gibraltar nicht nur den Zugang zum Europäischen Binnenmarkt, die Grenze zu Spanien würde mit allen Konsequenzen auch zu einer EU-Außengrenze. Hart betroffen wären aber nicht nur die Einwohner, sondern auch die vielen Pendler aus La Línea und Umgebung, die auf dem Felsen Arbeit gefunden haben.

Basis-Infos

Information Tourist Information, John Mackintosh Square 13, knapp westlich der Main Street im Gebäude des Gibraltar Heritage Trust; ✆ 200 45000. Geöffnet Mo–Fr 9–17.30 Uhr, Sa 9.30–15.30 Uhr, So 10–13 Uhr. Erhältlich ein Stadtplan, eine Hotelliste und die Broschüre „Gibraltar Visitor Guide".

Internet-Info www.gibraltar.gi

Verbindungen Achtung – viele Wege führen über Algeciras, eine Stadt mit hoher Kriminalitätsrate. Autoaufbrüche gehören im Hauptfährhafen nach Marokko ebenso zum Alltag wie Diebstähle aller Art. Ähnliches gilt für den Grenzort La Línea de la Concepción.

Bus: Häufige Verbindungen bestehen zum spanischen La Línea, nur fünf Fußminuten von der Grenze entfernt: COMES nach Algeciras halbstündlich, (Sa/So alle 45 min.), Tarifa 6-mal, Cádiz 2-mal, Jerez 1-mal, Sevilla 4-mal täglich.

Stadtbus: Bus Nummer 5 fährt von der Grenze zum Market Square (Zentrum beim Casemates Square), Nr. 2 von dort zur Station der Cable Car und weiter zum Europa Point; Ticket einfach um die 2 € (alle Preise variieren nach Wechselkurs), retour 3 €.

Auto: Rechtsverkehr; Einreise mit grüner Versicherungskarte unproblematisch, oft jedoch schwierig, einen der meist gebührenpflichtigen Parkplätze (gebührenfrei: die Parkplätze bei der Seilbahnstation) zu finden. Das Naturreservat auf dem Upper Rock ist für ausländische Fahrzeuge gesperrt! Je nach politischer Großwetterlage kann es (muss aber nicht) zu teilweise mehrstündigen Staus an der Grenze kommen. Diesbezüglich auf der sicheren Seite ist, wer in La Línea parkt, möglichst in einer der Tiefgaragen nahe der Grenze, da dort viele Autoknacker unterwegs sind.

Telefonvorwahl 00350, dann die komplette Teilnehmernummer wählen.

Bootstouren „Dolphin Watching" heißt die Hauptattraktion der Bootstouren ab Gibraltar. Start ist am Hafen, meist an der Marina Bay, Abfahrten im Sommer mehrmals täglich, im Winter eingeschränkt. Preis p. P. ab etwa 30 €, Kinder 20 €.

Feste Gibraltar National Day, 10. September; „Self-Determination is Democracy".

Währung Offizielle Zahlungsmittel sind Gibraltar pounds und British pounds sterling (1:1); Faustregel für den Wechselkurs: 1 Pound = 1,20 €. Achtung, der Rücktausch von Gibraltar pounds ist außerhalb von Gibraltar fast unmöglich. Euro werden jedoch zu etwas schlechterem Kurs überall akzeptiert. Banken geöffnet Mo–Fr 9–15.30 Uhr.

Zoll Grenze rund um die Uhr geöffnet. Die Freimengen bei Ein- und Ausreise entsprechen denen eines Nicht-EU-Lands, also 1 l Spirituosen, 200 Zigaretten etc.

Übernachten/Essen & Trinken

Übernachten Die meisten Reisenden kommen nur als Tagesbesucher.

**** The Rock Hotel 7, ein Klassiker Gibraltars, bereits von Winston Churchill besucht und sorgfältig renoviert. Schöne Aussichtslage südlich der Altstadt, Pool, Kolonialstil-Ambiente. Alle Zimmer mit Meerblick. Die Preise wechseln nicht nur je nach Nachfrage, sondern wie in allen Hotels der Stadt auch nach Wechselkurs; Richtwert für ein Standard-DZ etwa 140–170 €. Europa Road 3, ✆ 2007300, www.rockhotelgibraltar.com.

Cannon Hotel 5, das preisgünstigste Haus der Hotelklasse in Gibraltar, zudem sehr zentral gelegen. Die Zimmer fallen relativ schlicht aus, sind aber für den Preis durchaus okay. DZ/Bad etwa 80 €, ohne Bad 60 €. Frühstück ist inklusive. Cannon Lane 9, ✆ 200 51711, www.cannonhotel.gi.

Emile Youth Hostel **1**, private Jugendherberge in zentraler Lage unweit des Casemates Square. Ausstattung nicht gerade topmodern; Übernachtung inkl. Frühstück 28 €, gegen Aufpreis auch EZ und DZ. Montagu Bastion, Line Wall Road, ✆ 20051106, www.emilehostel.net.

Essen & Trinken Bar The Clipper **4**, große, gemütliche und meist sehr belebte Bar, die bis in die Nacht geöffnet hält und alles mögliche serviert, von Frühstück bis zu Hauptgerichten. Irish Town 78 b.

Rest.-Pizzeria Gallo Nero **2**, nicht weit entfernt. Gute Pizza und Pasta nach italienischer Art, aber auch Fleischgerichte und Fisch. Netter Service, die Preise sind relativ moderat. Irish Town 56–58.

Saccarello's **3**, in der Nähe der Bar The Clipper. Ein traditionsreiches Lokal, untergebracht in einem früheren Kaffeelager und berühmt für seine Kuchen sowie die Tees und Kaffees, die zum Teil sogar speziell für dieses Haus hergestellt werden. Komplettes Essen gibt es auch. Irish Town 57 bzw. Tuckey's Lane 12.

Sai Darbar **5**, von Lesern empfohlener indisch-vegetarischer Takeaway. Prince Edward Road 6, am Fußweg zum Affenfelsen.

Sehenswertes

Gibraltar Museum: In der Bomb House Lane, westlich der Main Street und zu erreichen über die King's Street, die etwa nach der Hälfte der Hauptstraße rechts abzweigt; dann links. Viel Militärhistorisches, naturgeschichtliche Abteilung, ein Modell des Felsens aus dem 19. Jh. und ein viertelstündiger Film über Gibraltar („The Gibraltar Story"). Angeschlossen ist die restaurierte Anlage maurischer Bäder aus dem 14. Jh.
Mo–Fr 10–18 Uhr, Sa 10–14 Uhr; Eintritt etwa 2,50 €.

Alameda Gardens: Der Botanische Garten von Gibraltar liegt bei der Talstation der Seilbahn. 1816 eröffnet, beherbergt er rund 600 verschiedene Pflanzenarten, die oft aus ehemaligen britischen Kolonien wie Australien und Südafrika stammen. Geöffnet täglich bis Sonnenuntergang, Eintritt frei.

Upper Rock

Der als Naturschutzgebiet ausgewiesene Gipfel des Felsens ist bequem mit der Seilbahn *Cable Car* zu erreichen, deren Talstation am südlichen Ende der Main Street steht; eine Mittelstation ist beim Affenfelsen Apes Den eingerichtet, wird aber im Sommer nicht mehr bedient. Die Aussicht von ganz oben reicht über Stadt und Strände, bei gutem Wetter bis zum marokkanischen Atlasgebirge; in jedem Fall aber auf die großen Auffangbecken, die die Wasserversorgung Gibraltars sichern.

Zugang/Eintrittsgebühr Achtung, die „Nature Reserve Upper Rock" ist seit 2016 für Fahrzeuge mit ausländischem Nummernschild gesperrt! Es bleiben also nur die Seilbahn, organisierte Touren oder der Fußweg. Das Sammelticket für die Sehenswürdigkeiten („Attractions") inkl. Eintrittsgebühr zur „Nature Reserve Upper Rock" kostet p. P. etwa 12 €, Kinder von 5–12 Jahren 6 €; wenn man nicht Teilnehmer einer organisierten Tour ist, kann es allerdings eventuell schwierig werden, das volle Programm auszuschöpfen, denn die Wege sind doch recht lang. Wer auf die Besichtigung der Monumente verzichtet und vielleicht nur eine Wanderung zu den Affen machen möchte, muss an der Straße zum Naturreservat nur die geringe Eintrittsgebühr von etwa 60 Cent berappen. Am Fußweg „Devil's Gap Footpath" zum Apes Den wurde bislang keinerlei Gebühr verlangt; es besteht hier allerdings auch keine Möglichkeit, ein Sammelticket für die Monumente weiter oben zu erwerben.

Cable Car Die Seilbahn fährt Mo–Sa 9.30–19.15 Uhr (Winter 18.45 Uhr; jeweils letzte Bergfahrt); Preis hin und zurück etwa 15 € (einfache Auffahrt kaum günstiger), Kinder 6 €. Die Fahrkarte beinhaltet *nicht* das Sammelticket für die verschiedenen Sehenswürdigkeiten, es gibt aber auch Kombitickets mit den „Attractions". Von April bis Oktober hält die Seilbahn nicht an der Mittelstation beim Apes Den!

Organisierte Touren Gibraltars Taxis bieten eine „Rock Tour" an, die etwa eineinhalb Stunden dauert und pro Person (Minimum 4 Personen) ab etwa 25–35 € kostet; Eintrittsgebühren nicht inbegriffen! Infos bei der Gibraltar Taxi Association, ✆ 20070052, www.gibtaxi.com. Auch manche Reisebüros offerieren Touren zum Upper Rock. Man spart sich dabei die teilweise recht weiten Wege, ein Nachteil ist jedoch die eingeschränkte Flexibilität.

Fußwege auf dem Upper Rock Der Upper Rock ist von zahlreichen alten Fußpfaden durchzogen. Viele waren lange in schlechtem Zustand, doch mehr und mehr werden restauriert. Ganz vermeiden lassen sich die Straßen zwar nicht, doch ist der Verkehr durch die Sperrung für ausländische Kraftfahrzeuge deutlich zurückgegangen. Warum also nicht „The Rock" zumindest teilweise zu Fuß erobern?

Fußweg zum Apes Den: Etwa 20 Minuten läuft man vom Stadtzentrum hinauf zum berühmten Affenfelsen. Von der Main Street geht man hinter der Cathedral of Saint Mary the Crowned links hoch, folgt dabei zunächst der Bishop Rapallo Ramp, dann im Bogen nach rechts der anschließenden Prince Edwards Road und biegt dann von dieser links aufwärts in die Flat Bastion Road. Nach etwa 50 Metern setzt der Treppenweg „Devil's Gap Footpath" an, dessen Beginn in Blau-Weiß-Rot der britischen Flagge bemalt ist. Über eine anschließende, schmalere Treppe und einen Felsweg gelangt man auf eine Asphaltstraße, hier links und um die Kurve herum bis zur Mittelstation der Seilbahn am Affenfelsen Apes Den.

Charles V Wall: In der Nähe der Mittelstation beginnt ein restaurierter Treppenweg, der entlang der zickzackförmigen, ursprünglich maurischen Verteidigungsmauer in rund 20 sehr anstrengenden Minuten bis hinauf in die Nähe der Bergstation führt, wo eine weitere, größere Affenkolonie lebt. Der Weg ist sehr steil und auch sehr schmal. Schilder warnen vor aggressiven Affen; aufgestellt wurden sie als Reaktion auf den Angriff eines großen Alphamännchens im Jahr 2014, dessen Opfer, ein britischer Tourist, im Krankenhaus mit 40 Stichen genäht werden musste. Die Treppen lassen sich jedoch auch auf der Straße via St. Michael's Cave umgehen.

Panoramapfad: Mediterranean Steps

Mediterranean Steps: In der Nähe des Gipfels, direkt vor dem Eingang der O'Hara's Battery, geht es links auf diesen teilweise als Treppenweg angelegten, relativ anspruchsvollen Pfad, der sich im Abwärtsbogen entlang der steilen Fels-Ostseite und um die Südseite herum zum Jew's Gate und zum Straßeneingang des Naturreservats zieht. Feste Schuhe, Trittsicherheit, Sonnenschutz und Wasservorrat sind bei diesem landschaftlich reizvollen Abstieg (natürlich lässt sich der Weg auch in der Gegenrichtung begehen) Pflicht. Unten folgt man ein Stück der Queen's Road und kann dann links in den abwärts führenden Royal Anglian Way abbiegen.

Royal Anglian Way: Ein Verbindungsweg, der von der Queen´s Road abzweigt und in der Nähe der Mittelstation und des Apes Den auf die Old Queen's Road trifft. Sein Highlight ist die 2016 eröffnete, rund 70 Meter lange Hängebrücke „Windsor Bridge" (Umgehung möglich), die eine 50 Meter tiefe Schlucht überspannt.

Apes Den: Der Affenfelsen ist die wohl bekannteste Attraktion Gibraltars. Die schwanzlosen Berberaffen (Macaca sylvanus), die einzigen in Europa frei lebenden Vertreter ihrer Art, wurden schon im 18. Jh. von britischen Soldaten importiert. Es heißt, wenn die Affen verschwänden, wäre die britische Zeit in Gibraltar zu Ende. Als im Zweiten Weltkrieg der Bestand deutlich abnahm, ließ Churchill deshalb „frische" Affen aus Marokko herüberbringen. Danach kümmerte sich die Armee um die Tiere, hatte gar einen spezialisierten Zoologen unter Vertrag; mittlerweile ist die Regierung von Gibraltar selbst für sie verantwortlich. Dank der guten Betreuung ergaben sich jedoch neue Probleme: Die Anzahl der Affen stieg und stieg; um den Bestand zu reduzieren, ließ die Armee die Affen zeitweise sogar von Soldaten jagen. Mittlerweile wird die Antibabypille zur langfristigen Kontrolle der Population eingesetzt, „überzählige" Tiere werden in ausländische Reservate verbracht. Dennoch beträgt die Zahl der Affen derzeit gut 200 Exemplare. Die Herde am Apes Den ist vergleichsweise klein. Da die Mittelstation der Seilbahn im Sommer nicht mehr bedient wird und mit den fehlenden Touristen auch das Nahrungsangebot zurückging (die Affen zu füttern ist strengstens verboten, doch hält sich nicht jeder Besucher daran), ist die Zahl der Tiere hier noch weiter zurückgegangen. Größer ist die Population nahe der Gipfelstation der Seilbahn, doch die größte Affenkolonie Gibraltars lebt im Umfeld der Great Siege Tunnels. Die Affen sind possierlich und meist friedlich, solange man sie absolut in Ruhe lässt (dennoch Vorsicht, jährlich müssen Dutzende Besucher wegen Affenbissen im Krankenhaus behandelt werden). Vor allem aber sind sie flink: Auf Kameras, Brillen, Handtaschen und dergleichen sollte man gut aufpassen – schon mehr als einmal hat sich einer der neugierigen Burschen mit eigentlich artfremder Ware auf Nimmerwiedersehen abgesetzt.

Versonnener Blick:
Berberaffe am Apes Den

St. Michael's Cave: Die riesige, 62 Meter tiefe Tropfsteinhöhle war schon in der Vorzeit besiedelt. Mit beleuchteten Nachbildungen bemüht man sich redlich, einen Eindruck vom Leben der damaligen Bewohner zu vermitteln. Heute finden im oberen Teil gelegentlich Konzerte und regelmäßig etwas kitschige Ton- und Lichtspiele statt. Im Eingangsbereich befindet sich der Querschnitt eines Stalagmiten, der „Wachstumsringe" ähnlich denen von Bäumen zeigt – die hellbraunen Lagen entstanden wahrscheinlich in regenreichen Zeiten, die dunkleren in niederschlagsarmen Perioden. Folgt man der Straße, die an der Höhle vorbei führt, gelangt man zu einer aufgegebenen Geschützstellung, von der man – so das Zugangstor geöffnet ist – mit etwas Kletterei (Vorsicht!) eine weite Aussicht auf die Tanker und Frachtschiffe genießt, die unterhalb des Felsens auf das Löschen ihrer Ladung warten.

70 Meter lang: Hängebrücke Windsor Bridge

O'Hara's Battery: Die Geschützstellung auf dem höchsten Punkt Gibraltars war lange als Militärgebiet für Besucher gesperrt, heute kann sie (unabhängig vom „Attractions"-Sammelticket) besucht werden. Benannt ist sie nach General Charles O'Hara, von 1795–1802 Gouverneur von Gibraltar. In der Hoffnung, von hier aus den Schiffsverkehr vor dem gegnerischen Hafen von Cádiz, fast 100 km Luftlinie entfernt, beobachten zu können, hatte der General seinerzeit einen Turm hier oben errichten lassen und sich damit zum Gespött gemacht. Als der nutzlose Turm 1888 schließlich abgerissen werden sollte, kam es zu einer Wette der hiesigen Garnison mit der Besatzung eines britischen Kanonenboots – dessen sechster Schuss traf ...
Mo–Fr 10–17 Uhr; Eintrittsgebühr etwa 4 €.

Europa Point: Ganz im Süden der Halbinsel liegt dieser mit Kanonen und Leuchtturm bestückte Aussichtspunkt, von dem man bei gutem Wetter die marokkanische Küste erkennen kann. Er ist ausnahmsweise gratis zu besuchen. Ganz in der Nähe steht die Moschee Ibrahim-Al-Ibrahim, 1997 dank einer Spende des Königs Fahd von Saudi-Arabien erbaut und ihres Zeichens die südlichste Moschee Europas.

Moorish Castle: Im Norden des Felsens, vom Apes Den etwa einen Kilometer entfernt und über die Queen's Road zu erreichen. Das erst vor einigen Jahren restaurierte maurische Kastell über der Stadt stammt aus dem 14. Jh., doch soll hier schon im 8. Jh. eine erste Burg des Feldherrn und Namenspatrons Tarik gestanden haben.

Great Siege Tunnels: Das Tunnelsystem von Gängen und Schießscharten liegt hoch oben an der Nordseite des Felsens. Es wurde während der „Großen Belagerung" 1779–83 aus dem Gestein gesprengt, als Stellung für gigantische Kanonen, die die spanischen Angreifer unter Feuer nehmen sollten. In der Umgebung liegen noch weitere Militärmonumente; weniger kriegerisch interessierte Naturen beeindruckt der Blick auf den Flughafen und das spanische Festland wahrscheinlich mehr.

Kachelbänke schmücken die Plaza España im Parque de María Luisa

Sevilla (695.000 Einwohner)

Als Heimat des Don Juan, der Carmen und des berühmten Barbiers prägt Sevilla das gängige Andalusienbild wie keine andere Stadt. Das weckt Erwartungen. Mancher Besucher ist deshalb enttäuscht, wenn er nicht an jeder Ecke Flamenco hört. Die Metropole Andalusiens besitzt jedoch viele Gesichter: Wer nur die bekannten folkloristischen Klischees sucht, wird der facettenreichen Stadt nicht gerecht.

Sevilla, Hauptstadt der gleichnamigen Provinz und gleichzeitig ganz Andalusiens, ist eine zukunftsorientierte Kapitale, die in den letzten Jahrzehnten einen gewaltigen wirtschaftlichen Aufschwung genommen hat. Die Zuwanderung ist enorm. In der Umgebung stinkt Industrie, und während des Berufsverkehrs herrscht das allgemeine Chaos. Da der ökonomische Erfolg vor allem den höheren Einkommensschichten zugute kam, erreichen Arbeitslosen- und Kriminalitätsrate Werte, die von kaum einer anderen Stadt Spaniens übertroffen werden.

Das andere, das charmante Bilderbuch-Sevilla, findet parallel trotzdem statt. Ein Ausflug, der dank der guten Verkehrsverbindungen von den meisten Ortschaften der Costa de la Luz aus problemlos möglich ist, lohnt sich deshalb unbedingt. Während der zu Recht berühmten Fiestas wird praktisch rund um die Uhr gefeiert. Die Abende und Nächte am Ufer des Guadalquivir und im Barrio de Santa Cruz

Sevilla

sind genauso romantisch, wie man sich das schon immer vorgestellt hat. Auch die oft beschworene Lebenslust der Einwohner bleibt in den zahllosen Bars, Bodegas und Cafés weiterhin spürbar, wenn auch nicht immer und überall: Man muss schon zur richtigen Zeit am richtigen Ort sein. Und die wahrhaft glänzenden Monumente aus der langen Geschichte einer Stadt, die einst die reichste Spaniens war, sind ohnehin prächtig genug, um einen Besuch in Andalusiens Hauptstadt zum Pflichtprogramm zu machen. Vielleicht ist ja doch etwas dran am selbstbewussten Spruch der Einwohner: *Qien no ha visto Sevilla, no ha visto maravilla* – „Wer Sevilla nicht gesehen hat, der hat noch kein Wunder gesehen."

Orientierung: Sevillas Zentrum liegt östlich des Río Guadalquivir, der die Stadt etwa in Nord-Süd-Richtung durchzieht. Hauptstraße ist die *Avenida de la Constitución*. In ihrer unmittelbaren Umgebung liegen mit Kathedrale und Giralda sowie dem Alcázar die bedeutendsten Sehenswürdigkeiten der Stadt. Östlich schließt sich das *Barrio de Santa Cruz* an, Sevillas lauschiges Vorzeigeviertel. Die Avenida de la Constitución beginnt im Süden am Verkehrsknotenpunkt *Puerta de Jerez* und mündet im Norden in den Doppelplatz *Plaza San Francisco* und *Plaza Nueva*. Hier liegt auch das Geschäftsviertel um die Haupteinkaufsstraße *Calle Sierpes*. Südlich des engeren Zentrums erstrecken sich der Park *Parque de María Luisa* und das Gelände der Ibero-Amerikanischen Ausstellung von 1929, die *Plaza de España*. Jenseits des Guadalquivir sind zwei ehemals selbstständige Siedlungen zu Stadtvierteln geworden: das volkstümliche *Barrio de Triana* auf Höhe des Zentrums und, südlich anschließend, das neuzeitlichere *Barrio de los Remedios* auf Höhe des Parque de María Luisa.

Geschichte

Wohl eine Gründung der Iberer, später von Phöniziern und Karthagern besiedelt, wurde das damalige *Hispalis* 205 v. Chr. von den Römern erobert und in *Colonia Julia Romula* umbenannt. Im Krieg gegen Pompeius ließ Julius Cäsar die Stadt mit Mauern und Türmen befestigen und machte sie zur Hauptstadt der Südprovinz Baetica. Nach einem kurzen Zwischenspiel der Vandalen geriet Sevilla ab 441 in die Hände der Westgoten und fungierte auch unter deren Herrschaft eine Zeitlang als Hauptstadt.

712 wurde Sevilla von den Mauren erobert und hieß fortan *Ichbiliya*. Zunächst eigenständig, dann von den Omaijaden aus Córdoba regiert, später Sitz eines Teilkönigreichs, erlebte die Siedlung einen schnellen Aufschwung, überflügelte nach dem Zerfall des Omaijadenreichs sogar Córdoba. Fast alle heute bestehenden maurischen Bauwerke entstanden unter der mehr als hundertjährigen Herrschaft der fundamentalistischen *Almohaden*-Dynastie, die 1146 an die Macht kam. 1248 wurde Sevilla von den Christen unter Ferdinand III. zurückerobert.

Die Entdeckung Amerikas brachte Sevilla eine neue Blütezeit. Hier und in Cádiz entluden die Gold- und Silbergaleonen ihre kostbare Fracht. Sevilla besaß als Sitz der für den Warenverkehr mit Amerika zuständigen Behörde *Casa de Contratación* das Handelsmonopol für die überseeischen Kolonien. Unermessliche Reichtümer flossen in die Stadt, erneut entstand eine Fülle prächtiger Bauten. Der Niedergang begann erst, als im 17. Jh. eine schreckliche Pestepidemie wütete, der Guadalquivir versandete und 1717 die Casa de Contratación nach Cádiz verlegt wurde.

Im *Spanischen Bürgerkrieg* geriet Sevilla gleich zu Beginn in die Hände der Faschisten. Heute darf man sich wohl darüber freuen, blieb die Stadt dadurch doch vor den schlimmsten Zerstörungen bewahrt.

Information

Fremdenverkehrsämter Oficina de Turismo, Plaza del Triunfo 1, beim Alcázar. Das Haupt-Infobüro, zuständig für die Stadt, die Provinz und ganz Andalusien. Oft starker Andrang. Geöffnet Mo–Fr 9–19.30, Sa/So 9.30–19.30 Uhr. ✆ 954 210005.

Oficina de Turismo, im neomaurischen Schlösschen Costurero de la Reina an der Flussuferstraße Paseo de las Delicias 9. Geöffnet Mo–Fr 9–19.30 Uhr, Sa/So 10–14 Uhr. ✆ 954 234465.

Internet-Info www.visitasevilla.es, die Site des städtischen Touristik-Konsortiums.

www.turismosevilla.org, die touristische Webseite der Provinz.

Verbindungen

Flug: Flughafen San Pablo (Info: ✆ 902 404 704, www.aena.es) rund zwölf Kilometer außerhalb nahe der A 4 nach Córdoba. Etwa halbstündliche Busverbindung mit der Linie EA ab Busbahnhof Estación Plaza de Armas via Av. Carlos V. (nahe Busbahnhof Estación Prado San Sebastián) und Bahnhof, p. P. etwa 4 €. Taxis kosten ca. 22–25 €.

Zug: Sevillas eleganter Bahnhof, die Estación de Santa Justa (Renfe-Info: ✆ 902 240 202), liegt östlich außerhalb des Zentrums an der Avenida Kansas City s/n; Telefonzentrale, Gepäckaufbewahrung und kleine Infostelle. Bus Nr. 32 fährt zu den Plazas Ponce de León und Duque de la Victoria im nördlichen Zentrumsbereich, die Busse C1 und

Großraum Sevilla

C2 („Circular exterior") fahren in gegenläufiger Richtung einen Rundkurs um das erweiterte Zentrum und kommen dabei auch in die Nähe des Busbahnhofs Prado San Sebastián (kürzere Route: C1) vorbei. Züge nach Jerez und Cádiz alle ein bis zwei Stunden, Huelva 3-mal täglich.

Bus: Sevilla besitzt zwei Busbahnhöfe, im Zweifel besser die Infostellen kontaktieren. Die Stadtbuslinien C3 und C4 („Circular Interior") umrunden gegenläufig das innere Zentrum und verbinden dabei auch die beiden Busbahnhöfe.

Estación Prado San Sebastián (Info: ℡ 955 479290), der ältere der beiden Busbahnhöfe, bereits 1941 erbaut und ein Monument für sich. Er liegt einige Blocks nördlich des Parks Parque de María Luisa. Hier starten Busse zu vielen Zielen Andalusiens, vor allem nach Süden und Osten: AMARILLOS nach Arcos 2-mal, Ronda 7-mal täglich; COMES nach Jerez 7-mal, Cadiz 9-mal und Tarifa 4-mal täglich; VALENZUELA nach Jerez 7-mal täglich.

Estación Plaza de Armas (℡ 955 038665), der neuere Busbahnhof in Flussnähe, ist u.a. für die Provinz Huelva zuständig, ebenso für die Alsa-Busse zu vielen größeren Orten Andalusiens. DAMAS fährt unter anderem nach Matalascañas je nach Saison mindestens 3-mal täglich, nach Huelva etwa stündlich, Ayamonte 5-mal und Aracena 3-mal täglich.

Auto Nicht die günstigste Anreisemöglichkeit. In Sevilla ist der Pkw nutzlos, Orientierung und Parkplatzsuche sind schwierig.

Parken: Auf die oft anzutreffenden selbsternannten Parkwächter sollte man sich nicht verlassen. Unbedingt Parkhäuser bzw. bewachte Parkplätze ansteuern, trotzdem besser nichts im Auto lassen. Parkgaragen sind im Zentrum beschildert, z. B. beim Corte Inglés an der *Plaza de la Concordia* (Anfahrt von der Flussuferstraße über die Calle Baños und die Plaza Gavidia), beim Busbahnhof Plaza de Armas (*Parking Arjona*), im Markt Arenal unweit der Stierkampfarena (*Parking Mercado del Arenal*, Calle

Genil) und am nahen Paseo de Cristobal Colón (*Parking Paseo Colón*). Günstig für den Besuch des Barrio de Santa Cruz liegt die Tiefgarage an der Puerta de la Carne/Calle Santa María la Blanca (*Parking Cano y Cueto*), nahe der Av. Menéndez y Pelayo.

Mietautos: Die internationalen Anbieter sind z. T. auch am Flughafen vertreten. Einige zentrale Vermieter im bzw. beim Bahnhof (Av. Kansas City): AVIS, ℡ 902 110283; EUROPCAR, ℡ 902 105055, HERTZ ℡ 954 538331.

Stadtverkehr Die meisten Sehenswürdigkeiten liegen fußgängerfreundlich im Zentrum. Dichtes Stadtbusnetz, häufig bediente Plätze in der Innenstadt sind Plaza Encarnación und Plaza Ponce de León. Tickets gibt es im Bus, deutlich preisgünstigere Zehnertickets („Bonobus") am Kiosk. Die Straßenbahn „Tranvía" führt auf einer relativ kurzen Wegstrecke von der Plaza Nueva über die Av. de la Constitución zum Park Prado San Sebastián unweit der gleichnamigen Busstation; es gibt auch eine (für den Reisenden wenig relevante) U-Bahn.

Taxi Taxi: Funktaxis unter ℡ 954 58000 oder ℡ 954 622222.

Organisierte Stadttouren Flussfahrten auf dem Guadalquivir veranstaltet die Gesellschaft „Cruceros Torre del Oro". Tägliche Abfahrten bei der Torre del Oro, zur Saison halbstündlich ab 11 Uhr bis 22 Uhr, im Winter etwas eingeschränkter; Dauer etwa eine Stunde, p. P. ca. 15 €. ℡ 954 561 692, www.crucerostorredeloro.com.

Stadtrundfahrten per Bus: „City Sightseeing Sevilla" (www.sevillatour.com, ℡ 902 101081) und „Sevirama" (www.sevirama.com, ℡ 954 560693) bieten Touren mit Doppeldeckerbussen an. Informationen unterwegs per Kopfhörer auch in Deutsch, an den Haltestellen kann beliebig ein- und ausgestiegen werden. Abfahrten etwa alle 30 Minuten jeweils am Paseo de Cristóbal Colón knapp nördlich der Torre de Oro. Tickets im Bus, Preis p. P. etwa 18–20 €.

Adressen

Österreichisches Konsulat: Avenida de Cádiz 27–29, nahe Busbahnhof Prado San Sebastián; ℡ 955 517717.

Touristenpolizei: SATE, Servicio de Atención al Turista Extranjero, Hilfe bei Diebstahl, Raub etc. Patio de Banderas 3, beim Ausgang des Alcázar nahe der Haupt-Infostelle.

Fundbüro (Objetos Perdidos): Calle Manuel Vazquez Sagastizabal 3 bajo, beim Busbahnhof Prado San Sebastián; ℡ 954 420703. Auch nach Diebstahl kontaktieren: Meist ist nur das Geld interessant, Pass, Schlüssel etc. werden weggeworfen.

Arabische Bäder: Baños Árabes Aire de Sevilla, eine maurische Badeanlage, wie es sie inzwischen in fast jeder andalusischen Großstadt gibt. Hier ist sie in einem ehemaligen Palast untergebracht, dessen Untergeschoss tatsächlich noch einen alten Hammam beherbergt. Bad (Badekleidung erforderlich) mit Aromatherapie je nach Wochentag etwa 30–35 €. Calle Aire 15, im Barrio Santa Cruz etwa zwischen Calle Mateos Gago und Calle San José, ℡ 955 010 024, www.airedesevilla.com.

Übernachten → Karte S. 216/217

Für den jeweiligen Standard sind die Preise fast regelmäßig überhöht. Zu Großveranstaltungen wie der Semana Santa und der Feria de Abril ist die Stadt voll belegt: Reservierungen mehrere Monate im voraus sind unumgänglich, das Preisniveau erreicht ungeahnte Höhen – unsere Angaben beziehen sich auf den Normalfall.

Barrio de Santa Cruz & Umgebung Eine romantische Adresse, viele Quartiere mit Patio. Das Preisniveau liegt hier allerdings sehr hoch, Autofahrer müssen in der Regel eine ganze Ecke entfernt parken.

**** Hotel Los Seises 22, nur einen Katzensprung von der Kathedrale. Ein Palast des 16. Jh., zum Hotel umgebaut; elegantes Interieur, komfortable Zimmer, der Clou ist jedoch der Dachterrassenpool mit Giralda-Blick. Gutes Restaurant, hübsche Poolzone. DZ nach Saison, Belegung und Nachfrage etwa 110–220 €. Calle Segovias 6, ℡ 954 229 495, www.fontecruzhoteles.com.

Übernachten 213

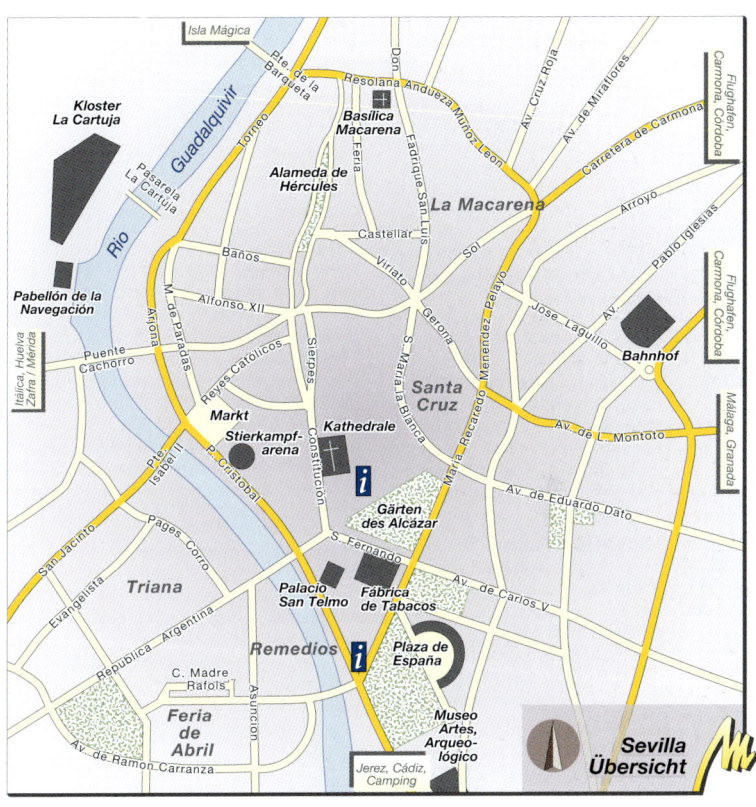

*** **Hotel Las Casas de la Judería** 25, gleichfalls eine charmante Adresse. Auf mehrere historische Gebäude und Innenhöfe verteiltes Quartier, das insgesamt 95 Zimmer zählt, unterschiedlich ausgestattet und dekoriert, z. T. mit eigenen Patios oder Balkonen. Garage. Standard-DZ um die 100–200 €; Superiorzimmer und Suiten gegen Aufpreis. Plaza Santa María La Blanca, Callejon de Dos Hermanas 7, ℘ 954 415150, www.casasypalacios.com.

»» **Mein Tipp:** ** **Hotel Amadeus Sevilla** 23, in einer engen, ruhigen Gasse. Ein ungewöhnliches, musikalisch und künstlerisch inspiriertes Hotel, in dem gelegentlich auch Konzerte oder Ausstellungen stattfinden. Nur 14 Zimmer unterschiedlicher Ausstattung, Lage und Dekoration, allesamt jedoch komfortabel und hübsch eingerichtet; Dachterrasse. DZ nach Ausstattung etwa 85–135 €, gegen Aufpreis gibt es auch Junior Suiten bzw. Dachzimmer. Calle Farnesio 6, ℘ 954 501443, www.hotelamadeussevilla.com. «««

** **Hotel Hostería del Laurel** 36, an einem winzigen Platz im Barrio, praktisch nur zu Fuß zu erreichen. Hübsches historisches Gebäude mit funktionellen, gut ausgestatteten Zimmern mit TV und Klimaanlage. Beliebtes Bar-Restaurant mit prima Tapas angeschlossen. DZ in der Regel um die 80–110 €. Plaza de los Venerables 5, ℘ 954 220295 www.hosteriadellaurel.com.

** **Hotel Un Patio en Santa Cruz** 29, hübsches, stets in Schuss gehaltenes und gut geführtes kleines Hotel unweit der Calle Santa María La Blanca, die Tiefgarage an der dortigen Puerta de la Carne ist nicht weit entfernt. Moderne Zimmer, Dachterrasse. DZ etwa 80–120 €, es gibt auch „Twin"- und

Superiorzimmer, jeweils mit Balkon. C. Doncellas 15, ℅ 954 539413, www.patiosantacruz.com.

》》 Mein Tipp: * Hotel Puerta de Sevilla 32, am Ostrand des Viertels, dennoch recht zentral. Solides Mittelklassehotel, hübsche Zimmer in hellen Farben, Dachterrasse. Von Lesern gelobt. Freundliche Rezeption. Günstig für Autofahrer: Die Tiefgarage an der Puerta de la Carne liegt gleich um die Ecke. DZ meist im Bereich 50–90 €. C. Puerta de la Carne 2, ℅ 954 987270, www.hotelpuertadesevilla.com. 《《

* Hotel Patio de las Cruces 28, unweit der Calle Santa María la Blanca, 2010 von der einfachen Pension zum Einstern-Hotel hochrenoviert. Schlicht-hübsche Zimmer (viele Innenzimmer) mit TV und Klimaanlage, auf mehreren Stockwerken um einen zentralen Patio gelegen. DZ/Bad in der Regel um die 50–80 €. C. Cruces 10, ℅ 954 226 041, www.hotelpatiodelascruces.com.

Pensión Córdoba 24, familiärer Betrieb unweit vom Hotel Amadeus Sevilla. Geräumige Zimmer mit Klimaanlage und Heizung, die besseren Räume liegen zur (meist ruhigen) Gasse. Insgesamt empfehlenswert und auch von Lesern gelobt. DZ/Bad etwa 60–75 €, ohne Bad 50–65 €. Calle Farnesio 12, ℅ 954 227498, www.pensioncordoba.com.

Pensión Hostal Puerta Carmona 17, knapp außerhalb des Barrio Santa Cruz selbst, unweit der Casa de Pilatos. Die Pension bietet zu vernünftigen Preisen hotelähnlichen Komfort; ihre 14 Zimmer sind zwar nicht sehr groß, aber mit TV und Klimaanlage ausgestattet. DZ/Bad etwa 45–55 €. Plaza de San Agustín 5, ℅ 954 988310, www.hostalpuertacarmona.es.

Zentrum Quartiere ohne Romantikzuschlag, das Preisniveau ist aber immer noch beträchtlich.

**** Hotel Alfonso XIII 39, das Tophotel von Sevilla, 2012 komplett renoviert und Mitglied der Vereinigung „Luxury Collection". Schöner Bau im Stil des Neo-Mudéjar, ausgedehnter Park, Swimmingpool. Parkplätze eine Selbstverständlichkeit. Schön, wenn man es sich leisten kann: DZ im Preisniveau von rund 300 € weit aufwärts. Calle San Fernando 2, neben der Universität, ℅ 954 917000, www.hotel-alfonsoxiii-sevilla.com.

**** Hotel Becquer 19, komfortables Großhotel an einer der Hauptstraßen des Zentrums. Vorteile sind die eigene (etwas enge) Garage und der kleine Pool auf dem Dach, ein Nachteil könnte die von Lesern bemängelte Hellhörigkeit des Gebäudes sein. Insgesamt aber eine sehr gute Adresse. Weite Preisspanne, in der Regel liegt der Preis fürs Standard-DZ zwischen 90 und 160 €. Calle Reyes Católicos 4, etwa zwischen Arena und Museo de Bellas Artes, ℅ 954 228900, www.hotelbecquer.com.

*** Hotel Derby 9, großes Mittelklassehotel in zentraler Lage; der Shoppingbezirk liegt direkt vor der Tür. Viele Geschäftsreisende. Top für Autofahrer: Die große Tiefgarage des Corte Inglés an der Plaza de la Concordia liegt ganz in der Nähe, und es gibt Rabatt für Hotelgäste (man kann trotzdem schon vor dem Einchecken parken). Richtwert fürs DZ etwa 60–90 €. Plaza Duque de la Victoria 13, Anfahrt zum Parkhaus z.B. von der Flussuferstraße über die Calle Baños; ℅ 954 561088, www.hotelderbysevilla.com.

》》 Mein Tipp: *** Aparthotel Patio de la Alameda 2, am westlichen Rand der Alameda de Hércules. Hübsche und charmante Anlage mit drei Patios und guter, geschmackvoller Ausstattung, eigene Garage (wie immer gegen Gebühr), TV, Klimaanlage. Diverse Zimmervarianten, auch für Eltern mit Kindern; DZ im Schnitt etwa 60–125 €. Alameda de Hércules 56, ℅ 954 904999, www.patiodelaalameda.com. 《《

*** Aparthotel Patio de la Cartuja 1, das Schwesterquartier, ein paar Schritte Richtung Fluss. Geräumige Apartments mit Küche, Preise ähnlich wie oben. Calle Lumbreras 8–10, ℅ 954 900200, www.patiodelacartuja.com.

** Hostal Jentoft 18, in Flussnähe, nicht weit vom Busbahnhof Plaza de Armas. Sehr großes Hostal („das größte Hostal Sevillas", so die Eigenwerbung) mit fast 60 Zimmern. Die Räume sind schlicht, aber ganz ordentlich und sauber, besitzen TV und Klimaanlage; die nach innen gelegenen fallen deutlich ruhiger aus als diejenigen zur Straße. Große Parkgarage (buchbar!) gleich gegenüber. DZ/Bad in der Regel um die 40–55 €. Calle Benidorm 2, ℅ 954 220981, www.hostaljentoft.com.

Oasis Backpackers Hostel 11, privat geführtes Hostel mit vielen Features, darunter freier Internetzugang, Dachterrasse mit Blick, Kochmöglichkeit etc. Oft belegt, Reservierung ratsam. Schlafplatz im Mehrbettzimmer meist um die 18–20 €. Es gibt auch (teure) DZ. Plaza de la Encarnación 29 1/2, ✆ 954 293777, www.oasissevilla.com.

Jugendherberge Residencia Juvenil 40, (IYHF), weit außerhalb des Zentrums gelegen, Bus Nr. 34 oder 37 ab Prado Sebastián. Modern, groß und komfortabel. Calle Isaac Peral 2, Buchung über die Zentrale von Inturjoven: ✆ 902 510000.

Camping Camping Villsom, 2. Kat., bei Dos Hermanas, trotz der nahen Hauptstraße recht ruhig. Vielfältige Bepflanzung, dennoch nur mittlerer Schatten, dafür ein hübscher und sehr gepflegter Gratis-Swimmingpool mit Liegewiese. Der rote Staubboden könnte reinliche Zeltler etwas stören. Kleine Bar mit Einkaufsmöglichkeit, gute Sanitärs, Waschmaschine. Am Westrand von Dos Hermanas, etwa zwölf Kilometer südlich des Zentrums, Anfahrt über die vierspurig ausgebaute N IV Richtung Cádiz, noch vorbei an der Abfahrt „Dos Hermanas Centro" und dem riesigen Einkaufszentrum. Häufige Busverbindung ab der Avenida de Portugal (nahe Pl. de España) mit den Bussen M 132 Richtung Dos Hermanas/Barriada. Ganzjährig geöffnet mit Ausnahme von etwa drei Wochen Betriebsferien über Weihnachten/Neujahr. Zwei Personen, Auto, Zelt etwa 24 €. Carretera Isla Menor/N IV Sevilla-Cádiz, km 555, ✆ 954 720828.

Essen & Trinken → Karte S. 216/217

Restaurants Rest. Oriza 38, hinter den Gärten des Alcázar. Eines der Top-Restaurants der Stadt, mit innovativer Küche, die baskische und andalusische Einflüsse mischt. Elegantes Ambiente, gehobenes Preisniveau: Menü um die 60 €. C. San Fernado 41, Reservierung sehr ratsam: ✆ 954 227254. So und im August geschlossen.

Rest. Az-Zait 7, am hübschen Hauptplatz des Viertels San Lorenzo, also etwas abgelegen, jedoch den Weg wert. Neue andalusische (Tapas-) Küche mit dem gewissen Extra, aufmerksamer Service. Von Lesern sehr gelobt. Menü ab etwa 35 €. Plaza San Lorenzo 1, ✆ 954 906475. Mi-Mittag und im Juli geschlossen.

»» Mein Tipp: Rest. Eslava 5, um die Ecke und mit seiner guten Lokalküche eine mögliche Alternative; das Preisniveau liegt ähnlich wie bei Az-Zait. Zum Haus gehört auch eine sehr beliebte Bar, deren fantastische (und gar nicht mal teuere) Tapas allein schon den Weg wert sind. Calle Eslava 3, ✆ 954 906568. So-Abend, Mo und für drei Wochen im August geschlossen. «««

🌿 Rest. Fargo 14, nahe der Plaza Alfalfa, in einem Gebiet, das sonst eher für Tapas-Bars bekannt ist. Slow-Food-Restaurant unter deutschsprachiger, humorvoller französischer Leitung; ruhige Atmosphäre, mitteleuropäische Essenszeiten. Viele Gerichte (auch vegetarisch und vegan) aus Bio- und Regionalproduktion, gute Weine. Wöchentlich wechselnde Karte. Menü ab ca. 25 €, Mittagsmenü 18 €. Täglich geöffnet, Juli/August geschlossen. Calle Pérez Galdos 20, ✆ 955 276552. ▪

Rest.-Pizzeria San Marco 27, Teil einer kleinen Kette italienischer Restaurants. Diese Filiale lockt mit sehr ungewöhnlichem Ambiente: Das Lokal ist in einer maurischen Badeanstalt des 12. Jh. untergebracht. Immer wieder von Lesern gelobt; angenehme Atmosphäre, ordentliches Essen, recht günstige Pizza und Pasta. C. Mesón del Moro 6–10, im Viertel Santa Cruz.

🌿 Rest. Ecológico Gaia 16, vegetarisch-ökologisches Lokal in der Umgebung des Busbahnhofs Plaza de Armas; auch vegane und glutenfreie Speisen. Mittagsmenü etwa 10 €, auch sonst nicht teuer. Ein großer Bio-Supermarkt im selben Häuserblock gehört dazu. So-Abend und im August geschlossen, von Juni bis September auch So-Mittag. Calle Luis de Vargas 4, eine Seitenstraße flusswärts der Calle Marqués de Paradas.

Tapas-Bars Ergiebige Jagdgründe sind zur Mittagszeit die Bars der Einkaufszone um die Calle Sierpes, am Abend die Viertel Triana und Santa Cruz. Die Vielfalt der sevillanischen Tapas ist beeindruckend, weshalb man sich darauf einstellen sollte, dass unter den vom Barmann genannten oder einer Liste zu entnehmenden Spezialitäten immer eine Reihe von unbekannten Tapas sein wird. In manchen Lokalen gibt es Tapas übrigens nur an der Bar, an den Tischen werden nur größere Portionen (Raciones) serviert.

Bar El Rinconcillo 10, Tapas-Spezialist und Traditionslokal: die älteste Tapas-Bar Sevillas, gegründet 1670. Herrliches Kacheldekor,

Essen & Trinken

- 3 Lonja de Feria
- 4 Bar Casa Paco
- 5 Rest. Eslava
- 6 Café-Bar Las Columnas
- 7 Rest. Az-Zait
- 8 Bar Dos de Mayo
- 10 Bar El Rinconcillo
- 12 Taberna Coloniales
- 14 Rest. Fargo
- 15 Bar-Rest. Los Caracoles
- 16 Rest. Ecológico Gaia
- 20 Bar Estrella
- 21 Mercado Lonja del Barranco
- 26 Cervecería Giralda
- 27 Rest.-Pizzería San Marco
- 30 Café-Bar Las Teresas
- 31 Freiduría Puerta de la Carne
- 33 Bar El Postiguillo
- 34 Vinería San Telmo
- 35 Casa Román
- 37 Bar La Primera del Puente
- 38 Rest. Oriza

uralte Weinregale, hervorragende „Espinacas con garbanzos" (Spinat mit Kichererbsen) und andere Köstlichkeiten, allerdings nicht ganz billig. C. Gerona 40, eine Verlängerung der Calle San Juan de la Palma, östlich der Plaza de la Encarnación; mittwochs geschlossen.

Cervecería Giralda 26, Barrio de Santa Cruz. Nostalgischer Kneipen-Klassiker nahe der Kathedrale, Gewölbe, Kacheln, der Durchgang der Bar maurisch filigran gestaltet. Buntes Publikum, gehobene Preise. C. Mateos Gago 3, östlich der Kathedrale.

Casa Román 35, ebenfalls im Barrio Santa Cruz, im Gebiet östlich des Alcázar. Langjährige Spezialität sind Schinken- und Käsetapas. Nicht ganz billig. Plaza de los Venerables, So-Abend geschlossen.

Café-Bar Las Teresas 30, mitten im Barrio, 1870 gegründet. Rustikale Dekoration, zu den Tapas-Spezialitäten zählen neben Wurstwaren und Manchegokäse auch Schinken. C. Santa Teresa 2.

Freiduría Puerta de la Carne 31, am Ostrand des Barrio Santa Cruz gelegen. Eigentlich keine Tapas-Bar, aber ein Tipp für Liebhaber frittierter Meeresgüter. Die traditionsreiche Frittierstube, 1928 gegründet, wurde renoviert und besitzt seitdem auch Tische im Freien. Fisch und Meeresfrüchte holt man sich innen in Papiertüten nach Gewicht, die Getränke serviert der Kellner eines nahen Restaurants. Im Juli/August nur abends geöffnet. C. Santa María la Blanca 36 a.

》》》 Mein Tipp: Vinería San Telmo 34, praktisch um die Ecke. Prima Tapas der originelleren Art und, ganz dem Namen gemäß, eine exzellente Weinauswahl. Die Terrasse ist an kühleren Frühlings- und Herbsttagen ein sehr beliebter Sonnenplatz. Im Umfeld noch weitere Lokale. Paseo Catalina de Ribera 4. 《《

Bar-Rest. Los Caracoles 15, auch Casa Antonio genannt, in der Tapas-Zone um die Plaza de la Alfalfa. Tische zum Draußensitzen an einem kleinen Platz, freundliche Wirtsfamilie, die das Lokal in der dritten Generation betreibt. Die Schnecken sind ein Geheimrezept, die übrigen Tapas (auch an den Tischen serviert) sind ebenfalls üppig und preiswert. Calle Guardarmino, eine winzige Seitengasse der Plaza de la Alfalfa.

》》》 Lesertipp: Bar Estrella 20, „hervorragende Tapas in einem guten Preis-Leistungs-Verhältnis, zahlreiche einheimische Gäste, stilvolles Ambiente, Sitzmöglichkeiten auch außerhalb der Bar. Calle Estrella 3" (Nicolette Brause und Dr. Rainer Knirsch). Dem Tipp kann man nur zustimmen, die Tapas (Spezialitäten z. B. Pavías oder „Crepes Especiales") sind exzellent. 《《

Bar El Postiguillo 33, zwischen Kathedrale und Fluss. Schöner, großer und hoher Raum mit kleinen Holztischen; umfangreiche Karte, im Angebot ordentliche und auch recht günstige Tapas und Raciones. Calle Dos de Mayo 2. In derselben Straße liegen noch weitere Lokale, darunter das gute „Petit Comite" auf Nummer 30.

》》》 Mein Tipp: Taberna Coloniales 12, etwas abseits der Rennstrecken, dennoch so gut besucht, dass man besser etwas vor den üblichen Essenszeiten kommt; einige wenige Tische stehen auch im Freien am Platz. Prima Tapas und Raciones (Fleisch vom Grill, Tablas etc.) in ordentlichen Portionen und auch noch erfreulich preisgünstig. Plaza Cristo de Burgos 19. 《《

》》》 Mein Tipp: Bar Dos de Mayo 8, am Rand der Einkaufszone. Eine Top-Adresse in dieser Gegend – sehr gute Auswahl an feinen Tapas, die Preise bewegen sich absolut im Rahmen. Mittags und nach Ge-

Tapas in der Markthalle:
Lonja de Feria

schäftsschluss oft gesteckt voll mit den Berufstätigen der Umgebung. Plaza de la Gavidia 6, Ecke C. Cardenal Spinola. «

Bar Casa Paco 4, direkt an der Alameda de Hércules, die sich zu einem beliebten Treffpunkt gemausert hat. Exquisite „Designertapas"; dabei gar nicht einmal teuer. So gefragt, dass nur selten Platz zu bekommen ist – am besten etwas vor den üblichen Zeiten kommen. Alameda de Hércules 23. In der Nähe und mit traditionellen Tapas, aber manchmal etwas mürrischem Service: Bar Las Columnas 6.

》》 Mein Tipp: Lonja de Feria 3, nur ein paar Schritte von der Alameda de Hércules entfernt. Witziges Konzept: Außerhalb deren Betriebszeiten wird die Fischabteilung der Markthalle Mercado de la Feria in einen rustikalen Tapas-Markt im Self-Service-Verfahren verwandelt; die Tische stehen draußen hinter dem Marktgebäude selbst. Diverse Stände (asiatisch, Fisch, Fleisch, Salate u. v. m.), die große Mehrzahl gehört demselben Betreiber und offeriert die Kombination aus Tapa und Getränk für 3,50 €; auch sonst liegen die Preise günstig. Geöffnet 13–23.30 Uhr, Mo und So-Abend geschlossen. Plaza Calderón de la Barca s/n. «

Mercado Lonja del Barranco 21, noch ein ganzer Markt voller Tapas-Stände, nahe dem Flussufer und der Brücke Puente Isabel II. gelegen. Untergebracht ist er in einer imposanten Eisenkonstruktion des 19. Jh. (ihr Design wird Gustave Eiffel zugeschrieben), die einst als Markthalle diente. Rund 20 Stände, teilweise recht originell wie die „Salmoreteca", in der kreative Variationen von Salmorejos (eine dickflüssige kalte Suppe aus Córdoba) angeboten werden. Calle Arjona s/n. Bis spät abends geöffnet. Für den Cocktail danach liegt gleich flusswärts die schicke Terrassenbar „Sojo".

Bar La Primera del Puente 37, am Rand des Triana-Viertels. Am Flussufer, im Sommer Tische im Freien, dort allerdings nur Raciones und halbe Raciones. Spezialitäten sind „Pavías" (sehr salzig), „Pepitos de Gambas", eine Art Garnelentoast, und die Spieße „Pinchitos". Mittlere Preiskategorie, Mi geschlossen. Calle Betis 66.

Nachtleben

Das Nachtleben Sevillas tobt längst nicht immer so intensiv, wie man meinen sollte, ist zudem in ständiger Bewegung – wer am falschen Tag zur falschen Zeit am falschen Ort ist, wird nur gähnende Langeweile erleben. Am meisten Betrieb herrscht naturgemäß am Wochenende. Beliebte Treffpunkte sind das Barrio de Santa Cruz und im Zentrum die Plaza de la Gavidia und die Plaza del Salvador. Im Sommer schätzt auch die Jugend von Sevilla die kühleren Plätzchen am Fluss. Eine gute Informationsquelle für Konzerte, Flamenco und andere Veranstaltungen ist der Gratis-Freizeitführer „El Giraldillo", meist in den Infostellen erhältlich.

Barrio de Santa Cruz La Carbonería ist schon ein richtiger Klassiker. Großer, üppig begrünter Innenhof, mehrere rustikal eingerichtete Räume. Oft Ausstellungen und Musikveranstaltungen, darunter Jazz, Blues, Flamenco und dergleichen. Normalerweise keine Eintrittsgebühr, dafür gehobene Getränkepreise. C. Levies 18 (kein Schild!), in einer Seitenstraße der Calle Santa María la Blanca.

Plaza del Salvador Ein Platz, auf dem sich die Jugend oft nur so drängt. Beliebt besonders im „Winter", Betrieb herrscht an Wochenenden bis in den Morgen.

Tokyo, östlich der Plaza selbst. Ein eher kleiner, zentral gelegener Club, dessen Name fast ebenso häufig wechselt wie die Musik. Cuesta del Rosario 12.

Costa del Guadalquivir Die Promenade am Fluss, besonders im Gebiet um die Brücke Puente Isabel II. und weiter nördlich um die Pasarela La Cartuja, ist eine im Sommer ausgesprochen beliebte Nachtzone mit Dutzenden von Open-Air-Bars, den so genannten „Terrazas".

Terraza Bar Capote: Hübsche Open-Air-Bar am Fluss, direkt nördlich der Puente Isabel II. Oft Live-Musik, bis in den Morgen geöffnet. Nur bei gutem Wetter.

Alameda de Hércules Etwas nördlich des engeren Zentrums. Atmosphärisch in Richtung Hippie- und Alternativszene, viele Gays. **Fun Club**, traditionsreicher Rock-Club, der bereits seit 1987 besteht. Konzerte mehrmals wöchentlich. Alameda de Hércules 86. www.funclubsevilla.com.

Sevilla

Flamenco Eigentlich müsste man ja von „Sevillana" sprechen, ist Sevilla doch die Heimat dieses Tanzes, der im Gegensatz zum Flamenco so fröhlich ist. Die hiesigen Tablaos zeigen jedoch meist den echten Flamenco.

Los Gallos genießt den Ruf, beste Flamencoadresse der Stadt zu sein. Eintrittsgebühr inklusive einem Getränk 35 €, zwei Shows pro Nacht, jeweils eineinhalb Stunden volles Programm. Plaza de Santa Cruz, im Barrio Santa Cruz nahe den Gärten des Alcázar; ✆ 954 216981, www.tablaoelarenal.com.

El Arenal, im gleichnamigen Viertel, unweit der Stierkampfarena Plaza de Toros. Auch hier finden zwei Shows pro Nacht statt, Eintritt inklusive Getränk etwa 38 €. C. Rodó 7, ✆ 954 216492. www.tableaoelarenal.com.

Casa Anselma, im Viertel Triana. Fast schon eine Institution in Sevilla, vor Jahren auch dem ZDF ein Feature wert. Urige Flamencotaverne, erst ab 23.30 Uhr geöffnet, kurz nach Mitternacht oft voll bis vor die Tür. Viele Einheimische, keine Eintrittsgebühr. C. Pages del Corro 49.

Casa de la Memoria, eine Art Kulturzentrum unweit der Plaza de la Encarnación, untergebracht in einem restaurierten Stadthaus, das wechselnde Ausstellungen beherbergt und tagsüber gegen Gebühr (Mo–Fr 10.30–14, 17–19 Uhr; 3 €) auch zu besichtigen ist. Flamenco-Veranstaltungen mit hohem Niveau, aber auch Konzerte mit andalusischer Musik, Tanz und Poesie. Täglich geöffnet, Shows um 19.30 Uhr und um 21 Uhr; relativ günstige Eintrittsgebühren mit die 18 €. C. Cuna 6, neben dem Palacio de la Condesa de Lebrija, ✆ 954 560670. www.casadelamemoria.es.

Museo de Baile Flamenco, im Barrio Santa Cruz, siehe auch „Sehenswertes". Beginn täglich 19 Uhr, zur HS auch 20.45 Uhr, p. P. 20 €. Kombiticket mit dem Museum 24 €. C. Manuel Rojas Marcos 3, ✆ 954 340311, www.museoflamenco.com.

Einkaufen

Haupteinkaufsstraßen sind die *Calles Velázquez* und *Tetuán* sowie die traditionsreiche, parallel verlaufende *Calle Sierpes* („Schlangenstraße"), die Verlängerung der Avenida de la Constitución. Damit der Bummel auch in der Sommerhitze nicht zur Tortur wird, ist die gewundene Straße mit Planen überspannt.

Kaufhaus/Einkaufszentrum El Corte Inglés, Plaza Duque de la Victoria, in der Nähe der Calle Sierpes.

Antigua Estación Plaza de Armas, erwähnenswert vor allem wegen des Ambientes: Das Einkaufszentrum mit Boutiquen, Bars etc. ist in einem ehemaligen, im Neo-Mudéjarstil errichteten Bahnhof untergebracht. Plaza de la Legión, beim Busbahnhof Plaza de Armas.

Biomarkt Feria Ecológica de Productores Locales, jeden zweiten Samstagvormittag im Monat auf der Alameda de Hércules. Bio-Produkte aus Andalusien direkt vom Produzenten, u.a. Öl, Honig, Obst und Gemüse, Wein, Käse, Wurstwaren, Marmeladen etc. ∎

Kunsthandwerk Keramik ist eine Spezialität des Viertels Triana, das auf der anderen Flussseite liegt. In der Calle San Jorge, zwischen Puente Isabel II. und Plaza Callao, finden sich mehrere Geschäfte, die Töpferware offerieren, z. B. Cerámica Santa Ana auf Nr. 31, gegründet 1939.

Süße Köstlichkeiten

Süßspeisen sind in Sevilla ein arabisches Erbe und von den hiesigen Klosterschwestern perfektioniert.

Convento Santa Inés, C. Doña María Coronel 5, östlich unweit der Plaza de la Encarnación. Breite Auswahl an diversen „Dulces" (Süßigkeiten).

Convento de San Leandro, an der gleichnamigen Plaza neben der Casa de Pilatos; hier natürlich die „Yemas de San Leandro".

El Torno, „Dulces de Convento" von mehreren Klöstern, in günstiger Zentrumslage: Plaza del Cabildo 2, in einer Passage etwa auf Höhe der Kathedrale jenseits der Avenida de la Constitución.

Spitzen bei „Artesanía Textil" in der Calle García de Vinuesa 33, einer westlichen Seitenstraße der Avda. Constitución; eine kleinere Filiale liegt in der Calle Sierpes 70. www.artesania-textil.com.

Fächer: „Zadi", Calle Sierpes 48, und „Díaz", Calle Sierpes 69, handgearbeitet zu entsprechenden Preisen, aber auch einfachere Exemplare.

Hüte: „Sombreros Padilla Crespo", Panamahüte, Lederhüte, klassische Reiterhüte und vieles mehr in Riesenauswahl. Calle Adriano 16, nahe Arena.

Flamenco-Accessoires: „Flamenco y más", Schuhe, Kostüme & Co. Calle San Luis 116, im Viertel La Macarena.

Feste/Stierkampf

Feste Semana Santa, mit den berühmtesten Feierlichkeiten Andalusiens. Zwischen Palmsonntag und Ostersonntag finden täglich bis zu acht Prozessionen statt. Sie beginnen in den Vierteln der jeweiligen Bruderschaften (Cofradías, insgesamt sind es 58), vereinigen sich jedoch an der Calle Campana und folgen dann der Calle Sierpes und Avenida de la Constitución bis zur Kathedrale und durch sie hindurch. Den Höhepunkt bildet die Nacht zum Karfreitag. Den Weg zur Kathedrale beginnt als erste die älteste Bruderschaft „El Silencio", deren Umzug in völliger Stille abläuft. Am heftigsten umjubelt wird jedoch die Prozession der „Virgen de la Esperanza Macarena", Schutzheilige der Stierkämpfer und in gewissem Sinne auch der Stadt selbst. Programmhefte mit dem genauen Ablauf der einzelnen Prozessionen sind von fliegenden Händlern in der Innenstadt erhältlich, liegen aber auch den Tageszeitungen bei; sehr gute Informationen enthält beispielsweise die konservative Zeitung ABC.

Feria de Abril: Das fröhliche weltliche Gegenstück zur Semana Santa beginnt normalerweise zu wechselnden Terminen im April, kann aber durchaus auch bis in den Mai reichen. Das Festgelände, eine ganze Stadt aus mehr als tausend Zelten und Pavillons, den „Casetas", liegt im Süden des Viertels Los Remedios. Viele Casetas sind von reichen Familien gemietet und somit privat; nur wenige, z. B. von Parteien, Stadtteilen oder den Gewerkschaften betrieben, können von jedermann betreten werden. Die Höhepunkte der Feria bilden die vom Morgen bis zum frühen Nachmittag dauernden Umzüge der Kutschen und Reiter. Am Nachmittag zieht dieser „Paseo" dann vom Feriagelände zum Besuch des täglichen Stierkampfs durch die Stadt bis zur Arena Real Maestranza. Nachts ist das Gelände mit fünf Millionen roten und weißen Glühbirnen taghell beleuchtet, der Sherry fließt in Strömen, überall werden Sevillanas getanzt – ein Fest für die Sinne. Am Sonntag vor der Feria findet in der Arena Real Maestranza ein Umzug der für das Fest geschmückten Kutschen statt.

Corpus Cristi, Fronleichnam. Am Morgen große Prozession mit einer riesigen Monstranz von Juan de Arfe, nachmittags in der Kathedrale Gesang und Tanz der „Seises", Jungen in Kostümen des 16. Jh. Im Triana-Viertel findet eine eigene Prozession statt, genannt „Corpus Chico".

Velas, im Sommer, die Patronatsfeste der einzelnen Stadtteile. Erlebenswert ist besonders die Vela „La Señora Santa Ana" im Viertel Triana, Ende Juli.

Virgen de los Reyes, 15. August; das Fest der Stadtheiligen Sevillas, von den noch verbliebenen Einwohnern enthusiastisch gefeiert – fast ganz Sevilla ist allerdings im Urlaub am Meer.

Bienal de Flamenco, von Anfang September bis Anfang Oktober. Großes und bedeutendes Flamencofestival, das alle namhaften Künstler anzieht, jedoch nur alle zwei Jahre (2018, 2020 etc.) stattfindet. Infos unter www.bienal-flamenco.org.

Septiembre es Flamenco, in ungeraden Jahren, die 2015 gegründete, kleinere Schwester der Flamenco-Biennale, an zwei Wochen um Mitte September.

Stierkampf Sevilla gilt neben Madrid als die Hauptstadt des Stierkampfs. Die hiesigen Corridas, besonders berühmt die der Feria de Abril, zählen zu den besten des Landes. Außer zur Feria und manchen anderen Festen im Sommer finden Corridas vornehmlich an Sonntagen im Juni und im September bis Anfang Oktober statt. Karten sind in der Arena „La Maestranza" selbst am günstigsten erhältlich. Die Verkaufsstellen im Zentrum nehmen Aufschlag, dem Schwarzmarkt hängt ein übler Ruf an.

Sehenswertes

Gerade in Sevilla gilt ganz besonders die Regel, sich nicht nur auf das Besichtigen von Denkmälern und Museen zu beschränken.

Wer nicht auf Tapas-Tour durch die Bars war, sich am geschäftigen Spätnachmittag durch die Calle Sierpes drängelte und abends am Río Guadalquivir promenierte, hat Andalusiens Hauptstadt nicht kennengelernt. Doch sollte man deshalb auf den Besuch der Sehenswürdigkeiten Sevillas natürlich nicht verzichten. Schließlich sind hier wirklich hochrangige Monumente in eindrucksvoller Zahl versammelt, die Kathedrale, der Alcázar und die Casa de la Lonja sogar Bestandteil der UNESCO-Liste des Weltkulturerbes.

Catedral Santa María

„Lasst uns eine Kathedrale bauen, so groß, dass jeder, der sie sieht, uns für verrückt hält!" So sollen die Domherren im Jahr 1401 beschlossen haben. Gesagt, getan. Die Kathedrale von Sevilla wurde, nach St. Peter in Rom und St. Paul's in London, die drittgrößte der Welt und die größte gotische Kathedrale überhaupt: 116 Meter lang, 76 Meter breit, die Kuppel 56 Meter hoch.

Schon zu Zeiten der Westgoten stand hier eine Kirche, vielleicht auf den Grundmauern eines römischen Tempels. Die fundamentalistische Dynastie der Almohaviden ließ sie durch eine Moschee ersetzen, die den christlichen Rückeroberern eine Weile auch als Kirche diente. 1401 entschied man sich, die Moschee abzureißen, das Minarett jedoch zu erhalten: *La Giralda* genannt, ist es heute das Wahrzeichen der Stadt. 1420 wurde mit dem Bau der Kathedrale begonnen, und schon ein knappes Jahrhundert später waren die Arbeiten abgeschlossen. Das Ergebnis ist impo-

„Ein ausgehöhlter Berg, ein umgestülptes Tal": Sevillas Kathedrale mit der Giralda

Catedral Santa María 223

sant, aber nicht einschüchternd: Die elegante, aber nüchterne Strenge, die die Mehrzahl der meist hoch aufgeschossenen gotischen Kathedralen prägt, gibt es bei Sevillas fünfschiffiger Kathedrale nicht – sofern man sie von außen betrachtet. Der Besuchereingang wird immer wieder mal verlegt und lag zuletzt im Süden der Kathedrale. Hier muss man meist an einigen Gitanas vorbei, die versuchen, den Touristen ein Kräutersträußchen in die Hand zu drücken oder eine Blume anzustecken, und dann für diese „freundliche Geste" zu kassieren.

Kathedrale und Giralda Mo 11–15.30 Uhr (16.30–18 Uhr nur mit Reservierung), Di–Sa 11–17 Uhr, So 14.30–18 Uhr; bei besonderen Feierlichkeiten wie Firmungen, Sondergottesdiensten etc. können die Zeiten abweichen. Eintrittsgebühr 9 €, Studenten und Senioren ermäßigt. Zu den Gottesdiensten, die im Normalfall bis 10.30 Uhr stattfinden, ist der Eintritt (Zugang dann von der Av. Constitución) frei, die Seitenkapellen sind dann jedoch nicht zugänglich und es herrscht Fotografierverbot, www.catedraldesevilla.es. Außer im August können nach komplizierter Reservierung (Spanischkenntnisse, langen Vorlauf einplanen, Altersbegrenzung i. d. R. auf 13–70 Jahre, Ausnahmen für Ältere möglich) körperlich fitte Besucher auch das Dach der Kathedrale besichtigen; p. P. inkl. Versicherung 12 €, Reservierung für die „Cubiertas" nur unter ✆ 902 099692 oder unter www.cubiertasdelacatedral.com.

Inneres der Kathedrale: Das Kathedraleninnere wirkt auf den ersten Blick recht düster. Erst nachdem sich die Augen ans Dämmerlicht gewöhnt haben, erkennt man die wahrhaft gewaltigen Ausmaße. „Es ist ein ausgehöhlter Berg, ein umgestülptes Tal. Im Mittelschiff könnte Notre-Dame von Paris erhobenen Hauptes spazierengehen. Pfeiler wie dicke Türme, die einem so zerbrechlich erscheinen, dass man schaudert, steigen aus dem Boden und fallen von den Gewölben herab wie Stalaktiten in der Höhle eines Riesen. Obgleich die vier Seitenschiffe weniger hoch sind, könnten sie doch je eine Kirche samt Turm aufnehmen" (Théophile Gautier). Und weiter: „Der Versuch, die Schätze der Kathedrale Stück für Stück zu beschreiben, wäre heller Wahnsinn. Man würde ein ganzes Jahr brauchen, um sie gründlich zu besichtigen, und hätte selbst dann noch nicht alles gesehen." In der Tat würde eine auch nur annähernde Beschreibung der in den zahlreichen Kapellen vertretenen Kunstschätze den Rahmen bei weitem sprengen. Wir beschränken uns deshalb auf die absoluten Glanzpunkte.

Choro: Der Chor ist, wie so oft in spanischen Kirchen, frei stehend in den Raum gesetzt und stört das Raumgefühl daher etwas. Er beeindruckt durch aufwendige Schnitzereien, entstanden im 15./16. Jh. in einer Mischung aus Mudéjar, Gotik und Plateresco. Eine der vier Alabasterkapellen an den Seiten des Chors birgt die „La Cieguita" genannte Marienstatue aus buntem Holz von Martínez Montañés.

Capilla Mayor: Auch sie steht, dem Chor gegenüber, mitten in der Kirche. Ein vergoldetes Schmuckgitter (Reja) umgibt die Capilla Mayor an gleich drei Seiten, die wahre Attraktion jedoch erhebt sich innerhalb: Der aus Holz geschnitzte Hauptaltar *Retablo Mayor* ist ein Wunder an Detailreichtum wie auch an schierer Größe – mit 23 Meter Breite und 20 Meter Höhe ist er der größte gotische Altar der Welt. Entworfen hat das vergoldete Prunkstück der Flame Pieter Dancart 1482. Seine Fertigstellung erlebte er jedoch nicht mehr: Die Schnitzarbeiten an den zahllosen Figuren der 45 Felder dauerten fast 50 Jahre! Die oberen Figuren sind übrigens größer dargestellt, um perspektivische Verzerrungen auszugleichen.

Sacristía de los Cálices: Die „Kelch-Sakristei" liegt, von der Capilla Mayor aus gesehen, linker Hand des Grabmals von Kolumbus (dessen lang umstrittene Echtheit sich 2006 durch DNA-Vergleiche herausgestellt hat). Sie enthält mehrere wertvolle

Gemälde unter anderem von Murillo und Zurbarán. Die sehr schöne Darstellung der hl. Justina und Rufina vor dem Hintergrund der Kathedrale und Giralda stammt von Meister Goya, der sonst nicht viele religiöse Werke schuf. Die kleine Seitenkapelle San Andrés bewahrt mit der naturalistischen Christusfigur „Cristo de la Clemencia" von Martínez Montañés (1603) einen der bedeutendsten Kunstschätze der Kathedrale.

Sacristía Mayor: Die Hauptsakristei liegt direkt links neben der Kelch-Sakristei und wurde erst 1543 fertig gestellt. Drei große Gemälde beherrschen den plateresken Raum: „Das Martyrium des hl. Lorenz" von Lucas Jordán, eine „Kreuzabnahme Christi" von Pedro de Campaña und eine „heilige Teresa", wahrscheinlich von Zurbarán. Sie müssen sich die Aufmerksamkeit des Besuchers jedoch mit anderen Kunstwerken noch gewaltigerer Dimensionen teilen, darunter eine über drei Meter hohe Silbermonstranz von Juan de Arfe.

Sala Capitular: Der Kapitelsaal, links neben der Hauptsakristei und in der Südostecke der Kathedrale gelegen, erstaunt durch seine ungewöhnliche Ellipsenform. In der Kuppel ist eine berühmte „Unbefleckte Empfängnis" (Inmaculada) von Meister Murillo zu sehen.

Capilla Real: Die platereske Königskapelle wurde erst Mitte des 16. Jh. nachträglich in die Ostseite der Kathedrale eingefügt. Über dem Altar thront die Statue der *Virgen de los Reyes*, der Schutzpatronin Sevillas. Davor steht die silberne Urne des bedeutenden Befehlshabers der Reconquista 13. Jh., des später heilig gesprochenen Königs Ferdinand III. Links und rechts die Grabmäler seiner Frau Beatrix von Schwaben und ihres gemeinsamen Sohns König Alfons X. des Weisen (Alfonso el Sabio), so benannt wegen der von ihm geübten religiösen Toleranz.

Altar de Plata: Der Silberaltar, entstanden um 1750, zeigt die hohe Kunst der Sevillaner Silberschmiede jener Zeit. Ursprünglich in der Capilla Mayor untergebracht, hat der Altar eine wechselvolle Geschichte hinter sich; Teile von ihm wurden Anfang des 19. Jh. während des Unabhängigkeitskampfs gegen Frankreich eingeschmolzen. Der verbliebene Rest ist beeindruckend genug und hat vor der Puerta de la Concepción (Tor zum Patio de los Naranjos) nun seinen – wie es heißt – „endgültigen Standort" gefunden.

Patio de los Naranjos: Der „Orangenhof" an der Nordseite der Kathedrale geht noch, deutlich erkennbar, auf die maurische Zeit zurück. Das achteckige Brunnenbecken soll sogar aus der Kirche der Westgoten stammen und wäre damit das mit Abstand älteste Stück der Kathedrale.

La Giralda: Der heutige Glockenturm der Kathedrale, gleichzeitig das Wahrzeichen Sevillas, wurde als Minarett der damaligen Moschee ab 1184 unter der Almohaden-Dynastie erbaut. Sein ungewöhnlicher quadratischer Grundriss ähnelt dem von Minaretten in Rabat und Marrakesch – auch dort herrschten damals die Almohaden. Nach der Rückeroberung ließen die Christen den Turm stehen, konnten jedoch offensichtlich nicht umhin, ihm ein katholisches Häubchen überzustülpen, und vergrößerten so die Höhe von 70 auf 92 Meter. Im Inneren des Turms kann man über eine Rampe bis zur maurischen Plattform emporsteigen. Der Blick über Sevilla ist sagenhaft. Den höchsten Punkt der Giralda bildet seit 1558 die Bronzefigur „La Giraldilla" („Die sich dreht"), eine Allegorie des Glaubens. Trotz ihres beträchtlichen Gewichtes von 28 Zentnern dreht sie sich tatsächlich mit dem Wind um ihre Achse.

Casa de la Lonja/Archivo de Indias: Das im späten 16. Jh. errichtete Gebäude der Börse Sevillas liegt gegenüber der Südfront der Kathedrale. Baumeister war Juan de Herrera, der berühmte Architekt des Escorial; eine gewisse Ähnlichkeit mit dem riesigen Komplex bei Madrid ist auch wirklich feststellbar. Die Lonja beherbergt seit dem 18. Jh. das *Archivo de Indias*, das Archiv der überseeischen Kolonien, dem sie auch die Ernennung zum Weltkulturerbe verdankt. Im Umfeld der Kathedrale stehen noch weitere historische Bauten, darunter im Nordosten der Bischofspalast *Palacio Arzobispal*.
Öffnungszeiten der Lonja: Mo–Sa 9.30–16.45 Uhr, So 10–14 Uhr; Eintritt frei.

Reales Alcázares

Ein orientalischer Festungspalast, so scheint es auf den ersten Blick. Die Grundzüge der Anlage, die als älteste Königsresidenz ganz Europas gilt, gehen auch tatsächlich noch auf die maurische Burg der Almohadenherrscher zurück.

Doch, und das ist das eigentlich Verblüffende, stammt der Palast an sich erst aus christlicher Zeit: *Pedro I. „der Grausame"*, ein Liebhaber islamischer Kunst, ließ ihn ab 1364 für sich erbauen. Die Handwerker stammten vom Hof des befreundeten Nasridenherrschers *Mohammed V.* aus Granada, eine gewisse miniaturisierte Ähnlichkeit mit der Alhambra ist deshalb auch unverkennbar.

Den Eingang zum Alcázar bildet die *Puerta del León*. Von hier gelangt man über den „Löwenhof" *Patio del León* zum *Patio de la Montería*. Rechter Hand liegt der *Cuarto del Almirante*, das „Zimmer des Admirals", in dem Königin Isabella Christoph Kolumbus und auch den Weltumsegler Magellan empfing. Die Madonna „Virgen de los Navegantes" von 1540, Schutzpatronin der Seefahrer, ist also durchaus passend untergebracht. Vom Patio de la Montería erfolgt auch der Zugang zum *Cuarto Real Alto* (nur 10–13.30 Uhr, ca. 4,50 € extra), den oberen königlichen Palasträumen, die auch eine offizielle Residenz der spanischen Königsfamilie sind.

Goldene Pracht: Kuppel der Sala de los Embajadores

Palast Pedro I.: Der eigentliche Herrscherpalast schließt sich direkt an den Patio de la Montería an. Schon die Fassade mit dem prächtigen Mittelstück ist hohe maurische Kunst. Was der katholische König wohl nicht wusste: Die pfiffigen islamischen Handwerker haben ihm über den Fenstern ein ornamentales Kachelband untergejubelt, dessen kufische Inschrift besagt: „Es gibt keinen Gott außer Allah". Auch an anderen Stellen des Gebäudes sind Koransuren versteckt. Der *Patio de las Doncellas* („Innenhof der Zofen") stellt den Mittelpunkt des Palastes dar. Die später im oberen Bereich angebrachte Renaissance-Galerie ist nicht ohne Eleganz, will zu den maurischen Fächerbögen aber nicht recht passen. Unter den sich anschließenden Räumen bildet die *Sala de los Embajadores* den Höhepunkt des Palastes: Jeder Quadratzentimeter des „Saals der Botschafter" ist mit Kacheln, Friesen und filigranen Ornamenten ausgeschmückt, die ganze Pracht überwölbt von einer vergoldeten Stalaktitenkuppel. Von hier gelangt man in den *Salón del Techo Felipe II.*, der seinen Namen der aufwendig geschnitzten Decke verdankt, und in die Räume, die von Pedros Lieblingsmätresse María de Padilla bewohnt worden sein sollen. Ihretwegen ließ Pedro seine rechtmäßige Gemahlin Doña Blanca de Borbón in den Kerker werfen, wo sie im Alter von 25 Jahren starb. Sein Beiname „der Grausame" macht also durchaus Sinn, auch wenn das Volk ihn rühmte, „Pedro der Gerechte" zu sein. Hinter einem Nebenraum des Botschaftersaals liegt der *Patio de las Muñecas*. Der „Innenhof der Puppen", benannt nach zwei winzigen Puppengesichtern in einer Ecke, war Mittelpunkt des privaten Palastbereichs. Die ihn umgebenden Zimmer dienten als Wohnräume.

Palast Karls V.: Er ist an die Seite des Baus von Pedro gesetzt. Das Gebäude an sich ist nicht weiter bemerkenswert, interessant dagegen sind die riesigen flämischen Wandteppiche. Karl V. hatte Künstler auf seinen Tunis-Feldzug mitgenommen, damit diese des Kaisers Heldentaten im Kampf gegen die Ungläubigen dokumentierten. Einer der Teppiche zeigt eine Landkarte, die heutigen Kartographen vor Rührung das Wasser in die Augen treiben dürfte ...

Anstehen für die Reales Alcázares

Gärten des Alcázar: Ein herrlicher Platz, um die heißen Mittagsstunden zu verträumen – Wasserspiele, Fischteiche, Blütenzauber und fremdartige Bäume beweisen einmal mehr die glückliche Hand der Mauren bei der Anlage von Parks. Ein Teil der Gärten stammt allerdings, deutlich zu erkennen, aus späteren Zeiten wie beispielsweise der Renaissance. Von etwa Mitte Juni bis Mitte September finden in den Gärten abendliche Konzerte statt, die „Noches en los jardines del Real Alcázar" (www.actidea.es); Infos und Tickets im frei zugänglichen Patio de Banderas beim Ausgang des Alcázar.

Von April bis September täglich 9.30–19 Uhr, sonst nur bis 17 Uhr. Eintritt ca. 9,50 €, Mo ab 18 Uhr (Sommer) bzw. 16 Uhr gratis. „Audioguía" in deutscher Sprache erhältlich. Das Ticket gilt auch für das Antiquarium unter dem Metropol Parasol. Nächtliche Führungen von Mai bis Oktober jeweils Fr/Sa halbstündlich von 21–22.30 Uhr, Oktober 19.30–21 Uhr; Dauer ca. 75 Min., Preis 13 €; Reservierung sehr ratsam: www.alcazarsevilla.org. Schöne Cafeteria.

Abends ein beliebter Treffpunkt: Plaza del Salvador

Barrio de Santa Cruz und Umgebung

Das eigentliche Viertel Santa Cruz erstreckt sich etwa im Dreieck zwischen der Kathedrale, dem Alcázar und der Calle Santa María La Blanca, ist also relativ klein. Die sich nach Norden anschließenden Gebiete zeigen sich jedoch ähnlich reizvoll wie das Vorzeigeviertel Sevillas selbst: gewundene Gassen, flüsternde kleine Brunnen, zierliche Plätze, duftend von Orangenbäumen und Jasminsträuchern; Innenhöfe, die in Blumenmeeren ertrinken. Man verläuft sich leicht im verwinkelten Labyrinth des Barrio de Santa Cruz, doch wen stört das schon in diesem Refugium der Romantik ...

Casa de Pilatos: Ein Stück nördlich der Calle Sta. María La Blanca, also außerhalb des eigentlichen Barrio. Der im 15. und 16. Jh. entstandene prachtvolle Privatpalast gilt nach dem Alcázar als das bedeutendste maurisch inspirierte Bauwerk der Stadt. In ihm vereinigen sich Elemente der Gotik, der Renaissance und des Mudéjarstils. Der wunderschöne zentrale Innenhof, die Gärten, die bunten Azulejo-Kacheln und die zahlreichen Kunstwerke lohnen den Besuch unbedingt. Der Name des Palasts stammt übrigens von seiner Funktion als erster Station an einem 1520 angelegten Kreuzweg.

April bis Oktober täglich 9–19 Uhr; im restlichen Jahr 9–18 Uhr. Eintrittsgebühr 10 €; wer auf den Besuch des oberen Stockwerks verzichtet, kommt mit 8 € davon; Mi ab 15 Uhr Eintritt für EU-Bürger frei.

Museo del Baile Flamenco: Etwa auf halbem Weg zwischen der Casa de Pilatos und der Kathedrale liegt an der Calle Manuel Rojas Marcos 3 das im Jahr 2006 eröffnete Museum des Flamenco-Tanzes. Teilweise interaktiv und technisch hochmodern, vermittelt das private Museum viel Wissenswertes zu Ursprung, Geschichte, Stilen, Techniken und großen Persönlichkeiten des Tanzes. Praktisch täglich finden auch Aufführungen statt.

Täglich 10–19 Uhr, Eintrittsgebühr 10 €, Kombiticket mit den Aufführungen 24 €, www.museoflamenco.com.

228 Sevilla

Plaza Alfalfa/Plaza del Salvador: Die beiden Plätze liegen westlich flusswärts der Casa de Pilatos und sind zusammen mit den sie verbindenden Straßen Heimat eines recht bodenständigen Stückchens Sevilla: Tapas-Bars und Straßencafés im Wechsel mit altertümlich wirkenden Geschäften, Handwerksläden und auch schon der einen oder anderen Boutique.

Palacio de la Condesa de Lebrija: An der Calle Cuna 8 steht einer der schönsten Privatpaläste Sevillas. Sein prächtiges Interieur verdankt das Gebäude der Gräfin von Lebrija, Doña Regla Manjón y Mergellina, die den ursprünglich im 16. Jh. errichteten Palast 1901 erworben hatte und in den Folgejahren bis 1914 nach ihrem Geschmack dekorierte; herausragend unter den zahlreichen Kunstwerken sind insbesondere die hochklassigen römischen Mosaiken aus dem nahen Itálica.
Führungen: Juli/August Mo–Fr 10–15 Uhr, Sa 10–14 Uhr; sonst Mo–Fr 10.30–19.30 Uhr, Sa 10–14, 16–18 Uhr, So 10–14 Uhr; Eintrittsgebühr 5 € (Erdgeschoss) bzw. 8 € (beide Stockwerke); Mo ab 18 Uhr ist der EG-Besuch gratis.

Metropol Parasol: „Las Setas", die Pilze, nennen die Sevillanos die kühne und kontroverse Konstruktion, die die Plaza de la Encarnación überspannt und 2011 nach sechsjähriger Bauzeit eröffnet wurde. Das spektakuläre Gebilde, ein Entwurf des deutschen Architekten Jürgen Mayer Hermann, hat in der Tat etwas Pilzartiges an sich. Der nachts beleuchtete Komplex aus sechs Sonnenschirmen (Parasol) misst 150 Meter Länge und 70 Meter Breite und ist aus 3500 Kieferholzelementen zusammengesetzt, die mit Polyurethan beschichtet sind. Clou des Ganzen ist ein 250 Meter langer, begehbarer Steg; er führt zu einer Aussichtsplattform auf der obers-

Spektakulär: Metropol Parasol

Barrio de Santa Cruz und Umgebung 229

Palast im Blumenschmuck: Palacio de las Dueñas

ten, fast 30 Meter hohen Ebene, die einen weiten Blick bietet. Ebenerdig ist eine Markthalle untergebracht, im Tiefgeschoss ein Antiquarium, das u. a. die bei Ausschachtungsarbeiten entdeckten maurischen und römischen Relikte ausstellt.

Auffahrt per Lift ab dem Untergeschoss, So–Do 10–22.30 Uhr, Fr/Sa 10–23.30 Uhr, Gebühr ca. 3 €. Antiquarium Di–Sa 10–20 Uhr, So 10–14 Uhr; ca. 2 €, mit Ticket des Alcázar gratis.

Palacio de las Dueñas: Erst seit 2016 für die Öffentlichkeit zugänglich ist diese Residenz des Herzogs von Alba an der Calle Duenas 5 – ein wundervoller Palast, dessen Geschichte sich über mehr als ein halbes Jahrtausend erstreckt und der seinen Namen einem inzwischen verschwundenen Kloster verdankt. Erbaut im 15./16. Jh. für die Adelsfamilie Pineda, zeigt er sowohl gotisch-mudéjare Elemente als auch Einflüsse der Renaissance. Im 17. Jh. gelangte das Anwesen in die Hände des Hauses Alba; Carlos Fitz-James Stuart, XIX. Herzog von Alba, hält sich heute noch manchmal hier auf.

Zwischenzeitlich dienten Teile des Prachtbaus auch als schlichtes Wohnhaus; im 19. h. wurde hier der Dichter Antonio Machado geboren. Im 20. Jh. wurde es noch einmal sehr mondän, war der Palacio doch einer der Lieblingsorte der XVIII. Duquesa de Alba, Cayetana Fitz-James Stuart (1926–2014), eine der reichsten Frauen Spaniens, Besitzerin von Dutzenden von Adelstiteln und hochrangiges Mitglied des internationalen Jet-Sets. Jackie Kennedy, Rainier von Monaco und Grace Kelly waren hier zu Gast, Cole Porter und Arthur Rubinstein sollen auf dem Klavier gespielt haben. Bis heute fasziniert den Besucher das Zusammenspiel von Gärten, Patios und der prachtvollen Ausstattung der Innenräume, die vor antiken Möbeln, Teppichen und hochrangigen Kunstwerken schier überquellen.

Täglich 10–20 Uhr, von Oktober bis März 10–18 Uhr; Eintrittsgebühr 8 €, Mo ab 16 Uhr gratis, solange die Tickets reichen (200 Personen pro Stunde).

Museo de Bellas Artes

Das Museum der schönen Künste ist in einem ehemaligen Kloster des 16. und 17. Jahrhunderts untergebracht. Es steht an der Plaza del Museo, im Osten des Zentrums und unweit der Calle Alfonso XII. Besonders gut bestückt ist das um drei Patios gruppierte und für die Expo komplett renovierte Museum natürlich mit Malern der Sevillaner Schule des 17. Jahrhunderts. Aus der Fülle herauszugreifen sind besonders die Werke des asketischen Francisco de Zurbarán und die von Bartolomé Esteban Murillo. Spezielle Beachtung verdient der sinistre Juan de Valdés Leal, Maler des Todes und der Verwesung, von dessen Bildern Murillo einmal sagte, er müsse sich bei ihrem Anblick „die Nase zuhalten". Unter den Bildhauern bedeutsam ist Juan Martínez Montañés, dessen Arbeiten in vielen Kirchen Sevillas und der Umgebung zu sehen sind. Weitere, wenn auch nicht immer hochklassige Werke im Museum stammen von El Greco, Goya und anderen spanischen und ausländischen Meistern.

Mitte Juni bis Mitte Sept. Di–So 9–15.30 Uhr; im restlichen Jahr Di–Sa 9–20.30 Uhr, So 9–15.30 Uhr. Eintritt für EU-Bürger gratis, sonst 1,50 €.

Entlang des Río Guadalquivir

Der Fluss hat Sevillas Geschichte bestimmt: Ohne ihn, und damit ohne eine Verbindung zum Meer, hätte der glanzvolle Aufstieg des 16. Jh. sicher nicht stattgefunden. Im Zuge der Arbeiten zur Weltausstellung 1992 wurde der Strom am Rand des Zentrums, der vorher nur mehr ein toter Seitenarm war, in sein altes Bett zurückverlegt.

Der „Goldturm": Torre del Oro

Plaza de Toros „La Maestranza: Die Stierkampfarena am Paseo de Colón wurde schon im 18. Jh. errichtet und ist eine der schönsten und mit 14.000 Plätzen auch größten Arenen Spaniens. Die hiesigen *corridas* genießen besten Ruf, doch kann man die Arena auch besuchen, ohne einen Stierkampf zu sehen. Neben einem Museum gehört auch der blitzblanke Operationssaal, in dem eine Hornwunde in Minutenschnelle versorgt werden kann, zum Programm der Visite.

Mai bis Oktober täglich 9.30–21 Uhr, sonst bis 19 Uhr, an Stierkampftagen nur 9.30–15 Uhr. Führungen alle 20 min., Eintrittsgebühr 8 €.

Hospital de la Caridad: Ein Stück abseits des Guadalquivir in der Calle Temprado. Das im 17. Jh. gegründete „Hospital der Nächstenliebe" dient noch immer als Krankenhaus, doch sind in der zugehörigen Kirche die Werke großer Sevillaner Meister zu sehen: Murillo, vor allem aber Juan de Valdés Leal, der mit einigen seiner finstersten Darstellungen vertreten ist, darunter „Finis Gloriae Mundi", das einen König, einen Bischof und einen Bauern in einträchtiger Verwesung zeigt.

Mo–Sa 9–13.30, 15.30–19.30 Uhr, So 9–12.30, 15.30–19.30 Uhr; Eintrittsgebühr 5 €.

Torre del Oro: Ein Sevillaner Wahrzeichen fast im Rang der Giralda ist dieser stämmige, zwölfeckige Turm mit dem minarettähnlichen Aufsatz. Um 1220 unter den Almohaden direkt am Guadalquivir errichtet, diente er zur Überwachung des Stroms; mittels einer starken Kette, die zu einem gleichen, heute nicht mehr vorhandenen Turm am anderen Ufer reichte, konnte der Fluss gesperrt werden. Der Name „Goldturm" stammt von früherem Schmuck aus vergoldeten Ziegeln. Im Inneren ist heute ein kleines *Marinemuseum* untergebracht.

Mo–Fr 9.30–18.45, Sa/So erst ab 10.30 Uhr; Eintrittsgebühr 3 €, Mo gratis.

Parque de María Luisa

Die Ibero-Amerikanische Ausstellung von 1929 geriet durch die einsetzende Weltwirtschaftskrise zwar zum Flop, verschaffte Sevilla aber immerhin eine sehr großzügige Parkanlage. Der Park María Luisa ist mit den ehemaligen Pavillons der Ausstellung, üppigem Baumbestand, Zierteichen und angenehmen Ruheplätzen ein ausgesprochen beliebtes Wochenendziel der Sevillaner.

Plaza de España: Nicht nur ein Platz, sondern auch ein Gebäude – und was für eins. Der in elegantem Halbkreis für die Ausstellung 1929 angelegte *Palacio Español* vereint in Sammelsurium aller spanischen Stileelemente und wirkt dennoch gar nicht so uneinheitlich. Die an den Bau gesetzten bunten Kachelbänke sind geschichtlichen Höhepunkten jeweils einer spanischen Provinz gewidmet. Auf dem 2010 komplett restaurierten Platz selbst vollzieht ein von graziösen Brücken überspannter Kanal das Halbrund des Palastes nach.

Plaza de América: Der zweite große Platz des Parks beherbergt zwei Museen, das *Museo Arqueológico* und das Volkskundemuseum *Museo de Artes y Costumbres Populares*.

Öffnungszeiten beider Museen: Mitte Juni bis Mitte Sept. Di–So 9–15.30 Uhr; im restlichen Jahr Di–Sa 9–20.30 Uhr, So 10–15.30 Uhr. Eintritt für EU-Bürger frei, sonst 1,50 €.

Acuario de Sevilla: Etwa auf Höhe des Museo Arqueológico, jedoch direkt am Fluss (also jenseits des Paseo de las Delicias), liegt das 2014 eröffnete Aquarium von Sevilla. In 35 Becken präsentiert die Anlage die Flora und Fauna jener Gewässer, die der portugiesische Seefahrer Magellan im Jahre 1519 auf seiner Fahrt zu den Gewürzinseln der Philippinen durchquerte, vom Guadalquivir über den Atlantik zum Amazonas und schließlich über die Magellanstraße zum Pazifik. Höhepunkt ist das neun Meter tiefe und zwei Millionen Liter fassende Ozeanarium, in dem verschiedene Haiarten schwimmen.

Täglich ab 10 Uhr; geschlossen wird je nach Jahreszeit und Wochentag zwischen 19 und 22 Uhr. Eintrittsgebühr 15 €, Kinder von 4–14 J. 10 €. Es gibt auch Kombitickets („Acuanoria") mit dem nahen Riesenrad „Noria de Sevilla"; der Blick auf die Stadt von dort ist allerdings nicht so beeindruckend, wie man glauben könnte. www.acuariosevilla.es.

Isla de la Cartuja

Die Insel – genau genommen nur eine Halbinsel – war Standort der Weltausstellung 1992, geriet danach jedoch wieder etwas ins Abseits. Vielleicht ändert sich dies jedoch allmählich, denn zuletzt wurde auf der Isla de la Cartuja wieder eifrig gebaut. So entstand hier der spektakuläre, aber umstrittene Wolkenkratzer *Torre Sevilla* des in Argentinien geborenen Architekten César Pelli. Vom Zentrum aus ist die Isla de la Cartuja am einfachsten über die Brücke Puente del Cachorro oder den Fußgängersteg Pasarela de la Cartuja zu erreichen.

Pabellón de la Navegación: Vom Sevillaner Architekten Guillermo Vázquez Consuegra für die Weltausstellung 1992 entworfen, wirkt das Gebäude am Flussufer heute noch absolut modern. Sein Inneres beherbergt eine reizvolle Seefahrts-Ausstellung, deren interaktive Konzeption auch für Kinder interessant ist. Das Ticket erlaubt auch Zugang zur nahen „Torre Schindler", einem Aussichtsturm über den Fluss.

April bis Oktober Di–Sa 11–20.30 Uhr, So 11–15 Uhr (Juli/August nur Di–So 10–15.30 Uhr); restliche Monate Di–Sa 10–19.30 Uhr, So 10–15 Uhr; Eintrittsgebühr ca. 5 €.

Reizvolle Konzeption: Pabellón de la Navegación

Monasterio de la Cartuja: Das Kloster wurde um 1400 nach einer Marienerscheinung als „Monasterio de Santa María de las Cuevas" gegründet. Auf seinen Reisen nach Sevilla diente es Kolumbus mehrfach als Unterkunft, und nach seinem Tod lag er von 1509 bis 1536 hier aufgebahrt. 1838 erwarb ein Engländer das inzwischen säkularisierte Kloster und baute es zu einer Keramikfabrik um, was dem Komplex bis heute auch anzusehen ist. Er birgt unter anderem mehrere Kapellen; das ehemalige Grab von Kolumbus liegt in der Kapelle Santa Ana. Sehenswert sind auch die Sakristei und der schöne Kreuzgang, beide im Mudéjar-Stil des 16. Jh., sowie das Refektorium mit seiner beeindruckenden Artesonado-Decke. Das Kloster beherbergt das *Centro Andaluz de Arte Contemporáneo* (CACC), das Zentrum zeitgenössischer Kunst, in dem wechselnde Ausstellungen bekannter moderner Künstler stattfinden.

Di–Sa 11–21 Uhr, So 11–15 Uhr. Komplette Eintrittsgebühr 3 €, Kloster oder Ausstellung je 1,80 €; Di–Fr ab 19 Uhr und Sa ganztags ist der Eintritt für EU-Bürger frei.

Parque Temático de Isla Mágica: Die 1997 eröffnete „Magische Insel", ein Themenpark nach amerikanischem Vorbild, liegt nahe der Brücke Puente de la Barqueta und widmet sich dem Zeitalter der Eroberung Amerikas im 16. Jh. Zu erleben sind Abenteuer in „Amazonia" und „El Dorado", Überfälle von Piraten, eine Fahrt mit der Achterbahn „El Jaguar" oder der nassen „Anaconda", eine Rafting-Tour auf den „Stromschnellen des Orinoco" etc.

Betrieb etwa von April bis Ende Oktober, Anfang November, in den Randzeiten nur am Wochenende. Geöffnet wird täglich um 11 Uhr, geschlossen je nach Jahreszeit und Wochentag zwischen 19 und 24 Uhr. Eintritt p.P. 29 €, Kinder bis 12 J. und Senioren 21 €.

Ermäßigter Eintritt am Abend, je nach Schließzeit ab 16, 17 oder 19 Uhr: Erwachsene 20 €, Kinder und Senioren 15 €. Der Wasserpark „Agua Mágica" kostet noch einmal separat. www.islamagica.es.

Barrio de Triana

Dieses volkstümliche Viertel liegt wie die Isla de la Cartuja auf der jenseitigen, westlichen Flussseite, etwa zwischen den Brücken Puente de San Telmo und Puente Isabel II. Benannt ist es nach dem römischen *Trajana*, der Bezug zu Kaiser Trajan jedoch unklar.

Castillo de Sant Jorge: Direkt an der Brücke Puente Isabel II. liegen, mit dem Markt Mercado de Triana baulich verbunden, die Reste einer ehemaligen Festung. Sie besetzen uralten Kulturboden, gab es hier doch bereits im 12. Jh. eine Nekropolis der Almohaden; später schützten die Mauern des Kastells den westlichen Zugang zur Stadt. 1820 wurde die Festung zerstört, ihre Relikte erst wieder bei der Renovierung des Marktgebäudes in den Neunzigerjahren freigelegt. 2009 schuf die Stadt in dem zweigeschossigen Komplex ein 1400 Quadratmeter großes „Themenzentrum der Toleranz" – nicht ohne Grund: Von 1481 bis 1785 hatte in dem Kastell die spanische Inquisition den Hauptsitz ihres Schreckensregiments eingerichtet. Die Besichtigung der hochmodernen, zu religiöser Toleranz aufrufenden Ausstellung gleicht einer Zeitreise durch Architektur und Geschichte und lohnt sich unbedingt.
Di–Sa 10–13.30, 17–19.30 Uhr, So 10–14.30 Uhr. Eintritt und Audioguide gratis.

Centro de la Cerámica Triana: In der restaurierten ehemaligen Keramikfabrik Santa Ana (das gleichnamige Verkaufsgeschäft liegt noch nebenan) erinnert heute ein Museum an die Vergangenheit Trianas als Töpferviertel. Im Erdgeschoss sind die alten Öfen zu sehen, der Wasserbrunnen, Mühlen für Mineralien etc. Das Obergeschoss enthält eine Keramiksammlung vom Mittelalter bis ins 20. Jh., außerdem eine permanente Ausstellung zum Viertel selbst.
Di–Sa 10–14, 17–19.30 Uhr, So 10–14.30 Uhr. Eintrittsgebühr etwa 2 €.

Historische Kachelschilder im Centro de la Cerámica Triana

Sie wächst und wächst: die Sandbank „La Flecha" bei El Rompido

Provinz Huelva

Viel stärker als in der Provinz Cádiz konzentriert sich der Fremdenverkehr in der Provinz Huelva auf den reinen, vorwiegend innerspanischen Badetourismus. Die Strände hier sind auch wirklich vom Feinsten, das Hinterland wird nur wenig besucht.

Abseits des Industriegürtels um die wenig attraktive Hauptstadt Huelva locken die Küsten der Provinz mit kilometerlangen, fast menschenleeren Sandstränden, die auf weiten Strecken bislang noch nahezu unbebaut sind. Freilich mangelt es deshalb auch ein wenig an Unterkünften. Wo Betten zu finden sind, handelt es sich meist um aus dem Boden gestampfte Feriensiedlungen: Matalascañas, komplett am Reißbrett geplant, ist das deutlichste Beispiel. Aber auch westlich der Provinzhauptstadt haben sich mehrere reine Feriendörfer etabliert, die in erster Linie auf spanische Besucher zugeschnitten sind, wie überhaupt der Fremdenverkehr der Provinz zumindest bislang eher auf die Bedürfnisse Einheimischer ausgerichtet ist.

Das Hinterland der Küste sieht nur wenige Besucher, ist in touristischer Hinsicht fast noch terra incognita. Völlig unverständlich ist das nicht, denn die ganz großen kulturellen Sehenswürdigkeiten gibt es, wohl auch aufgrund der seit jeher etwas abgeschiedenen Lage der Provinz, nicht zu bewundern, dafür jedoch viele ursprüngliche Dörfer und Städtchen, die ganz sicher nicht für den Fremdenverkehr herausgeputzt wurden. Gleichzeitig darf sich Huelva auch einiger der interessantesten und ungewöhnlichsten Glanzlichter Andalusiens rühmen. Besonders Naturfreunde werden sich hier näher umsehen wollen: Der Parque Nacional Coto de Doñana, im

Provinz Huelva

äußersten Südosten der Region, bildet eines der bedeutendsten Vogelreservate des Kontinents. Auch im Norden sind Entdeckungen zu machen – die abgelegene Sierra Morena wird bislang von ausländischen Reisenden nur selten durchstreift. An ihrem Rand liegt das erstaunliche Bergbaugebiet Minas de Riotinto mit seinem interessanten Minenmuseum, mittendrin in der Sierra das Städtchen Aracena, das Gelegenheit zum Besuch einer der schönsten Tropfsteinhöhlen Spaniens bietet.

Einen Termin im Kalender der Provinz sollte sich jeder Liebhaber spanischer Feste unbedingt dick anstreichen: Die Romería del Rocío an Pfingsten, bei der bis zu einer Million Pilger, viele in bunt herausgeputzten Karren und traditioneller Tracht, aus allen Regionen Andalusiens zur Madonna des winzigen, schon aufgrund seiner ungewöhnlichen Westernatmosphäre besuchenswerten Dörfchens El Rocío ziehen – ein Ereignis ohnegleichen, die größte Wallfahrt Europas.

Niebla

Nur ein kleines Stück nördlich der Autobahn Sevilla-Huelva gelegen, verlockt das uralte, im Kern noch deutlich mittelalterlich geprägte Städtchen zu einem kurzweiligen Abstecher.

Von Sevilla kommend, liegt Niebla nur noch etwa 30 Kilometer vor Huelva, gleichzeitig bereits ein gutes Dutzend Kilometer hinter der Abzweigung, die via Bollullos Par del Condado und El Rocío zur Küste bei Matalascañas führt. Obwohl eher verschlafen, ist der gerade mal 4000 Einwohner zählende Ort dank seiner zahlreichen Monumente den kleinen Umweg durchaus wert. Von der Autobahn kommend, stört zwar zunächst Kleinindustrie das Bild, doch schon bei der Zufahrt zum Ortskern wird eine Brücke überquert, die den durch Mineralien dunkelrot gefärbten

Erbe vieler Jahrhunderte: Nieblas Stadtmauern

Río Tinto überspannt und bereits in römischer Zeit errichtet wurde. Die unter Denkmalschutz gestellte Altstadt selbst glänzt mit ihrer restaurierten Burg und einem komplett erhaltenen mittelalterlichen Mauerring, der Niebla das stolze Prädikat „andalusisches Ávila" eingetragen hat – das kastilische Ávila besitzt die am besten erhaltene Stadtmauer Spaniens.

Geschichte: Niebla ist eine der ältesten Siedlungen der Region, geht bis ins 8. Jh. v. Chr. zurück. Die erste Stadtmauer wurde bereits während der tartessischen Epoche angelegt. Die Römer, unter denen Niebla *Ilipla* hieß und eine wichtige Station an der Straße von der Guadiana-Mündung nach Itálica war, erneuerten den Wall und verliehen der Stadt das Privileg, eigene Münzen zu prägen. Während der Herrschaft der Westgoten war Niebla Bischofssitz, bis es 718 von den Mauren erobert wurde und fortan *Lepla* hieß. Aus der Maurenzeit stammt auch der überwiegende Teil der heutigen Stadtmauern. Sie waren so wehrhaft, dass sich bei der Belagerung 1262 die christlichen Rückeroberer unter Alfonso X. neun Monate lang „die Zähne an ihnen ausbissen", obwohl – vermutlich zum ersten Mal in der westlichen Welt – auch Schießpulver eingesetzt wurde. Im 14. Jh. wurde die Stadt Grafschaft der Familie Guzmán, ab dem 16. Jh. verlor sie durch die Konzentration auf die Kolonien allmählich an Bedeutung.

Essen & Trinken Groß ist die Auswahl nicht in Niebla ...

Bar-Rest. Casa Ramos, direkt an der Durchgangsstraße, nicht weit vom Kastell gelegen. Großer, nüchterner Speisesaal, dank seines soliden, günstigen Mittagsmenüs an Werktagen von Einheimischen gut besucht. Avenida Andalucía, Ecke Calle San Lorenzo.

Feste & Veranstaltungen Fiesta de la Virgen del Pino, das Fest der Stadtpatronin am 8. September.

Feria Franca Medieval, mehrere Tage Ende Oktober, Anfang November. Großes mittelalterliches Fest im Kastell, mit Verkaufsständen, Kunsthandwerk, mittelalterlichen Kostümen, Musik und Tanz.

Sehenswertes

Stadtmauern: Ein imposanter Anblick ist der unregelmäßige, fast zwei Kilometer lange Wall um die Altstadt, der eine Fläche von 16 Hektar umschließt. Manche Bauteile der überwiegend in maurischer Zeit errichteten Verteidigungsanlage sollen noch bis auf iberische, römische und westgotische Zeiten zurückgehen. Rund 50 Türme zählt der wehrhafte Komplex; in fünf von ihnen sind Stadttore angelegt, deren Zugänge den typischen Knick aufweisen, um Angriffe zu erschweren.

Castillo de Niebla: Das weitläufige Kastell, auch „Castillo de los Guzmán" genannt, ist der ganze Stolz von Niebla. Möglicherweise stand hier bereits eine römische Festung; das heutige Gebäude stammt aus dem 15. Jh., umfasst jedoch auch Reste seines Vorgängers, des maurischen Alcázar. Vom „Waffenhof" Patio de Armas gelangt man über Treppen zum oberen Stockwerk, von dem sich ein weiter Blick bietet. Im „Ehrenturm" Torre de Homenaje ist ein Raum der Falknerei gewidmet, eine von mehreren kleinen Ausstellungen, die sich über das Kastell verteilen. In den „Mazmorras", ehemaligen unterirdischen Kerkerräumen, findet sich ein bunt gemischtes Museum; die unterste Etage, die sich unter dem Namen „Justicia Señorial" mit Folter und Hinrichtungen befasst, erspart man Kindern besser.

Mo–Fr 10–14 Uhr, Sa/So 10–18 Uhr, Eintrittsgebühr 4,50 €.

Mezquita Iglesia Santa María de la Granada: Das mozarabische Gotteshaus an der Plaza Santa María, etwa im Mittelpunkt der Altstadt, hat eine wechselvolle Geschichte hinter sich: Zuerst stand hier im 10. und 11. Jh. eine von den Mauren geduldete Kirche, von der noch einige Portale erhalten blieben. Im 13. Jh. wurde aus ihr eine Moschee, auf deren Minarett der quadratische Glockenturm verweist; im 15. Jh. schließlich erfolgte ein neuer Umbau, dessen Resultat die gotische Kirche von heute ist. Im nur selten zugänglichen Inneren blieben der maurische Innenhof (Sahn) und die Gebetsnische Mihrab erhalten.

Iglesia San Martín: Wahrhaft kurios ist der Anblick dieser Kirchenruine, die sich etwas nördlich der Plaza Santa María erhebt und durch eine Straße in zwei Teile getrennt wird – auf der einen Seite stehen Apsis, Glockenmauer und Kapelle, auf der anderen die Reste der Fassade mit dem Hauptportal. So seltsam sein Erscheinungsbild, so ungewöhnlich ist auch die Vergangenheit des Gotteshauses, das zunächst als Moschee, dann als Synagoge und schließlich als Kirche diente und Stilelemente der Gotik, des Mudéjar und des Barock aufweist.

Zweigeteilt: Iglesia San Martín

Bollullos Par del Condado

Ein weiterer lohnender Abstecher, ob von der Autobahn nach Huelva oder von der bis Almonte vierspurigen Straße Richtung El Rocío und Doñana-Nationalpark. Bollullos nennt sich stolz „Ciudad del Vino", Stadt des Weins.

Das rund 14.000 Einwohner zählende Städtchen ist Mittelpunkt einer traditionsreichen Weinregion, deren edle Tröpfchen schon im 15. Jh. hoch geschätzt waren und heute als *Condado de Huelva* mit einer D.O. herkunftsgeschützt sind. In Bollullos Par del Condado dreht sich deshalb alles um den Wein. In der weitläufigen Landstadt, aus der übrigens auch sehr gute Brandys kommen, wurde an der Plaza Ildefonso Pinto in einem Turm des 19. Jh. ein Weinmuseum eingerichtet, und Mitte September wird alljährlich bei der „Feria de la Vendimia" die Weinernte gefeiert. Um den Hauptplatz Plaza Sagrado Corazón stehen ein sehenswertes Rathaus im Mudéjarstil sowie die schöne Barockkirche *Iglesia Santiago Apóstol* von 1779.

Bodegones: So nennen sich die zu ausgesprochen beliebten Restaurants umgebauten alten Bodegas, die vor allem an der Durchgangsstraße von Bollullos Par del Condado in breiter Auswahl zu finden sind. Wahre Kathedralen des Genusses, offerieren sie nicht nur Köstlichkeiten aus Küche und Keller zum Verzehr vor Ort, sie sind gleichzeitig auch Verkaufsstellen für Wein und andere lokale Produkte.

Essen & Trinken Bodega Roldán, an der Durchgangsstraße im nördlichen Ortsbereich. Ein paar Tische außen, die schönere Atmosphäre herrscht jedoch im Inneren des hohen Raums. Zu den Spezialitäten zählen gekochte Meeresfrüchte, frittierter Fisch, aber auch Wurstwaren und Fleisch vom Grill. Es gibt einen Self-Service-Bereich (Autoservicio) und Tische mit Bedienung. Avenida 28. de Febrero 111, ✆ 959 411349.

Bodegón Abuelo Curro, ganz in der Nähe. Auch der „Großvater" genießt den Ruf, eine der besten Adressen des Ortes zu sein, und auch hier beeindruckt die Atmosphäre (am schönsten, wenn wie an Sonntagen oder im Sommer viel Betrieb herrscht) ebenso sehr wie die leckere Küche und die guten Weine. Spezialitäten wie oben. Avenida 28. de Febrero 105, ✆ 959 412129.

Die Weinregion Condado de Huelva

Die Weißweine der „Grafschaft von Huelva", unter Kennern fast noch als Geheimtipp gehandelt, reifen in den so genannten „Bocoyes", riesigen Fässern aus Eichen- oder Kastanienholz. Als Traubensorten zugelassen sind Palomino, Garrido Fino, Moscatel und Zalema. Das Zentrum der Weinregion erstreckt sich um Almonte, Rociana del Condado und eben Bollullos Par del Condado. Es gibt drei Hauptsorten an Weinen:

Condado Viejo: Traditionsreiche Weine mit einem Alkoholgehalt von 16 bis 20 Prozent, als Dessertwein teilweise sogar bis zu 22 Prozent. Es gibt sie in Varianten von trocken bis süß, manche erinnern an Sherry.

Condado Pálido: „Bleiche", strohgelbe und leicht bittere Weine von geringem Säuregehalt, die mit 15 bis 17 Prozent etwas leichter ausfallen und einen feinen Aperitif abgeben, aber auch gut zu Schinken passen.

Condado Blanco: Junge, leichte und frische Weißweine, die überwiegend aus der Zalematraube stammen und nur etwa 10 bis 12 Prozent Alkohol aufweisen. Weniger traditionsreich, aber perfekte Begleiter zu Fisch und Meeresfrüchten.

Almonte

Wie Bollullos ist auch Almonte eine ausgedehnte Landstadt, gleichzeitig der Gemeindesitz und das Versorgungszentrum von El Rocío und dem Ferienort Matalascañas.

Die gut 20.000 Einwohner zählende Siedlung lebt hauptsächlich von der Viehhaltung und der Landwirtschaft, insbesondere vom Weinbau, produziert sogar einen „Raigal" genannten und aus der Zalema-Traube gekelterten Schaumwein, den „ersten Cava Andalusiens", wie es der Stadtprospekt stolz vermerkt. Reisende machen sich eher rar in Almonte, die Zahl der Sehenswürdigkeiten hält sich auch wirklich in überschaubaren Grenzen. Immerhin zeigt sich das Zentrum der Stadt, das teilweise als Fußgängerzone ausgewiesen ist, von einer recht attraktiven Seite.

Information Oficina Municipal de Turismo, Calle Alonso Pérez 1, im Zentrum; geöffnet Mo–Fr 9.30–14 Uhr. ✆ 959 451503. www.almonte.es.

Verbindungen Busse der DAMAS nach Huelva 4-mal, nach Sevilla 6-mal täglich, El Rocío und Matalascañas etwa stündlich; zur HS z. T. häufigere Anschlüsse.

Feste La Saca de las Yeguas, am 26. Juni. Das „Einsammeln der Stuten" ist ein jahrhundertealtes Ereignis, bei dem die am Rand der Marismas halbwild lebenden Pferde und ihre Fohlen früh am Morgen zusammengetrieben werden. Vom Gebiet von El Rocío wandern die Herden dann mittags nach Almonte. Am folgenden Tag finden auf dem gemeindeeigenen Gelände „Huerta de la Cañada" die Brandzeichnung der jungen Fohlen und ein kleiner Pferdemarkt statt.

Feria de San Pedro, mehrere Tage ab dem 29. Juni. Auch bei diesem Hauptfest der Stadt dreht sich vieles um das Pferd. Auf dem Festgelände „El Chaparral" stehen Zelte, die so genannten „Casetas", es gibt Reitwettbewerbe, Musik und Tanz etc.

Gemütliche Atmosphäre: Bodegón Abuelo Curro in Bollullos

El Rocío

Zwar nur ein winziges Nest, wird El Rocío einmal im Jahr zum Mittelpunkt Andalusiens. Zumindest eine Stippvisite lohnt sich jedoch auch dann, wenn man nicht zur berühmten Wallfahrt kommen kann.

Das kleine Dorf mit dem großen Namen liegt am Rand des Nationalparks Coto de Doñana, von der Autobahn Sevilla-Huelva am schnellsten über Bollullos Par del Condado und das Städtchen Almonte zu erreichen. Das Dörfchen besitzt einen ganz ureigenen Charakter – in El Rocío liegt mehr als nur ein Hauch von Westernatmosphäre in der Luft. Die ungewöhnlich breiten Straßen und riesigen Plätze der kaum 2000 Einwohner zählenden Siedlung ertrinken im Sand, lassen Fußgänger, so sie sich der sengenden Sonne überhaupt aussetzen mögen, winzig erscheinen. Vor allem im August, wenn viele Fahrzeuge die Pisten umpflügen und den Sand aufhäufen, können Fahrer größerer Pkw schon mal ins Schwitzen kommen. Nachts, besonders zur Nebensaison, wenn El Rocío fast ausgestorben wirkt, wird die Szenerie noch unwirklicher. Pferde, Maulesel und Kutschen sind hier die besten Beförderungsmittel und deshalb absolut nicht ungewöhnlich – Reiter finden hier ein Paradies, zur Wallfahrt verzeichnet der Ort gar die größte Pferdekonzentration Europas. Schnell augenfällig wird auch die hohe Zahl der Kapellen der einzelnen Bruderschaften (es sind über hundert), die in der Bauweise an mexikanische Dorfkirchen erinnern und so ihren Teil zum besonderen Flair beitragen.

Western-Atmosphäre in El Rocío

Ebenso auffallend sind die vielen Spanier und Ausländer, die Fotobjektive von der Größe eines Megaphons durch die Gegend schleppen: El Rocío, direkt am Rand des Feuchtgebiets *Marismas del Rocío* gelegen, gilt unter Ornithologen als einer der besten Plätze Europas zur Beobachtung der gefiederten Freunde; ein Beobachtungszentrum (Centro Ornitológico Francisco Bernis; Di–So 9–14, 16–18 Uhr) liegt am südöstlichen Ortsrand. Ganz allein Passionen bewegen die Insassen der reichlich vertretenen Reisebusse, die am Ortsrand bei der erst 1969 errichteten Marienkirche parken. Sie wollen auch außerhalb der Pfingstzeit der Madonna ihre Aufwartung machen – an manchen Sonntagen werden Pilgergruppen aus ganz Andalusien im Stundentakt durch die Kirche und die dortigen Souvenirgeschäfte geschleust.

Information Oficina de Turismo, C. Muñoz y Pavon 40, an der Hauptzufahrt in den Ort neben der Gemeinde, ums Eck von Alojamientos Rocío-Doñana, ℡ 959 026600, Extensión 3003. Geöffnet Mo–Fr 9.30–14 Uhr. Das Büro zieht leider häufig um.

Verbindungen Busse der Gesellschaft DAMAS von und nach Matalascañas und Almonte etwa stündlich. Nach Sevilla je nach Saison mindestens 3-mal täglich, im Sommer häufiger. Zur Romería kräftig verstärktes Angebot, jeder Bus dennoch mehr als voll.

Ausflüge Doñana Ecuestre veranstaltet Fahrten mit Allradbussen im Naturpark, Dauer vier Stunden, Preis etwa 28 €, sowie Reitausflüge unterschiedlicher Dauer bis hin zu mehreren Tagen. Das Gestüt liegt an der Av. Canaliega s/n, noch etwas landeinwärts der Alojamientos Rocío-Doñana und westlich der Hauptstraße. ℡ 959 442474, www.donanaecuestre.com.

La Romería del Rocío

Im 13. Jh. fand ein Jäger in der Umgebung des Dorfs die heute so hoch verehrte Statue der Nuestra Señora del Rocío. Bald schon begannen Wallfahrten zu „Unserer Lieben Frau vom Morgentau", die volkstümlich auch als „Weiße Taube" gerühmt wird. Im 17. Jh. gründeten Pilger die ersten religiösen Bruderschaften, cofradías oder auch hermandades genannt. Der heutige Ablauf des Fests geht auf 1758 zurück. Bis zu einer Million Menschen vor allem aus den Provinzen Huelva, Sevilla und Cádiz pilgern an Pfingsten nach El Rocío. Die Mehrzahl kommt mit modernen Verkehrsmitteln, darunter leider immer mehr Geländewagen, doch legen Puristen den Weg immer noch auf kleinen Pfaden zu Fuß, mit dem Pferd oder dem Ochsenkarren zurück und sind dabei teilweise eine ganze Woche unterwegs.

Das eigentliche Fest, eine Mischung aus religiöser Inbrunst und sherryseligem Jahrmarkt, beginnt am Pfingstsamstag mit der Ankunft der verschiedenen Bruderschaften. Jeder Pilgerzug wird von einem üppig geschmückten Wagen angeführt, der den Schrein der heimischen Kirche trägt. Dahinter folgen Ochsenkarren mit herausgeputzten Zugtieren, Esel und Maultiere. Die echten caballeros sind natürlich zu Pferd unterwegs, im Damensitz hinter sich ihre traditionell im Rüschenkleid gewandeten Schönheiten. Die Nacht wird lang, der Schlaf kurz, denn am Pfingstsonntag beginnt morgens die Messe. Danach wird nahtlos weitergefeiert, bis im Morgengrauen des Montags der stundenlange Umzug der Madonna beginnt. Nur die Bruderschaft aus Almonte darf das Podest mit der Statue tragen, hart bedrängt von den Tausenden, die die Madonna berühren wollen. Die Verehrung steigert sich zu einer Ekstase, die verstehen lässt, warum die katholische Kirche diese Wallfahrt (wie die Semana Santa von Sevilla übrigens auch) etwas argwöhnisch beäugt. Bis in die Nachmittagsstunden hinein dauert die enthusiastische Prozession. Dann ist für diesmal alles vorbei, bis zum nächsten Jahr.

Kritische Stimmen monieren, die Romería von El Rocío werde von Jahr zu Jahr mehr zum bloßen Fest der Sinnesfreuden (die sich, wie man hört, nicht nur auf Essen und Trinken beschränken sollen …), verkomme zum amüsanten Jahrmarkt. Das mag zum Teil schon stimmen; schließlich ist, wie in ganz Westeuropa, auch in Spanien die Religiosität im Rückgang begriffen. Die Begeisterung der Menge beim Anblick der Madonna jedoch ist ganz gewiss nicht geheuchelt – und ein absolut erlebenswertes Ereignis bleibt die Romería so oder so allemal.

El Rocío Chico: So nennt sich eine kleinere Wallfahrt zu Pferde Mitte August. Alle sieben Jahre (das nächste Mal 2019), findet am 19. August zudem der Traslado statt: Dann wird die Madonna als Schäferin gekleidet nach Almonte überführt und erst im Folgejahr eine Woche vor der Romería zurückgebracht.

Übernachten Während der Romería steigen die Preise in allen Quartieren ins Unermessliche, dennoch ist in weitem Umkreis jede Badewanne belegt.

** Hotel Toruño, recht hübscher Bau, freundlich eingerichtete Zimmer mit TV und Klimaanlage. Direkt am Rand der Marismas gelegen, sind einige der Zimmer perfekte Aussichtsposten zur Vogelbeobachtung. Gutes Restaurant. DZ etwa 70–80 €, zur Romería del Rocío werden spezielle Mehrtages-Pakete geschnürt, die ihren (hohen) Preis haben. Plaza Acebuchal 22, ℡ 959 442323, www.toruno.es.

Hotel Rural La Malvasia, ein kleines Stück östlich des Hotels Toruño, ebenfalls recht nahe an den Marismas gelegen und mit Restaurant. Trotz seiner Größe beherbergt der Bau nur 16 Zimmer, allesamt hübsch dekoriert. Freundliche Führung. DZ meist um die 70–100 €, Viertages-Paket zur Romería rund 2500 €. C. Sanlúcar 38, ℡ 959 443870, www.lamalvasiahotel.com.

Hoch verehrtes Pilgerziel:
die Madonna in der Wallfahrtskirche

》》》 **Mein Tipp: Hostal Rural La Fonda del Rocío**, zentral im Gebiet östlich der Wallfahrtskirche gelegen. Noch junges, sehr freundlich und aufmerksam geführtes Quartier in ortstypischer Bauweise und mit persönlicher Atmosphäre; 20 solide ausgestattete Zimmer mit Kühlschrank. Sehr gutes Preis-Leistungs-Verhältnis, DZ/Bad etwa 40–60 €. C. Sacrificio 34, ℡ 959 442376, www.lafondadelrocio.es. 《《《

Alojamiento Rural El Rocío, im Norden der Siedlung. 2011 eröffnetes Quartier mit Patio; die 26 Zimmer, darunter viele Innenzimmer, sind leider ziemlich klein, sonst aber okay. DZ/Bad etwa 40–70 €. Anfahrt vom Kreisverkehr im Norden (aus Ri. Almonte kommend kurz hinter der Zufahrt zum Camping), hier in eine kurze Asphaltstraße, die sich nach 50 m in eine Sandpiste verwandelt, dann die zweite Piste rechts. C. Los Varales 33, Mobil-℡ 672 203847. www.alruralrocio.com.

》》》 **Lesertipp: Finca La Habana**, ebenfalls in diesem Gebiet. „Primär als Reiturlaub angeboten, aber auch für (begleitende) Nicht-Reiter ein empfehlenswertes Plätzchen, geführt von einem sehr herzlichen, gastfreundlichen und aufmerksamen deutschen Ehepaar" (Imme Nickisch). Diverse Wochenpauschalen, Details auf der Website. Karl-Heinz und Juana Stünkel, Calle Tomillo 31, ℡ 959 095622, www.finca-lahabana.de. 《《《

Camping La Aldea, 1. Kat., knapp außerhalb des Ortes in Richtung Almonte. Ordentliche Ausstattung mit Pool etc., gutes und preiswertes Restaurant. Ganzjährig geöffnet. Zwei Personen, Auto, Zelt etwa 24 €. Crta. del Rocío, km 25, ℡ 959 442677, www.campinglaaldea.com.

Essen & Trinken Gut, aber nicht ganz billig ist auch das Restaurant des Hotels Toruño, das dem eigentlichen Hotel gegenüber liegt.

Rest. Aires de Doñana, auch bekannt als „La Choza", in toller Lage am Rand der Marismas. Traditioneller Bau mit schöner Aussicht, prima Küche, besonders gut die Fischgerichte. Die Lage zahlt man allerdings mit. Av. Canaliega 1, Mo und zur Wallfahrt geschlossen.

Rest. La Rocina, an einem der großen Plätze im Zentrum, nicht weit von der Infostelle. Von außen eher unscheinbar, aber mit guter Küche (Grillgerichte, Fleisch und Fisch); mittleres Preisniveau. Plaza de Doñana 8.

Casa Rociera El Frenazo, an der Hauptzufahrt in den Ort, nahe Infostelle. Die beliebte Bar ist einer der Haupttreffpunkte der hiesigen Männerwelt; Spezialität sind Fleischgerichte, insbesondere Wild. Nicht teuer. Calle Muñoz y Pavon 40 b.

Refugium für Wasservögel: Lagune im Nationalpark

Parque Nacional Coto de Doñana

Das größte Vogelschutzgebiet Europas, alljährlich Rastplatz für sechs Millionen Zugvögel und Brutstätte für rund hundert Arten. Von der Unesco zum Weltnaturerbe erklärt, ist der Coto de Doñana leider auch der am stärksten bedrohte Nationalpark Spaniens.

Das ausgedehnte Areal westlich der Guadalquivirmündung diente schon ab dem 13. Jh. den spanischen Königen als exklusives Jagdgebiet („Coto") und blieb bis ins 20. Jahrhundert nahezu unberührt. Als in den Sechzigern riesige Trockenlegungen drohten, kaufte 1964 die Stiftung „Alonso de Herrera" zusammen mit dem „World Wildlife Fund" 7500 Hektar Land auf. 1969 wurde ein erweitertes Gebiet zum Nationalpark erklärt, der mit den umgebenden Vorparks, die eine Art Schutzpuffer bilden sollen, heute über 770 Quadratkilometer einnimmt. Mittlerweile engagiert sich auch die EU stärker für den Schutz des Coto de Doñana, anscheinend wurde die immense Bedeutung des Gebiets endlich erkannt.

Von allen spanischen Nationalparks ist der Coto de Doñana den massivsten Gefahren ausgesetzt, weshalb die Unesco bereits damit droht, den Park als bedrohtes Welterbe einzustufen. Die industrielle Belastung des Guadalquivir und besonders die Verseuchung der Feuchtgebiete durch Düngemittel und Pestizide der angrenzenden Landwirtschaft führten in der Vergangenheit zu großen Vogelsterben. Ein erhebliches Problem ist das Sinken des Grundwasserspiegels, hervorgerufen insbesondere durch den großen Wasserbedarf der Erdbeerfelder im Hinterland, aber auch durch die Trockenlegung der Marismas außerhalb der geschützten Zonen und durch den Tourismus: Die Urlauberstadt Matalascañas am Rand des Parks verbraucht an einem Sommerwochenende mehr als zehn Millionen Liter Wasser – pro Tag. Nun wurden auch noch Pläne der Regierung bekannt, im Park die Förderung und Lagerung von Erdgas zu erlauben.

Zur bislang schwersten Bedrohung des Ökosystems entwickelte sich jedoch der Dammbruch des Río Guadiamar in der Nacht zum 25. April 1998. Damals barst beim Dorf Aznalcóllar ein Auffangbecken des schwedischen Bergbaukonzerns Boliden. Fünf Millionen Kubikmeter hoch giftiger, stark säurehaltiger Schlämme ergossen sich in den Río Guadiamar, vernichteten alles Leben im Fluss. Auf einer mehrere hundert Meter breiten Todesschneise wälzte sich die Giftflut 40 Kilometer flussabwärts, direkt auf den Nationalpark zu. Nur mit eilig errichteten Deichen konnte das Eindringen der kontaminierten Schlammfracht in das Reservat verhindert werden. Da die Gewässer im flachen Mündungsbereich des Guadalquivir auf komplexe Art und teilweise sogar unterirdisch miteinander verbunden sind, gelangten die Gifte mit der Zeit dennoch auch in den Nationalpark. Die Doñana musste einer fast 400 Millionen Euro teuren, von der EU bezuschussten Sanierung unterzogen werden. Sie verlief erfolgreich und laut WWF sogar „wegweisend": 99 Prozent der im Boden enthaltenen Schwermetalle konnten beseitigt werden.

Die Ökosysteme des Coto de Doñana

Drei sehr verschiedene Systeme, die jedoch teilweise ineinander übergehen, sind charakteristisch für die Landschaft des Nationalparks.

Wanderdünen: Eine Folge hoher Dünen bildet eine natürliche Barriere zur Küste hin. Diese parallel zum Meer verlaufenden Dünengürtel, bewachsen nur von widerstandsfähigsten Planzenarten wie Strandhafer und Stranddistel, verändern sich durch den Einfluss des Windes ständig und bewegen sich so langsam landeinwärts. Zwischen den einzelnen Dünen entstehen Senken („Corrales") mit relativ feuchtem Boden, in denen für eine Weile eine komplexere Vegetation gedeiht. Die nächste von der Küste landeinwärts rollende Wanderdüne verschüttet die Büsche und Bäume jedoch nach und nach wieder und hinterlässt nur die trockenen, abgeschürften Stämme der Bäume, die sogenannten „Cruces" (Kreuze) des Coto de Doñana.

Cotos: Sie erstrecken sich im Bereich landeinwärts des Dünengürtels und machen heute den größten Teil des Parks aus. Hierbei handelt es sich um einen Jahrtausende alten, früheren Dünenstreifen, der durch Büsche und kleine Bäume mittlerweile gefestigt ist und sich als leicht wellige Landschaft präsentiert. Auf den Kuppen der Hügelketten gedeihen vor allem Zistrosenbüsche, daneben unter anderen auch Rosmarin und Lavendel; die Pinienwälder, die hier ebenfalls anzutreffen sind, wurden meist von Menschenhand zur Wiederaufforstung gepflanzt. Die feuchteren Senken zwischen den Kuppen beherbergen andere Vegetationsformen: dichten Buschbewuchs aus Stechginster und Heide, daneben vereinzelte Wäldchen aus Korkeichen und wilden Ölbäumen.

Marismas: Die Salzmarschen sind das dritte große Ökosystem des Naturparks; ein flaches Sumpfland, das durch Sedimentablagerungen des hier sehr verzweigten, trägen Río Guadalquivir entstanden ist. Mit dem Wechselspiel zwischen Ebbe und Flut dringt Salz- und Brackwasser in den Komplex von Lagunen und Kanälen, der, nach den Winterregen weitgehend überschwemmt, im Frühjahr kräftig grün wird und im Sommer zu einer harten, rissigen Wüstenei austrocknet. An vielen Stellen innerhalb dieser Gezeitensümpfe, aber auch der Cotos, tritt Süßwasser an die Oberfläche und bildet Lagunen und überflutete Senken, die so genannten „Caños" mit Wasser- und Sumpfpflanzen, an den Rändern auch mit Weidenbäumen.

Die Tierwelt des Parks besteht aus vielen bedrohten Arten, unter ihnen auch der stark gefährdete iberische Luchs, von dem es hier noch an die 30 Exemplare gibt. Den eigentlichen Reichtum des Coto bilden die Vögel, die nach der Trockenlegung

Tierwelt in den Marismas des Nationalparks

vieler spanischer Feuchtgebiete hier eines ihrer letzten Refugien finden. Dank seiner Nähe zu Afrika dient der Park vielen Spezies als Raststation auf ihren Wanderungen, andere kommen hierher, um zu brüten. Über 360 seltene Arten wurden hier gezählt. Mit etwas Glück zu beobachten sind eine ganze Reihe von Greifvögeln, Kolonien von Störchen, verschiedene Reiher und Enten, das seltene Purpurhuhn, Flamingos, der afrikanische Löffler aus der Gattung der Ibisse und viele andere mehr.

Touren im Park

Die besten Besuchszeiten sind das Frühjahr und der Winter nach den ersten Regenfällen. Im Sommer und Herbst sind viele Gebiete ausgetrocknet. In der Tierwelt ist dann wenig los, der Andrang von spanischen Besuchern zur Hochsaison dafür immens.

Das zentrale Schutzgebiet des Parks, östlich der Straße El Rocío-Matalascañas, darf auf eigene Faust nicht betreten werden. Einzige Möglichkeit, dieses Areal zu besuchen, sind die Touren mit Allradbussen ab Acebuche (Details siehe unten), die eine Fahrtstrecke von rund 80 Kilometern umfassen, ökologisch allerdings nicht ganz unbedenklich sind. Eine gute und umweltverträgliche Alternative stellen die Rundwege mit Beobachtungsständen dar, die in den Vorparks um die Infozentren angelegt sind, sich allerdings auf das Gebiet der „Cotos" beschränken.

Interessante Einblicke in die früheren Lebensverhältnisse der Bauern und Fischer des Coto bietet die permanente Ausstellung „Mensch und Doñana" im Informationszentrum Palacio de Acebrón.

Informationszentren Alle sind während der Wallfahrt nach El Rocío geschlossen.

Centro de Interpretación La Rocina, an der Straße von El Rocío nach Matalascañas, kurz hinter El Rocío. Hier beginnt der 2,5 km lange Wanderpfad „Charco de la Boca", der durch Pinienwald zu einer Lagune führt, die meist ganzjährig Wasser führt und an der drei Beobachtungshütten installiert sind.

Unter den hier vertretenen Spezies sind Löffler, Störche, verschiedene Reiher- und Entenarten, im Winter auch Eisvögel; die besten Lichtverhältnisse zur Vogelbeobachtung herrschen ab Mittag. Das Zentrum öffnet täglich 9–15, 16–19 Uhr, von Mitte Juni bis Mitte Sept. So nur bis 15 Uhr. ✆ 959 439569.

Palacio del Acebrón, über dieselbe Zufahrt zu erreichen, noch etwa 4 km hinter La

Rocina. Dauerausstellung „Mensch und Doñana", Wanderpfad „Charco del Acebrón" (1,5 km) durch den Wald El Bosque de Ribera und rund um eine kleine Lagune. Geöffnet täglich 9.15–15, 16–18.45 Uhr, von Mitte Juni bis Mitte Sept. So nur bis 15 Uhr. Mobil-✆ 600 144625.

Centro de Recepción El Acebuche, das Haupt-Dokumentationszentrum, ebenfalls westlich der Straße El Rocío-Matalascañas. Abzweigung etwa 3–4 km vor Matalascañas, noch 2 km; Bushaltestelle an der Kreuzung. Permanente naturkundliche Ausstellung, Bar/Souvenirgeschäft, 4-mal täglich audiovisuelle Vorführungen, Wanderpfad (1,5 km) zur „Laguna del Acebuche" mit acht Aussichtspunkten. Geöffnet täglich 8–15, 16–19 Uhr (im Sommer bis 21 Uhr), von Mitte Juni bis Mitte Sept. So nur bis 15 Uhr. Mobil-✆ 671 596550.

Centro José Antonio Valverde (Cerrado Garrido), südöstlich von El Rocío, nur sehr kompliziert über weite Umwege oder aber auf einer organisierten Tour ab El Rocío zu erreichen, jedoch ein weiterer guter Beobachtungspunkt für Vögel. Mit Ausstellung „Wasserpfade", Videovorführung und Bar/Laden. Geöffnet 10–20 Uhr, im Winter 10–18 Uhr, Mobil-✆ 671 564145.

Verbindungen Bus: DAMAS-Busse je nach Saison mindestens 3-mal täglich von Sevilla nach Matalascañas; dem Fahrer Bescheid sagen, wo man aussteigen will. Häufigere Busse auch auf der Linie Matalascañas–Almonte bzw. umgekehrt.

Landrovertouren „Visitas Todoterreno" finden ab El Acebuche statt, Fahrten von etwa Mai bis Mitte September um 8.30 und 17 Uhr, im restlichen Jahr um 8.30 und 15 Uhr; von Juni bis September ist So Ruhetag. Wegen der Wallfahrt nach El Rocío finden in der Woche vor Pfingsten keine Touren statt. Dauer jeweils etwa vier Stunden, Preis etwa 30 € pro Person. Für Gruppen ab 8 Personen sind auch Ganztagesfahrten möglich. Buchung auf der Website oder Voranmeldung dringend geraten, mindestens einen Tag, zur Hauptsaison mehrere Wochen vorher: Cooperativa Marismas del Rocío, Centro de Recepción El Acebuche, 21750 El Rocío; ✆ 959 430432. Falls Platz ist, kommt man zwar auch so mit, Chancen dafür bestehen jedoch höchstens außerhalb der Saison. www.donanavisitas.es.

Ausflugsfahrten ab Sanlúcar Der östliche Rand des Nationalparks kann auch bei einer Schiffstour in Augenschein genommen werden; die „Real Fernando" startet dazu in Sanlúcar de Barrameda in der Provinz Cádiz. Mittlerweile gibt es von dort auch Touren mit Allradbussen, Näheres siehe Sanlúcar.

Matalascañas

Matalascañas, seltener auch Torre de la Higuera genannt, ist eine künstliche Feriensiedlung aus den 70er-Jahren, die nur im Sommer wirklich belebt ist.

Graubraune, weiße und gelbe Betonschachteln, standardisierte Villenviertel dazwischen geduckt, ziehen sich über knapp fünf Kilometer den Strand entlang. Der besseren Übersichtlichkeit wegen wurde die sehr ausgedehnte Feriensiedlung in sogenannte „Sektoren" (A, B, C, usw.) aufgeteilt. Im Juli und vor allem im August ist die Urlaubshölle los in Matalascañas, während des restlichen Jahres ähnelt der Ort dagegen eher einer modernen Geisterstadt.

Der Strand hier ist allerdings wirklich vom Feinsten. Da er von allen Stränden der andalusischen Hauptstadt am nächsten liegt, gilt er auch als der inoffizielle „Strand Sevillas". Abwechslung vom Sonnenbad bieten ein 18-Loch-Golfplatz, diverse andere Sportmöglichkeiten und der schöne *Parque Dunar* im Westen der Siedlung, ein teilweise durch hölzerne Spazierwege erschlossener Park in der Dünenlandschaft; das dortige Museum der Meereswelt (*Museo Mundo Marino*) ist leider seit Jahren geschlossen, seine Zukunft unklar.

Verbindungen Busse der Gesellschaft DAMAS stoppen am Rand von Sektor A. Verbindungen via El Rocío nach Almonte bestehen etwa stündlich, nach Sevilla 8-mal, Huelva 2-mal täglich; zur Hochsaison teilweise häufigere Abfahrten. Dann existiert auch eine innerörtliche Buslinie, die angesichts der Ausdehnung der Siedlung auch nötig ist.

Matalascañas

Sport Club Hípico El Paso Doble, ein Reitstall, der Ausritte am Sandstrand und in den Parque Natural offeriert, Start 2-mal täglich, p. P. 28 €. Im Parque Dunar, ✆ 959 448241, www.donana-rutas-caballo.com.

Baden Die kilometerlangen, feinsandigen Strände bilden das große Plus von Matalascañas, sind im Ortsbereich sogar Jahr für Jahr mit der „Blauen Flagge" ausgewiesen. Als Erinnerung an vergangene, vortouristische Zeiten ragt das Wahrzeichen des Ortes aus den Wellen, die Reste des vom Meer arg ramponierten Wachtturms *Torre de la Higuera*. Er ist einer von einst sechs Türmen, die gegen Ende des 16. Jh. in diesem Küstenabschnitt zur Abwehr von Piraten errichtet wurden. Durch den Anstieg des Meeresspiegels in den letzten Jahrhunderten wurden drei dieser Türme vollständig von den Fluten verschluckt, die anderen drei stehen noch.

Playa de Matalascañas: Der eigentliche Ortsstrand von Matalascañas zieht sich kilometerweit in beide Richtungen und ist bis zu 80 m breit. Im Siedlungsbereich wird er von einer behindertengerecht angelegten Promenade begleitet, und auch sonst lässt das Serviceangebot keine Wünsche offen: Duschen, Umkleiden, Wassersportmöglichkeiten, Strandrettung: alles da, aber alles nur zur Sommersaison.

Playa Torre de la Higuera: Die nahtlose Fortsetzung der Playa de Matalascañas beginnt am Ortsrand etwa auf Höhe des Leuchtturms. Offiziell endet sie bereits nach 1,5 km, doch ist ein Übergang zur folgenden Playa de Castilla nicht auszumachen. Schön sind die bunt leuchtenden Sandsteinfelsen, ein Charakteristikum des Gebiets; das von Dünengürteln geprägte, unbebaute Hinterland ist Teil des Naturparks Doñana.

Übernachten Zur Wallfahrt an Pfingsten sowie im Hochsommer ist es fast unmöglich, ein Bett zu finden, ansonsten verläuft die Suche problemlos. Hohes Preisniveau für Individualreisende, da die meisten Hotels pauschal gebucht werden, was in der Regel deutlich günstiger kommt.

** **Hotel Doñana Blues**, in relativ „zentraler" Lage, ein kleineres Quartier mit persönlicher Atmosphäre und nur 14 hübsch dekorierten Zimmern, teilweise mit Terrasse. Schöner Garten, gepflegter Pool (nur zur Saison). DZ nach Saison und Ausstattung etwa 60–120 €; auch Familienzimmer. Sector El Inglesillo 129, ✆ 959 448132, www.donanablues.com.

Der Leuchtturm von Matalascañas

* **Hostal Victoria**, ganz im Südosten der Siedlung, nicht allzuweit vom Strand. Ordentliches und familiäres Hostal mit 17 Zimmern, ganzjährig geöffnet. Parkmöglichkeit. DZ etwa 55–70 €, es gibt auch Familienzimmer. Leider kein Frühstück. Sector O 18, ✆ 959 440957, www.hostalvictoria.es.

Camping El Rocío Playa, 2. Kat, etwa drei Kilometer vom Ort (zunächst Richtung Huelva), ist leider seit geraumer Zeit geschlossen, eine Wiedereröffnung wenig wahrscheinlich.

Essen & Trinken Deutliche Restaurantkonzentration um den Hauptplatz Plaza del Pueblo in Sektor A, am Strand öffnet im Sommer zudem ein rundes halbes Dutzend Chiringuitos (Strandkneipen). Außerhalb der Saison bleibt vieles geschlossen.

Freiduría El Rey de la Gamba, am Hauptplatz und für Matalascañas ausgesprochen traditionsreich: Bereits 1975 gegründet ... Frittierter Fisch und Meeresfrüchte (Viertelkilo etwa 8 €), verzehrt an einem der Tische am Platz. Zur spanischen Urlaubssaison brummt der Laden. Plaza del Pueblo 6.

Bar Taberna Tío Paco, ebenfalls zentral in Sektor A. Ein echter Klassiker hier, auch zur Nebensaison bestens besucht. Spanische Küche, schlichtes Ambiente, mittleres Preisniveau. Plaça de las Begoñas, in den Passagen parallel zur Hauptstraße und nördlich vom Hauptplatz.

Zwischen Matalascañas und Huelva

Bis zur Feriensiedlung *Mazagón* trennt auf gut 25 Kilometer Länge eine teilweise mit Pinien bewachsene Dünenkette die Straße vom schier unendlichen Sandstrand; parallel verläuft ein Radweg. Das Gebiet ist, mit Ausnahme des Paradors, völlig unbebaut – nur Bäume, Sand und dahinter das Meer. Mobile Reisende können hier noch völlig einsame Fleckchen finden. Höchstens an Sommerwochenenden, wenn die Einwohner Huelvas ausschwärmen, kommt so etwas wie Betrieb auf. Einige wenige Kilometer sind als Militärgebiet *Zona Militar* ausgewiesen; die Schilder *No Pasar* ("Betreten verboten") sollte man ernst nehmen.

Übernachten *** Parador de Mazagón, neuzeitliches Gebäude in Traumlage am Pinienwald und oberhalb des grandiosen Sandstrands; Schwimmbad, Tennis, Fahrradverleih. Weite Preisspanne, DZ nach Saison etwa 100–230 €. Etwa 22 km von Matalascañas und gut fünf Kilometer von Mazagón entfernt, ✆ 959 536300, www.parador.es.

Camping Doñana Playa, 1. Kat., einer von mehreren Plätzen östlich von Mazagón, Kapazität 6000 Personen! Ein Vorteil ist die überwiegend schattige Lage. Gute Ausstattung, mehrere Schwimmbäder, sehr viele Dauercamper, die aber meist nur im Juli, August und am Wochenende anwesend sind. Dann wird es eng, sonst ist Platz satt – auch am nahen Strand der Extraklasse. Geöffnet etwa Ende Januar bis Mitte Dezember; Leser monieren nachdrücklich den schlechten Pflegezustand zur Nebensaison. Zwei Personen, Auto, Zelt zur HS je nach Parzellentyp ab 30 aufwärts. Von Matalascañas ein Stück vor dem Parador, ✆ 959 536281, www.campingdonana.com.

Baden Playa de Castilla: Die Verlängerung der Playa Torre de la Higuera erstreckt sich über sage und schreibe 24 km bis nach Mazagón – ein Paradies für Strandläufer, und auch Plätzchen zum Nacktbaden lassen sich natürlich ohne weiteres finden.

Wie auch an der Playa Torre de la Higuera trennen imposante, vielfarbige Sandsteinfelsen den Strand vom Hinterland. Zugänge zum Strand sind allerdings selten, es gibt sie unter anderem beim Parador und an der Cuesta de Maneli.

> **Cuesta de Maneli (El Asperillo):** So heißt der Strandabschnitt bei einer besonders spektakulären, als Naturmonument geschützten versteinerten Dünenformation, die bis zu 15 Meter hoch ist. Nacktbaden ist üblich, im Sommer öffnet eine Strandbar. Leider hinterlassen manche Besucher ihren Müll, was man dem Strand zumindest zur Nebensaison auch ansieht. Zu erreichen ist die Cuesta de Maneli von einem Parkplatz (im Sommer bewacht und gebührenpflichtig) bei km 39 der Straße Matalascañas-Mazagón, etwa 13 km hinter Matalascañas. Von hier führt ein gut einen Kilometer langer Holzbohlenweg durch die schöne Dünenlandschaft zum Strand.

Mazagón

Wie Matalascañas ist auch Mazagón eine fast lupenreine Feriensiedlung, zwar nicht ganz so ausgedehnt und etwas weniger steril, außerhalb der Saison aber ebenfalls nahezu verwaist.

Der Ähnlichkeiten sind noch mehr: kilometerlange Straßen, Reihenhäuser und Villensiedlungen, vor der Tür wiederum ein toller Strand. Der allerdings verlockt wenig, wenn man weiß, dass direkt vor Mazagón der aus Huelva kommende *Río Odiel* mündet: Wer die dortigen Dreckschleudern von Raffinerien gesehen hat, wird hier kaum den Zeh ins Wasser halten wollen. Etwas außerhalb in Richtung Matalascañas ist die Wasserqualität jedoch in aller Regel in Ordnung. Ausländische Gäste sind zumindest bislang eine Rarität im Ort, der ganz überwiegend von Spaniern besucht wird.

Information Oficina Municipal de Turismo, Plaza Odón Betanzos s/n bzw. Calle Santa Clara 2, im Gebäude der Gemeindebibliothek im „Zentrum", ✆ 959 376044. Geöffnet Mo–Fr 10–14, 17–20 Uhr.

Verbindungen Busse der Gesellschaft DAMAS nach Palos de la Frontera und Huelva jeweils etwa stündlich, nach Matalascañas 4-mal täglich.

Feste Nuestra Señora del Carmen, am 16. Juli. Auch in Mazagón wird die Schutzheilige der Fischer und Seeleute mit einer Bootsprozession geehrt.

Übernachten Eine schöne Alternative ist der außerhalb in Richtung Matalascañas gelegene Parador, siehe oben.

**** Hotel Mazagonia, in einem Siedlungsgebiet östlich der Infostelle. Freistehendes, designorientiertes Gebäude mit einem Touch „Bauhaus", in sehr schöner Aussichtslage hoch über dem Meer auf einem großen und mit Pinienwald bewachsenen Grundstück errichtet. Pool; 18 komfortable Zimmer. Standard-DZ nach Saison etwa 90–180 €. Av. Santa Clara s/n, ✆ 959 377870, www.mazagonia.es.

Essen & Trinken Rest. Las Dunas, strandnah an der Hauptstraße auf Höhe des Sporthafens gelegenes Terrassenrestaurant. Gute Küche, Spezialität sind Grillgerichte, fein besonders der Fisch. Menü ab etwa 25–30 €. So-Abend und Mo geschlossen. Avenida de los Conquistadores 178, ✆ 959 377811.

Richtung Huelva kommen schon bald die ersten Großanlagen der Petrochemie in Sicht – es qualmt und stinkt zum Grausen. Doch bewegt man sich in diesem Gebiet auch auf historischem Boden: Hier startete Christoph Kolumbus zu seiner ersten großen Entdeckungsfahrt, rekrutierte in den umliegenden Dörfern einen guten Teil seiner Mannschaft.

La Ruta Colombina

Gleich mehrere Orte östlich der Provinzhauptstadt Huelva sind mit dem Gedenken an die Reisen von Christoph Kolumbus verbunden.

Kein Zufall, dass an der Ría, der weiten Mündung des Río Odiel bei Huelva, ein großes, wenn auch nicht besonders schönes Monument an Christoph Kolumbus erinnert. Kein Zufall auch, dass das wichtigste Fest der Provinzhauptstadt dem Entdecker gewidmet ist. Die „Ruta Colombina" folgt den hiesigen Spuren des Amerikafahrers.

Monasterio de la Rábida

In diesem kleinen Franziskanerkloster, damals gerade mal ein paar Jahre alt, aber bekannt für seine naturwissenschaftlich interessierten Geistlichen, hatte Kolumbus schon früh Gleichgesinnte gefunden.

Das Kloster steht auf einem Hügel östlich des Río Tinto, etwa acht Kilometer südöstlich von Huelva. Umgeben von Pinienhainen, bildet es mit seinen weißen Mauern einen deutlichen Kontrast zu den Raffinerien der Umgebung. In seinem Vorstand Fray Juan Pérez fand Kolumbus einen Fürsprecher, der die so dringend benötigte Unterstützung gewährte. Heute ist das im Mudéjar-Stil errichtete Kloster zu einer Art Gedenkstätte geworden. Auf einer Führung durch das Kloster und die beiden Kreuzgänge sieht man neben einer Reihe von Kunstschätzen auch einen Raum, der vom örtlichen Künstler Vázquez Díaz mit Szenen aus dem Leben des Entdeckers gestaltet wurde, außerdem die Zelle, in der Kolumbus mit dem Pater und Pinzón seine Pläne besprach, und den sogenannten „Flaggenraum", der neben Flaggen der lateinamerikanischen Nationen auch eine Sammlung mit Erde aus den jeweiligen Ländern präsentiert.

Di–Sa 10–13, 16–18.15 Uhr, So 10.45–13, 16–18.15 Uhr, im Sommer jeweils bis 19 Uhr; Eintrittsgebühr 3 €.

Im Umfeld des Klosters erinnern weitere Gebäude an die besondere Beziehung zwischen Spanien und Amerika, darunter die *Hispano-Amerikanische Universität* und das *Iberoamerikanische Forum*, in dem gelegentlich Konzerte und andere Veranstaltungen stattfinden. Das „Plus-Ultra"-Denkmal wurde in Erinnerung an einen Meilenstein der Luftfahrt errichtet, nämlich an jenes Wasserflugzeug, das in den

Gib niemals auf: Die Fahrten des Christoph Kolumbus

Die Herkunft von Christoph Kolumbus ist immer noch nicht genau geklärt. Man nimmt heute jedoch an, dass Kolumbus 1451 in der italienischen Hafenstadt Genua das Licht der Welt erblickte. Sicher ist, dass er, wie er selbst sagte, „schon in sehr jungen Jahren zur See fuhr". Nachdem Kolumbus in eine wohlhabende portugiesische Familie eingeheiratet, einige Jahre auf Handelsfahrten verbracht und sich in seinem Hobby, der Geographie, weitergebildet hatte, machte er sich an die Verwirklichung seiner Lieblingsidee: Westwärts segelnd wollte er Indien und den Fernen Osten ansteuern und so den langen Umweg um Afrika und das Kap der guten Hoffnung vermeiden.

Beim portugiesischen König fand er jedoch keine Unterstützung für seine Pläne. 1485 wandte Cristóbal Colón, wie er in Spanien genannt wird, sich an das Königspaar Isabel und Ferdinand. Der königliche Schatzmeister hörte die Kunde von einer möglichen Expedition nach Westen gern, erhoffte er sich doch eine goldglänzende Aufstockung der vom Krieg um Granada weitgehend geleerten Staatskasse. Es folgten jahrelange Beratungen verschiedener Expertenkommissionen, der so genannten „Juntas".

1490 jedoch wiesen die „Katholischen Könige" den Plan des Seefahrers, der ihnen über sechs lange Jahre hinweg nachgereist war und immer wieder für sein Vorhaben geworben hatte, zurück – vorläufig, wie sie betonten. Deprimiert fuhr Kolumbus ins Kloster La Rábida, in dem er schon einmal freundliche Aufnahme gefunden hatte. Und dort traf er auf die richtigen Männer: den wagemutigen Reeder und Kapitän Martín Alonso Pinzón aus Palos und den Franziskanerpater Fray Juan Pérez. Der Pater war es schließlich auch, der die Königin 1491 bat, das Projekt noch einmal zu überdenken. Isabella willigte ein und lud Kolumbus in ihr vor Granada errichtetes Kriegsquartier Santa Fé, heute eine eigenständige Stadt. Fast wären die Verhandlungen doch noch gescheitert, denn Kolumbus stellte hohe Forderungen: Er wollte den zehnten Teil aller entdeckten Reichtümer, den Titel eines Admirals und den eines Vizekönigs der neuen Länder, die Anrede mit Don, die Adelswürde und das Recht, alle diese Annehmlichkeiten zu vererben. Unbeugsam beharrte er auf seinen Wünschen und hatte, als sie ihm verweigert wurden, Santa Fé schon im Zorn verlassen, als ein Bote ihn noch einholte und ihn bat, zurückzukehren. Am 17. April 1492 wurde der Vertrag unterzeichnet.

Monasterio de la Rábida 251

20er-Jahren des letzten Jahrhunderts von hier aus den Atlantik überquerte; der Kai, von dem aus es startete, wurde rekonstruiert. Auch der Botanische Garten *José Celestino Mutis* (geöffnet wie die Muelle de las Carabelas, s.u.; gratis) knüpft auf seine Weise Verbindungen zwischen den Ländern, denn er vereint spanische und amerikanische Flora.

Muelle de las Carabellas: Das moderne Dokumentationszentrum „Mole der Karavellen" liegt ebenfalls nicht weit vom Kloster entfernt. Es zeigt neben einer audiovisuellen Show auch ein Museum der Seefahrt des 15. Jahrhunderts, in dem Dokumente, Seekarten und nautische Geräte ausgestellt sind. Hauptattraktion der Ausstellung sind jedoch die Nachbauten der „Pinta", „Niña" und „Santa María", die in Originalgröße vor dem Museumsbau schwimmen; erbaut wurden sie von einer Werft in Isla Cristina. Die Umgebung ist ein wahres Vogelparadies.

Mitte Juni bis Mitte Sept. Di–So 10–21.30 Uhr, sonst 9.30–19.30 Uhr; Eintritt etwa 4 €.

Mit Hilfe des Reeders Pinzón rüstete Kolumbus eine Flotte von drei Schiffen aus. Am 3. August 1492 stachen die „Pinta", die „Niña" und die „Santa María" mit insgesamt 120 Mann Besatzung von Palos aus in See. Am 12. Oktober, die Expedition war durch drohende Meuterei der verschreckten Mannschaft bereits in Gefahr geraten, signalisierte ein Kanonenschuss der „Pinta", dass Land in Sicht war: die Insel Guanahani, von Kolumbus San Salvador genannt. Am 27. Oktober erreichten die Schiffe Kuba, am 6. Dezember Haiti. In den Mittagsstunden des 15. März 1493 kehrte Kolumbus an Bord der mit Schätzen voll beladenen „Niña" in den Hafen von Palos zurück.

Es folgten weitere Expeditionen nach Westen. Als Vizekönig zeigte sich Kolumbus jedoch weit weniger erfolgreich denn als Entdecker. Nachdem ihn ein Untersuchungsrichter für unfähig erklärt hatte, wurde er im Jahre 1500 von seinem Posten abgesetzt, musste die Heimreise nach Cádiz gar in Ketten antreten. Wieder rehabilitiert, startete Kolumbus 1502 zu seiner letzten großen Fahrt. Wenige Tage nach seiner Rückkehr starb im November 1505 seine Gönnerin Königin Isabella. Kolumbus, gichtkrank und verbittert, überlebte sie nur um wenige Monate. Am 21. Mai 1506 starb der große Seefahrer in Valladolid – ohne zu wissen, dass er zwar nicht Ostindien erreicht, aber für Europa einen neuen Kontinent entdeckt hatte.

Palos de la Frontera

Auch dieses Städtchen am dunkelrot gefärbten Río Tinto, nur wenige Kilometer nördlich des Klosters, verweist auf Kolumbus.

In Palos startete der Entdecker zu seiner ersten großen Fahrt, von der er nach über sieben Monaten triumphal hierher zurückkehrte. Aus dem Ort stammte zudem der Reeder Martín Alonso Pinzón, der zusammen mit seinem jüngeren Bruder dafür sorgte, dass der Seefahrer die nötige Mannschaft erhielt, wohl keine ganz leichte Aufgabe. Martín Alonso Pinzón war es auch, der als Kapitän der „Pinta" Kolumbus auf seiner weiten Reise begleitete. Nicht unverständlich deshalb, dass sich Palos gern als „Cuna del Descubrimiento de América" bezeichnet, als Wiege der Entdeckung Amerikas.

In der Nähe des Rathauses ist dem großen Sohn des Städtchens ein Denkmal gewidmet, und das Geburtshaus der Gebrüder in der Calle Colón kann als *Casa Museo de Martín Alonso Pinzón* (Mo–Fr 10–14 Uhr; 1 €) besucht werden. Weiter nördlich präsentiert sich die am Ortsrand gelegene Kirche *San Jorge*, in der Kolumbus vor der Abfahrt eine Messe hörte, als Bau im Mudéjar-Stil des 15. Jh. Durch das fein gearbeitete Portal „Puerta de los Novios" sollen der Seefahrer und seine Männer dann das Gotteshaus verlassen haben. Ganz in der Nähe ist der Brunnen *La Fontanilla* zu sehen, aus dem die Wasservorräte für die Reise zu der Zwischenstation Kanarische Inseln geschöpft wurden. Wie sich die Zeiten ändern: Der Brunnen gibt heute kein Wasser mehr, und auch der Hafen ist versandet. Palos hat sich von der Seefahrt ab- und der Landwirtschaft zugewandt, ist heute ein bedeutendes Zentrum der Erdbeerproduktion.

Verbindungen Busse der Gesellschaft DAMAS nach Huelva, Moguer und Mazagón etwa stündlich.

Feste Gleich mehrere Feste erinnern an die Fahrten von Kolumbus.

Día de Martín Alonso Pinzón, am 15. März, dem Tag, an dem die Pinta und die Niña von der Entdeckungsfahrt nach Palos zurückkehrten.

Festividad de San Jorge Mártir, am 23. April, Fest des örtlichen Schutzpatrons.

Conmemoración de la partida, am 3. August, dem Tag der Abfahrt der Schiffe.

Fiesta de la Nuestra Señora de los Milagros, am 15. August. Ende des Monats Wallfahrt zu Ehren der Madonna.

Día de la Hispanidad, am 12. Oktober, Tag der Entdeckung Amerikas, gleichzeitig spanischer Nationalfeiertag.

Übernachten ** Hotel La Pinta, eine der ersten Adressen vor Ort. Freundlich eingerichtete, geräumige Zimmer, gepflegtes Restaurant, Garage. DZ in der Regel um die 55 €. An der Hauptstraße Calle Rábida 75, ℰ 959 350511, www.hotellapinta.com.

Essen & Trinken Gut und beliebt ist auch das Restaurant im Hotel La Pinta.

El Bodegón, nicht weit vom Hotel La Pinta, eine große, gemütliche Kneipe im Bodega-Stil. Prima Küche, Spezialität ist Fleisch vom Grill, serviert in üppigen Portionen; es gibt auch Käse, Schinken etc. Vieles hier stammt aus Ökoproduktion (in der Karte ausgewiesen), selbst der Wein. Di Ruhetag. Calle Rábida 46. ℰ 959 531105. ∎

Moguer

Etwa acht Kilometer nördlich von Palos gelegen, präsentiert sich Moguer als durchaus reizvolles Landstädtchen, das auch einige bedeutende Baudenkmäler aufweist.

Wichtigste Sehenswürdigkeit des gut 20.000 Einwohner zählenden Ortes ist das renovierte Kloster *Monasterio Santa Clara* (Führungen Di-Sa 10.30–12.30, So 10.30–11.30/12.30 Uhr; am Nachmittag häufig wechselnde Zeiten; 3,50 €) aus dem

14. Jahrhundert. Beachtenswert an dem gotisch-mudéjaren Bau sind insbesondere der Kreuzgang, das schöne Chorgestühl und das Alabastergrabmal der Familie Portocarrero in der Capilla Mayor; angeschlossen ist ein kleines Museum sakraler Kunst. Natürlich fehlt auch hier der Bezug zu Kolumbus nicht: In diesem Kloster ließ der Seefahrer nach seiner Rückkehr aus Amerika eine Dankmesse lesen.

Besonders stolz ist man in Moguer jedoch auf einen Schriftsteller: Hier wurde 1881 Juan Ramón Jiménez geboren, der Literaturnobelpreisträger von 1956. „Geschichte und Poesie" schreibt sich der Ort deshalb auf seine Fahnen. Im Wohnhaus von Jiménez wurde sogar ein Museum eingerichtet: Die *Casa Museo Zenobia y Juan Ramón Jiménez* (C. Juan Ramón Jiménez 10, Führungen Di–So 10.15–13, Di–Sa auch 17.15–19 Uhr; 3,50 €) zeigt Gegenstände aus dem Besitz des Dichters sowie eine komplette Sammlung der Erstausgabe seines Buchs „Platero und ich".

Information Oficina Municipal de Turismo, Teatro Felipe Godínez, Calle Andalucía 17, in einer Fußgängerzone im Zentrum; ℡ 959 371898. Geöffnet Di–Sa 10–14, 17–19 Uhr, So 10–15 Uhr.

Verbindungen Busse der Gesellschaft DAMAS halten an der zentralen Plaza Coronación; Verbindungen von/nach Palos de la Frontera und Huelva etwa stündlich.

Feste Romería de la Nuestra Señora de Montemayor, am zweiten Sonntag im Mai, Wallfahrt zum gleichnamigen, zwei Kilometer entfernten Heiligtum.

Übernachten »» Mein Tipp: ** **Hotel Plaza Escribano**, familiäres und relativ zentral gelegenes, 2007 eröffnetes Quartier, untergebracht in einem hübschen Neubau in traditionellem Stil. 20 ordentlich ausgestattete Zimmer, fast alle Innenzimmer auf den Patio. Vertragsgarage. DZ etwa 60 €. Plaza Escribano bzw. Calle Lora Tamayo 5, von der Ortsumgehung am besten über die südliche der drei Zufahrten (gegenüber dem Gewerbegebiet) anzusteuern, ℡ 959 373063, www.hotelplazaescribano.com. «

Essen & Trinken Rest. La Parrala, in der Nähe des Klosters Santa Clara. Gepflegtes Restaurant, benannt nach einer hiesigen Flamencosängerin. Nettes Ambiente, gute und nicht übertreuerte Küche; für ein Menü à la carte sind etwa 25 € aufwärts zu rechnen. Mo Ruhetag. Plaza de las Monjas 22, ℡ 959 370452.

Kloster aus dem 14. Jh.: Monasterio Santa Clara

Huelva

(150.000 Einwohner)

Huelva, am Ufer des hier sehr breiten Río Odiel gelegen, ist nicht gerade die reizvollste Provinzhauptstadt Andalusiens. Der Ort musste nach einem verheerenden Erdbeben des 18. Jh. komplett neu aufgebaut werden, Baudenkmäler fehlen fast völlig.

Noch von seiner besten Seite präsentiert sich Huelva in den mitteleuropäisch anmutenden Fußgängerzonen der schachbrettartig aufgebauten Innenstadt. Der Rest der Stadt bildet eine Mischung aus modern und leicht verwahrlost, wobei die Moderne allmählich die Oberhand gewinnt – immer mehr Gebiete werden restauriert. Unbedingt gesehen haben muss man Huelva also nicht. Doch besitzt die Stadt immerhin ein recht interessantes Museum, und da es kaum Tourismus gibt, bietet sich natürlich auch die Möglichkeit, andalusisches Straßenleben „pur" zu beobachten. Ansonsten hat Huelva für den Reisenden jedoch höchstens als Verkehrsknotenpunkt Bedeutung.

Information Oficina de Turismo de la Junta de Andalucía, Calle Jesús Nazareno 21, im westlichen Zentrumsbereich. Öffnungszeiten: Mo–Fr 9–19.30 Uhr, Sa/So 9.30–15 Uhr. ℡ 959 650200, othuelva@andalucia.org.

Información turística, Info-Kiosk der Stadt an der Plaza de las Monjas s/n, geöffnet Mo-Fr 10-14, 17–20.30 Uhr, Sa 10–13.30 Uhr.

Verbindungen Zug: Bahnhof an der Av. Italia (Renfe-Info: ℡ 902 240202), am südöstlichen Rand des Zentrums; ein neuer, auch für AVE-Züge geeigneter Bahnhof ist etwa einen Kilometer östlich (nahe Pl. del Punto) in Bau, das Datum der Fertigstellung jedoch unsicher. Bislang fahren Züge nach Sevilla 3-mal täglich, 2-mal täglich auch Direktzüge nach Córdoba und Madrid.

Bus: DAMAS-Busstation an der Calle Dr. Rubio (Info: ℡ 959 256900) im südwestlichen Zentrumsbereich. Häufige Busse in die nähere Umgebung der Stadt, im Sommer stündlich nach Punta Umbría, nach Matalascañas 3-mal, Almonte 4-mal täglich; nach Palos und Moguer mindestens stündlich, El Rompido 6-mal, Isla Cristina 11-mal, Ayamonte 8-mal, Aracena 2-mal, Riotinto 4-mal täglich. Nach Sevilla (Umsteigestation für den Rest Andalusiens) etwa stündlich.

Auto: Eine Tiefgarage (Aparcamiento Casa Colón) liegt an der Calle Arquitecto Monis s/n, im nordwestlichen Zentrumsbereich nahe dem Hotel Eurostar Tartessos.

Einkaufen Haupteinkaufsgebiet sind die Fußgängerzonen südlich der Plaza de las Monjas. Ein Kaufhaus „Corte Inglés" steht östlich des Zentrums, in der Nähe des Museo Provincial und Richtung Sevilla.

Feste Fiestas Colombinas, mehrtägiges Fest etwa Ende Juli/Anfang August, eine Erinnerung an den Tag, an dem Kolumbus 1492

Essen & Trinken
4 Rest. Acánthum
5 Bar Cafetería Agmanir
7 Rest. Portichuelo
8 Rest. La Mirta
9 Rest. Azabache

Übernachten
1 Hotel AC Huelva
2 Hotel Senator Huelva
3 Jugendherberge Albergue Juvenil
6 Hotel Eurostar Tartessos
10 Hotel Sercotel Familia Conde

von Palos in See stach. Mit Musik, Tanz, Sport- und Kulturereignissen, Stierkampf und einigem mehr.

Post Avenida Italia, zwischen Bahnhof und Infostelle. Öffnungszeiten: Mo–Fr 8.30–20.30 Uhr, Sa 9.30–14.30 Uhr.

Übernachten **** **Hotel AC Huelva** ❶, komfortables Kettenhotel im Gebiet weit nordöstlich des Zentrums, unweit der Umgehungsstraße und damit günstig für eine Zwischenübernachtung gelegen. DZ meist um die 60–100 €. Avenida de Andalucía s/n, ✆ 959 545200; www.marriott.es.

**** **Hotel Eurostar Tartessos** ❻, großer Bau direkt an der verkehrsberuhigten Hauptstraße der Innenstadt (Anfahrt via C. San Salvador), eine öffentliche Parkgarage liegt fast um die Ecke. DZ etwa im Bereich 55–90 €, zu Spitzenzeiten (selten) bis 220 €. Av. Martín Alonso Pinzón 13, ✆ 959 282711, www.eurostartartessos.com.

*** **Hotel Senator Huelva** ❷, das ehemalige Hotel Monte Conquero, seit 2016 im Besitz der Kette Playa Senator. In ebenfalls recht zentraler Lage, ein mit über 160 Zimmern sehr großes Hotel mit geräumigen und komfortablen Zimmern. Garage (sehr eng), öffentliche Parkgarage nicht weit entfernt. DZ in der Regel etwa 60–90 €. Av. Pablo Rada 10, Buchungszentrale ✆ 950 627160, www.senatorhuelvahotel.com.

** **Hotel Sercotel Familia Conde** ❿, im Gebiet östlich der Innenstadt. Ordentliche Zimmer mit Klimaanlage, TV etc., hauseigene Parkmöglichkeit. Ein Cafeteria-Restaurant ist angeschlossen. DZ etwa 50–75 €. Alameda Sundheim 14, ✆ 959 282400, www.hotelfamiliaconde.com.

Jugendherberge Albergue Juvenil ❸, in gestreckter Fußentfernung nördlich des Zentrums gelegen. Im Sommer ist wohl die JH in Punta Umbría die bessere und lebendigere Alternative. Avenida Marchena Colombo 14, Buchung über die Zentrale von Inturjoven: ✆ 902 510000.

Essen & Trinken Rest. Acánthum ❹, der erste Michelinstern für Huelva, von der Presse gebührend gefeiert. Der noch junge Chef Xanty Elías setzt auf Kreativität, aber

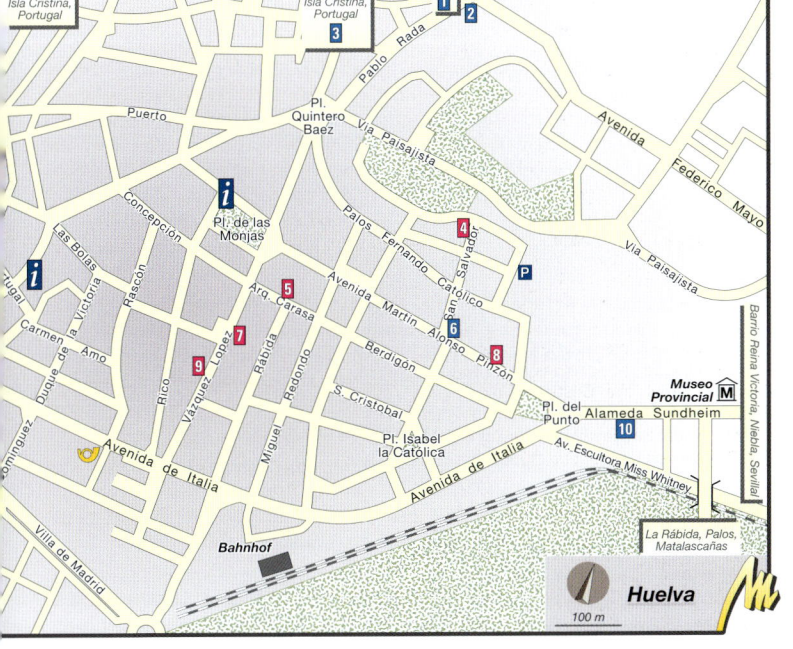

ebenso auf erstklassige, saisonal variierende Grundprodukte der Provinz. Menü à la carte ab etwa 40–50 €, daneben auch Degustationsmenüs und Tapas. Mo Ruhetag, Di/Mi/So nur mittags geöffnet. Calle San Salvador 17, ✆ 959 245135.

Rest. Portichuelo 7, mitten im Zentrum. Eine gepflegte Adresse, sowohl für Tapas wie auch als Restaurant. Menü à la carte ab etwa 30–35 €, So-Abend geschlossen. Calle Vázquez López 15, ✆ 959 245768.

Rest. Azabache 9, ganz in der Nähe und ebenfalls ein Tipp für gehobene Regionalküche in angenehmem Ambiente, preislich in derselben Liga wie Portichuelo. Calle Vázquez López 22, Sa-Abend, und in der zweiten Augusthälfte geschlossen. ✆ 959 257528.

»› Mein Tipp: Rest. La Mirta 8, beim Hotel Tartessos. Modernes Lokal mit sehr feiner, innovativer Küche, in breiter Auswahl angeboten als Tapa oder als halbe und ganze Ración; umfangreiches Weinangebot. Auch Tische im Freien. Mittleres Preisniveau. Av. Martín Alonso Pinzón 13. ‹‹

Bar Cafetería Agmanir 5, mit Tischen in der Hauptfußgängerzone. Kein besonderes Ambiente, jedoch ein Klassiker der Stadt, beliebter Treffpunkt am Mittag für Tapas, Montaditos, Fritos und Mariscos. C. Arquitecto Pérez Carasa 9.

Nachtleben Im Sommer verlagert sich das Nachtleben hinaus nach Punta Umbría.

Plaza Quintero Baez und **Calle Pablo Rada**, beide knapp nördlich des engeren Zentrums gelegen, bilden eine relativ lebendige Kneipenzone innerhalb der Stadt. Weitere Bars, noch etwas weiter nördlich des Zentrums, an der **Plaza Merced**. Südlich der Innenstadt liegt schon jenseits der Avenida Sur die Nachtzone **Puerto Sur**.

Sehenswertes

Wie erwähnt, ist Huelva mit baulichen Sehenswürdigkeiten nicht gerade gespickt. Das Zentrum der etwas gesichtslosen Innenstadt bildet die rechteckige, hübsch begrünte *Plaza de las Monjas*. Von hier verläuft in etwa östlicher Richtung die Hauptstraße *Avenida Martín Alonso Pinzón*.

Museo Provincial: Das Provinzmuseum liegt an der Alameda Sundheim 17, der Verlängerung der Hauptstraße nach Nordosten, und gliedert sich in zwei Abteilungen. Die *Archäologische Abteilung* ist sicher die interessantere. Sie besitzt nicht nur zahlreiche prähistorische Funde aus der Provinz, sondern geht insbesondere auch auf die vieltausendjährige Geschichte der Minengebiete im Norden ein. Zu sehen sind hier unter anderem ein römisches Wasserrad, das zur Trockenlegung der Gänge diente, tönerne Grubenlampen aus ebenfalls römischer Zeit und vieles mehr. Die *Abteilung der Schönen Künste* fällt dagegen etwas ab. Besonders stolz ist man hier auf eine Reihe von Arbeiten des örtlichen Künstlers Vázquez Díaz, eines späten Impressionisten. Di–Sa 9–20.30 Uhr (Mitte Juni bis Mitte Sept. nur bis 15 Uhr), So 9–15.30 Uhr. Eintritt frei.

Barrio Obrero Reina Victoria: Ein Stück stadtauswärts des Museums liegt linker Hand der Avenida de Guatemala ein Wohnviertel besonderer Art. 1917 wurde hier von der britisch geführten Minengesellschaft von Riotinto für ihre Angestellten die „Arbeitersiedlung Queen Victoria" angelegt, ein streng rechteckig aufgebauter Komplex kleiner Häuser in typisch englischem Stil. Das kuriose Gebilde, heute von Spaniern bewohnt, wurde sogar unter Denkmalschutz gestellt.

Paraje Natural Marismas del Odiel: Noch im Stadtgebiet von Huelva erstreckt sich dieses Naturschutzgebiet auf der anderen Seite des Río Odiel. Kennzeichnendes Merkmal der Marismas von Odiel sind ihre Lagunen und Salzseen (*salinas*), in denen Flamingos, Reiher und Löffler leben und teilweise sogar brüten.

Information Centro de Recepción La Calatilla, Carretera Dique San Carlos I, km 3. An der Straße zur „Dique" genannten Landzunge südlich von Huelva, die Anfahrt (zunächst Richtung Punta Umbría), ist allerdings etwas kompliziert. Geöffnet Di–So 9–15 Uhr, ✆ 959 524334.

Punta Umbría

Eine Art Strandvorstadt von Huelva, gleichzeitig ein großer Fischerhafen, nur etwa zehn Kilometer südlich der Provinzhauptstadt, auf dem Landweg jedoch über zwanzig Straßenkilometer entfernt.

Im Sommer, etwa von Mitte Juni bis Mitte September, verkehren häufige, „Canoas" genannte Ausflugsboote ab dem Hafen von Huelva, die aber nur Fußgänger transportieren. In Mode gebracht wurde die Sommerfrische in Punta Umbría von den Angestellten der englischen Minengesellschaft. Heute lassen es sich hier fast nur Spanier wohl sein. Der modern wirkende Ort ist erstaunlich ausgedehnt. In der Strandsiedlung im Süden überblicken große Apartmentblocks die langgezogene und breite Playa de Punta Umbría.

Dort tobt im Sommer das Leben, öffnen die Tapas-Bars, Discos und die Strandkneipen „Chiringuitos". Außerhalb dieser Monate ist in der Strandsiedlung jedoch kaum etwas los. Etwas mehr Betrieb herrscht dann noch an der Hafenseite des Ortes, die an der „Ría" genannten Mündung des Doppelflusses Río Tinto und Río Odiel liegt. Hier erstreckt sich das eigentliche Zentrum von Punta Umbría. Angesichts der vielen Fischerboote und der großen Fischauktionshalle Lonja spürt man deutlich, dass der Tourismus nicht die einzige Erwerbsquelle der immerhin rund 15.000 Einwohner zählenden Siedlung ist.

Information Oficina Municipal de Turismo, Av. Ciudad de Huelva 1, ℡ 959 495160. Im Zentrum am Ende der Straße von Huelva, geöffnet Mo–Fr 9–14 Uhr sowie im Sommer 18–20 Uhr bzw. im Winter Do/Fr 16–18 Uhr; Sa 10–13 Uhr.

Verbindungen Busse der Gesellschaft DAMAS starten am Busbahnhof unweit der Infostelle. Verbindungen nach Huelva etwa stündlich, im Sommer noch häufiger.

Schiff: „Canoas" nach Huelva nur zur HS, dann häufige Abfahrten ab der Muelle de las Canoas, an der Hafenseite, Plaza Pérez Pastor. Preis p.P. hin und zurück ca. 6 €.

Baden Die Strände von Punta Umbría erstrecken sich von der Flussmündung über rund 12 km nach Nordwesten.

Playa de Punta Umbría: Der eigentliche Stadtstrand, von Apartmentblocks und Ferienhäusern begleitet, ist bereits mehr als 3 km lang und im Schnitt 50 m breit. Ausstattung und gastronomisches Angebot sind gut.

Playa del Calé, Playa de los Enebrales: Weniger Service, aber eine attraktivere Landschaft bieten diese beiden Strände, die sich im Nordwesten anschließen. Das unbebaute, durch Fuß- und Fahrradwege erschlossene Hinterland wird von Dünen, Pinienbäumen und Phönizischem Wacholder geprägt und ist unter Naturschutz gestellt. Sogar Chamäleons leben hier.

Playa de la Mata Negra, Playa de la Bota: Die nahtlose Fortsetzung der Playa de los Enebrales, etwa auf Höhe der Abzweigung Richtung Huelva gelegen. Zwei weitere kilometerlange, breite und sehr weitläufige Strände; Parkplätze sind an der Straße reichlich vorhanden. In einigen Bereichen ist Nacktbaden üblich.

Feste Feria de la Gamba, la Chirla y el Boquerón, ein gastronomisches Fest zu Ehren der Garnelen, Chirla-Muscheln und Boquerones-Fischlein. Wechselnde Daten, zuletzt an einem langen Wochenende (Fr–So) Ende April.

Virgen del Carmen, am 16. Juli, mit einer Meeresprozession geschmückter Boote.

Fiestas del Verano, großes Sommerfest in den Tagen um den 15. August.

Übernachten Eine ganze Reihe Hotels und Pensionen, z. T. nur im Sommerhalbjahr geöffnet. Hohes Preisniveau.

**** Hotel Barceló Punta Umbría Mar 9, am Ortsrand Richtung Huelva und direkt am hier besonders schönen Strand, vom Zentrum aber eine ganze Ecke entfernt. Großes Hotel mit rund 300 Zimmern (jedoch kein Vergleich mit dem landeinwärts gelegenen und rund doppelt so großen „Barce-

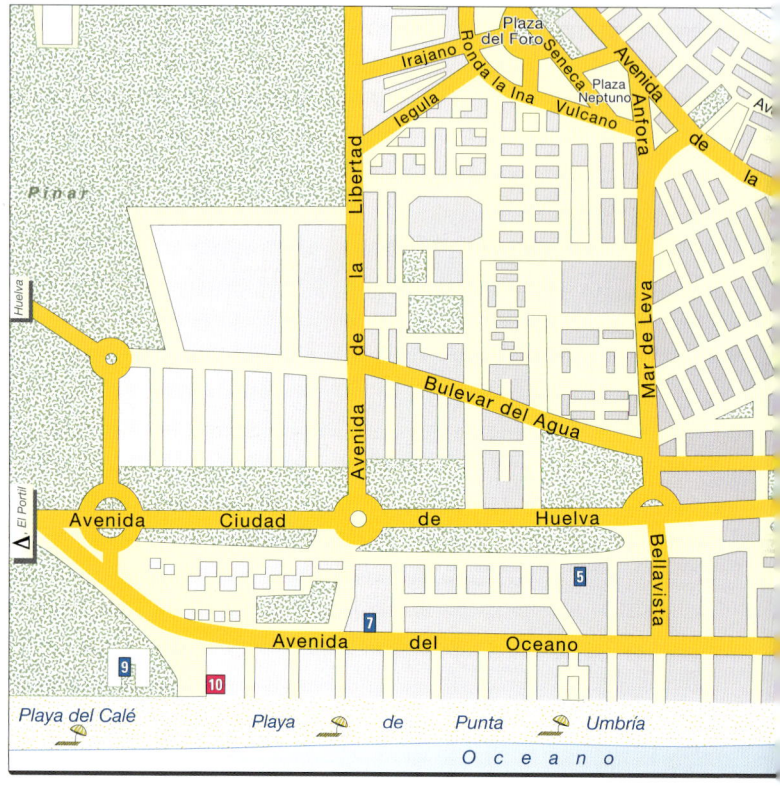

ló Punta Umbría Beach"), komfortable Ausstattung, Pool und Hallenbad. Sehr weite Preisspanne nach Saison und Lage, DZ etwa 60–230 €. Av. del Océano s/n, ✆ 959 495 400, www.barcelo.com.

**** **Hotel Pato Amarillo** 5, 2011 komplett renovierter und um eine Kategorie aufgerückter Ziegelbau in der Strandsiedlung, zwei Blocks hinter dem Strand, viele Zimmer mit Meerblick. Ebenfalls komfortabel ausgestattet, hübscher Garten mit Pool, der auch von der nahen, etwas preisgünstigeren Dependance *** **Pato Rojo** 7, mitbenutzt werden darf. Geöffnet April bis Mitte Oktober. DZ etwa 60–200 €. Urb. Everluz s/n, ✆ 959 311 250, www.hotelespato.com.

** **Hotel El Ayamontino** 4, solide untere Mittelklasse in recht zentraler, aber durch die Straße nicht immer ruhiger Lage unweit der Infostelle und der Post, mit eigener Parkmöglichkeit; ein bekanntes Restaurant ist angeschlossen. DZ etwa 60–140 €. Av. Andalucía 35, ✆ 959 311450, www.hotelayamontino.com.

* **Hotel Emilio** 3, in der „Fressgasse" auf der Hafenseite. Auf der Straße geht es im Sommer oft rund, die Zimmer nach hinten sind deshalb empfehlenswerter. Passable Ausstattung, Parkmöglichkeit. DZ etwa 40–90 €. C. Ancha 21, ✆ 959 311800, www.hotelemilio.com.

Jugendherberge Albergue Juvenil 6, sehr strandnah und dennoch halbwegs zentral gelegen. Nur von etwa Mitte Juni bis Mitte September geöffnet, Reservierung empfiehlt sich sehr. Av. Océano 13, Buchung über die Zentrale von Inturjoven: ✆ 902 510000.

Camping Playa La Bota, 2. Kat., großer, ganzjährig geöffneter und gut ausgestatteter Platz; nette Cafeteria. Viele Dauercamper. Zwei Personen, Auto, Zelt etwa 30 €.

Punta Umbría

Essen & Trinken
1 Restaurante El Velero
2 Bar-Rest. El Marinero
8 Rest. Miramar
10 Chiringuito Camarón

Übernachten
3 Hotel Emilio
4 Hotel El Ayamontino
5 Hotel Pato Amarillo
6 Albergue Juvenil (Jugendherberge)
7 Hotel Pato Rojo
9 Hotel Barceló Punta Umbría Mar

Carretera Huelva, Paraje La Bota, in strandnaher Lage etwa 7 km außerhalb von Punta Umbría, auf Höhe der Playa de la Bota, ✆ 959 314537, www.campingplayalabota.es.

Essen & Trinken Die Restaurantzone liegt im Gebiet hinter dem Hafen um die Calle Ancha und die Markthalle.

Restaurante Miramar 8, direkt am Strand – der Name ist Programm, der Blick aufs Meer in der Tat bestechend. Spezialität sind neben Fisch und Meeresfrüchten auch Reisgerichte; Menü ab etwa 30 €. Im Umfeld noch weitere Lokale. Ganzjährig. C. Miramar 1, ✆ 959 311243.

Restaurante El Velero 1, an der Hafenstraße. Prima Fischgerichte, viel gerühmt wird besonders der „Rape a la Marinera", Seeteufel nach Seemannsart. Mittleres bis leicht gehobenes Preisniveau. Paseo de la Ría 13; ✆ 959 313054.

Bar-Rest. El Marinero 2, direkt an der Calle Ancha, nicht weit von der Markthalle. Bereits 1975 gegründete, innen mit Kacheln geschmückte Kneipe. Raciones frittierter Fisch und Mariscos um die 10 € bzw. nach Gewicht. C. Ancha 61.

Chiringuito Camarón 10, strandnah mit schöner Aussicht aufs Meer in der Nähe des Ortseingangs gelegen. Eher Restaurant als Chiringuito (Strandkneipe), bekannt für gute Fischküche. Nicht billig. Avenida del Océano s/n.

El Portil: Die Urbanisation El Portil, etwa auf halbem Weg zwischen Punta Umbría und El Rompido gelegen, ist ganz vorwiegend auf innerspanischen Tourismus eingestellt. Dies gilt trotz der hiesigen Großhotels ebenso für den westlichen Ableger

Nuevo Portil. Eine Besonderheit ist die *Laguna del Portil*, ein unter Naturschutz gestellter Süßwassersee, der in einer knappen Stunde auf einem Spazierweg umrundet werden kann.

Essen & Trinken Rest. Aguas del Pino, einige Kilometer außerhalb in Richtung El Rompido. Schöne Aussichtslage über dem Meer, umfangreiche Speisekarte, gute Weinauswahl. Mittlere Preise. Nur mittags geöffnet, Mo Ruhetag. Mobil-✆ 650 392930.

》》 Lesertipp: Rest. Las Dunas, „sehr gepflegtes Restaurant direkt hinter den Dünen. Gute spanische und internationale Küche. Sehr gutes Preis-Leistungs-Verhältnis" (G. Dittmar). 《《

El Rompido

Ein eher kleiner Ort an großer Bucht, die durch eine vorgelagerte Halbinsel vom offenen Meer getrennt wird. Effekt: kaum Seegang, günstig für Schlauchbootkapitäne, Surfanfänger und Segler.

Die „Flecha del Rompido" ist eine rund zwölf Kilometer lange Sandbank, die sich durch Sedimentablagerungen aus Meeres- und Flussströmungen zwischen dem Río Piedras und dem offenen Ozean gebildet hat und mit einer Geschwindigkeit von etwa 30–45 Metern pro Jahr weiter wächst. Kein Wunder, dass sich auf der Landseite des Flusses, gut geschützt durch eben diese langgezogene und dabei sehr schmale „Barra", wie sie auch genannt wird, ein kleiner Fischerhafen angesiedelt hat. Die niedrigen Häuser des winzigen Weilers besitzen bei weitem mehr Charme als die umliegenden und weiter wachsenden Urbanisationen: Der Bauboom hat El Rompido voll erfasst.

Verbindungen Bus: DAMAS-Busse fahren 6-mal täglich (im Sommer häufiger) von und nach Huelva.

Baden Der Strand selbst verlockt eher wenig, die zahlreichen Sportboote sorgen zudem für regen Verkehr. Ganz anders sieht es auf der „Flecha" aus.

Playa de Nueva Umbría: Der kilometerlange, dem Meer zugewandte Naturstrand auf der „Flecha del Rompido" selbst ist natürlich ein Traum. Zur Saison sind mehrere Fußgängerfähren („Transbordador" oder „Ferry") zur Flecha in Betrieb, eine startet gleich östlich vom Hafen.

Unterhaltung Aquopolis, ein kleiner Wasserpark einige Kilometer außerhalb in Richtung Cartaya, der aber nur zur Saison in Betrieb ist. Direkt nebenan liegt eine **Kartbahn**.

Übernachten **** Hotel Fuerte el Rompido, mit 300 Zimmern eins der größten Hotels vor Ort, Golfplatz vor der Tür. Shuttleboote zur Flecha. Geöffnet etwa Mitte Mai bis Mitte Oktober. DZ nach Saison und Lage etwa 70–220 €. Urb. Marina El Rompido, ✆ 959 399929, www.fuertehoteles.com.

* Hotel Hacienda San Miguel, etwa 2 km außerhalb in Richtung Cartaya, Zufahrt linker Hand. Wunderbare, ruhige Einzellage auf einem Hügel mit sehr weiter Fernsicht. Schlichte, aber saubere Zimmer, freundliche Leitung. Ein gutes argentinisches Grillrestaurant ist angeschlossen. Ganzjährig geöffnet. DZ etwa 65–95 €. Carretera de Cartaya a El Rompido, km 6, ✆ 959 504262, www.hotel-sanmiguel.com.

Essen & Trinken Rest. Caribe II, Beispiel für die Handvoll netter Fischrestaurants im Ortskern von El Rompido. Schöne Lage mit wunderbarer Aussicht, überdachte Terrasse zum Strand, eine prima Adresse für frittierten Fisch (Portion um die 12 €), Eintöpfe und Meeresfrüchte.

Westlich von El Rompido blockiert das Sumpfgebiet des Río Piedras die Weiterfahrt; der Umweg landeinwärts über den Gemeindesitz Cartaya und weiter über die N 431 ist deshalb unvermeidlich.

Lepe

Der recht große Inlandsort an der N 431 bildet den Gemeindesitz und das Versorgungszentrum des Strandorts La Antilla und der Feriensiedlung Islantilla. Umgeben von weiten Erdbeerfeldern, stellt Lepe eine besondere Kuriosität dar: Aus unerfindlichen Gründen sind die armen Leute von Lepe gewissermaßen die „Ostfriesen Andalusiens", nämlich Gegenstand zahlloser, nicht eben schmeichelhafter Witze über ihre Geisteskraft.

El Terrón

Die winzige Hafensiedlung von Lepe lohnt einen Abstecher, sei es von Lepe selbst oder den Ferienorten La Antilla oder Islantilla.

Am weiten Río Piedra gelegen, entfaltet sich in dem seit Jahrhunderten genutzten Naturhafen Fischerambiente pur – alte Herren beim Flicken der Netze und Lackieren der Boote, Anlanden des Fangs und Fischversteigerungen; auch schon mal ein Reiter hoch zu Ross, der sich aus einer Bar das Bier direkt ans Pferd bringen lässt. Die Fischrestaurants hier wirken schlicht, servieren aber alle Köstlichkeiten des Meeres, darunter die begehrten Langostinos. In den Sommermonaten ist El Terrón auch ein beliebtes Nachtziel der Jugend der Umgebung.

Baden Die Playa de Nueva Umbría (→ El Rompido und La Antilla) ist von El Terrón über den „Sendero de Nueva Umbría" zu erreichen, einen Weg, der etwas außerhalb von El Terrón in Richtung La Antilla gegenüber der Zufahrt zu einer Urbanisation abzweigt und durch die Marismas del Catalán führt. Am Flusshafen von El Terrón selbst wird niemand baden wollen.

Essen & Trinken Bar-Rest. El Puerto, eines von mehreren Lokalen hier. Große, rustikale Bar mit Fernseher und guten Tapas, angegliedert ein einfaches Restaurant. Raciones frittierter Fisch kosten um die 10–12 €, vom Grill werden die Köstlichkeiten nach Gewicht berechnet. Eine Preisliste hängt aus, 300 Gramm pro Person sind etwa zu rechnen.

Fischeralltag: Flicken der Netze in El Terrón

La Antilla

Einst ein reines Fischerdorf, entwickelte sich die Strandsiedlung schon vor geraumer Zeit zu einem Ferienort von zunächst bescheidenen Ausmaßen. Die Dimensionen sind jedoch dabei, sich zu ändern.

Im Zentrum und entlang der Strandzeile macht die etwa fünf Kilometer südlich von Lepe gelegene, nach offizieller Rechnung kaum mehr als 500 Einwohner zählende Ortschaft auch immer noch einen sympathischen Eindruck, fast rührend wirkt das winzige, ganz im Westen gelegene Fischerviertel Barrio de los Pescadores. Im Umfeld allerdings wird immer mehr gebaut, und so ist La Antilla mit dem benachbarten, erst vor wenigen Jahren aus dem Boden gestampften Touristenzentrum Islantilla bereits praktisch zusammengewachsen. Da ganz überwiegend auf spanische Urlauber eingestellt, betrifft das Phänomen der kurzen Saison natürlich auch La Antilla – außerhalb des Hochsommers und der Wochenenden fällt es gar nicht einmal so leicht, überhaupt ein geöffnetes Restaurant zu finden. Eine Wucht ist jedoch der hier schier endlose, breite und und feinsandige Strand.

Information Punto de Información Turística, Plaza Claro Campoamor, s/n, an einem Platz, der über die Haupt-Fußgängerzone Av. Castilla zu erreichen ist; ✆ 959 481108. Betrieb nur von Ostern bis Oktober, zur HS Mo–Sa 10–14, 19.30–21.30 Uhr, So 10–14 Uhr; in den Randzeiten nur Sa/So 10–14 Uhr.

Verbindungen Busse der Gesellschaft DAMAS fahren 4-mal täglich nach Huelva und 3-mal sonntags nach Isla Cristina; im Sommer erweitertes Angebot.

Baden Die **Playa de Nueva Umbría** verläuft östlich von La Antilla auf der „Flecha del Rompido" genannten Sandbank zwischen Meer und dem Fluss Río Piedras über sagenhafte 12 km Länge: ein Paradies für Strandwanderer. Da und dort wird nackt gebadet, seit einigen Jahren auch mit Billigung der Behörden – die Playa de Nueva Umbría ist ganz offiziell als erster Nacktbadestrand der Provinz Huelva ausgewiesen. Keinerlei Einrichtungen.

Playa de la Antilla: Auch der eigentliche Ortsstrand, von einer Promenade begleitet und im Schnitt fast 90 Meter breit, erstreckt sich noch über gut 2 km. Er reicht bis nach Islantilla, wo er sich nahtlos gen Westen fortsetzt. Im Sommer gutes Serviceangebot, außerhalb der Saison wirkt er fast verwaist.

Übernachten Die Mehrzahl der Quartiere ist nur zur Saison geöffnet.

** **Hotel Marlín Antilla Playa**, das frühere Hotel Lepe Mar. Einziges Hotel vor Ort und gewissermaßen das Zentrum von La Antilla. Relativ großer, direkt an der Strandpromenade gelegener Bau von erträglicher Architektur; ein Teil der 72 ordentlich möblierten Zimmer geht direkt aufs Meer. Eigene Tiefgarage. DZ nach Saison und Lage etwa 60–125 €, Mitte Juli bis Mitte September nur mit Halbpension. C. Delfín s/n, ✆ 959 481001, www.hotelmarlinantilla.com.

* **Pensión Hostal Azul**, eine von mehreren kleinen Pensionen im Umfeld des Hotels Marlín Antilla Playa, nur ein paar Schritte vom Strand. Sehr ordentliches und sauberes Quartier, nur elf Zimmer, freundliche Leitung, Dachterrasse. Ganzjährig geöffnet. DZ/Bad etwa 50–85 €. Plaza de la Parada 9, ✆ 959 480700, www.hostalazul.com.

Camping La Antilla, 2. Kat., nicht im Ort selbst, sondern rund 2 km außerhalb Richtung El Terrón; auch vom Strand eine ganze Ecke entfernt. Gute Ausstattung, Platz für mehr als tausend Personen. Von etwa Mitte Dezember bis Mitte Januar geschlossen. Zwei Personen, Auto, Zelt etwa 25 €. ✆ 959 480829, www.campingantilla.com.

Essen & Trinken Cervecería **El Rincón de Lola**, Beispiel für die zahlreichen Lokale in der Fußgängerzone Avenida Castilla, die zwei Parallelstraßen landeinwärts der Uferpromenade liegt. Prima Tapas, moderate Preise. Av. Castilla 12. Schräg gegenüber und ebenfalls gut: **Bar Casa Koki**.

Schöner Wohnen: Apartments in Islantilla

Islantilla

Der Ferienkomplex am langen Dünenstrand zwischen La Antilla und Isla Cristina wurde 1991 gegründet und ist seitdem kräftig gewachsen.

Zu der sehr ausgedehnten Urbanisation gehört neben mehreren Hotels und Apartmentanlagen auch ein großer Golfplatz mit 27 Löchern. Mittelpunkt des Geschehens ist sinnigerweise das Einkaufszentrum „Centro Comercial Islantilla", das mit einer Reihe von Bars und Restaurants die gastronomische Versorgung sichert und sogar ein Kino besitzt. Wie in den meisten jüngeren Urbanisationen der Provinz Huelva hat man auch in Islantilla versucht, der Siedlung mit niedrigen Gebäuden, pseudomaurischen Architekturanklängen und sanften Farben ein ansprechendes Erscheinungsbild zu verleihen; der Eindruck einer gewissen Sterilität bleibt dennoch bestehen. So künstlich wie das Feriendorf selbst ist auch sein Name, zusammengesetzt aus „La Antilla" und „Isla Cristina", wie die beiden Nachbarorte heißen. Hintergrund der Namensgebung: Islantilla gehört zu zwei Gemeinden, nämlich zu Isla Cristina und zu Lepe, das auch La Antilla verwaltet. Traumhaft ist auch hier der Strand, an dem leidenschaftliche Muschelsammler viel zu tun haben dürften.

Information Oficina de Turismo, nicht weit vom Centro Comercial Islantilla. Geöffnet täglich 10–14 Uhr, April–Juni und Sept./Okt. auch Mo–Fr 17–19 Uhr, Juli/August auch Mo–Fr 19–21 Uhr. Avenida de Islantilla, ✆ 959 646035 bzw. künftig eventuell ✆ 959 646013.

Baden Die feinsandige **Playa de Islantilla**, direkt vor der Siedlung gelegen, verläuft über gut einen Kilometer und erreicht eine mittlere Breite von üppigen 85 Metern. Die Ausstattung ist exzellent und mit der „Blauen Flagge" belohnt, es gibt zahlreiche Wassersportmöglichkeiten und sogar eine Segelschule. Im Osten Richtung La Antilla und im Westen Richtung Isla Cristina schließen sich weitere Strände an.

Playa Redondela: Besonders reizvoll ist dieser breite Strand gleich westlich von Islantilla, der sich über rund 2 km erstreckt. Sein Hinterland ist völlig unbebaut und mit schattigen Kiefern bewachsen, am Strand selbst finden sich Dünen, die zum Schutz der Vegetation teilweise eingezäunt werden mussten. In seiner direkten Verlängerung reicht er bis zum Strand von Isla Cristina und heißt dann **Playa del Hoyo**.

Übernachten Preisangaben erübrigen sich, da die zahlreichen hiesigen Großhotels fast ausschließlich (und in aller Regel deutlich preisgünstiger) pauschal gebucht werden.

**** **Grand Hotel Puerto Antilla**, 2004 eröffnetes Quartier, wie die meisten Hotels hier strandnah gelegen. Exklusive Ausstattung mit schöner Pool-Landschaft, einem rund tausend Quadratmeter großen Spa etc. Av. de Islantilla s/n, ℡ 959 625100, www.puerto antilla.com.

**** **Ilunion Islantilla**, das ehemalige Confortel (viele Hotels in Islantilla wechseln häufiger mal den Betreiber), neben dem Einkaufszentrum. Mehr als 340 Zimmer, zwei Pools, große Gartenanlagen, insgesamt fünf Bars und Restaurants etc. Av. de Islantilla s/n, ℡ 959 486017, www.ilunionislantilla.com.

**** **ADH Hotel Ocean Islantilla**, das frühere Hotel Oasis. Wie auch bei der Konkurrenz mag man über die Außenarchitektur der großen Anlage (über 470 Zimmer!) streiten, das Innere und die Gartenanlagen können jedoch gefallen. „Adults only", keine Kinder. Avenida Islantilla s/n, ℡ 959 103023, www.adhoceanislantilla.com.

**** **Islantilla Golf Resort**, nicht am Strand, sondern mitten im Golfplatz von Islantilla. Damit sich auch nicht golfende Angehörige wohlfühlen, gibt es einen hoteleigenen Beachclub mit Shuttleservice. Paseo Barranco del Moro s/n, ℡ 959 204500, www.islantillagolfresort.com.

Camping Luz, 2. Kat., am westlichen Rand der Urbanisation, oberhalb der Straße nach Isla Cristina, zum Strand etwa 400 Meter. Pool, gute sonstige Ausstattung. Viele Dauercamper, deshalb oft belegt. Ganzjährig geöffnet. Parzelle inkl. zwei Personen, Auto, Zelt bis 35 €, zur NS deutlich günstiger. Carretera Isla Cristina-La Antilla, km 5, ℡ 959 341142.

Taray, 2. Kat., noch etwa einen Kilometer weiter Richtung Isla Cristina, ebenfalls landeinwärts der Straße, jedoch etwas strandnäher als die Konkurrenz. Mittlerer Schatten, ordentliche Ausstattung. Ganzjährig. Zwei Personen, Auto, Zelt etwa 24 €. Carretera La Antilla-Isla Cristina, km 9, ℡ 959 341102, www.campingtaray.com.

Isla Cristina

Von ausgedehnten Marismas und Salinen umgeben, ist die Siedlung keine Insel, wie der Name vermuten lassen könnte und wie es Isla Cristina vor Aufschüttung eines Damms einst auch war.

Das weitläufige Städtchen von gut 20.000 Einwohnern, im 18. Jh. von katalanischen Fischern gegründet, hat sich zwar auch als Badeziel etabliert, verdient sein Geld aber immer noch vorwiegend mit der Fischerei. Im großen Hafen am Fluss Río Carreras wird die Beute eingedost und kann als Konserve vor Ort erstanden werden. Außerhalb der Saison scheint hier manchmal mehr Betrieb zu sein als im Städtchen selbst, das dennoch mehr Eigenleben entfaltet als die meisten anderen Küstensiedlungen der Costa de la Luz von Huelva. Das schachbrettartig aufgebaute Zentrum von Isla Cristina erstreckt sich um die Kirche und eine Palmenallee und macht einen angenehm entspannten Eindruck, zeigt sich um den hübschen Blumenplatz *Plaza de las Flores* sogar recht romantisch. Unerfreulicher präsentiert sich die Wohnsiedlung östlich des Ortskerns, die mit Isla Cristina heute praktisch zusammengewachsen ist. Mit den hiesigen Hotel- und Apartmentkomplexen sowie einem Sporthafen sichert sich Isla Cristina seinen Teil am vorwiegend national geprägten Fremdenverkehr dieser Küste. Der Strand, der sich nach Osten durchgängig

Isla Cristina

Der „Blumenplatz": Plaza de las Flores

viele Kilometer weit über die Feriensiedlung Islantilla hinaus bis zur Sandbank Flecha del Rompido hinter La Antilla erstreckt, hat in der Tat Klasse und ist auch für Muschelsucher ein Paradies.

Information Oficina de Turismo, Calle San Francisco 12, in einer Fußgängerzone Nähe Hafen; ✆ 959 332694. Engagiertes Personal; im ersten Stock eine farbenprächtige Ausstellung zum hiesigen Karneval. Hier auch Infos zu Ortstouren, die u.a. einen Besuch in der Fischauktionshalle La Lonja beinhalten. Öffnungszeiten von März bis Oktober Mo–Fr 10–14, 17.30–19.30 Uhr (Juli/August 18.30–20.30 Uhr), Sa/So 10–14 Uhr; sonst täglich 10–14 Uhr.

Verbindungen Busse der Gesellschaft DAMAS ab dem Busbahnhof im nördlichen Ortsbereich, nahe der Ausfallstraße nach Ayamonte; Anschlüsse nach Huelva 10-mal täglich, nach La Antilla und Islantilla 3-mal, Sevilla 7-mal, Ayamonte 3-mal täglich; im Sommer z. T. häufiger.

Schiff: Die kleine „El Pelón" pendelt vom Sporthafen hinüber nach Punta del Moral; Betrieb prinzipiell ganzjährig, Zeiten aber besser vorab in der Infostelle checken. Mobil-✆ 646 340027.

Baden Die **Playa Punta Caimán** erstreckt sich im Süden des Ortes und ist von dort über eine Holzbrücke zu erreichen, die den gleichnamigen Flussarm überquert. Ein schöner, feinsandiger Dünenstrand, an dem man die Einheimischen gelegentlich bei der Ernte der „coquinas" (eine Art Venusmuscheln) beobachten kann.

Playa Central: Der rund 2 km lange und sehr breite Hauptstrand von Isla Cristina bildet die direkte Verlängerung der Playa Punta Caimán nach Osten. Er liegt keineswegs so zentral, wie der Name suggeriert, sondern am östlichen Ortsrand, vom Zentrum also ein gutes Stück entfernt. Der feine Sand und die schönen Dünen entschädigen jedoch für den Weg. Nach Osten setzt er sich, zunächst als „Playa de Hoyo", später unter anderen Namen, bis weit über Islantilla und La Antilla hinaus fort und ist bis auf diese beiden Siedlungen völlig unbebaut.

Feste Carnaval, der Karneval von Isla Cristina, mit einer langen Tradition. Die Vorbereitungen dauern einen runden Monat, das eigentliche Fest beginnt mit einem Umzug am Sonntag und endet am Aschermittwoch mit dem „Verbrennen der Sardinen" und dem „Umzug der trauernden Witwen".

Fiestas del Carmen, um den 16. Juli. Das Fest der Schutzheiligen der Fischer und Seeleute wird in Isla Cristina gleich eine ganze Woche lang gefeiert.

Fiesta de la Virgen del Mar, in der zweiten Augusthälfte, das Fest des Stadtviertels Punta del Caimán vor dem gleichnamigen Strand.

South Pop, 2008 begründetes Popfestival, an einem Wochenende im September.

Jornadas del Atún, ebenfalls im September, ein gastronomisches Fest rund um den Thunfisch.

Übernachten Die hiesigen Großhotels werden in aller Regel pauschal (und damit, von kurzfristigen Internetangeboten abgesehen, auch weitaus günstiger) gebucht, Preisangaben erübrigen sich für diese deshalb.

***** Hotel Sensimar Palace 12, das erste große Ferienhotel von Isla Cristina, 2002 als „Isla Cristina Palace" eröffnet und nach einer Renovierung 2012 zur Sensimar-Marke der TUI gewechselt. Nur für Erwachsene. Vom Strand nur durch ein Pinienwäldchen getrennt, zum Ortskern aber ein Stück zu laufen. 165 Zimmer, sehr gute Ausstattung, Innen- und Außenpool, Wellness-Center etc. Avda. del Carnaval (Ex-Avenida del Parque) 148, ℡ 959 344499, www.hotelsensimarislacristina.com.

**** Hotel Barceló Isla Cristina 11, ein Hotel der bekannten Kette, ebenfalls strandnah und einen Tick näher am Zentrum gelegen. Mehr als 200 Zimmer, fast 100 Apartments, von Barceló beworben als „ideal für Familien". Viele Freizeit- und Sportmöglichkeiten. C. Doctor Delgado Carrasco s/n, ℡ 959 621100, www.barcelo.com.

**** Hotel ADH Isla Cristina 6, nahe der Strandsiedlung ganz im Osten von Isla Cristina und damit vom Zentrum doch eine Ecke entfernt. 2006 als Hotel Oasis eröffnet und mittlerweile von ADH betrieben, einem Unternehmen, das sich auf die Wiederbelebung geschlossener Hotels spezialisiert hat. „Adults only", nur für Erwachsene. Avenida del Carnaval s/n, die frühere Avenida del Parque. ℡ 959 103007, www.adhislacristina.com

** Hotel Paraíso Playa 7, direkt in der Strandsiedlung an der Playa Central. Familiäres Haus mittlerer Größe, recht hübsch gelegen und mit kleinem Pool. Von Mitte Dezember bis Mitte Januar ist geschlossen. DZ nach Saison etwa 60–120 €, es gibt auch Apartments. Av. de la Playa s/n, ℡ 959 330235, www.hotelparaisoplaya.com.

** Hotel Sol y Mar 8, ebenfalls an der Playa Central und sogar in der ersten Reihe, viele Zimmer deshalb mit Meerblick. Ausstattung etwas einfacher als im Paraíso Playa. Parkplatz. DZ nach Saison etwa 55–120 €. Playa Central s/n, ℡ 959 332050, www.hotelsolymar.org.

Camping La Giralda, 1. Kat., unweit vom östlichen Ortsrand, ins Zentrum gut 2 km, zum Strand nur ein paar Minuten. Sehr großer Platz mit einer Kapazität von mehr als 2000 Personen, schattig und gut ausgestattet, unter anderem mit Pool. Ganzjährig geöffnet, Cafeteria und Supermarkt sind jedoch nur zur HS in Betrieb. Zwei Personen, Auto, Zelt etwa 28 €. Carretera Isla Cristina–La Antilla, km 1,5, ℡ 959 343318, www.campinggiralda.com.

Essen & Trinken Fisch und Meeresfrüchte sind in Isla Cristina nicht nur frisch, sondern oft auch erfreulich preisgünstig.

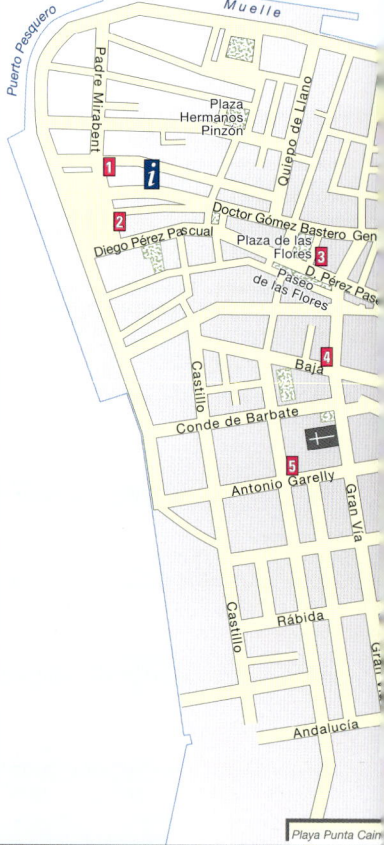

Isla Cristina

Casa Rufino 9, in der Strandsiedlung an der Playa Central, also ein ganzes Stück vom Zentrum. Wohl das beste Restaurant des Städtchens, ein Familienbetrieb mit kreativer Küche. Menü à la carte ab etwa 40 € aufwärts. Av. de la Playa s/n, ℡ 959 330 810. Zur NS nur mittags geöffnet.

Restaurante La Sal 3, an der hübschen Plaza de las Flores. Solides Restaurant mit Schwerpunkt auf Fisch und Meeresfrüchten, an der Bar gibt es gute Tapas. Gutes Preis-Leistungs-Verhältnis, Menü à la carte ab etwa 30 €. Plaza de las Flores 13.

Marisquería Gran Vía 4, ebenfalls im Zentrum. Fisch und Meeresfrüchte in ordentlicher Qualität und zu normalen Preisen, Ración um die 8–10 €. Manchen stört eventuell das Self-Service-Verfahren. Gran Vía 12.

Brasería Los Faroles 5, nicht weit entfernt, in einer Wohngegend hinter der Kirche gelegen. Uriges, auf Grillgerichte (neben Fisch auch Fleisch!) spezialisiertes Lokal mit sehr erfreulicher Preisgestaltung; viele einheimische Gäste. Calle Conde Vallellano 21, Ecke Calle Antonio Garelly.

Bar-Rest. El Pescador 1, am Fischerhafen. Rustikale Bar und günstiges Restaurant, Spezialität Guisos Marineros, also Eintöpfe nach Seemannsart. C. Padre Mirabent 21. Nur 50 Meter weiter liegt die im Charakter ganz ähnliche **Bar Hermanos Moreno** 2.

Übernachten
- 6 Hotel ADH Isla Cristina
- 7 Hotel Paraíso Playa
- 8 Hotel Sol y Mar
- 11 Hotel Barceló Isla Cristina
- 12 Hotel Sensimar Palace

Essen & Trinken
- 1 Bar-Rest. El Pescador
- 2 Bar Hermanos Moreno
- 3 Restaurante La Sal
- 4 Marisquería Gran Vía
- 5 Brasería Los Faroles
- 9 Casa Rufino
- 10 La Belli - La Mar de Tapas

La Belli – La Mar de Tapas 10, stadtbekannter Kiosk mit Terrasse an einem Park im Süden der Siedlung. Sehr gute Tapas, darunter auch ungewöhnlichere Kreationen, alles andere als teuer. Self-Service. Avenida del Carnaval s/n.

Marismas de Isla Cristina: Im Hinterland von Isla Cristina erstreckt sich ein ausgedehntes System von Kanälen, Lagunen und teilweise aufgegebenen Salinen, das aufgrund seiner ökologischen Bedeutung als Naturschutzgebiet ausgewiesen ist. In den „Salinas Biomaris" (℡ 959 343544, www.flordesalbiomaris.com), rechter Hand neben der Verbindungsstraße Richtung Ayamonte gelegen, kann man Mo–Fr zu Geschäftszeiten (Siesta beachten) bei der Gewinnung von besonders feinem Salz zusehen und dieses „Flor de Sal" (Blume des Salzes) natürlich auch erwerben. In der Nähe verläuft die *Via Verde Litoral*, eine ehemalige Bahnstrecke zwischen Ayamonte und dem Inlandsstädtchen Gibraleón, die zum Rad- und Wanderweg umgebaut wurde.

Ayamonte

Das Städtchen am Río Guadiana besitzt die betriebsame Atmosphäre vieler Grenzorte. Die Strände der Siedlung liegen weit außerhalb.

Bis Anfang der Neunzigerjahre waren die Fähren von Ayamonte nach Vila Real de Santo Antonio die einzige Möglichkeit in weitem Umkreis, ins Nachbarland Portugal zu gelangen. Dann wurde einige Kilometer nördlich die Straßenverbindung nach Portugal fertiggestellt, die über eine spektakuläre Brücke führt. Für durchreisende Autofahrer fällt die Zeit raubende Einschiffungsprozedur seitdem weg – und Ayamonte vermisst schmerzlich einen Teil der einstigen Kurzzeitgäste. Als Einkaufsziel für Portugiesen ist Ayamonte jedoch weiterhin beliebt.

Das gut 20.000 Einwohner zählende Städtchen besitzt zudem einen gewissen Charme. Ayamonte ist keine junge Siedlung, erhielt bereits im 17. Jh. die Stadtrechte verliehen. Spürbar wird die lange Geschichte des Ortes besonders in seinem ältesten Ortsteil, dem im Norden der Siedlung gelegenen Viertel La Villa mit den Mudéjarkirchen *Iglesia del Salvador* und *Iglesia de San Francisco*, beide im 15. Jh. erbaut. Auch im heutigen Zentrum im Gebiet hinter dem Fähranleger zeigt sich Ayamonte durchaus ansehnlich. Die engen Gassen sind teilweise als Fußgängerzone ausgewiesen, Kachelbilder und gekachelte Bänke schmücken die beiden Hauptplätze, den *Paseo de la Ribera* und die *Plaza de La Laguna*. Es gibt sogar einen kleinen *Zoo* (Di–So 10–20 bzw. im Winter bis 19 Uhr; gratis), der im Stadtpark Parque Municipal Prudencio Navarro unweit vom Sporthafen untergebracht ist; ein kleines Stück außerhalb liegt rechter Hand etwas abseits der Straße Richtung Huelva die zum „Ecomuseo" umgebaute Gezeitenmühle *Molino Mareal* (Do–Sa 10–14, 16–18 Uhr; gratis), auch „Molino El Pintado" genannt. Womit Ayamonte hingegen nicht dienen kann, sind eigene Strände – schon der ortsnächste Strand liegt rund sieben Kilometer südöstlich bei der Urbanisation Isla Canela.

Information Oficina de Turismo, Plaza España s/n, beim Zoo am Stadtpark, ℡ 959 320737. Öffnungszeiten Mo 9–15 Uhr, Di–Fr 10–20 Uhr, Sa 10–14 Uhr.

Verbindungen Busstation der Gesellschaft DAMAS etwas außerhalb des Zentrums an der Straße nach Huelva; Busse von und nach Huelva 8-mal, Isla Cristina 3-mal, Sevilla 5-mal, nach Isla Canela und Punta del Moral 11-mal täglich, zur HS teilweise erweitert; es gibt auch Verbindungen nach Portugal.

Fähren nach Vila Real de Santo Antonio in Portugal verkehren tagsüber etwa stündlich; Preis pro Person ca. 2 €. Gelegentlich veranstaltet die Fährgesellschaft auch Ausflugsfahrten auf dem Río Guadiana. www.rioguadiana.com.

Feste Fiestas de la Alegría, das „Fest der Freude", die hiesige Version des Karnevals, an dem Gruppen von beiden Seiten der Grenze teilnehmen.

Semana Santa, die Karwoche mit bedeutenden Prozessionen, ausgewiesen als „Fest von nationalem touristischen Interesse".

Fiesta de Sant Salvador, Anfang August das Fest des Schutzheiligen des Stadtviertels La Villa.

Fiesta de la Nuestra Señora de las Angustias, Anfang September. Das einwöchige Fest der Stadtpatronin von Ayamonte, mit Stierkämpfen, Bootsrennen auf dem Fluss etc.

Übernachten Die großen Ferienhotels liegen in den Urbanisationen außerhalb.

*** **Parador de Ayamonte**, in fantastischer Aussichtslage auf einem Hügel oberhalb der Stadt, von denen der Blick bis nach Portugal reicht. Modernes Gebäude mit dem üblichen Komfort inklusive Schwimmbad. DZ nach Saison etwa 70–140 €; von etwa November bis Mitte Februar geschlossen. El Castillito s/n, am nördlichen Ortsrand hinter dem Viertel La Villa, ✆ 959 320700, www.parador.es.

*** **Hotel Ayamonte Center**, ein Mittelklasse-Hotel im Gebiet jenseits des Sporthafens und damit noch halbwegs zentrumsnah. Nüchtern-funktionale Zimmer, zum Teil mit Klimaanlage. Von etwa Mitte Oktober bis Mitte März geschlossen. DZ um die 50–90 €. C. Ramón y Cajal 2, ✆ 959 470250, www.hotelayamontecenter.com.

》》 **Lesertipp:**** **Hotel Riavela**, etwa in der Richtung des Paradors. „Empfehlenswertes Hotel etwa 1,5 km oberhalb von Ayamonte; einfache, saubere Zimmer mit TV und Klimaanlage" (Sven Breckwoldt). DZ etwa 55–80 €. Camino Real de la Villa s/n, ✆ 959 471919. 《《

Essen & Trinken **Rest. Casa Luciano**, im neueren Viertel südlich des Zentrums, Nähe Sporthafen und Park Parque Prudencio Navarro. Ganz unspektakulär in einem Wohnblock untergebracht, jedoch mit bekannt guter Küche. Recht hohes Preisniveau, Menü à la carte ab etwa 40 €. C. La Palma 1, ✆ 959 471071; So geschlossen.

》》 **Mein Tipp:** **Tasca La Puerta Ancha LPA**, an einem der beiden Hauptplätze des Zentrums, nahe dem Rathaus Ayuntamiento, mit Terrasse. Ein Lokal, wie man es hier in Ayamonte vielleicht nicht erwarten würde: kreative Fusionküche der gehobenen Art, dabei vergleichsweise preisgünstig. Reservierung ratsam. Plaza de la Laguna 14, ✆ 959 320666. 《《

Kacheln schmücken die Plaza de la Laguna

Mesón La Casona, in der Fußgängerzone des Geschäftsviertels. Ein Restaurant im traditionellen Stil, breite Auswahl an Fleisch- und Fischgerichten, gute Tapas, freundliche Preise. Günstiges Mittagsmenü. Calle Lusitania 2.

Café-Bar El Pupa, nur ein paar Schritte weiter. Leckere Tapas und Raciones, Schwerpunkt Fisch und Meeresfrüchte; ausgesprochen günstige Preise. Sehr beliebt bei den Einheimischen. Calle Lusitania, Ecke Calle San Diego.

Umgebung von Ayamonte

Die Küste zwischen dem Grenzfluss Río Guadiana und der Mündung des Río Carreras bei Isla Cristina war Anfang der 90er-Jahre noch nahezu unbebaut. Mittlerweile hat sich das geändert, Platz bleibt aber noch reichlich. Im Hinterland erstrecken sich die Gezeitensümpfe Marismas, Heimat einer artenreichen Tier- und vor allem Vogelwelt – nicht zu vergessen die Mücken, über deren zahlreiches Auftreten sich eine Leserin bitter beklagte ...

Isla Canela: Sieben Kilometer von Ayamonte entfernt, ist Isla Canela die dem Städtchen näher gelegene der beiden Urbanisationen. Auf 1700 Hektar Fläche entstanden hier Hotels und Apartments, ein Golfplatz liegt etwas außerhalb Richtung Ayamonte. Man mag Isla Canela zugutehalten, dass die Bauten zumindest relativ geschmackvoll ausgefallen sind. Wie in fast allen künstlichen Küstensiedlungen herrscht außerhalb der Hochsaison jedoch auch hier gähnende Leere, sind die meisten Geschäfte und Lokale geschlossen. Der lange Strand freilich ist auch dann wunderschön.

Baden Die Playa de Isla Canela erstreckt sich über mehr als 5 km, ist feinsandig und im Schnitt 60 Meter breit. Im Siedlungsbereich wird sie von einer Promenade begleitet. Hier existiert auch die komplette Infrastruktur inklusive diverser Wassersportmöglichkeiten. Hübsch ist ein Spaziergang am Strand entlang bis zum Ende der Sandbank, die weit in den Ríu Guadiana ragt.

Übernachten ***** Hotel Isla Canela Golf, nicht am Strand, sondern etwas landeinwärts mitten im Golfplatz. Knapp 60 Zimmer, ordentliche Ausstattung. In aller Regel pauschal (und damit meist preisgünstiger) gebucht. C. Golf Norte s/n, ℡ 959 477263, www.hotelislacanelagolf.com.

**** Hotel Barceló Canela, fast 350 Zimmer umfassende, strandnahe Hotelanlage in neomaurischem Stil. Große Pool-Anlage, komfortable Ausstattung, wie in dieser Klasse üblich, mehrmals täglich Shuttle-Bus nach Ayamonte. Praktisch ausschließlich pauschal gebucht. Paseo de los Gavilanes s/n, ℡ 959 477124, www.barcelo.com.

Punta del Moral: Bis Ende der 90er-Jahre stand der Name nur für eine winzige Fischersiedlung mit flachen Häusern und Staubstraßen, die nach Schiffstypen benannt sind. Das kleine Dorf gibt es auch noch. In der Umgebung allerdings, durch einen neuen Sporthafen von Punta del Moral getrennt und in Sichtweite von Isla Cristina, wuchs eine neue Urbanisation, die Isla Canela an Kapazität noch übertrifft. Bleibt zu fragen, wozu überhaupt Bauvorschriften erlassen werden, und ob die Küste der Provinz Huelva unbedingt dem schlechten Vorbild der Costa del Sol folgen muss ...

Baden Die Playa Punta de la Barra, quasi der Hausstrand der neuen Urbanisation, reicht bis zum Río Carreras. Der Strand wird von Dünen begleitet, ist deutlich mehr als einen Kilometer lang, ausgesprochen breit und feinsandig.

Übernachten **** Hotel Meliá Atlántico, das frühere, 2013 komplett renovierte „Ríu Atlántico", im Stil ähnlich wie die etwa ebenso große Barceló-Anlage von Isla Canela. Natürlich ist auch hier die Ausstattung inklusive Innen- und Außenpool prima, und auch in diesem Hotel sind Individualreisende eine unbekannte Spezies: „Für die haben wir doch gar keinen Platz", so die Rezeptionistin. Mehrmals täglich Shuttlebusse nach Ayamonte. ℡ 959 621000.

**** Hotel Spa Playamarina, 2008 eröffnetes Hotel mit Wellnessbereich und rund 150 Zimmern, in der Ausstattung dem Meliá-Hotel vergleichbar und ebenfalls praktisch grundsätzlich pauschal gebucht. All-Inclusive ist üblich. Auch Apartments. In der Nachbarschaft liegt das ältere (Eröffnung 2002) Hotel Playacanela, das zur gleichen Kette gehört. ℡ 959 479535, www.playasenator.com.

**** Hotel Iberostar Isla Canela, direkt neben dem Playacanela. Burgähnliches, innen maurisch inspiriertes Gebäude mit 300

Zimmern, angeschlossen ein Apartmenthotel. Auch dieses Haus wird praktisch ausschließlich pauschal gebucht, All-Inclusive ist Standard. ℡ 959 479565, www.iberostar.com.

Essen & Trinken Die kleinen Bars und Restaurants der Fischersiedlung sind berühmt für Fisch und Meeresfrüchte, besonders aber für Reisgerichte.

» **Lesertipp: Bar La Pamela**, „Lokal mit Terrasse direkt an der kleinen Hafenbucht. Dem Besitzer gehören zwei Fischerboote, das Beste vom Fang gelangt im Restaurant auf den Tisch. Alle Gerichte sind im wahrsten Sinne des Wortes preiswert. Sehr freundliche Bedienung. Nur abends geöffnet" (Otto Bitter). Avda. La Palmera 4. «

Der Norden der Provinz Huelva

Der Norden der Provinz war lange Zeit vergessenes Land. Die bewaldeten Hügel der Sierra Morena werden von Ausländern nur selten besucht, Unterkünfte und andere Einrichtungen sind rar.

Am besten auf Besucher eingestellt ist man im Städtchen *Aracena*, das mit seiner großen Tropfsteinhöhle ein reizvolles Ausflugsziel bildet. Bei der Anfahrt lohnt sich eine Visite in der *Minenregion von Riotinto* (Comarca Minera de Riotinto), etwa 70 Kilometer nordöstlich von Huelva gelegen. Benannt ist sie nach dem „Gefärbten Fluss" Río Tinto, dessen stark mineralienhaltiges Wasser tatsächlich alle möglichen Farbschattierungen zwischen zartem Rosa und tiefem Violett aufweist. Dies ist ein anderes Andalusien als das der blumengeschmückten Patios und Weißen Dörfer: Rostige Fördertürme ragen in den Himmel, Mineralien glänzen aus alter Schlacke, Gewässer mit Namen wie „Stausee des Kupfers" schillern in kräftigen, giftig anmutenden Farben. Tiefe Löcher gähnen in der Landschaft, die gezeichnet ist von den jahrtausendelangen Eingriffen des Menschen – auf seine ganz eigene Art ein absolut faszinierendes Gebiet.

Minas de Riotinto

Minas de Riotinto, meist kurz Riotinto genannt, ist völlig auf den Bergbau eingestellt. Die hiesigen Minen wurden schon während der Kupferzeit, dann von Phöniziern und Römern ausgebeutet.

Heute findet der Abbau von Kupfer nur noch in bescheidenem Ausmaß statt, der von Gold und Silber musste völlig eingestellt werden. Als Konsequenz leidet die Region unter einer hohen Arbeitslosenrate. Immerhin sorgt die engagierte Stiftung *Fundación de Riotinto* für ergänzende Arbeitsplätze, die überwiegend rund um den bislang noch bescheidenen Fremdenverkehr angesiedelt sind. Den touristischen Dreh- und Angelpunkt von Riotinto bildet das hochinteressante *Minenmuseum*.

Verbindungen Bus: DAMAS fährt von/nach Huelva 5-mal, Aracena 2-mal täglich; Tagestrips sind möglich, doch sollte man sich vorher über die Rückfahrtzeiten erkundigen. Viele Hotels der Küste von Huelva offerieren auch Ausflugsfahrten.

Übernachten Casa Rural Riotinto Victoria House, schönes Quartier im „Engländer-Viertel" Bellavista nördlich der Siedlung selbst. Sehr freundliche Eigentümer. Stilvolles Interieur, Garten und Pool. DZ/F etwa 110–130 €. Barrio Bellavista 43, ℡ 959 590 262, Mobil ℡ 676 826787, www.riotintovictorianhouse.com.

** **Hostal Atalaya**, nicht weit vom Museum. Für seine Preisklasse durchaus passables Quartier mit ordentlichen Zimmern, ein Bar-Restaurant ist angeschlossen. Parkplatz. DZ etwa 40–50 €. Av. de la Esquila 13, ℡ 959 592854, www.hostalrestauranteatalaya.es.

Museo Minero de la Comarca de Riotinto: Ein Bummel durch das 1992 eröffnete Minenmuseum gleicht einem Streifzug durch die Zeit. Erstaunlich, was die Bergleute bei ihrer Arbeit im Laufe der Jahre alles entdeckt haben: Schieferschmuck der Kupferzeit; keltische Idole und Minenwerkzeug der Bronzezeit; ein komplettes römisches Wasserrad, das von Menschenhand betrieben wurde und dazu diente, die Minengänge leer zu pumpen ... Im Keller liegt der originalgetreue Nachbau eines römischen Stollens. Fündig werden auch Liebhaber der Industriearchäologie und der Eisenbahn. Angeschlossen sind ein Café, ein Souvenirgeschäft und ein Raum, in dem (spanischsprachige) Videofilme über den Bergbau gezeigt werden. Angeboten werden auch Besuche der sog. Casa 21, eines als Museum hergerichteten Wohnhauses im Barrio de Bellavista, jenem „Engländer-Viertel", das im 19. Jh. für die Angestellten der damals von Briten betriebenen Mine errichtet wurde.

Öffnungszeiten, Informationen: Täglich 10.30–15, 16–19 Uhr, zur HS bis 20 Uhr; Eintrittsgebühr 5 €. Es gibt auch Kombi-Tickets mit den übrigen Angeboten, siehe unten. Bei Spezialinteressen und Anfragen bezüglich der anderen Offerten kann man sich an Frau María Teresa López Fernández wenden. Sie spricht ausgezeichnet Deutsch: ✆ 959 590025, www.parquemineroderiotinto.com.

Peña de Hierro: Das Minenmuseum veranstaltet auch Besuche (pro Person 8 €, Kombiticket mit Museo Minero 10 €) bei einer kleinen, etwa zehn Kilometer entfernten Mine, die bereits zu römischer Zeit betrieben wurde; besichtigt wird dabei neben einem Stollen auch ein beim Tagebau entstandener See. Mit dem Informationsgehalt der Tour waren freilich nicht alle Leser zufrieden.

Ferrocarril Turístico-Minero: Für Eisenbahn-Romantiker sicher eine unwiderstehliche Versuchung, aber auch sonst ein Spaß, sind die Fahrten mit den ehemaligen Minenzügen, deren Wagenmaterial aus den Anfängen des 20. Jh. stammt. Die bisher restaurierte Strecke führt auf etwa zwölf Kilometer Länge den Río Tinto ent-

1200 Meter lang, 900 Meter breit, 330 Meter tief: Abbaustätte Corta Atalaya

Auf ihre eigene Art faszinierend: Landschaft bei Riotinto

lang, wobei die Fahrt derzeit gut eine Stunde dauert. Eines Tages, so hofft man, wird die ganze alte Linie bis hinunter nach Niebla wieder befahrbar gemacht werden können.

Abfahrten: Treffpunkt ist das Museum. Abfahrten in der Regel Sa/So 13.30 Uhr, zu bestimmten Terminen (siehe die Website des Museums) auch erweitert. Fahrpreis etwa 11 €, mit Museum und Peña de Hierro 18 €. Reservierungen und Gegenchecken der Abfahrtszeiten grundsätzlich sehr ratsam. ℅ 959 590025.

Corta Atalaya: Ein Stück außerhalb von Riotinto liegt die größte Übertage-Abbaustätte Europas. Das gigantische, in konzentrischen Terrassen abgestufte Loch der Corta Atalaya misst 1200 Meter Länge, 900 Meter Breite und über 330 Meter Tiefe. Die einzelnen Absätze zeigen unterschiedliche Farben, je nachdem, ob sie rotes Eisenoxid oder grauen Schwefelkies enthalten. Angesichts der riesigen Dimensionen schrumpfen die wuchtigen Lastwagen und Lokomotiven mit ihren übermannshohen Rädern, die man tief unten in der Grube sehen kann, zu zwergenhafter Größe. Eine Besichtigung ist derzeit leider nicht möglich; immerhin gibt es bei der Anfahrt aus Richtung Westen zum Ort einen Aussichtsparkplatz, von dem aus man zumindest einen Blick aus der Ferne erhaschen kann.

Aracena

Auf 700 Meter Höhe im südlichen Bereich des Naturparks gelegen, schmiegt sich Aracena in die waldreiche Hügellandschaft der gleichnamigen, unter Naturschutz gestellten Sierra.

Die Sierra de Aracena, im *Parque Natural Sierra de Aracena y Picos de Aroche* unter Naturschutz gestellt, ist ein Teil des lang gestreckten Gebirgzugs der Sierra Morena, die seit jeher die kulturelle Grenze zwischen Andalusien und der Extremadura bzw. Kastilien bildet. Das kleine Landstädtchen selbst wird von einer mauri-

Kastell mit Kirche: Blick auf Aracena

schen Festungsruine samt gotischer Templerkirche überragt, die eine weite Aussicht bietet. Aracena selbst zeigt sich mit seinen weißen Hausfassaden mit Gitterbalkonen und einem reizvollen, von schmiedeeisernen Bänken flankierten Hauptplatz von ruhigem Charme. Seine Hauptattraktion jedoch liegt am westlichen Ortsrand und ist unterirdischer Natur: die *Gruta de las Maravillas*, die „Höhle der Wunder", eine der beeindruckendsten Tropfsteinhöhlen Spaniens.

Information Oficina Municipal de Turismo, Calle Pozo de la Nieve s/n, Mobil-✆ 663 937877. Beim Eingang zur Höhle, sehr freundlich und hilfsbereit. Geöffnet ist täglich 10–14, 16–18 Uhr. www.aracena.es.

Verbindungen Busse halten an der Av. Sevilla; DAMAS nach Minas de Riotinto und Huelva 2-mal, Sevilla 3-mal täglich.

Feste Feria de Agosto, Sommerfest am vorletzten Wochenende im August, mit Kultur, Folklore und Sportveranstaltungen.

Feria de Jamón, ein „Schinkenfest" an zwei Wochenenden Mitte/Ende Oktober, mit Verkaufsständen, Wettbewerben etc.

Übernachten ** Hotel Los Castaños, an der Hauptstraße unweit der Höhlen, mit Garage. In seiner Preisklasse ein empfehlenswertes Quartier, angeschlossen ein gutes Restaurant mit hübscher Aussicht. DZ etwa 60–70 €. Av. de Huelva 5, ✆ 959 126300, www.loscastanoshotel.com.

** Hotel Sierra de Aracena, in zentraler Lage unweit vom Hauptplatz. Ebenfalls ein recht angenehmes Haus mit Garage, jedoch ohne Restaurant. DZ rund 50–70 €. Gran Vía 21, ✆ 959 126175, www.hotelsierradearacena.com.

Camping Aracena, einige Kilometer außerhalb in Richtung Sevilla. Ruhige, abgeschiedene Lage; Pool, Bar-Restaurant. Offiziell ganzjährig geöffnet, zur NS besser vorher anrufen. Zwei Personen, Auto, Zelt etwa 22 €. Carretera N 433, km 83; dann Richtung Corteconcepción, nach wenigen hundert Metern rechts ab (beschildert). Mobil-✆ 699 768167.

Gruta de las Maravillas: Die 1,2 Kilometer lange „Höhle der Wunder" wird im Besucherprospekt bescheiden als „größte und schönste Höhle der Welt" gepriesen. Tatsächlich ist sie immerhin die größte Tropfsteinhöhle der Iberischen Halbinsel und bereits seit 1914 für Touristen geöffnet, war auch Drehort von Teilen des Films „Die Reise zum Mittelpunkt der Erde" nach dem Buch von Jules Verne. Den Besucher erwarten auf dem etwa einstündigen Gang eine Reihe von bis zu 40 Meter hohen Sälen, Wasserläufe und mehrere Seen, in denen sich die farbig beleuchteten Tropfsteine spiegeln. Die musikalisch untermalten Führungen finden in Gruppen statt, man muss deshalb am Eingang meist eine Weile warten. Die Zeit vertreiben kann man sich dort mit der Betrachtung der farben- und formenprächtigen Mineraliensammlung, die ein Mineningenieur aus der ganzen Welt zusammengetragen hat.

Führungen: Täglich 10.30–13.30 Uhr, 15–18 Uhr, Minimum 25 Personen, Maximum 40 Personen pro Gruppe, maximal tausend Besucher pro Tag; zur HS und an Wochenenden kann es deshalb eventuell Engpässe geben – früh kommen. Eintritt etwa 8,50 €. Fotografieren ist verboten, festes Schuhwerk ratsam, ebenso einigermaßen warme Kleidung: Im Inneren der Höhle liegt die Temperatur ganzjährig bei etwa 16–18 Grad.

Westlich von Aracena

Jabugo: Das kleine Dorf etwa 20 Kilometer westlich von Aracena, inmitten von Kork- und Steineichenwäldern nahe der Kreuzung der Fernstraßen N 433 und N 435 gelegen, ist in ganz Spanien bekannt. Jabugo lebt vom Schwein. Seinen besonders in Gourmetkreisen guten Ruf verdankt der kaum 1500 Einwohner zählende Ort dem hier hergestellten Schinken, die wohl die besten Andalusiens und möglicherweise sogar ganz Spaniens sind. Grund für die hohe Qualität der hiesigen Räucherwaren sind neben sorgfältiger Verarbeitung vor allem die idealen Lebensbedingungen der halbwild gehaltenen Schweine, die sich überwiegend von Eicheln ernähren.

Pata Negra: Schwarzhufer-Schinken aus Jabugo

Die Schinken aus Jabugo sind etwas ganz Besonderes. Das Etikett *jamón serrano*, „Bergschinken", dürfen sich viele spanische Räucherwaren anheften. Doch nur wenn der Schinken von einem Schwein der Rasse Cerdo Iberico stammt, einer Mischung aus Wild- und Hausschwein, trägt er den „Schwarzen Huf", die *pata negra*. Neben der Rasse ist auch die exakte Verarbeitung ein wichtiges Qualitätsmerkmal. Die Keule wird etwa acht bis zwölf Tage in grobkörniges Salz gelegt, nach einer Faustregel genau so viele Tage, wie der Schinken in Kilogramm wiegt. Dann wandert er in Klimakammern, in denen er bei einer konstanten Temperatur von fünf Grad im Verlauf von zwei Monaten rund ein Drittel seines Gewichts verliert. Schließlich muss der Schinken in großen Trockenhallen, den „Secaderos", noch gut ein Jahr lang reifen, bevor er zum Verkauf angeboten wird. Das fertige, etwa zwischen sechs und acht Kilo schwere Produkt hält sich im Ganzen bis zu einem Jahr lang. Wird er jedoch angeschnitten, so sollte der Schinken innerhalb von zwei Wochen verbraucht werden, sonst verliert er an Geschmack und Konsistenz. Auch das Anschneiden ist fast eine Wissenschaft für sich: Mit einem langen, dünnen und scharfen Messer wird von der trockeneren Schmalseite zunächst die Haut entfernt, bevor die bissfertigen Happen, die *lonjas*, abgeschnitten werden. Am besten isst man sie pur, begleitet nur von etwas Weißbrot und einem feinen Fino.

Etwas Spanisch

Für Ihren Urlaub müssen Sie nicht unbedingt Spanisch lernen. Deutsch, Englisch und die Gebärdensprache reichen meist völlig aus, um einzukaufen, ein Auto oder Zimmer zu mieten. Wer aber näher mit den Menschen im Land in Kontakt kommen möchte, wird schnell merken, wie erfreut und geduldig Spanier reagieren, wenn man sich ein bisschen Mühe gibt. Der folgende kleine Spanisch-Sprachführer soll Ihnen helfen, sich in Standardsituationen besser zurechtzufinden. Vor Ort fällt es dann leicht, ein vorhandenes Grundvokabular weiter auszubauen. Scheuen Sie sich nicht, am Anfang auch einmal Sätze zu formulieren, die nicht gerade durch grammatikalischen Feinschliff glänzen – wer einfach drauflosredet, lernt am schnellsten.

Aussprache

c	vor a, o, u und Konsonanten wie k (caliente = kaliente), vor e und i wie engl. th (cero = thero)	ñ	wie nj (año = anjo)
		qu	wie k (queso = keso)
ch	wie tsch (mucho = mutscho)	v	wie leichtes b (vaso = baso), manchmal wie leichtes süddeutsches w (vino = wino)
h	ist stumm (helado = elado)		
j	wie ch (rojo = rocho)		
ll	wie j (calle = caje), manchmal auch wie lj	y	wie j (yo = jo)
		z	wie engl. th (zona = thona)

Zahlen

¼	un cuarto	13	trece	50	cincuenta
½	un medio	14	catorce	60	sesenta
0	cero	15	quince	70	setenta
1	un/una	16	dieciséis	80	ochenta
2	dos	17	diecisiete	90	noventa
3	tres	18	dieciocho	100	ciento, cien
4	cuatro	19	diecinueve	200	doscientos
5	cinco	20	veinte	300	trescientos
6	seis	21	veintiuno (-ún)	500	quinientos
7	siete	22	veintidós	1000	mil
8	ocho	23	veintitrés	2000	dos mil
9	nueve	30	treinta	5000	cinco mil
10	diez	31	treinta y uno	10.000	diez mil
11	once	32	treinta y dos	100.000	cien mil
12	doce	40	cuarenta	1.000.000	un millón

Elementares

Grüße

Guten Tag (bis Mittag)	buenos días
Guten Tag (bis zum Abend)	buenas tardes
Guten Abend/ gute Nacht	buenas noches
Hallo	Hola (sehr gebräuchlich)
Auf Wiedersehen	adiós

Etwas Spanisch

Tschüss (= bis dann)	hasta luego
Gute Reise	buen viaje

Small Talk

Wie geht's?/ sonst:	qué tal? (bei Freunden), cómo está?
(Sehr) gut und Dir?	(muy) bién y tú?
Wie heißt Du?	cómo te llamas?
Ich heiße ...	mi nombre es ...
Woher kommst du?	de dónde vienes?
Ich komme aus ...	soy de ...
... Deutschland	Alemania
... Österreich	Austria
... Schweiz	Suiza
Sprechen Sie Deutsch?	habla usted alemán?
Englisch/Französisch/ Italienisch	inglés/francés/ italiano
Ich spreche kein Spanisch	yo no hablo español
Ich verstehe (nicht)	yo (no) comprendo/ entiendo
Verstehst du?	comprendes/entiendes?
Ist das schön!	qué bonito!
Ein bisschen langsamer, bitte	un poco más despacio, por favor
In Ordnung/ passt so/ o.k. (auch als Frage sehr gebräuchlich)	vale? – vale!

Minimal-Wortschatz

Ja	sí
Nein	no
Bitte	por favor
Vielen Dank	muchas gracias
Entschuldigung	perdón
Verzeihung	disculpe/permiso
groß/klein	grande/pequeño
gut/schlecht	bueno/malo
viel/wenig	mucho/poco
heiß/kalt	caliente/frío
oben/unten	arriba/abajo
Ich	yo
Du	tú
Sie	usted
Können Sie mir sagen, wo ...	podría decirme dónde está ...?
verboten	prohíbido
Mädchen	chica
Junge	chico
Frau	señora
junge Frau	señorita
Herr	señor

Fragen & Antworten

Gibt es	hay?	Wo ist ... ?	dónde está ...?
Was kostet das?	cuánto cuesta esto?	Haben Sie ... ?	tiene usted ...?
Wie/wie bitte?	cómo?	Ich möchte ...	quisiera ...
Wissen Sie...?	sabe usted ...?	Um wie viel Uhr?	a qué hora?
Ich weiß nicht ...	yo no sé	Ist es möglich/ kann ich?	está posible?
Wo?	dónde?	Warum?	por qué?
Von wo?	de dónde?	Weil	porque

Orientierung

Nach ...	a/hacia	hier	aquí
links	izquierda	dort	allí, ahí
rechts	derecha	Adresse	dirección
geradeaus	recto	Stadtplan	plano de la ciudad
die nächste Straße	la próxima calle	Ist es weit?	está lejos?

Zeit

vormittag(s)	(por la) mañana
nachmittag(s)	(por la) tarde
abend(s)	(por la) noche
heute	hoy
morgen	mañana
übermorgen	pasado mañana
gestern	ayer
vorgestern	anteayer
Tag	el día
jeden Tag	todos los días
Woche	semana
Monat	mes
Jahr	año
stündlich	cada hora
Wann?	cuándo?

Wochentag

Montag	lunes
Dienstag	martes
Mittwoch	miércoles
Donnerstag	jueves
Freitag	viernes
Samstag	sábado
Sonntag	domingo

Jahreszeiten

Frühling	primavera
Sommer	verano
Herbst	otoño
Winter	invierno

Monate

Januar	enero
Februar	febrero
März	marzo
April	abril
Mai	mayo
Juni	junio
Juli	julio
August	agosto
September	septiembre
Oktober	octubre
November	noviembre
Dezember	diciembre

Uhrzeit

Stunde	hora
Um wie viel Uhr?	a qué hora?
Wie viel Uhr ist es?	Qué hora es?

Unterwegs

Wann kommt … an?	cuándo llega …?
Wie viel Kilometer sind es bis …?	cuántos kilómetros hay de aquí a …?
Ich möchte bitte aussteigen!	quisiera salir, por favor!
Hafen	puerto
Haltestelle	parada
Fahrkarte	billete/ticket
Hin und zurück	ida y vuelta
Abfahrt	salida
Ankunft	llegada
Information	información
Kilometer	kilómetro
Straße	calle
Telefon	teléfono
Reservierung	reservación
Weg	camino, sendero
Autobus	autobús
Bahnhof	estación de tren
Bahnsteig	andén
Busbahnhof	estación de autobúses
Flughafen	aeropuerto
das (nächste) Flugzeug	el (próximo) avión
Hafen	puerto
Schiff	barco
Fährschiff	ferry
Reisebüro	agencia de viajes
(der nächste) Bus	(el próximo) autobús
Boot	barca

Auto/Zweirad

Ich möchte …	quisiera …	*Ersatzteil*	pieza de recambio
Wo ist …?	dónde está …?	*Keilriemen*	correa
… die nächste Tankstelle	… la próxima gasolinera	*Kühler*	radiador
Bitte prüfen Sie, ob …	por favor, compruébe usted si …	*Kupplung*	embrague
		Licht	luces
Ich möchte mieten (für 1 Tag)	quisiera alquilar (por un día)	*Motor*	motor
		Öl	aceite
(die Bremse) ist kaputt	(los frenos) no funcionan	*Reifen*	neumático
		Reparatur	reparación
Wieviel kostet es (am Tag)?	cuánto cuesta (un día)	*Stoßdämpfer*	amortiguador
		Werkstatt	taller
Benzin	gasolina	*Autobahn*	autopista
bleifrei	sin plomo	*Baustelle*	obras
Diesel	gasóleo	*Kreuzung*	cruce
(1/20) Liter	(un/veinte) litro(s)	*Einbahnstraße*	dirección única
Auto	coche	*Straße gesperrt*	carretera cortada
Motorrad	moto	*Umleitung*	desvío
Auspuff	escape	*parken*	aparcar
Batterie	batería	*kann ich hier parken?*	puedo aparcar aquí?
Bremse	frenos		

Bank/Post/Telefon

Wo ist …	dónde está …	*Briefmarke*	sello
Ich möchte …	quisiera …	*eingeschrieben*	por certificado
… ein Tel.-Gespräch	… una llamada	*Reiseschecks*	traveler cheques
Wieviel kostet das?	cuánto cuesta?	*Geld*	dinero
Bank	banco	*mit Luftpost*	por avión
Postamt	correos	*Päckchen*	pequeño paquete
Brief	carta	*Paket*	paquete
Karte	tarjeta	*postlagernd*	lista de correos
Briefkasten	buzón	*Telefon*	teléfono

Übernachten

Haben Sie …?	tiene usted …?	*Kann ich sehen …?*	puedo ver …?
Gibt es …?	hay …?	*ein (billiges/gutes) Hotel*	un hotel (barato/bueno)
Wieviel kostet es (das Zimmer)?	cuánto cuesta (la habitación)?	*Haben Sie nichts billigeres?*	no tiene algo más barato?
Ich möchte mieten (…)	quisiera alquilar (…)	*Zimmer*	habitación
für 5 Tage	por cinco días	*ein Doppelzimmer*	habitación doble

Einzelzimmer	habitación individual sencilla
Ehebettzimmer	habitación matrimonial
Bett	cama
Pension (Voll/Halb)	pensión (completa/media)
Haus	casa
Küche	cocina
Toilette	servicios, baño
mit …	con …
ohne …	sin …
… Dusche/Bad	… ducha/baño
… Frühstück	… desayuno
Reservierung	reservación
Wasser (heiß/kalt)	agua (caliente/fría)
Hoch/Nebensaison	temporada alta/baja
Campingplatz	campamento
zelten („wild")	acampar (libre)
Zelt	tienda
Hauszelt	tienda familiar
Schlafsack	saco de dormir
Wohnmobil	coche caravana

Im Restaurant/In der Bar

Spanische Gerichte und Spezialitäten finden Sie im ausführlichen Kapitel „Essen und Trinken" vorne im Buch.

Haben Sie …?	tiene usted …?
Ich möchte …	quisiera …
Speisekarte	menú
Wieviel kostet …?	cuánto cuesta …?
Ich möchte zahlen, bitte	quisiera pagar, por favor
Die Rechnung (bitte)	la cuenta (por favor) höflicher: la cuenta, quando pueda!
zum Mitnehmen	para llevar

Getränke

Glas/Flasche	vaso/botella
(Glas) Bier	caña/cerveza
Weinglas	copa de vino
Mineralwasser (sprudelnd/still)	agua con/sin gas
Wasser	agua
Hauswein	vino de la casa
Rotwein	vino tinto
Weißwein	vino blanco
süß/herb	dulce/seco
Saft	zumo
Kaffee	café
Milchkaffee	café con leche
Zucker	azúcar
Tee	té
Milch	leche

Einkaufen

Was kostet …	cuánto cuesta …?
Haben Sie …?	tiene usted …?
geben Sie mir bitte	déme… por favor
klein/groß	pequeño/grande
1 Pfund	una libra
1 Kilo/Liter	un kilo/litro
100 Gramm	cien gramos
geöffnet	abierto
geschlossen	cerrado
Geschäft	tienda
Supermarkt	supermercado
Einkaufszentrum	centro comercial
Bäckerei	panadería
Konditorei	pastelería
Metzgerei	carnicería
Friseur	peluquería
Buchhandlung	librería
Apfel	manzana
Brot	pan
Butter	mantequilla

Ei(er)	huevo(s)	Sonnenöl	bronceador
Essig	vinagre	Streichhölzer	cerillas/fósforos
Gurke	pepino	Tomaten	tomates
Honig	miél	Wurst	embutido
Joghurt	yogurt	Zeitung	periódico
Käse	queso	Zeitschrift	revista
Klopapier	papel higiénico	Zucker	azúcar
Knoblauch	ajo	Kleidung	vestidos
Kuchen	pastel	Bluse	blusa
Marmelade	mermelada	Hemd	camisa
Milch	leche	Hose	pantalones
Öl	aceite	Pullover	jersey
Orange	naranja	Rock	falda
Pfeffer	pimienta	Schuhe	zapatos
Salz	sal	Kann ich probieren?	puedo probar?
Seife	jabón	Es gefällt mir	me gusta
Shampoo	champú	Ich nehme es	lo tomo

Hilfe & Krankheit

Hilfe!	ayuda!	... Abführmittel	laxante
Helfen Sie mir bitte	ayudeme por favor	... Aspirin	aspirina
Ich habe Schmerzen (hier)	me duele (aquí)	... die „Pille"	la píldora
		... Kondom	preservativo, condón
Gibt es hier ...?	hay aquí ...?	... Penicillin	penicilina
Ich habe verloren ...	he perdido ...	... Salbe	pomada
Haben Sie ...?	tiene usted ...?	... Tabletten	pastillas
Wo ist (eine Apotheke)?	dónde hay (una farmácia)	... Watte	algodón
		Ich habe ...	yo tengo ...
Um welche Uhrzeit hat der Arzt Sprechstunde?	A qué hora es la consulta?	Ich möchte ein	quiero una
		Medikament gegen	medicina contra ...
Ich bin allergisch gegen ...	yo soy alérgico a ...	... Durchfall	diarrea
		... Fieber	fiebre
Deutsche Botschaft	embajada alemana	... Grippe	gripe
Polizei	policía	... Halsschmerzen	dolor de garganta
Tourist-Information	oficina de turismo	... Kopf ...	dolor de cabeza
Arzt	médico	... Magen ...	dolor de estómago
Krankenhaus	hospital	... Zahn ...	dolor de muelas
Unfall	accidente	... Schnupfen	catarro, resfriado
Zahnarzt	dentista	... Sonnenbrand	quemadura del sol
Ich möchte (ein) ...	quisiera (un/una) ...	... Verstopfung	estreñimiento

Abruzzen • Ägypten • Algarve • Allgäu • Allgäuer Alpen • Altmühltal & Fränk. Seenland • Amsterdam • Andalusien • Andalusien • Apulien • Australien – der Osten • Azoren • Bali & Lombok • Barcelona • Bayerischer Wald • Bayerischer Wald • Berlin • Bodensee • Bretagne • Brüssel • Budapest • Chalkidiki • Chiemgauer Alpen • Chios • Cilento • Cornwall & Devon • Comer See • Costa Brava • Costa de la Luz • Côte d'Azur • Cuba • Dolomiten – Südtirol Ost • Dominikanische Republik • Dresden • Dublin • Düsseldorf • Ecuador • Eifel • Elba • Elsass • Elsass • England • Fehmarn • Franken • Fränkische Schweiz • Fränkische Schweiz • Friaul-Julisch Venetien • Gardasee • Gardasee • Genferseeregion • Golf von Neapel • Gomera • Gomera • Gran Canaria • Graubünden • Hamburg • Harz • Haute-Provence • Havanna • Ibiza • Irland • Island • Istanbul • Istrien • Italien • Italienische Adriaküste • Kalabrien & Basilikata • Kanada – Atlantische Provinzen Karpathos • Kärnten • Katalonien • Kefalonia & Ithaka • Köln • Kopenhagen • Korfu • Korsika • Korsika Fernwanderwege • Korsika • Kos • Krakau • Kreta • Kreta • Kroatische Inseln & Küstenstädte • Kykladen • Lago Maggiore • Lago Maggiore • La Palma • La Palma • Languedoc-Roussillon • Lanzarote • Lesbos • Ligurien – Italienische Riviera, Genua, Cinque Terre • Ligurien & Cinque Terre • Limousin & Auvergne • Limnos • Liparische Inseln • Lissabon & Umgebung • Lissabon • London • Lübeck • Madeira • Madeira • Madrid • Mainfranken • Mainz • Mallorca • Mallorca • Malta, Gozo, Comino • Marken • Mecklenburgische Seenplatte • Mecklenburg-Vorpommern • Menorca • Midi-Pyrénées • Mittel- und Süddalmatien • Montenegro • Moskau • München • Münchner Ausflugsberge • Naxos • Neuseeland • New York • Niederlande • Niltal • Norddalmatien • Norderney • Nord- u. Mittelengland • Nord- u. Mittelgriechenland • Nordkroatien – Zagreb & Kvarner Bucht • Nördliche Sporaden – Skiathos, Skopelos, Alonnisos, Skyros • Nordportugal • Nordspanien • Normandie • Norwegen • Nürnberg, Fürth, Erlangen • Oberbayerische Seen • Oberitalien • Oberitalienische Seen • Odenwald • Ostfriesland & Ostfriesische Inseln • Ostseeküste – Mecklenburg-Vorpommern • Ostseeküste – von Lübeck bis Kiel • Östliche Allgäuer Alpen • Paris • Peloponnes • Pfalz • Pfälzer Wald • Piemont & Aostatal • Piemont • Polnische Ostseeküste • Portugal • Prag • Provence & Côte d'Azur • Provence • Rhodos • Rom • Rügen, Stralsund, Hiddensee • Rumänien • Rund um Meran • Sächsische Schweiz • Salzburg & Salzkammergut • Samos • Santorini • Sardinien • Sardinien • Schottland • Schwarzwald Mitte/Nord • Schwarzwald Süd • Schwäbische Alb • Schwäbische Alb • Shanghai • Sinai & Rotes Meer • Sizilien • Sizilien • Slowakei • Slowenien • Spanien • Span. Jakobsweg • St. Petersburg • Steiermark • Südböhmen • Südengland • Südfrankreich • Südmarokko • Südnorwegen • Südschwarzwald • Südschweden • Südtirol • Südtoscana • Südwestfrankreich • Sylt • Teneriffa • Teneriffa • Tessin • Thassos & Samothraki • Toscana • Toscana • Tschechien • Türkei • Türkei – Lykische Küste • Türkei – Mittelmeerküste • Türkei – Südägäis • Türkische Riviera – Kappadokien • Umbrien • USA – Südwesten • Usedom • Varadero & Havanna • Venedig • Venetien • Wachau, Wald- u. Weinviertel • Westböhmen & Bäderdreieck • Wales • Warschau • Westliche Allgäuer Alpen und Kleinwalsertal • Wien • Zakynthos • Zentrale Allgäuer Alpen • Zypern

Reisehandbuch   MM-City   MM-Wandern

MM-Wandern
informativ und punktgenau durch GPS

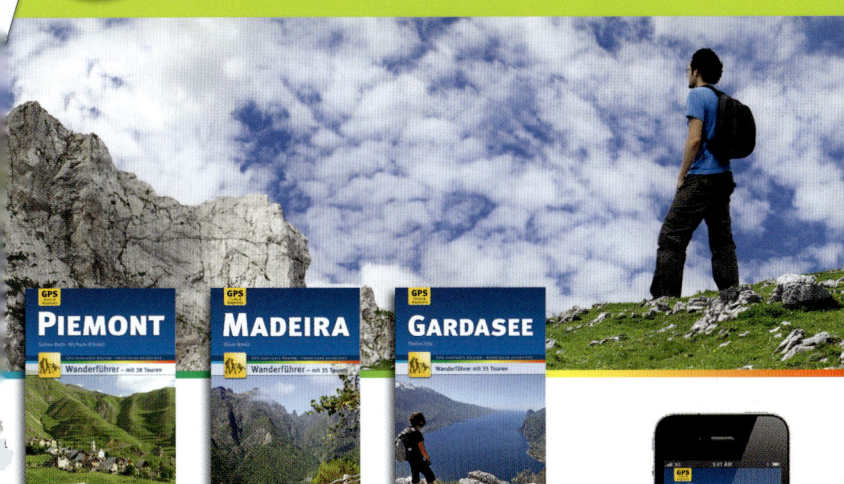

- für Familien, Einsteiger und Fortgeschrittene
- ausklappbare Übersichtskarte für die Anfahrt
- genaue Weg-Zeit-Höhen-Diagramme
- GPS-kartierte Touren (inkl. Download-Option für GPS-Tracks)
- Ausschnittswanderkarten mit Wegpunkten
- Konkretes zu Wetter, Ausrüstung und Einkehr

Übrigens: Unsere Wanderführer gibt es auch als App für iPhone™, WindowsPhone™ und Android™

- Allgäuer Alpen
- Andalusien
- Bayerischer Wald
- Chiemgauer Alpen
- Eifel
- Elsass
- Fränkische Schweiz
- Gardasee
- Gomera
- Korsika
- Korsika Fernwanderwege
- Kreta
- Lago Maggiore
- La Palma
- Ligurien
- Madeira
- Mallorca
- Münchner Ausflugsberge
- Östliche Allgäuer Alpen
- Pfälzerwald
- Piemont
- Provence
- Rund um Meran
- Schwäbische Alb
- Sächsische Schweiz
- Sardinien
- Schwarzwald Mitte/Nord
- Schwarzwald Süd
- Sizilien
- Spanischer Jakobsweg
- Teneriffa
- Toscana
- Westliche Allgäuer Alpen
- Zentrale Allgäuer Alpen

Register

Al-Andalus 33
Alcalá de los Gazules 187
Algeciras 77, 202
Almonte 239
Amerikanisch-
Spanischer Krieg 36
Angeln 72
Anreise
  mit Auto
    und Motorrad 40
  mit der Bahn 42
  mit dem Bus 43
  mit dem Flugzeug 40
Apartments 52
Apotheken 63
Aracena 273
Arcos de la Frontera 179
Ärztliche Versorgung 62
Autovermietung 46
Ayamonte 268
Aznar, José María 37

Baden 63
Baelo Claudia 88
Baetica 33
Bahnverkehr 47
Barbate 92
Bars 55
Bäume 25
Benamahoma 189
Blaue Umweltflagge 63
Bocadillos 55
Bollullos Par
  del Condado 238
Bolonia 87
Bonanza 166
Bonaparte, Joseph 36
Bornos 184
Bourbonen 35
Brandy 61
Briefmarken 70
Busverkehr 47

Cabo de Trafalgar 98
Cádiz 131
Cádiz (Provinz) 76
Calderón de la Barca 35
Camarón de la Isla 130
Camping 52
Cartujanos 176
Castellar de la
  Frontera 199

Cava 61
Cervantes, Miguel de 35
Chiclana
  de la Frontera 126
Chipiona 157
Chiringuitos 56
Ciudadanos 38
Conil de la Frontera 110
Costa Ballena 156
Cueva de la Pileta 198

Díaz, Susana 38
Diebstahl 44

Einkaufszentren 64
El Bosque 188
El Greco 35
El Palmar de Vejer 102
El Portil 259
El Puerto de
  Santa María 146
El Rocío 239
El Rompido 260
El Terrón 261
Erste Republik 36

Fahrradtouren 48
Fahrradtransport
  in der Bahn 42
  im Flugzeug 40
  im Regionalbus 49
Fauna 25
Feiertage 65
Ferias 26
Ferienhäuser 52
Feste 26
Fiestas 26
FKK 63
Flamenco 28
Flora 25
Flughäfen 40
Fondas 51
Franco Bahamonde,
  Francisco 36
Frieden von Utrecht 35
Fundación NMAC 109

Geld 65
Geographie 22
Gibraltar 200
Godoy, Manuel de 35
Golf 72
González, Adolfo Suarez 37

González, Felipe 37
Grazalema 189
Grúa 44
Grüne Versicherungs-
  karte 71

Haustiere 66
Hostal 51
Hotels 51
Huelva 254
Huelva (Provinz) 234
Hunde 66

Iberer 32
Ignatius von Loyola 35
Individualreise 39
Information 66
Internet 67
Isla Canela 270
Isla Cristina 264
Isla Mágica 232
Islantilla 263

Jabugo 275
Jerez de la Frontera 167
Jimena de la Frontera 199
Jiménez, Juan Ramón 253

Karl IV. 35
Karl V. (Carlos I.) 35
Karthager 33
Kaufhäuser 64
Kinder 67
Kiting 72
Kleidung 69
Klima 68
Kolumbus,
  Christoph 34, 250
Konsulate 69
Kreditkarten 65
Kriminalität 69
Küche 54
Kulturpflanzen 25

La Antilla 262
La Barrosa 124
La Crisis 37
La Janda 103
Landkarten 69
Lepe 261
Los Caños de Meca 95

Marismas 23
Marisquerías 56
Märkte 64

Matalascañas 246
Mazagón 248
Medina Sidonia 184
Menú del día 54
Mietfahrzeuge 46
Minas de Riotinto 271
Moguer 252
Monasterio
de la Rábida 249
Montenmedio Arte
Contemporáneo 109
Mozaraber 34
Murillo, Bartolomé
Esteban 35

Naturschutzgebiete 23
Niebla 235
Notrufnummer 45, 62
Novo Sancti Petri 120
Nuevo Castellar 199
Nuevo Portil 260

Öffentliche
Verkehrsmittel 47
Öffnungszeiten 70

Palacio Arzobispal 225
Palos de la Frontera 252
Pannenhilfe 45
Paraje Natural Marismas
del Odiel 256
Parken 44
Parque Metropolitano
Marismas de los Toruños
y Pinar de Algaida 153
Parque Nacional Coto de
Doñana 23, 166, 243
Parque Natural Bahía
de Cádiz 24, 130
Parque Natural de la
Breña y Marismas
de Barbate 24, 94
Parque Natural de la Sierra
de Grazalema 23, 188
Parque Natural de los
Alcornocales 24, 198
Parque Natural del
Estrecho 24
Parque Natural Entorno
de Doñana 166
Parque Natural Sierra de
Aracena y Picos de
Aroche 24
Parque Temático de Isla
Mágica 232

Partido Socialista
del Obrero Español
(PSOE) 37
Pauschalurlaub 39
Peñas 29
Pensión 51
Personalausweis 71
Philipp (Felipe) II. 35
Philipp III. 35
Phönizier 33
Platos combinados 55
Podemos 38
Post 70
Primo de Rivera,
General 36
Punische Kriege 33
Punta Moral 270
Punta Umbría 257
Pura Raza Española 176

Rajoy, Mariano 38
Rauchverbote 70
Reisedokumente 71
Reisepass 71
Reisezeit 68
Reiten 72
Reptilien und
Amphibien 25
Restaurantes 56
Reyes Católicos, Los 34
Riotinto 271
Roche 119
Romerías 28
Ronda 192
Rota 154

San Ambrosio 94
San Fernando 128
Sancti Petri 125
Sangría 61
Sanlúcar de
Barrameda 161
Säugetiere 25
Schlacht bei Navas de
Tolosa 34
Seeschlacht von
Trafalgar 35
Semana Santa 27
Sevilla 208
Acuario de Sevilla 231
Barrio de Santa Cruz 227
Barrio de Triana 233
Casa de la Lonja 225
Casa de Pilatos 227
Castillo de
Sant Jorge 233

Catedral
Santa María 222
Centro de la Cerámica
Triana 233
Hospital de la
Caridad 230
Isla de la Cartuja 231
La Giralda 224
Metropol Parasol 228
Monasterio
de la Cartuja 232
Museo
Arqueológico 231
Museo de Artes y
Costumbres
Populares 231
Museo de
Bellas Artes 230
Museo del Baile
Flamenco 227
Pabellón de la
Navegación 232
Palacio Arzobispal 225
Palacio de la Condesa
de Lebrija 228
Palacio
de las Dueñas 229
Palacio Español 231
Parque de
María Luisa 231
Plaza Alfalfa 228
Plaza de Toros 230
Plaza España 231
Plaza San Salvador 228
Reales Alcázares 225
Río Guadalquivir 230
Torre del Oro 231

Sherry 60
Sierra Morena 273
Siglo de Oro, El 35
Souvenirs 64
Spanischer
Erbfolgekrieg 35
Spanischer
Unabhängigkeitskrieg 36
Sperrnummer für Bank-
und Kreditkarten 66
Sport 71
Stadtbusse 48
Stadtverkehr 48
Stierkampf 29

Tanken 45
Tapas 55
Tarifa 77
Tartessos 33

Taxis 48
Telefonieren 72
Tennis 72
Theresa von Avila 35
Toiletten 73
Torre de la Higuera 247
Turismo activo 72

Unterkunfts-
verzeichnisse 51
Übernachten 50

Valdés Leal, Juan de 35
Vejer de la Frontera 103

Velázquez, Diego de 35
Verkehrs-
bestimmungen 45
Vögel 25
Vorwahlen 72

Wälder 25
Wallfahrt 241
Wanderung von Caños de Meca nach Barbate 98
Wein 59
Wellenreiten 72
Whalewatching 80
Windsurfen 72

Zahara de la Sierra 191
Zahara
de los Atunes 89
Zahora 100
Zapatero, José Luis
Rodríguez 37
Zeit 73
Zentralruf der
Autoversicherer 45
Zoll 73
Zurbarán,
Francisco de 35
Zweite Republik 36

Was haben Sie entdeckt? Haben Sie ein charmantes Hotel gefunden, eine prima Bar, einen schönen Wanderweg? Und welcher Tipp war nicht mehr so toll? Wenn Sie neue Informationen, Verbesserungsvorschläge oder Ergänzungen zu diesem Reisehandbuch haben, dann lassen Sie es mich bitte wissen!

Ich freue mich über jede Zuschrift!

Schreiben Sie an: Thomas Schröder, Stichwort „Costa de la Luz" | c/o Michael Müller Verlag GmbH | Gerberei 19, D – 91054 Erlangen | thomas.schroeder@michael-mueller-verlag.de

Die in diesem Reisebuch enthaltenen Informationen wurden vom Autor nach bestem Wissen erstellt und von ihm und dem Verlag mit größtmöglicher Sorgfalt überprüft. Dennoch sind, wie wir im Sinne des Produkthaftungsrechts betonen müssen, inhaltliche Fehler nicht mit letzter Gewissheit auszuschließen. Daher erfolgen die Angaben ohne jegliche Verpflichtung oder Garantie des Autors bzw. des Verlags. Autor und Verlag übernehmen keinerlei Verantwortung bzw. Haftung für mögliche Unstimmigkeiten. Wir bitten um Verständnis und sind jederzeit für Anregungen und Verbesserungsvorschläge dankbar.

ISBN 978-3-95654-458-3

© Copyright Michael Müller Verlag GmbH, Erlangen 2002–2017. Alle Rechte vorbehalten. Alle Angaben ohne Gewähr. Druck: Livonia Print, Riga.

Aktuelle Infos zu unseren Titeln, Hintergrundgeschichten zu unseren Reisezielen sowie brandneue Tipps erhalten Sie in unserem regelmäßig erscheinenden Newsletter, den Sie im Internet unter **www.michael-mueller-verlag.de** kostenlos abonnieren können.

Klimaschutz geht uns alle an.

Der Michael Müller Verlag verweist in seinen Reiseführern auf Betriebe, die regionale und nachhaltig erzeugte Produkte bevorzugen. Seit Januar 2015 gehen wir noch einen großen Schritt weiter und produzieren unsere Bücher klimaneutral. Dies bedeutet: Alle Treibhausgasemissionen, die bei der Produktion der Bücher entstehen, werden durch die Ausgleichszahlung an ein Klimaprojekt von myclimate kompensiert.

Der Michael Müller Verlag unterstützt das Projekt »Kommunales Wiederaufforsten in Nicaragua«. Bis Ende 2016 ermöglicht der Verlag in einem 7 ha großen Gebiet (entspricht ca. 10 Fußballfeldern) die Wiederaufforstung. Dadurch werden nicht nur dauerhaft über 2.000 t CO_2 gebunden. Vielmehr werden auch die Lebensbedingungen der lokalen Bevölkerung deutlich verbessert.

In diesem Projekt arbeiten kleinbäuerliche Familien zusammen und forsten ungenutzte Teile ihres Landes wieder auf. Eine vergrößerte Waldfläche wird Wasser durch die trockene Jahreszeit speichern und Überschwemmungen in der Regenzeit minimieren. Bodenerosion wird vorgebeugt, die Erde bleibt fruchtbarer. Mehr über das Projekt unter **www.myclimate.org**

myclimate ist einer der weltweit führenden Anbieter im Bereich der freiwilligen CO_2-Kompensation. myclimate Klimaschutzprojekte erfüllen höchste Qualitätsstandards und vermeiden Treibhausgase, indem fossile Treibstoffe durch alternative Energiequellen ersetzt werden. Das Projekt »Kommunales Wiederaufforsten in Nicaragua« ist zertifiziert von Plan Vivo, einer gemeinnützigen Stiftung, die schon seit über 20 Jahren im Bereich Walderhalt und Wiederaufforstung tätig ist und für höchste Qualitätsstandards sorgt.

www.michael-mueller-verlag.de/klima